新世纪高职高专公共基础课系列规划教材

新时代劳动教育教程

新世纪高职高专教材编审委员会 组编
主　编　郑　芳　周　雄　陈永清
副主编　他淑君　黄　靖　黄俊波

大连理工大学出版社

图书在版编目(CIP)数据

新时代劳动教育教程 / 郑芳，周雄，陈永清主编
. -- 大连：大连理工大学出版社，2021.9(2022.9重印)
新世纪高职高专公共基础课系列规划教材
ISBN 978-7-5685-3174-0

Ⅰ．①新… Ⅱ．①郑… ②周… ③陈… Ⅲ．①劳动教育－高等职业教育－教材 Ⅳ．①G40-015

中国版本图书馆CIP数据核字(2021)第188084号

大连理工大学出版社出版

地址：大连市软件园路80号　邮政编码：116023
发行：0411-84708842　邮购：0411-84708943　传真：0411-84701466
E-mail:dutp@dutp.cn　URL:http://dutp.dlut.edu.cn
辽宁星海彩色印刷有限公司印刷　大连理工大学出版社发行

幅面尺寸：185mm×260mm	印张：16	字数：385千字
2021年9月第1版		2022年9月第2次印刷
责任编辑：欧阳碧蕾　陈星源		责任校对：刘俊如
封面设计：张　莹		

ISBN 978-7-5685-3174-0　　　　　　　　　定　价：48.80元

本书如有印装质量问题，请与我社发行部联系更换。

前　言

《新时代劳动教育教程》是新世纪高职高专教材编审委员会组编的公共基础课系列规划教材之一。

党的十八大以来，习近平高度重视劳动教育，在全国教育大会上明确提出，要在学生中弘扬劳动精神，教育引导学生崇尚劳动、尊重劳动，懂得劳动最光荣、劳动最崇高、劳动最伟大、劳动最美丽的道理，长大后能够辛勤劳动、诚实劳动、创造性劳动。

2020年3月，随着《中共中央 国务院关于全面加强新时代大中小学劳动教育的意见》的颁布，加强劳动教育已经上升为党中央、国务院发展教育事业的重要战略决策。职业教育的任务是培养高素质、高技能的劳动者，是一种强调劳动精神、劳动能力和动手实践的教育类型，职业教育中的劳动教育不仅可以培养学生的劳动精神，让学生获得专业知识技能等劳动能力，为未来的就业和职业发展创造条件，还可以提高学生在复杂工作和社会环境中的生存能力，提高其自身的社会价值，使得个人将生活与职业相交融，在职业中寻找人生意义，满足人的精神生活。高职院校应把劳动教育纳入人才培养体系，加强"五育并举"教育顶层设计，完善劳动教育育人课程体系，营造良好的劳动教育氛围，完善"以评促劳"评价体系。把劳动教育贯穿人才培养始终，建设多层次课程结构，拓展实践平台，丰富劳动课程内容，构建协同模式，保证课程有序实施。

本教材根据《中共中央 国务院关于全面加强新时代大中小学劳动教育的意见》和《大中小学劳动教育指导纲要（试行）》的精神，结合高职院校人才培养特点，从新时代的要求出发，通过劳动教育案例，探索、总结和解答劳动教育的一般理论和实践问题。通过思政劳育、专业劳育、实践劳育、课程劳育、学术劳育，在全课程教学中渗透劳动观教育，组织开展多种形式的劳动实践，推进大学生改变劳动精神面貌，端正劳动价值取向，提升劳动技能水平，营造崇尚劳动的校园文化氛围。

新时代劳动教育教程

本教材的主要特点如下：

1. 构建新时代高职院校蕴含劳动教育的人才培养体系。通过劳动思想教育、劳动知识与技能培育和劳动实践锻炼的"三位一体"，构建新时代高职院校劳动教育体系，实现"活性劳动知识""感性劳动知识""理性劳动知识"的融会贯通。

2. 构建新时代高职院校劳动教育体系的认知基础。明确和厘清新时代劳动教育的内涵和外延，深化对新时代劳动教育的认识，凸显劳动教育的独特育人价值，避免劳动教育的功能弱化、力量分化，不断强化学生的劳动价值观、劳动情感、劳动态度、劳动品德、劳动习惯、劳动知识与技能等各方面劳动素养的培养。

3. 构建新时代高职院校劳动教育体系的理论逻辑。充分发挥劳动教育在立德树人中的综合育人价值，充分理解和把握劳动教育目标的全面性、针对性，全面推进高职院校学生改变劳动精神面貌、端正劳动价值取向、提高劳动技能水平。

4. 构建新时代高职院校劳动教育知行合一的实践路径。围绕讲解说明、项目实践、反思交流、榜样示范等关键环节，加强对劳动教育方式方法的具体指导，要求通过组织学生参加劳动实践，对学生进行热爱劳动、热爱劳动人民的教育，切实解决有劳动无教育的问题。

本教材由福建农业职业技术学院郑芳、周雄、陈永清任主编，他淑君、黄靖、黄俊波任副主编，吴丹妮、龚文婷、王伟丽、田怀龙、吉飞跃、王盛、沈云玉参与了教材编写工作。具体编写分工如下：第一章由吴丹妮、周雄、陈永清编写，第二章由龚文婷、周雄、陈永清编写，第三章由王伟丽、周雄、黄靖编写，第四章由田怀龙、周雄、黄靖编写，第五章由吉飞跃、郑芳、黄俊波编写，第六章～第八章由他淑君、郑芳编写，附录由沈云玉编写，王盛、沈云玉搜集部分资料。

在编写本教材的过程中，我们参考、引用和改编了国内外出版物中的相关资料和网络资源，在此对这些资料的作者表示深深的谢意。请相关著作权人看到本教材后与出版社联系，出版社将按照相关法律的规定支付稿酬。

由于编者水平有限，书中仍可能存在一些不足之处，敬请广大读者批评指正。

编　者

2021 年 9 月

所有意见和建议请发往：dutpgz@163.com
欢迎访问职教数字化服务平台：http://sve.dutpbook.com
联系电话：0411-84706671　84706104

目 录

劳动理论篇

第一章 新时代劳动教育 ... 3
第一节 劳　动 ... 4
第二节 劳动教育 ... 8
第三节 大学生践行新时代劳动教育 ... 16
复习思考 ... 31

第二章 传承新时代劳模精神——学习榜样的力量 ... 33
第一节 新时代劳模精神 ... 33
第二节 践行新时代劳模精神 ... 50
复习思考 ... 65

第三章 传承新时代工匠精神——培育大国工匠 ... 66
第一节 新时代工匠精神 ... 66
第二节 践行新时代工匠精神 ... 78
复习思考 ... 91

劳动实践篇

第四章 校园劳动 ... 95
第一节 垃圾分类倡导者 ... 95
第二节 公共环境维护者 ... 103
第三节 寝室美化时尚者 ... 108
第四节 勤工助学参与者 ... 114
复习思考 ... 118

第五章 志愿服务 ... 121
第一节 志愿服务概述 ... 121
第二节 志愿者的自我修养 ... 129
第三节 参与志愿服务活动 ... 139
复习思考 ... 151

第六章 社会实践 ... 153
第一节 社会实践概述 ... 153
第二节 社会实践报告的写作方法 ... 168
第三节 社会实践的考核评价与反馈 ... 185
复习思考 ... 191

第七章　农业劳动 ……………………………………………………………… 192
　第一节　中国传统农业知识 ………………………………………………… 192
　第二节　现代农业技术 ……………………………………………………… 201
　第三节　"互联网＋"农业发展 ……………………………………………… 209
　复习思考 ……………………………………………………………………… 217

第八章　工业劳动 ……………………………………………………………… 220
　第一节　工业劳动概述 ……………………………………………………… 220
　第二节　现代工业技术 ……………………………………………………… 227
　第三节　"互联网＋"工业发展 ……………………………………………… 232
　复习思考 ……………………………………………………………………… 239

参考文献 ………………………………………………………………………… 242

附　　录　《中共中央　国务院关于全面加强新时代大中小学劳动教育的意见》 ………… 245

劳动理论篇

第一章　新时代劳动教育

劳动是人类社会生存和发展的基础,是人维持自我生存和自我发展的重要手段。人类的劳动是体力与脑力的结合。随着生产力的发展和人们认识水平的提高,体力劳动和脑力劳动渐渐分离。但是,体力劳动和脑力劳动作为一个整体不可分割,二者只是分工不同,没有高低贵贱之分。随着人工智能时代的到来,虽然大部分机械性劳动可以被自动化、智能化设备所替代,但是体力劳动仍然是不可或缺的。体力劳动仍然是人们维持日常生活所必备的一种基本能力,特别是体力劳动在培养我们的好奇心、想象力和批判性思维方面的作用是不可替代的。新时代重提劳动教育是让劳动教育回归本质,既有马克思主义"教劳结合"思想的引领,又有"耕读传家久"的传统的传承。

习近平在党的十九大报告中提出"培养担当民族复兴大任的时代新人"的教育任务,在全国教育大会上提出"要努力构建德智体美劳全面培养的教育体系"的工作要求。2020年,《中共中央 国务院印发关于全面加强新时代大中小学劳动教育的意见》(以下简称《意见》)中对构建德智体美劳全面培养的教育体系进行系统设计和全面部署。深刻理解和把握新时代劳动教育的理论逻辑、历史逻辑和实践逻辑,对学习贯彻《意见》精神,全面落实立德树人根本任务,全面加强新时代大中小学劳动教育,培养担当民族复兴大任的时代新人,具有重大理论意义和实践价值。

新时代的大学生应该把劳动能力、劳动习惯与劳动精神、工匠精神、劳模精神、职业精神相结合,社会实践与责任担当相结合,树立"大劳动观",拓展劳动的广度与深度,重构个体与他人、社会和自然的关系,立志成长为一名懂劳动、会劳动、爱劳动、知感恩、会助人的德智体美劳全面发展的社会主义建设者和接班人。要以贯彻落实《意见》为契机,全面加强新时代大中小学劳动教育,系统构建德智体美劳全面培养的教育体系,使劳动成为青少年全面发展最鲜亮的底色,努力培养更多能够担当民族复兴大任的时代新人。

本章内容主要包括劳动与劳动教育的概念、特征等,通过学习本章,引导大学生树立科学的劳动观,积极培养吃苦耐劳、埋头实干的劳动精神,形成在劳动实践中发现问题、展开研究、整合知识、解决问题,变单一的体力劳动为具有思维含量的创造性劳动的意识,让劳动教育落地生根、开花结果,让劳动教育凸显实效、绽放魅力,让劳动教育为学生的终身发展和人生幸福奠定基础。

第一节　劳　动

学习目标

理解劳动的概念。
理解劳动的价值。
了解劳动的分类。
理解劳动观的概念。

一、劳动的概念

对于"劳动"这一概念，人类的认识历史其实已经相当长了，在很早以前古人便揣摩到了"劳动"的真谛，如"日出而作，日入而息"中的"作"便是对劳动的一种解释，有"从事某种活动"之意。"春种一粒粟，秋收万颗子"就是"农作"的直观解释。劳动是人们改变劳动对象使之适合自己需要的有目的的活动，即劳动力的支出。劳动是人类社会生存和发展的基础。

（一）劳动的内涵

《中华人民共和国宪法》规定，中华人民共和国公民有劳动的权利和义务。劳动精神作为一种意识活动，会反作用于劳动实践过程。

随着时代的变迁，我们要牢牢把握劳动的内涵，因为劳动的外延是随着时代的发展而有所不同的。我们对"劳动"的认识也应该发展，跟上时代的要求。"劳动"这一概念应该是与时俱进的，随时代变化而具有不同的时代特征。因此，我们要在当今时代背景下把握"劳动"这一概念。

（二）劳动的外延

1. 劳动形式的单一性和多样性

劳动不是固定不变的，而是一个充满丰富内容的可变活动，它随着社会生活实践的发展而不断丰富。随着科学技术水平的发展，物质产品不再能完全满足社会需求，必须通过有形或无形的精神产品及其服务来弥补。

2. 劳动范围的区域性和全球性

随着经济全球化的发展，劳动已超出传统意义上一个企业、行业甚至一个国家、社会的范围，而具有了世界意义。无论是劳动的创造还是劳动价值的实现，都因时代发展而具有了全球性。

3. 劳动要素的整体性和分离性

劳动是一种现实性的活动，只有各种要素在劳动过程中统一起来，才会有整体的劳动过程。在知识经济条件下，劳动不再等同于一般劳动，知识劳动成为重要的劳动形式并影响整个劳动活动过程。

4. 劳动本质的稳定性和发展性

对劳动的基本认识表明，劳动的本质具有稳定性，但在不同的经济时代和资源条件下，人类劳动的内涵和外延都随之发生重大变化。

对于劳动与社会发展的关系，马克思在《德意志意识形态》一书中指出，"我们首先应当确定一切人类生存的第一个前提，也就是一切历史的第一个前提，这个前提是：人们为了能够'创造历史'，必须能够生活。但是为了生活，首先就需要吃喝住穿以及其他一些东西。因此第一个历史活动就是生产满足这些需要的资料，即生产物质生活本身，而且这样的历史活动是一切历史的一种基本条件，人们单是为了能够生活就必须每时每刻去完成它，现在和几千年前都是这样。"在马克思看来，劳动是一切历史的基本条件，有了人类的劳动，有了满足人类生存所必需的前提，才产生了生活和历史。

二、劳动的分类

（一）简单劳动和复杂劳动

按照劳动复杂程度可将劳动分为简单劳动和复杂劳动。简单劳动是在一定的社会条件下不需要经过特别的专门训练，每个普通劳动者都能从事的劳动。而复杂劳动是需要经过专门学习和训练，在技术上比简单劳动复杂。

（二）体力劳动、脑力劳动和生理力劳动

根据劳动所依靠的主要运动器官的不同，可将劳动分为体力劳动、脑力劳动和生理力劳动。体力劳动是指以人体肌肉与骨骼的劳动为主，以大脑和其他生理系统的劳动为辅的人类劳动。脑力劳动是指以大脑神经系统的劳动为主，以其他生理系统的劳动为辅的人类劳动。生理力劳动是指除了体力劳动和脑力劳动以外的其他形式的人类劳动。

一般的人类劳动由体力劳动、脑力劳动与生理力劳动按照不同的比例关系组合而成。通常意义上的脑力劳动是指脑力劳动占主要比例的复合劳动，体力劳动是指体力劳动占主要比例的复合劳动，生理力劳动是指生理力劳动占主要比例的复合劳动。

（三）具体劳动和抽象劳动

劳动具有两重性，即具体劳动和抽象劳动。具体劳动也称有用劳动，是人类特殊的、具体的劳动，它创造商品的使用价值，其性质和形式由生产的目的、操作方式、劳动创造商品的使用价值对象、手段和结果决定。

抽象劳动是撇开劳动的具体形式的无差别的人类一般劳动，它形成商品的价值，没有质的差别，只有量的差别。简单而言，具体劳动表明怎样劳动、什么劳动的问题；抽象劳动表明劳动多少、劳动时间多长的问题。具体劳动和抽象劳动既紧密联系又有所区别：一方面，具体劳动和抽象劳动是同一劳动过程的两个方面，所以在时空上保持一致性；另一方面，具体劳动反映人与自然的关系，是劳动的自然属性，抽象劳动反映商品和生产者之间的关系，是劳动的社会属性。

抽象劳动是价值的源泉，但抽象劳动不等同于价值，抽象劳动只有凝结到商品中才能形成价值。

三、劳动的价值

劳动是人类社会存在与发展的基本前提,是创造物质世界和人类历史的根本动力。劳动创造了人,劳动创造了社会,劳动创造了文明。透过纷繁复杂的商品现象,只有人类劳动才是价值的唯一源泉。

(一)劳动创造人类劳动,创造了人本身

劳动是人类适应自然和改造自然的独特方式。恩格斯说:"首先是劳动,其次是语言,语言和劳动一起,成为猿人发展的主要推动力,猿的脑髓逐渐变成了人的脑髓。"手的使用和语言思维的产生都是在生产劳动过程中形成和发展的。劳动是人类赖以生存、发展的决定性力量。人类从学会直立行走、钻木取火、结绳记事,走向今天万物互联的文明时代,可以说是劳动发挥了不可替代的作用。马克思指出:"任何一个民族,如果停止了劳动,不用说一年,就是几个星期也要灭亡。"今天,劳动不仅是人类生存的需要、安全的需要、爱的需要、发展的需要,也是人类最后自我实现的需要。

(二)劳动改变世界

劳动是创造物质世界和人类历史的根本动力,劳动是一切社会财富的源泉。

从野蛮时代到古代文明再到现代文明,人类社会的所有物质文明和精神文明,无一不是通过劳动,利用和改变自然资源、社会资源的成果。可以说,劳动改变了世界。

(三)劳动创新思维

人类的思维活动离不开实践活动,实践活动既有学习活动,又有创造活动,而劳动兼具学习与创造这两个功能。克服劳动中的困难,解决劳动中的问题,获得劳动中的成果也会进一步激发求知欲,增进学习兴趣,促进智力发展,从而进一步创新思维,推动新的发展。

(四)劳动锤炼品格

劳动不仅是一种生活体验,也是提高人们动手能力、社会实践能力的重要途径,更是培养人们尊重劳动、勤俭节约、劳动光荣等价值观的重要方式。劳动能衡量一个人的综合素质,更好地锤炼大学生良好的品格。通过劳动,人的道德、知识、能力、素质可以得到全面、综合的提升和展示。通过劳动教育,培养大学生独立自主的生存能力,增强人们的公民意识和社会责任感,锻炼百折不挠、迎难而上的劳动精神。国内外大量的调查研究证明,从小养成劳动习惯,长大后更具有责任心,也更容易适应家庭生活和职场工作。

四、劳动观的概念

人们在劳动的过程中,总会形成对劳动的看法和认识,这就是劳动观。劳动观反映劳动者对劳动的态度,决定劳动者在劳动过程中的行为。劳动观作为意识形态领域的内容,与人生观、世界观是一脉相承的,并生动地反映着人生观、世界观。随着经济的发展和科技的进步,劳动被赋予了新的内涵。只有树立正确的劳动观,才能让自己懂得尊重劳动人民,珍惜劳动成果,并以热情饱满的态度积极投入社会劳动生产过程中,促进个人的全面发展,为社会创造出更加丰富的物质财富。

一个人只有树立了正确的劳动观,才能自觉强化劳动意识,用双手和智慧去创造人生,实现自己的理想,并对人生观、世界观的形成起到积极的促进作用。

劳动是马克思思想体系的核心内容,是马克思主义理论研究的基础。马克思把劳动比喻成整个社会为之旋转的太阳,劳动是人类生存的本质。马克思主义劳动理论的诞生是人类劳动学说史上的重要里程碑,它首次全面系统阐述了劳动在人类发展史上的决定作用,也揭示了人类社会发展的一般规律。马克思主义对于劳动的论述,主要体现为劳动本质论、劳动价值论以及劳动解放论。

(一)劳动本质论

马克思主义认为劳动是人的本质,人的本质是一切社会关系的总和。

1. 劳动创造了人本身

恩格斯在《劳动在从猿到人转变过程中的作用》中描述了劳动在人类从猿进化为人的过程中的作用。劳动使人学会直立行走,还创造了语言。

2. 劳动创造了人类生活

马克思在《德意志意识形态》中指出,全部人类历史的第一个前提无疑是有生命的个人的存在。而这个"有生命的个人"之所以能够存在,是因为他们能通过自己的劳动来创造和生产物质生活资料。劳动的过程就是人通过自身的劳动作用于自然的过程,是人的本质力量与自然之间的一种物质交换过程。

3. 劳动是一切价值的创造者

马克思认为,劳动是一切价值的创造者。只有劳动才赋予已发现的自然产物以一种经济学意义上的价值。恩格斯在《自然辩证法》中对劳动也有同样的表述:它是一切人类生活的第一个基本条件,而且达到了如此程度,以致我们在某种意义上不得不说,劳动创造了人本身。劳动是人类创造物质和精神财富的活动。

4. 劳动创造了社会关系

劳动不仅创造了人与自然的关系,还形成了人与人之间以及人与主观意识之间的关系,而这些关系成为人类社会的基本关系。社会是人类劳动的产物,是劳动活动的展开形式,也必将随着劳动的发展而发展。

(二)劳动价值论

劳动价值论是马克思关于劳动创造商品价值及商品生产、交换遵循价值规律的理论,它阐述了商品经济的本质和运行规律。

生产商品的同一劳动划分为具体劳动和抽象劳动,具体劳动创造商品的使用价值,抽象劳动创造商品的价值。而具体劳动与抽象劳动是生产商品劳动的两种形态,是同一劳动的两个不同方面,不是生产商品的两次劳动。

(三)劳动解放论

劳动解放论是从劳动本质论和劳动价值论中得出的对科学社会主义的深刻表述,它认为劳动的发展过程推动了人类史在自然和社会两方面的不断解放。首先,劳动解放是人类智力的提高过程,是劳动工具的改进与经济形态的创新,而不是一种简单的政治行为或者政权的归属问题;其次,劳动者解放程度是衡量社会文明的尺度和标准,直接反映社会的政治体系与制度模式的优劣。

> **典型案例**
>
> ### 大学生淘粪工上岗　经严格考核脱颖而出
>
> 　　淘粪工这个入不了很多人法眼的职业,却在济南市环卫局城肥二处,出现了激烈竞争的火爆场景。
>
> 　　2018年3月3日,5名大学生淘粪工正式签约拜师,3男2女、4人本科、1人大专学历,其中2名是党员。这5人是从391名报考者中"脱颖而出"的。
>
> 　　据了解,此次被录取的王延峰、邢鸿雁就出自"淘粪世家",王延峰的姥爷是著名的全国劳模淘粪工人时传祥,爷爷曾是肥料厂工人,父亲则是城肥二处的淘粪工,而邢鸿雁的父亲也是淘粪工。
>
> 　　　　　　　　　　　　　　　　　　　（资料来源:齐鲁网,2010.03.03,有改写）
>
> 　　**思考**:有人说,大学生做淘粪工浪费了国家的教育资源,你怎样看待大学生做淘粪工?

第二节　劳动教育

学习目标

理解劳动教育的概念。
了解我国劳动教育的历史发展。
理解开展劳动教育的意义。

一、劳动教育的概念

　　国内外对劳动教育含义的理解见仁见智,概括起来有以下几种:

　　(1)德育说,强调劳动教育的德育属性,直接将劳动教育定义为德育的一部分,侧重热爱劳动和劳动人民的情感、正确劳动观和态度的培养,把劳动习惯和技能的教育看作日常生活培养的结果,并不突出劳动教育的智育价值。

　　(2)智育说,强调了劳动教育的智育属性,将劳动教育的主要价值定位为传播现代生产基本知识和技能,提高社会劳动生产的智力水平。

　　(3)全面发展学说,强调劳动教育是融德育、智育和美育的综合性教育。

　　随着经济社会的不断发展,劳动教育的含义更倾向于全面发展学说。苏联教育家苏霍姆林斯基认为,劳动教育是对年轻一代参加社会生产的实际训练,同时也是德育、智育和美育的重要因素。我国教育家陶行知把劳动教育视为"在劳力上劳心"的实践活动,劳动教育的目的就在于"谋手脑相长,以增进自立之能力获得事物之真知及了解劳动者之甘苦"。由

第一章 新时代劳动教育

此可见,劳动教育就是以劳动为中介而进行的旨在培养劳动者良好劳动价值观的教育,是以提升劳动素养的方式促进劳动者全面发展的教育活动。在内涵上,劳动教育是一种通过参与获得发展的、融德育、智育、体育、美育为一体的综合性育人活动;在外延上,劳动教育的范畴涉及劳动价值观的形成、劳动技能的传授、劳动态度的培养、劳动情怀的培育、劳动习惯的养成等方面。

二、劳动教育的特征

劳动教育作为以提升学生劳动素养的方式促进学生全面发展的教育活动,是国民教育体系的重要内容,具有树德、增智、强体、育美的综合育人价值,其基本特征如下:

(1)鲜明的思想性,强调劳动者是国家的主人,一切劳动和劳动者都应该得到鼓励和尊重,反对一切不劳而获、崇尚暴富、贪图享乐的错误思想。

(2)突出的社会性,要求引导学生走向社会、认识社会,强化责任担当意识,体会社会主义社会平等、和谐的新型劳动关系。

(3)显著的实践性,以动手实践为主要方式,引导学生在认识世界的基础上,学会建设世界,塑造自己,实现树德、增智、强体、育美的目标。

典型案例

约翰·杜威的"教育即生活"和陶行知的"生活即教育"

约翰·杜威是美国著名的实用主义哲学家、教育家,他首次提出了实用主义教育思想,并倡导"教育即生活"。他在《民主主义与教育》中提出,教育是生活的必需。教育是一种培养人的社会活动,是一种特殊的生活方式,从一开始就源于生活,在生活中发展,并以促进生活水平的提高为目标。他的"教育即生活"认为,教育必须依赖于生活并改善现实生活,通过教育儿童获得更好的发展,具备构建美好生活的知识和能力。

陶行知在多年的教育实践探索中,继承了约翰·杜威的"教育即生活"理论并对其进行了革新和创造。陶行知根据"教育即生活"理论"翻了半个跟头",创造了具有中国特色的"生活即教育"理论。他主张"生活即教育""社会即学校""教学做合一"。这一"生活即教育"理论在他所创办的晓庄乡村师范学校中得以实践。陶行知说,要先能做到"社会即学校",然后才能讲"学校即社会";要先能做到"生活即教育",然后才能讲"教育即生活"。

(资料来源:中幼网,2016.10.27,有改写)

三、劳动教育的发展

在中国革命、建设、改革的各个历史时期,我国的工人阶级都具有走在前列、勇挑重担的光荣传统,我国的工人运动都同党的中心任务紧密联系在一起。劳动模范作为工人阶级的优秀代表,是时代的引领者,在工作与生活中发挥了先锋作用,他们以辛勤劳动、诚实劳动和创造性劳动持续推动着社会进步、国家发展和民族复兴。

中华人民共和国成立后,中国共产党对马克思主义的教劳结合思想做了创造性实践和发展,并把这一原理作为党的教育方针。毛泽东多次就教育与生产劳动相结合问题提出指导性意见,并在一次讲话中明确指出,教育必须为无产阶级政治服务,必须同生产劳动相结合,劳动人民要知识化,知识分子要劳动化。习近平多次强调,幸福不会从天降,美好生活靠劳动创造,幸福都是奋斗出来的,永远把人民对美好生活的向往作为奋斗目标。劳动是个人实现人生价值,享受美好生活的基本途径。

劳动和教育是互相包含的关系,本质上教育是为社会培养劳动者,是社会生产劳动体系中的一个环节,而劳动自然是教育中的重要内容。现代社会生产要求劳动者全面发展,只有全面发展的劳动者才能担负起现代社会的大生产,这是现代社会生产的客观规律;同时,中国特色社会主义进入新时代,劳动是人的全面发展和解放的活动,更近于实现人的智力与体力的有机结合和自由发挥。因此,教育与生产劳动相结合,坚持并创新劳动教育,是现代教育发展的必然过程。

劳动教育是社会主义教育的重要特征,营造劳动光荣风尚是新时代劳动教育的突出要求。随着社会的变迁和发展,劳动光荣的意识在不同的时期有着不同的意义。以马克思主义的"人的全面发展"学说为指导,我们拥有了坚实的理论基础。在社会主义教育中,劳动教育既是教育内容,也是教育目的,意在培养大学生的劳动本领,树立劳动光荣的价值观念,保持作为社会主义国家主人翁和建设者的光荣本色。从这个意义上说,劳动教育是培养社会主义建设者和接班人的重要途径,新时代的大学生应当通过了解我国劳动教育的相关政策,深入领会劳动教育的本质和意义,高度认同劳动价值,精熟掌握劳动本领,努力促成个人全面发展,积极投身社会主义建设。

1949年以来,我国一直注重劳动教育,但是受制于时代发展的历史条件和局限,对劳动的理解和定位直接影响着劳动教育政策的制定。

(一)1949—1956年

这一时期强调体力劳动、服务生产与思想改造。中华人民共和国成立初期,迫切需要大量从事工农业生产的劳动者,加之落后的教育现状不能满足大多数小学毕业生的升学需求,因此,开展生产劳动教育,为工农业提供合格的体力劳动者成为这一时期教育的重要使命。劳动教育主要指体力劳动和服务生产等。可以说,任何教育都离不开经济社会发展的历史环境,我国近现代劳动教育的思想也在不同的历史时期产生着不同的变化和发展。

20世纪50年代,根据毛泽东同志的讲话精神,将"教育与生产劳动相结合"写进了党的教育方针,纳入宪法中,并把爱劳动定为"五爱"公德之一,学校把学生参加生产劳动作为一项主课,组织学生参加工农业生产劳动,有条件的学校还可以自办工厂和实验园地,有计划地组织学生参加生产劳动。

(二)1957—1977 年

劳动教育的政治意义、经济意义和认识论意义都被提升到了前所未有的高度,在实践中也开始以一种前所未有的姿态强势推进。《工作方法六十条》中对各级各类学校有关工农业生产劳动活动的安排,做了明确的规定。

(三)1978—1999 年

强调手脑并用、全面发展与重技轻劳,对是否以及如何坚持教育与劳动相结合的问题进行了深入的讨论。改革开放初期,在对"教育与生产劳动相结合"的讨论中,作为教劳结合重要形式和途径之一的劳动教育其概念得到明确和澄清,劳动教育被表述为全面发展教育的组成部分之一。在与职业教育、综合技术教育等教育形式的对比中,劳动教育的独特价值得到彰显和确认。改革开放以后,随着人们对物质财富要求的提高,劳动光荣的重心逐渐偏移到对物质的获得感和满足感上。这一转变表明了人们越来越重视劳动的具体性和实用性,从而形成为满足生产力快速发展而产生的劳动的发展。

1978 年,邓小平在全国教育工作会议上指出,现代经济和技术的迅速发展,要求教育质量和教育效率的迅速提高,要求我们在教育与生产劳动结合的内容上、方法上不断有新的发展。根据邓小平的讲话精神,学界展开了关于教育方针的讨论与新时期教劳结合的研究,纠正了学校劳动教育的偏颇,在实践中加强了中小学劳动技术教育的课程化和规范化建设:1981 年,《关于全日制六年制重点中学教学计划试行草案的说明》中指出,中学阶段开设劳动技术课,进行劳动技术教育,使学生既能动脑,又能动手,手脑并用,全面发展。这一时期劳动教育的概念与技术技能、全面发展等关系密切。

(四)2000—2012 年

强调劳动素质、创新创造与综合实践。素质教育、创新创造、终身学习等概念的出现为劳动教育注入了新的内涵,也进一步拓展了劳动教育的外延。

根据胡锦涛在全国教育工作会议上提出的"丰富社会实践,加强劳动教育,着力提高学习能力、实践能力、创新能力,提高综合素质"的要求,以及全国劳动模范和先进工作者表彰大会上的讲话精神,教育部颁发了《教育部办公厅关于组织开展劳模进校园活动的通知》。

在新时代中国特色社会主义思想指导下,强调劳动者情感、劳动体验与劳动价值观。《国家中长期教育改革和发展规划纲要(2010—2020 年)》中强调,加强劳动教育,培养学生热爱劳动、热爱劳动人民的情感。

(五)2013 年至今

2015 年 8 月,教育部联合共青团中央、中国少年先锋队全国工作委员会印发了《关于加强中小学劳动教育的意见》,旨在通过劳动教育,提高广大中小学生的劳动素养,促成他们形成良好的劳动习惯和积极的劳动态度,克服不良的劳动价值观,培养勤奋学习、自觉劳动、勇于创造的精神,为终身发展和人生幸福奠定基础。2015 年 12 月 27 日,第十二届全国人民

新时代劳动教育教程

代表大会常务委员会第十八次会议通过了《全国人大常委会关于修改〈中华人民共和国高等教育法〉的决定》。修改后的《中华人民共和国高等教育法》第四条新增了"为人民服务""和社会实践相结合"等内容；第五条关于高等教育的任务表述中增加了"社会责任感"的要求。这一修订体现了与时俱进的法治精神，彰显了我国高等教育的价值取向，引领了高等教育改革发展的未来。

党的十八大以来，习近平立足于新时代的历史方位，着眼于新时代全面育人的基本要求，对加强劳动教育做出了一系列重要论述，就"为谁培养人、培养什么人、怎样培养人"发表了一系列重要讲话，逐步形成了人才培养的完整思想体系。2018年9月，习近平在全国教育大会上提出"培养德智体美劳全面发展的社会主义建设者和接班人"，形成了五育并举的教育方针。

根据《中共中央 国务院印发关于全面加强新时代大中小学劳动教育的意见》（以下简称《意见》）的要求，大学要站在新时代培养德智体美劳全面发展的社会主义建设者和接班人的高度，充分认识劳动教育的新内涵、新要求，践行立德树人，把劳动教育纳入人才培养体系，根据大学生的特点，采取适当的方法，引导大学生树立正确的劳动观，培养担当民族复兴大任的时代新人。《意见》中特别提出了健全劳动素养评价制度，强调将劳动素养纳入学生综合素质评价体系，制定评价标准，建立激励机制，组织开展劳动技能和劳动成果展示、劳动竞赛等活动，全面客观记录课内外劳动过程和结果，加强实际劳动技能和价值体认情况的考核。把劳动素养评价结果作为衡量学生全面发展情况的重要内容，作为评优评先的重要参考和毕业依据，作为高一级学校录取的重要参考或依据。这一重大举措对于系统培育学生生活劳动、生产劳动、服务性劳动的技能，提升大学生的职业素养，提振全社会的职业水平、营造全社会良好职业生态具有重大、深远的意义。通过劳动教育使大学生树立正确的劳动观，培养大学生勤俭、奋斗、创新、奉献的劳动精神，养成良好的劳动习惯已成为高等教育不可或缺的责任。

习近平始终尊重劳动、关心劳动者。党的十八大以来，习近平多次围绕劳动，劳动者，弘扬劳模精神、劳动精神、工匠精神，提高劳动者素质等进行深刻阐述。"必须牢固树立劳动最光荣、劳动最崇高、劳动最伟大、劳动最美丽的观念，让全体人民进一步焕发劳动热情、释放创造潜能，通过劳动创造更加美好的生活。全社会都要贯彻尊重劳动、尊重知识、尊重人才、尊重创造的重大方针，全社会都要以辛勤劳动为荣、以好逸恶劳为耻，任何时候任何人都不能看不起普通劳动者，都不能贪图不劳而获的生活。"习近平的这些重要论述，从推动人类社会发展进步的高度，充分阐释了劳动的巨大作用和价值，对全社会尊重劳动、崇尚劳动、热爱劳动提出明确要求，为全社会进一步树立劳动意识、培养劳动观念，通过劳动创造更加美好的生活具有重要指导意义。

一个国家在发展中无疑是靠劳动支撑起了各行各业的有序进行，从一个人依靠劳动自力更生到千百万人依靠劳动丰衣足食，支撑起来的是整个国家的安定和发展。没有全国劳动人民对待劳动的热情，以及积极进取的决心和力量，社会主义事业的进程不会达到目前的阶段，蓬勃发展的势头更要后延。劳动托起中国梦是新时代劳动教育的重要方向，是实现中华民族伟大复兴的强大动力。

一切为我国社会主义现代化建设和为中国梦的实现助力的劳动都是光荣的，参与这伟

12

大进程的所有劳动人民都应该得到尊重,因为这一切归根结底都是为了实现国家富强、民族振兴和人民幸福的目标。

典型案例

铁人张定宇:与时间赛跑

他身患"渐冻"绝症,妻子被感染隔离,却瞒着全院医护人员,率领600多名白衣卫士冲锋在前,与病魔争抢时间。他就是武汉最大的专科传染病医院———金银潭医院院长张定宇。

"不要急不要急,在医院门口稍等,我马上安排人出来接。""快些,要抓紧,病人的事一刻都等不得,越快越好!"不到1个小时,一瘸一拐的张定宇连续接了8个来电。在疫情中坚守的前30多天,他往往是凌晨2点刚躺下,4点就得爬起来,各种突发事件、电话应接不暇。"雷厉风行"是身边同事对张定宇评价最多的词语。"性子急,是因为生命留给我的时间不多了。"张定宇被采访时说,"我是一个渐冻症患者,双腿已经开始萎缩,全身慢慢都会失去知觉。我必须跑得更快,才能跑赢时间,把重要的事情做完;我必须跑得更快,才能从病毒手里抢回更多的病人。"

抗击疫情的每个时刻,张定宇兵不解甲、马不停蹄。他说:"身为共产党员、医务工作者,非常时期、危急时刻,必须不忘初心、勇担使命,坚决顶上去!"

就在张定宇日夜扑在一线,为数百名重症患者转诊开启生命通道时,同为医务人员的妻子,却因新型冠状病毒感染,在十几公里外的另一家医院里独自忍受着病痛,接受治疗和隔离。分身乏术的张定宇,有时忙得一连三四天都顾不上去看她一眼。

分析:张定宇不顾个人安危、出生入死,一心为党,兑现对组织、对人民的承诺。为了病毒感染的重症病人得到及时救治,他完全忘却自己是一名渐冻症患者,冒着被感染的风险,拖着病残的伤腿,他坚守在抗击病毒一线,这充分体现了他的担当和责任,诠释了他为党为民的牺牲精神,他践行自己的承诺,不讲条件,冲锋在前,坚决服从党的安排,把对组织的承诺时刻铭记在心,用行动践行初心和使命。

(资料来源:中国纪检监察报,2020.02.03,有改写)

四、开展劳动教育的意义

培养什么人,是教育的首要问题。我们的教育要把培养社会主义建设者和接班人作为根本任务,培养一代又一代拥护中国共产党领导和我国社会主义制度、立志为中国特色社会主义事业奋斗终生的有用人才。

劳动教育承载立德树人理念,对培养德智体美劳全面发展的社会主义合格建设者和接班人意义重大。加强劳动教育是实现中华民族伟大复兴中国梦的助推力量,是践行社会主义核心价值观的必要选择,是立德树人的重要载体和途径,也是学生成长成才的现实需要。

(一)劳动教育是全面培养教育体系的重要组成部分

劳动教育是构建全面培养教育体系中不可缺少的重要环节,劳动教育与德智体美相互联系,又有不同的功能,起到相互促进的作用。劳动可以树德、增智、强体、育美。劳动教育的四个方面包括劳动精神的培育、劳动科学和技能的教育、劳动能力的锻炼、劳动者对美的追求和创造,是高校德育、智育、体育、美育的重要内容,但又不能相互替代。因为劳动教育侧重培养劳动观念,培育劳动技能,体现"实践"的要求。德育侧重于解决教育对象的世界观、人生观问题,体现树立正确"观念"的要求;智育注重开发智能,侧重"思维"的培养要求;体育是为了强身健体,体现"健康"的要求;美育陶冶情操,塑造心灵,体现"审美"的要求。将劳动教育与德智体美育并列,既是对劳动教育本身的有效加强,也是对德智体美育的有力支撑。德智体美劳既有密切联系又有各自不同的功能,劳动教育为完善人才培养目标、支持德智体美育提供重要平台,必然成为高等教育人才培养体系的重要组成部分。

(二)劳动教育是立德树人的重要途径

立德树人既是教育的根本任务,又是检验教育成效的根本标准。高校要全面贯彻党的教育方针,把立德树人作为根本任务,实现全员育人、全过程育人、全方位育人,立德树人的目的在于培养德智体美劳全面发展的社会主义建设者和接班人。首先,劳动教育是高校立德树人的有效载体,是培养全面发展人才的重要途径,也是实现立德树人目标的一项主要内容。其次,劳动教育是明确为谁培养人、培养什么人、怎样培养人这个基本问题的现实路径。再次,劳动教育丰富了教育工作的内涵,促使学生端正劳动态度并树立正确的劳动观念,能够培养学生对于劳动和劳动人民的思想感情,逐步养成热爱劳动、善于劳动、勤于劳动的素质。我国历来注重劳动教育的重要作用和实际意义,将劳动视为形成良好道德品质的重要途径,"德之根在心,人之本在劳",二者结合就是立德树人的根本。

(三)劳动教育是确立青年正确价值观的必要选择

习近平关于教育的重要论述,特别是新时代劳动和劳动教育的重要论述中,曾多次强调"要在全社会大力弘扬劳模精神、劳动精神""让劳动光荣、创造伟大成为铿锵的时代强音,让劳动最光荣、劳动最崇高、劳动最伟大、劳动最美丽蔚然成风"。这是马克思主义劳动观的重大发展,也是新时代党对劳动教育的根本要求。反观校园里学术不端、考试抄袭,工作中的职务犯罪、收受贿赂等都是不劳而获思想作祟。而新时代劳动教育的主要使命就是要让学生牢固确立"四个最"的劳动价值观,反对一切不劳而获、贪图享乐、崇尚暴富的错误思想,引导大学生树立辛勤劳动、诚实劳动、创新劳动的思想,让中华民族勤俭、奋斗、创造、奉献的劳动精神在一代又一代青少年身上发扬光大。

(四)劳动教育是促进青年成长成才的现实需要

劳动教育是劳动和教育的有效结合,一方面发挥了劳动的实践效用,通过利用和总结实践经验实现了理论和实践相结合、知行合一;另一方面发挥了教育的育人效用,其目的是增进学生对劳动生产知识和技术的认识与理解,提高学生的劳动实践以及分析和解决问题的能力。劳动教育作为培养人的社会活动,在树德、增智、强体、育美中不断创新,促进学生身心的全面发展。劳动是推动人类社会进步的根本力量，是人民美好生活的源泉。构建德智体美劳全面培养的教育体系，加强劳动教育，是回归人之本质、回归学生自身的主体性教育方式，能够帮助学生在实践中发现自我，通过双手改变和创造自己的生活。"以劳动托起中国梦"是对历史和现实的清晰判断，只有加强劳动教育，才能培养出勤于劳动和善于劳动的人才，才能符合新时代教育发展的根本要求，也是实现个人梦想和国家梦想的重要选择。当前，实现中华民族伟大复兴的宏伟蓝图已经绘就，目标已经明确，部署已经启动，只要每一个中国人积极投身到时代的大潮之中，用劳动创造美好未来，用劳动实现人生幸福，美好而伟大的"中国梦"就会因劳动而铸就！

典型案例

用劳动塑造学子精彩人生

2014年，南京理工大学教育实验学院（2017年更名为钱学森学院）在江苏高校中率先"试水"开展劳动教育，并将劳动教育实践服务活动确定为1个学分的必修课。6年来，学院开展的劳动项目越来越多，学生参与的积极性也越来越高。

特色项目助劳动教育"益心益意"

劳动课让学生学什么？这是南京理工大学钱学森学院党总支副书记周双喜在开设劳动教育时最先考虑的问题。既要区别于和专业相关的社会实践，又要确确实实满足学生生活所需，带着这样的思考，学院的老师积极寻找各种社会资源，为学生提供了8个劳动服务项目，包括后勤绿化服务、地铁站服务、中西餐烹饪培训、种花插花技能培训、兵器博物馆讲解服务、南京博物院志愿服务等。2014年10月，"益心益意"劳动教育实践服务活动面向学院大一学生开启。

已经读研的缪峥荣对5年前的劳动课记忆犹新，当时他选择的是手工编织项目。一个大男孩学编织，很多人觉得奇怪，但缪峥荣不以为意："'慈母手中线，游子身上衣'，它让我体会到了做母亲的辛劳，而且这种细致的手工活本身就是一个欣赏美、创造美的过程，可以让我在忙碌的学习之余静下心来享受生活。"

"我们曾对一年级新生做过3次调查问卷，分析大家对于不同服务项目的参与程度，从而不断改进。"周双喜说。几年下来，他们发现选择地铁站服务、兵器博物馆讲解服务、中西餐烹饪培训等项目的参与程度最高。这可能是因为大一新生初到南京，对城市和校园的周边事物感到新奇，同时迫切需要掌握一些独立生活的技能。

科学考评促学生"劳动争先"

要把劳动课上好，仅依靠丰富的项目显然不够，设立一个科学有效的考评机制非常关键。为此，钱学森学院特意将劳动教育实践服务活动确定为1个学分的必修课，而要获得相应学分，就必须参与20课时的劳动实践并通过考核。

2018级学生胡梦洁在大一时选择做学校兵器博物馆的讲解员，所在小组有12名成员。为确保考核公平公正，也让每名学生都得到充分锻炼，所有小组都施行"组长轮换制",即学生轮流当组长,负责本小组活动的开展与考评。考评分数则由4部分组成,分别是小组其他成员评价(占30%),服务单位负责人评价(占30%),活动成效汇报考核(占20%)以及学生自我评价打分(占20%)。此外,考评体系中还设有评优制度,每年都会评出若干"优秀团队"和"先进个人"。

从刚开始一开口就紧张,到后来能够游刃有余地应对各种突发状况,一年的劳动实践让胡梦洁获益匪浅。因为表现优异,胡梦洁所在的兵博小组被评为当年的"优秀团队",她个人也被评为"先进个人"。

专题教育让"劳动最美"根植心田

2019年是钱学森诞辰108周年,12月初,学院开展了"今天,致敬钱学森"专题教育活动。整个活动分为三部分,要求全体大一学生在微博、QQ或者微信平台编辑一条学习感悟;撰写赠送给钱学森先生的三行"情诗";在主题座谈会上从自身经历出发,谈一谈感受最深的钱老生平故事。

"每年的专题教育活动,都是劳动实践教育中的重要一环。"钱学森学院联合党委书记孙元鹏告诉记者,开展劳动教育的目的在于帮助学生理解劳动的意义,培养吃苦耐劳的精神,珍惜今天的幸福生活。所以,在每年开展劳动实践过程中,学院都会穿插各种各样的专题教育,如2017年召开"独臂总师"祝榆生事迹报告会,号召学生向祝老先生学习;2015年邀请全国先进工作者、南京理工大学机械工程学院教授周长省做报告。

(资料来源:中国教育报,2020.06.26,有改写)

思考:有哪些劳动实践活动你也可以深度参与?

第三节 大学生践行新时代劳动教育

学习目标

大学生树立新时代劳动观的意义。
大学生树立正确劳动观的方法。

一、新时代劳动教育的使命

(一)劳动教育在我国的重生

劳动是人类最基本的生产活动,也是为了生存和发展而采取的最迫切的活动,劳动在人的幸福生活创造中发挥着巨大的作用,正是通过劳动,人们才具有了追求美好生活的基本条件和途径。

1. 对青少年劳动教育的改革

《中共中央 国务院关于加强中小学劳动教育的意见》中提出了劳动教育的培养目标和工作目标,强调"通过劳动的教育"强化其他四育,达到"树德、增智、强体、育美、创新"的效果,促进学生德智体美劳全面发展。

2018年9月10日,针对当前一些青少年中出现的"不爱劳动、不会劳动、不珍惜劳动成果"的现象,习近平在全国教育大会上特别强调了劳动教育的重要性,强调要在学生中弘扬劳动精神,教育引导学生崇尚劳动、尊重劳动,懂得劳动最光荣、劳动最崇高、劳动最伟大、劳动最美丽的道理,长大后能够辛勤劳动、诚实劳动、创造性劳动,强调构建德智体美劳全面培养的教育体系,形成更高水平的人才培养体系,使我国社会主义教育的培养目标更为完整,这一重要讲话明确将劳动教育确定为全面发展教育的重要组成部分。教育部将出台大中小学劳动教育的指导意见和劳动教育大纲,修订教育法,纳入教育方针,鼓励职业院校联合中小学开展劳动和职业启蒙教育,将劳动纳入中小学相关课程和综合素质评价,因地制宜地开展家务劳动、校园劳动、校外劳动和志愿服务等,全面构建实施劳动教育的政策保障体系,开展劳动教育的考核、评估与督导。

2. 劳动教育在教育体系中的地位日益提升

国家对于劳动教育的定位在变化之中,劳动教育是一个复合概念,既有劳动,又有教育,通过劳动受教育,在教育中劳动,虽然在二者的结合上经历了一些曲折,在做法上有过一些争议,但坚持劳动教育是社会共识,劳动教育是社会主义学校教育的一个基本原则,是培养全面发展的人的根本途径,教劳结合始终是实现教育为人民服务的基本保证,始终是确保社会主义教育性质与方向的基础,始终是培养社会主义建设者和接班人的唯一途径。

受教育内外环境变化的影响,人们对劳动教育的认识走过了从唯一方法、重要途径再到教育内容的过程,实践走过了从统领强化、融通综合再到系统提高的过程,地位作用经历了从实践育人、技术素养再到五育并重的过程,显示出对中国特色社会主义教育规律认识的升华,反映出落实立德树人根本任务的创新,从中折射出教育逻辑和实践逻辑的统一。

典型案例

世界上最长的、海拔最高的公路隧道都是他策划设计的
——李昕:不管工程多复杂 总有解决办法

6月17日,位于厦门的海沧隧道建成通车。海拔最低-79.5米,这是国内最低的一条公路隧道。

据了解,海沧隧道是国内第三条海底公路隧道,全长6.3公里,其中海域段长2.8公里。从策划设计到施工通车,中交二公院隧道与地下工程设计院总工程师李昕前后花费十年,用双脚去跟踪项目的每个步骤。

在海沧隧道项目成员杨林松眼里,李昕"凡事比较,注重细节"。海沧隧道海底最低点要设置一处集水池和泵房,李昕当时提出三种不同的设计方案,每一种方案在国内甚至国际上都没有先例,"我们觉得三种中任何一种都很好,李总自己又对三种方案做了全

面分析对比,选择其中一种最优的"。

对李昕而言,研究设计隧道,不仅仅是一份工作,也意味着一份使命。

在李昕的脑海中,2012年发生的一幕,始终挥之不去。李昕当时和同事在湖北宜昌进行保宜高速初步设计测量时,遇到祖孙二人,因为大山阻隔,奶奶送孙女去寄宿学校,需要徒步七八个小时。李昕至今记得老人当年的那句话,"如果路修通了,就再也不用翻山了"。

农村孩子走出大山很不容易,这次经历让李昕联想到自己,1996年,李昕从家乡广西恭城考上清华大学,当年在县城读书,条件同样艰苦,"国家培养了我那么多年,我得做点贡献,不负培养,做的项目要对国家和人民负责"。这种信念,一直根植在李昕心中。

2011年,第一次到西藏,"看到不一样蓝天"的李昕很兴奋。两年后,他正式承担了林芝到拉萨公路米拉山隧道的设计任务。米拉山隧道全长5 727米,隧道进口海拔4 752米,出口海拔4 774米。这是一条世界上海拔最高的特长公路隧道。这次"西藏之旅"困难重重:积雪频繁,道路易结冰,高海拔、低气压、低含氧量和强紫外线。

海沧隧道施工的同时,李昕还在负责新疆G0711乌鲁木齐至尉犁高速公路天山胜利隧道的设计。天山胜利隧道海拔高3 200米,全长22公里,打通天山南北,连接乌鲁木齐和库尔勒,建成后将是世界上最长的高速公路隧道。这里的环境和西藏类似,隧道建设面临高地应力、高地震烈度、高寒、高环保等难点。

比选线路时,李昕和团队要在天山反复踏勘进出口,每次要经过旧216国道翻天山胜利达坂。为了按时完成任务,李昕和同事们需要在冬天封山零下三十多摄氏度的环境下在勘探点支着帐篷驻扎。

李昕的妻子张晓说,大学毕业前,丈夫和一帮同学一起畅想今后的人生道路,李昕当时就说要为祖国建设做工作,"十多年后,回想当时说过的话,他很骄傲满足,自己做到了"。做设计这么多年,李昕经常出入"深山老林",足迹已经遍布全国,每个省份几乎都有他参与设计的隧道。

站在刚刚建成通车的海沧隧道前,李昕表达了自己的心愿,"以后修建台海隧道的时候,希望自己也能出一份力"。

(资料来源:武汉晚报,2021.06.18,有改写)

思考:从李昕的经历,谈谈你对树立科学的劳动观与个人成长成才的理解。

(二)新时代劳动教育需要回归本质

劳动教育不会过时,但要体现时代特征。现代技术条件下的劳动教育,强调教育要与以科学技术为基础的劳动相结合,书本知识要与实践经验相结合,将劳动纳入全面发展的教育内容之中,构建德智体美劳全面培养教育体系,培养学生的专业精神、职业精神、劳动精神。如果说德育体现"善"的要求,智育体现"真"的要求,体育体现"健"的要求,美育体现"美"的要求,那么劳动教育则体现"做"的要求。这样的战略思考与制度设计使人们对劳动教育的认识提高到新的历史高度,体现党对新时代如何培养人的深刻认识,既是对国民教育体系的

第一章 新时代劳动教育

进一步完善,也是对新时代国家发展与个体发展所面临的新问题的主动回应。70余年来,劳动教育既是思想政治教育的手段,也是技能教育的内容,既有成功经验,也有失败教训,需要总结提高。

1. 劳动教育的目标

"劳动教育"是以促进学生形成劳动价值观和养成良好劳动素养为目的的教育活动。

2. 劳动教育中的"劳动"定位

劳动教育中的"劳动",不是广义的生产劳动,亦非狭义的脑力劳动或专业劳动,不是指那种脱离实践、与生活脱节的纯粹智力活动。劳动教育中的"劳动"是指身心合一、身体力行、动手操作的劳动。

3. "劳""育"共进

在劳动教育中真正要培育的是人的整体的文化修养。人在劳动中,需要肉体的耐力、毅力,克服辛苦、劳累,需要心灵的紧张、兴奋、专注、投入,也需要知识的实际运用和创造性的发挥,肉体、心理、认知高度融合,协调统一。主体必须以自觉的、能动的、积极的、乐观的态度投入劳动过程,发挥人的主体性,展现和丰富人的本质力量,提升人的精神境界,促进个性自由全面发展,使个体整个身心在忘我状态中得到感化和升华,实现"劳动化人"之功。通过劳动教育、手工活动,人能够在简单、踏实的工作中找到安定感、满足感;在富于诱惑力的兴趣爱好中体会痴迷、创造带来的成功乐趣、幸福感;在极具挑战性的创造性工作中,找到好奇心、满足感、成就感。因此,大学生可以在"身心合一"的劳动过程中成为"完整的人";在"身体力行"的劳动中树立正确的劳动价值观;在"多维空间"的劳动中促进自我的全面自由发展。

4. 劳动育人的目标是学生的全面发展

马克思主义劳动主体论认为劳动是一切历史产生和发展的基础,是劳动关系主体与主体之间、主体与客体之间建立联系的本质,是促成人之成人、人之为人、人之未来发展及人化世界之发展的决定性因素。在远古时代,体力劳动连接人与自然,进而造就人,它既是人的本质,又是人生存发展的基本路径。在文明时期,体力劳动成为主体需要,爱劳动也是国民公德的关键内涵,更是身份认同、阶级意识形成的关键路径。在新时代,体力劳动被赋予新的元素和特征,科学化程度更高,且渗入了更多的智能化因子,但体力劳动依然重要,是人全面发展、健康发展不可或缺的重要内容。可以说,体力劳动是成为人的自身的主体需要,也是社会各个时代发展的必然要求。在社会主义社会,劳动人民是主体,时代新人是劳动人民的重要来源和关键人群。社会主义高校要培养时代新人,必须兼顾人和社会的共同诉求,以多元化、高质量的体力劳动教育培养全面发展的人。人的全面发展应该是完整发展、和谐发展、多方面发展、自由发展。体力劳动能力是完整发展要求的重要组成部分,是多方面发展、自由发展的重要基础。新时代大学生应着眼于个人发展的主体需要和社会发展的客体要求,积极投身于劳动教育,以体力劳动为主,注意手脑并用,强化实践体验,亲历劳动的过程,通过学生动手实践、出力流汗、接受锻炼、磨炼意志,培养自身正确的劳动价值观和良好的劳动品质。这样,通过实践的策略,落实教育与劳动相结合的要求,在实践中对人进行全面培养。

> ### 典型案例
>
> **从劳模到总经理 吴晓梅:让顾客满意是不变的追求**
>
> 　　21岁当选南京市劳动模范、27岁当选全国劳动模范,20世纪80年代,南京的吴晓梅是很多人心中的偶像,而当时,她仅仅是小百货柜台的一个营业员。
>
> 　　如今,吴晓梅已是南京新百股份有限公司副总经理、工会副主席、东方商城总经理。回忆起这些年的工作经历,吴晓梅笑着说,"我的秘诀只有一个,就是永远把'让顾客满意'放在首位。"1979年,17岁的吴晓梅进入南京新百,成为一名营业员。小商品柜台十分繁忙,一个营业员每天要接待上千名顾客,有时要同时接待五六个人。吴晓梅经常为了找一个商品而忙得团团转。为了减少顾客的等待时间,吴晓梅在每次下班之后都会留在柜台,认真记下每件商品摆放的位置;为了了解每件商品的性能以便更好地为客户介绍,她向自己当裁缝的父亲学习,了解各种针线的使用方法;在顾客使用之后,她还会细心询问顾客使用商品后的感受。1983年,凭着认真的工作态度和细致入微的服务,在进入岗位仅4年后,吴晓梅被评为南京市劳动模范。"30年来,顾客的购物心理不断发生变化,为顾客着想、让顾客满意,是我不变的追求。"吴晓梅说。
>
> 　　　　　　　　　　　　　　　　　　　　　　(资料来源:山西总工会,2009年4月3日,有改写)
>
> **思考**:你认为劳动模范为我们提供了哪些启示?我们应该如何在生活中学习劳动模范的精神?

(三)劳动教育的地位回归常识

1. 以往对劳动教育的看法

　　过去劳动教育主要被纳入德育和智育的范畴,失去了与其他四育并举的独立地位,使得劳动教育在国民教育体系中被弱化。劳动思想教育主要融入德育范畴;劳动技能培育主要融入智育范畴,容易出现重"技"轻"劳"的问题。至于劳动实践训练,更是可有可无,而且容易走向形式化、娱乐化。新时代的劳动,要回到全面的、本原的劳动观上,把劳动看成包括人类创造世界、改造世界的一切实践活动,是劳动、工作、做事、干事、奋斗的统称。不能只把体力劳动、简单劳动或物质生产劳动看成劳动,而要把脑力劳动与体力劳动、群体劳动与个体劳动、有偿劳动与公益劳动、简单劳动与复杂劳动、创造性劳动与重复性劳动、物质生产劳动与非物质生产劳动、实体劳动与虚拟劳动、生产性劳动与科技劳动、管理劳动、艺术性劳动、服务性劳动等,都看成劳动。

　　各行各业、所有岗位的工作都是劳动,都需要发扬劳模精神、劳动精神、工匠精神。相应的,新时代的劳动教育不能只强调劳动习惯、劳动态度、劳动品德的培养,还要重视劳动认知、劳动价值观、劳动科学知识与技能的培养,使学生形成全面系统的劳动素养。在人工智能时代,工作的数字化、网络化只不过使人类的劳动方式、劳动领域、劳动岗位发生了新的变化,但人的劳动精神和很多劳动技能仍是人机协同、智慧劳动、创造性劳动的重要基础,仍然十分宝贵。

2. 正确认识劳动教育对社会发展和个人成长的重要作用

大中小学阶段应是学生对劳动的认识逐步提高的过程,小学阶段重在体验劳动,引导学生在日常化的劳动实践锻炼和各种兴趣小组活动中初步体验劳动的价值,养成热爱劳动的好习惯;中学阶段重在认识劳动,引导学生在思想政治类课程、劳动技术类课程学习,以及各种社会公益服务、职业参观活动中初步认识劳动的基本分工、社会价值、主要形态,初步掌握通用劳动技术;大学阶段重在理解劳动,中国特色社会主义进入新时代,随着生产力发展、技术革新、文化进步和教育提升,传统劳动方式和组织形态发生了深刻变革,大学生的劳动越来越呈现出创造性、协作性、非物质性的特点。成长在新时代的大学生在劳动的概念、体验和收获上还有不足,对劳动的认识还不深刻,对劳动带来的价值也没有更深刻的理解。大学生的全面发展是指在学习科学文化知识的同时,将知识充分与劳动相结合,怀有劳动创造美好生活的信念,树立正确的劳动价值观、择业观,在劳动中汲取营养、获取智慧,努力追求和实现自我价值及个人全面发展。

3. 劳动教育的要义

要处理好劳动教育与其他"四育"的关系,切实解决好"偏科"的问题。劳动教育是我国育人体系的重要组成部分,是一种有计划、有目的的教育,是为社会主义现代化建设培养有用的人才。因此,劳动教育的出发点是培养人、发展人、完善人,不是为劳动而劳动。劳动教育的要义:一是通过劳动培育全面发展的人格;二是劳动教育包括但不等于具体劳动技术的学习,其核心目标应当是劳动价值观的培育;三是劳动教育包括但不等于体力劳动锻炼。劳动教育是树德、提智、强体、育美的重要基础,同时也以发展其他教育为旨归。离开其他"四育",劳动教育便成了无根之木、无源之水。因此,在落实过程中,劳动教育不能孤立进行,而要和其他"四育"水乳交融,并驾齐驱,才能达到良好的育人效果。

新时代大学生应当奋发有为,积极投身劳动实践活动,树立正确的劳动价值观,养成良好的劳动素养。其一,树立正确的劳动观点、积极的劳动态度,拒绝"好逸恶劳""不劳而获""一夜暴富"等错误或扭曲的价值观;其二,自觉形成尊重、热爱劳动过程、劳动成果和劳动人民的价值态度;其三,努力健全个人劳动素养,成为全面发展的人;其四,深度发展个人创造性劳动的潜质,努力成为新时代所需要的劳动者;其五,坚持良好的劳动习惯,成为有尊严、有教养的现代公民。

新时代的大学生要在学业和劳动中求真学问、练真本领、立鸿鹄志、做奋斗者,不仅要成为勤勤恳恳、兢兢业业的普通劳动者,更要成为技艺精湛的大国工匠和创造发明的科学大师,不论在什么岗位上,都要忠于祖国、忠于人民,练就一身能力与才华,积极投身社会主义建设。

典型案例

守岛卫国,无怨无悔

迎着朝阳,五星红旗在开山岛升起。海风呼啸,国旗猎猎飘扬。

1986年7月,王继才受组织派遣,前往黄海前哨开山岛执勤。同年,妻子王仕花辞去教师工作,陪伴丈夫守岛。32年来,王继才夫妇以孤岛为家、与艰苦为伴,坚持每天升国旗、巡逻、看管维护军事设施和民用设备、救助渔船渔民、观察海上空中情况。

1999年，曾有犯罪分子想利用开山岛独特的地理位置，将其变为犯罪的"避风港"，多次威逼利诱王继才交出开山岛管理权。面对危险，王继才丝毫没有退缩。每当回忆起险情，他憨笑着说："其实他们威胁我，我一点儿都不害怕，他们做的事是违法的，肯定会被抓。"32年中，他提供情报线索成功破获多起走私、偷渡案件，为国家挽回巨额经济损失。

由于开山岛空气盐分大，国旗经常褪色和破损。32年来，王继才、王仕花夫妇自费购买了200多面国旗，"国旗是中华人民共和国的象征，开山岛虽小，但它是祖国的东门，只有看着国旗在海风中飘展，才觉着这个岛是有颜色的。"

守岛卫国32年，王继才、王仕花夫妇用无怨无悔的坚守和付出，在平凡的岗位上书写了不平凡的人生华章。2018年7月27日，王继才在执勤时突发疾病，经抢救无效去世，年仅58岁。

王继才、王仕花夫妇荣获"最美奋斗者""时代楷模""全国爱国拥军模范"等称号。王继才被追授"全国优秀共产党员"称号，2019年被授予"人民楷模"国家荣誉称号。

(来源：人民日报，2021.06.22，有改写)

思考：你身边有楷模吗？你知道有关劳动楷模的故事吗？

(四)新时代劳动精神的生成逻辑

中国广大劳动者经过革命、建设和改革时期的伟大实践，继承中华优秀传统文化基因，孕育了中国特色社会主义劳动精神。随着时代的发展，它的内涵不断丰富，呈现"尊重劳动、劳动平等"的价值导向性，倡导"劳动创造、创新劳动"的实践创新性，强调"劳动神圣、劳动光荣"的精神引领。新时代劳动精神作为劳动的精神产物，既体现马克思主义理论的思想性，又体现广大劳动者劳动的实践性，是理论与实践的统一；既体现与时俱进的时代性，又蕴含文化基因的传统性，是历史与现实的统一。

1. 马克思主义劳动价值论是新时代劳动精神生成的思想源泉

劳动价值论在马克思主义理论体系中处于基础地位，揭示了劳动的本质属性和劳动推动人类发展的重要作用。因此，马克思主义劳动价值论是劳动精神的理论源头。在中国社会主义革命、建设和改革实践中，中国共产党人以马克思主义劳动价值论为指导，结合中国发展的实际形成了中国化的马克思主义劳动思想。它继承和发展了马克思主义劳动价值论的精髓，对劳动及劳动者的地位和尊严给予了充分的肯定，为新时代劳动精神的形成和发展注入了中国元素。

2. 广大劳动者的劳动实践是新时代劳动精神生成的实践基础

在中国社会主义革命、建设和改革中，广大劳动者奋勇拼搏、艰苦创业，这种强大的精神力量是新时代劳动精神生成的实践基础。首先，革命斗争是劳动精神的现实基础。在土地革命时期、抗日战争时期、解放战争时期，广大劳动者通过把劳动实践与革命斗争相结合，形成了艰苦奋斗、不畏艰难、甘于奉献等革命斗争精神，构成了劳动精神的现实基础。其次，民族精神是劳动精神的核心要素。一代代劳动者用自己的辛勤劳动、诚实劳动和创造性劳动，为民族精神注入新能量，不断丰富着民族精神的博大内涵。劳动精神既体现了以爱国主义为核心的团结统一、爱好和平、勤劳勇敢、崇德尚礼、公而忘私的民族情怀，又体现了知行合一、自立自强的人生追求。最后，时代精神是劳动精神的重要内容。在劳动者的创造性实践和不断探索中,激发出蕴含着自主性、首创性、先进性元素的劳动精神,不断为时代精神注入新能量,凸显并丰富了时代精神的内涵。

3. 中华优秀传统文化是劳动精神生成的文化基因

中华民族是以辛勤劳动而著称的民族,也正是凭借着劳动精神,我们书写了中华民族五千年的辉煌历史,创造了光耀世界的华夏文明。劳动精神与中华民族崇尚劳动的文化传统分不开,传承劳动精神需要我们将传统文化中的良性基因加以创新性变革。首先,勤劳是中华民族最基本最突出的传统美德。中华民族之所以能在人类历史的长河中屹立不倒,创造出璀璨的民族文化和辉煌的民族历史,都要归功于劳动。其次,尊重劳动人民是中华优秀传统文化的重要思想。在中国传统文化中,"民为邦本,本固邦宁""因民之所利而利之"等,均体现了劳动人民在强基固本中的重要性。最后,传统文化作品注重对劳动精神的人格化塑造。

4. 社会主义核心价值观是劳动精神生成的价值导向

劳动精神是社会主义核心价值观的题中应有之义,既包含对劳动价值的判断,也包括对劳动的态度,生动诠释着社会主义核心价值观中蕴含的劳动内容。首先,劳动价值的回归与社会主义核心价值观的价值理念相吻合。中国梦的实现"根本上靠劳动,靠劳动者创造"。"富强、民主、文明、和谐"是社会主义核心价值观在国家层面的准则,与劳动精神的价值倡导高度一致。其次,劳动态度的培养与社会主义核心价值观的价值准则相契合。弘扬劳动精神有利于培养学生"爱岗敬业、争创一流、艰苦奋斗、勇于创新"的劳动态度,这与社会主义核心价值观在个人层面提倡的"爱国、敬业、诚信、友善"的价值准则高度契合。最后,劳动实践的锻炼与社会主义核心价值观的价值取向相融合。劳动实践中锻炼的岗位意识、职业精神、进取精神、拼搏精神、创新精神、家国情怀和奉献精神等,正是对社会主义核心价值观的生动呈现。

典型案例

邹碧华:司法体制改革的"燃灯者"

2014年12月10日,时任上海市高级人民法院副院长的邹碧华,在赶赴一个司法改革座谈会途中突感不适,送医院抢救终告不治,生命定格在47岁。

2014年7月,上海率先在全国拉开了司法体制改革试点大幕。邹碧华正是上海法院司法体制改革方案的主要起草者之一。为了提升法官素质、提高办案质量,上海司法体制改革试点方案提出建立法官员额制,即法官占队伍编制总数的比例限定为33%。

过去,法院内部"混岗"模式导致法官基数普遍高于员额比例。在司法体制改革初期,不少年轻法官,特别是助理审判员,担心员额控制会影响今后职业发展前景。

是遵循司改精神择优选取办案骨干,还是"论资排辈"? 邹碧华强调并且始终坚持,一定要腾出员额让年轻人有机会参与遴选。他认为衡量一个法官的水平不能单凭"计件",因为"简易案件占用时间较短,疑难案件可能占用法官很多的精力"。

邹碧华认为,"摸清现状"是制订改革方案的前提和基础,因此他不怕"得罪人"。一方面,邹碧华对上海各级法院审委会讨论案件的数量进行了梳理;另一方面,在全市法院做调查问卷,内容主要涉及各基层法院是否存在行政干预的情况。如果存在,有多少?并且还会听取相关意见和建议。

此外,邹碧华倡导建立职业共同体,争取各界对司法改革的共识,让法律从业者看见了光亮、增强了信心。

就在邹碧华逝世的前一天,他所主导推动的上海法院律师诉讼服务平台正式上线运行。

邹碧华去世后,被先后追授"全国优秀共产党员""改革先锋""最美奋斗者""时代楷模""全国模范法官"等荣誉称号。

近年来,法官对案件质量终身负责的司法责任制不断深化落实;审判管理评估日益科学化、精细化、智能化;全流程无纸化庭审在更多法院成为常态;更多年轻法官在工作中崭露头角……作为司法体制改革的"燃灯者",邹碧华一直激励着广大司法干部忠诚履职、为民服务、担当作为。

(资料来源:东方财富网,2021.6.22,有改写)

思考:请谈一谈劳动和实现社会价值的关系。

(五)新时代劳动精神的内涵

新时代劳动精神有着丰富的内涵,不仅在内容上继承并发展了马克思主义劳动价值观和中华民族传统优秀的劳动观念,而且还彰显了"辛勤劳动、诚实劳动、创造性劳动"的新理念,倡导"劳动光荣、技能宝贵、创造伟大"的时代新风尚,生成了一种"劳动者至上、劳动者平等、劳动者可敬,劳动最光荣、劳动最崇高、劳动最伟大、劳动最美丽"的劳动新观念。

1. 在劳动人格上倡导尊重劳动

尊重劳动是新时代劳动精神蕴含的核心要义。首先,尊重劳动是对每个人的道德要求。劳动不仅创造了世界和人本身,而且为推动社会进步提供了必备的物质基础,因此一切劳动都应当受到尊重。其次,尊重劳动者创造的价值。再次,维护劳动者的尊严。要合理安排劳动者的劳动时间,维护劳动者合法权益,保障劳动者合法权益不受侵犯,创设更舒适安全的劳动环境,让劳动者心情舒畅,在工作中体会到劳动的快乐和收获的幸福。

2. 在劳动权利上倡导劳动平等

劳动平等是维护公民劳动权利的基本条件和维护劳动尊严的基本保障。首先,劳动平等强调人人享有平等的劳动机会,即所有的劳动者都能够有机会平等地参与劳动,机会平等体现公平的劳动竞争,体现努力的劳动价值,体现对劳动的尊重。其次,劳动平等反对一切劳动歧视与偏见。劳动没有高低贵贱之分,无论是体力劳动还是脑力劳动,都值得尊重和鼓励,都是社会前进的伟大推动力量。再次,劳动平等强调人人都可以通过劳动做贡献。每个人的劳动不仅可以创造自身的幸福生活,而且可以为中国特色社会主义事业做出自己的贡献。

3. 在劳动使命上倡导劳动神圣

劳动既光荣又神圣。首先,劳动是宪法赋予的、不可剥夺的权利和义务。我国宪法规定:"公民有劳动的权利和义务。"劳动一方面是公民依法"行使的权利",另一方面也是公民依法"享受的利益"。其次,劳动是我们生存于世间的最为神圣的活动。每个公民通过行使劳动权利,为社会提供产品和服务,也从社会获取报酬,发展自我。再次,劳动果实是圣洁的,是诚实劳动、精诚合作的劳动结晶。

4. 在劳动实践上倡导劳动创造

新时代科学技术迅猛发展,弘扬劳动精神更加注重培养学生的实践性和创新性。首先,培养服务至上的敬业精神。新时代劳动精神的弘扬强调劳动的实践体验性,注重融入性和探究性,强调直接经验而不是间接经验,倾向于尝试、感悟和技能的建构,在劳动中有效提升学生的动手能力、沟通合作能力及解决实际问题的能力,培养学生的职业道德,养成专业敬业的工匠精神。其次,培养精益求精的品质。新时代劳动精神的培养注重与技术相结合,以技术应用和技术创新为核心,紧跟现代技术的发展态势,在课程设计上既要充分考虑劳动教育中技术素养提升的内在序列,又要充分考虑不同学段学生技能培养的梯度结构,帮助每个学生建构符合其个性且适应未来发展需要的能力素养体系,进而引导学生在工作中养成认真严谨、精益求精的工匠精神。再次,培养追求卓越的创造精神。新时代劳动精神的培养与"创新驱动"的国家发展战略相结合,提倡"做中学""学中做",注重创新意识的提升、创新思维的训练和创新能力的培养,鼓励学生不断追求卓越,进而在全社会弘扬"劳动光荣、技能宝贵、创造伟大"的劳动风尚。

5. 在劳动成就上倡导劳动光荣

在劳动成就上,新时代劳动精神倡导每个人通过自己的劳动,收获满足感、幸福感、尊严感,在创造丰富物质财富的同时,拥有丰盈的精神世界。从个人意义而言,一方面,个体可以通过劳动充分发挥自身的积极性与创造性,学会与人合作,追求个体幸福,获得劳动尊严;另一方面,通过劳动磨砺人的意志,培养勤俭节约、勤劳勇敢、艰苦奋斗、坚韧不拔等精神品质。从社会意义而言,劳动推动社会进步,让全社会的生活质量得以整体提升。通过劳动,人们用自己的辛勤汗水和努力奋斗为推动社会文明进步做出贡献,用自己的劳动成就书写平凡中的伟大,实现个人价值与社会价值的统一。

6. 新时代劳动精神的具体要求

勤劳勇敢、爱岗敬业、诚实守信的实干精神,是劳动精神的深刻内涵;锐意进取、建功立业、甘于奉献的奋斗精神,是劳动精神的更高体现;精益求精、执着专注、追求卓越的创新精神,是劳动精神的专业要求。可以说,劳动精神是所有劳动者的财富、动力、追求,是鼓舞劳动者、激励劳动者、鞭策劳动者的核心源泉。

新时代劳动精神为广大劳动群众在平凡岗位上创造不平凡业绩,提供了精神动力强大的劳动态度、劳动习惯、劳动观念及其整体精神面貌,具体要求包括:

(1)热爱劳动是劳动精神的首要内容。

(2)劳动精神就是"开创未来"的精神。

(3)埋头苦干的精神,在本质上也体现精益求精的工匠精神。

(4)默默奉献的精神,体现广大劳动群众的崇高境界和伟大品格。

劳动精神是广大劳动群众热爱劳动、开创未来、埋头苦干、默默奉献、坚定信心等劳动状态的集中体现,是"保持干劲"的精神。

新时代劳动教育教程

> **典型案例**

一定要做到最好

美国一家公司在中国上海某企业订了一批价格昂贵的玻璃杯,为此公司专门派了一位经理来中国工厂监督生产。在上海这家企业的工厂里,他发现,这家玻璃厂的技术水平和生产质量都是世界一流的,生产的产品几乎完美无缺,而且中方的要求比美方还要严格。他很满意,也就没有刻意去检查和监督什么。

他随意来到生产车间,发现一个工人正从生产线上挑出一部分杯子放在旁边。他上去仔细看了一下,并没有发现挑出的杯子有什么问题,就好奇地问:"挑出来的杯子是干什么用的?"

"那是不合格的次品。"工人一边工作一边回答。"可是我并没有发现它们和其他的杯子有什么不同啊。"美方经理不解地问。"如果你仔细看看,就能发现这里多了一个小的气泡,这说明杯子在制造的过程中漏进了空气。"工人回答说。

"可是那并不影响使用呀。"美方经理说。

工人很干脆地回答:"我们既然工作,就一定要做到最好,绝不能出现任何问题。任何缺点,哪怕是客户看不出来,对于我们来说,也是不允许的。只要有问题,就要挑出来。"

当天晚上,这位美国经理给总部写邮件报告说:一个完全合乎我们检验和使用标准的杯子,在这里却被工人在无人监督的情况下用几乎苛刻的标准挑选出来。这样的员工堪称典范,这样的企业绝对可以信任。我建议公司可以马上与该企业签订长期的供销合同,而我也没有必要再待在这里了。

思考:作为一名员工,如何才能赢得老板的信任和器重,获得相应的回报和提升?

二、树立新时代劳动观

(一)树立新时代劳动观的意义

1. 有助于树立正确的人生观、价值观

马克思主义劳动价值观启示我们,劳动是人类赖以生存和发展的决定力量。树立正确的劳动观,有利于我们深刻认识劳动创造人、世界、历史的本源性价值。正确的劳动观告诉我们热爱劳动、尊重劳动,在激发学习热情和创新精神的同时,也会提高青年学生对劳动是生命的意义和生命价值实现的唯一途径的深刻认识。

2. 有助于形成积极向上的就业观、创业观

很多大学生在就业过程中容易出现眼高手低、被动就业的问题,只有树立正确的劳动观,才能形成积极向上的就业观和创业观。正确的劳动观能够培养大学生的优良品质,实现积极就业;正确的劳动观能够帮助我们正确认识社会劳动分工的本质,消除劳动差别观,建立劳动平等观,促进毕业生基层就业、锻炼,为以后的发展奠定良好基础;正确的劳动观也能

够培养吃苦耐劳的劳动精神和创新精神，促进自主创业。

3. 有助于促进人的全面发展

作为新时代社会主义建设者和接班人，学生的全面、健康发展对实现中华民族伟大复兴的中国梦具有重要的作用。合格的建设者和接班人是"以劳动实现中国梦"的主体力量，既应该是辛勤、敬业的劳动者，也应该是创造性的劳动者。树立正确的劳动观有助于我们在劳动中不断学习、增强体魄、磨炼意志、提升人格品质，实现以劳树德、以劳增智、以劳健体、以劳育美的目标。

4. 有助于实现幸福生活

"劳动是世界上一切欢乐和一切美好事情的源泉。"这是高尔基对劳动的诠释，也是劳动的真谛。劳动必将是一笔难得的人生资源和财富。人生的绚丽和精彩是在不断劳动中、勇于创造过程中书写出来的。劳动能使大学生消除不必要的忧虑和摆脱过分的自我意识，使生活丰富而充实。劳动的成功与成果，可使大学生充分认识到自己生存的价值，提高对生活的信心和希望。

典型案例

"深海钳工"第一人——记 2020 年全国五一劳动奖章获得者管延安

追求卓越：毫米之间见"匠心"

今年 42 岁的管延安出生在农村，1995 年初中毕业后，跟随亲戚来到青岛当学徒，干钳工。从那时起，他就发现自己对机械维护、设备安装等工作特别感兴趣。管延安要求自己"干一行，爱一行，钻一行"，工余勤学苦练，遇到不懂的就请教，或者翻书查找资料，慢慢练就了一身过硬技术。

2013 年，管延安受命前往珠海牛头岛，带领钳工团队参与建设港珠澳大桥岛隧工程。长达 5.6 千米的外海沉管隧道，由 33 节巨型沉管连接而成。在最深 40 米的海底实现厘米级精确对接。

管延安和他的团队主要负责沉管舾装和管内压载水系统等相关作业。虽然此前参与过国内最大集装箱中转港——前湾港、青岛北海船厂等大型工程建设，有着丰富的工程建设经验，但是面对港珠澳大桥所采用的大量高科技、新工艺，以及 120 年使用寿命的高质量要求，管延安还是从零开始虚心学习，不断积累经验。

管延安的一项工作是负责安装沉管阀门螺丝。如果在陆地作业，只要拧紧螺丝就够了。但要在深海中完成两节沉管的精准对接，确保隧道不渗水不漏水，沉管接缝处的间隙必须小于 1 毫米。

1 毫米的间隙，根本无法用肉眼判断。可管延安硬是通过一次次的拆卸练习，凭着"手感"创下了零缝隙的奇迹。为了找到这种"感觉"，他拧螺丝时从不戴手套，为的是有"手感"。经过数以万计次的重复磨炼，管延安练就了一项骄人的高精准绝技：左右手拧螺丝均实现误差不超过 1 毫米。

在一次次操作中，他甚至还练就了"听感"，通过敲击螺丝，从金属碰撞发出的声音，判断装配是否合乎标准。在他的听觉中，不一样的安装，会发出不一样的声音。管延安从此获得中国"深海钳工"第一人的美誉。

精益求精:60万颗螺丝零失误

管延安知道,建设港珠澳大桥是一项重大的国家战略,对全面推进内地与香港、澳门互利合作具有重大意义。作为这项工程的参与者,他有着至高的荣誉感和责任感。

也正是秉承着筑造精品的匠心,他和团队成功建造了世界首条"滴水不漏"的外海沉管隧道,为"超级工程"提供了坚实的保障,也助推中国从桥梁建设大国走向桥梁建设强国。

在参建港珠澳大桥的5年里,管延安和工友们先后完成了33节巨型沉管和6000吨最终接头的舾装任务,做到手中拧过的60多万颗螺丝零失误,创造了中国工匠独有的技艺技法。

管延安带领的团队知道,从第一颗螺丝到最后一颗螺丝,都是在管延安带领下认认真真、仔仔细细一颗一颗拧紧的。在每一件设备、每一颗螺丝安装后,管延安都坚持做到反复检查才放心。

在长期的工作中,管延安养成了一个习惯:给每台修过的机器、每个修过的零件做记录,将每个细节详细记录在施工日志上,遇到任何情况都会"记录在案",里面不但有文字还有自创的"图解"。在港珠澳大桥建设期间,他同样制作了"图解档案",其中的几本被收录进港珠澳大桥沉管预制博物馆。

港珠澳大桥管理局副局长余烈曾这样评价管延安:"凡他经手的每个螺钉紧固、设施测试都安全可靠,这种作风是'工匠精神'的具体体现,也正是这种精神,成就了港珠澳大桥这一世纪工程的高品质。"

不忘初心:带领团队研发创新

港珠澳大桥建成通车后,管延安回到位于青岛的中交一航局第二工程有限公司。公司专门成立了"大国工匠管延安创新工作室",他作为领衔人,与工作室成员一同从事沉管、船舶研究。

尽管已经是公司的总技师,但管延安仍然忙碌在生产一线,平时最喜欢听的仍是机械加工和锤子敲击声。20多年的钳工生涯,他乐此不疲。"宝剑锋自磨砺出",他觉得只有扎根一线,不断精益求精,技艺才能臻于至善。

参与港珠澳大桥建设的经历,也让管延安更加深刻地体会到工匠精神和技术创新的重要性。已过不惑之年的他,仍保持着勤于学习的劲头。在他工作的地方,厚厚的技术书籍摆了高高一摞。工作闲暇之余,他经常拿出自己攒下的工作日志,仔细琢磨研究,将其中的技术要领和心得传授给年轻的工友。

"不能在荣誉面前止步不前。作为一名共产党员,我将不忘初心,砥砺前行。"管延安说,目前公司还承接有深中通道、大连湾海底隧道等重大工程项目,他将随时听从派遣,到祖国建设最需要的地方去,坚守并传承工匠精神,把新时代产业工人的名片擦得更亮。

(资料来源:经济日报,2020.05.09,有改写)

思考:从管延安的工作事迹中,你认为新时代的劳动模范需要具备哪些品质?

第一章　新时代劳动教育

(二)大学生树立正确的劳动观的方法

1. 培养强烈的劳动意识

劳动意识是社会意识形态的一种特殊表现形式,是劳动主体对劳动主体与劳动客体之间相互作用过程的主观反映。劳动意识是劳动观点、劳动观念和劳动心理的合称,同人生观、价值观、道德观有着密切的联系。"业精于勤,荒于嬉""不劳动不得食""三更灯火五更鸡,正是男儿读书时。黑发不知勤学早,白首方悔读书迟"等经典语句影响了一代又一代人,把劳动当作生存第一要务的民族精神的内涵也是我国千百年来不断发展的重要内在因素。强烈的劳动意识有助于提高大学生的社会责任感、感恩思想和奉献精神,有助于摆脱不劳而获、自私自利、为所欲为的羁绊,能够彻底解决一些大学生好高骛远、眼高手低、责任意识不足的问题。

2. 形成积极的劳动态度

劳动态度是人们对劳动的评价和行为倾向,是个人潜力、意识、想法、价值观等在劳动中的外在表现,是个人对劳动相对稳定的一种心理状态。简言之,劳动态度是劳动者对劳动的认识和以此为指导所采取的行动。劳动态度是影响劳动者积极性的首要因素,爱劳动是积极劳动态度的突出表现。敬业奉献是中华民族的传统美德,是劳动观中最基本的劳动态度。党的十八大把"敬业"纳入社会主义核心价值观并大力倡导,充分说明热爱劳动、主动劳动已经成为新时代劳动者需要着重培养和强化的劳动意识和劳动态度。大学生要树立热爱劳动、积极服务社会的奉献精神,以主人翁的责任感积极投入到各项劳动中去。

3. 练就较强的劳动能力

劳动能力是劳动者进行生产活动的能力,包括体力和脑力两个方面,是劳动者以自己的行为依法行使劳动权利和履行劳动义务的能力。劳动能力是劳动者劳动素养的外在表现,是劳动者进行劳动生产活动的具体能力体现。从某种程度上说,劳动能力决定了劳动行为和劳动贡献。劳动能力需要在学习中不断提升。作为新时代的建设者和接班人,大学生要掌握丰富的基础知识、专业知识,要在反复甚至是枯燥的实践中掌握具体的劳动技能、劳动方法,并在不断的劳动训练中积累经验、创新发展,学以致用、勤学苦练,练就过硬的本领,应对新时代、新技术、新形势下的新挑战。

4. 塑造崇高的劳动精神

劳动精神表现为一种对劳动坚定不移、积极接受的态度。劳动精神是中国精神的重要组成部分,是中华民族赖以生存与发展的精神纽带,也是推进党和国家事业兴旺发展的精神动力。新时代劳动精神展现着新时代砥砺奋进的新风貌,彰显着中国理论、中国制度和中国文化的价值,是促进人的全面发展、夺取新时代中国特色社会主义伟大胜利和实现中华民族伟大复兴的中国梦的重要力量源泉。劳动精神与岗位无关,在任何劳动岗位上都会展示劳动精神的价值。"平凡的岗位创造不平凡的业绩""干一行,爱一行;干一行,钻一行""三百六十行,行行出状元""不想当元帅的士兵不是好士兵""争创一流"等俗语都告诉我们,热爱自己的岗位,以严谨的态度,尽职尽责、兢兢业业、全力以赴,才会在工作中感受到快乐,获得成就感、荣誉感和幸福感。

> 拓展阅读

新时代的劳动观

一、树立什么样的劳动观念？

人类是劳动创造的，社会是劳动创造的。劳动没有高低贵贱之分，任何一份职业都很光荣。

——2016年4月26日，习近平在知识分子、劳动模范、青年代表座谈会上的讲话

我们的根扎在劳动人民之中。在我们社会主义国家，一切劳动，无论是体力劳动还是脑力劳动，都值得尊重和鼓励；一切创造，无论是个人创造还是集体创造，也都值得尊重和鼓励。全社会都要贯彻尊重劳动、尊重知识、尊重人才、尊重创造的重大方针，全社会都要以辛勤劳动为荣、以好逸恶劳为耻，任何时候任何人都不能看不起普通劳动者，都不能贪图不劳而获的生活。

——2015年4月28日，习近平在庆祝"五一"国际劳动节暨表彰全国劳动模范和先进工作者大会上的讲话

必须牢固树立劳动最光荣、劳动最崇高、劳动最伟大、劳动最美丽的观念，让全体人民进一步焕发劳动热情、释放创造潜能，通过劳动创造更加美好的生活。

——2013年4月28日，习近平来到全国总工会机关，同全国劳动模范代表座谈并发表重要讲话

二、如何对待劳动？

素质是立身之基，技能是立业之本。广大劳动群众要勤于学习，学文化、学科学、学技能、学各方面知识，不断提高综合素质，练就过硬本领。要立足岗位学，向师傅学，向同事学，向书本学，向实践学。三百六十行，行行出状元。梦想属于每一个人，广大劳动群众要敢想敢干、敢于追梦。说到底，实现中华民族伟大复兴的中国梦，要靠各行各业人们的辛勤劳动。现在，党和国家事业空间很大，只要有志气有闯劲，普通劳动者也可以在宽广舞台上展示自己的人生价值。

——2016年4月26日，习近平在知识分子、劳动模范、青年代表座谈会上的讲话

一切劳动者，只要肯学肯干肯钻研，练就一身真本领，掌握一手好技术，就能立足岗位成长成才，就都能在劳动中发现广阔的天地，在劳动中体现价值、展现风采、感受快乐。

——2015年4月28日，习近平在庆祝"五一"国际劳动节暨表彰全国劳动模范和先进工作者大会上的讲话

劳动模范和先进工作者、先进人物不仅自己要做好工作，而且要身体力行向全社会传播劳动精神和劳动观念，让勤奋做事、勤勉为人、勤劳致富在全社会蔚然成风。

——2014年4月30日，习近平在乌鲁木齐接见劳动模范和先进工作者、先进人物代表，向全国广大劳动者致以"五一"节问候

我国工人阶级要增强历史使命感和责任感，立足本职、胸怀全局，自觉把人生理想、家庭幸福融入国家富强、民族复兴的伟业之中，把个人梦与中国梦紧密联系在一起，始终以国家主人翁姿态为坚持和发展中国特色社会主义做出贡献。

——2013年4月28日，习近平来到全国总工会机关，同全国劳动模范代表座谈并发表重要讲话

(资料来源：新华网，2017.05.01，有改写)

第一章　新时代劳动教育

典型案例

从贫困生到营收千万公司的CEO

他是中南财经政法大学一名大四学生,同时也是武汉爱鲸科技有限公司创始人、武汉华清捷利科技发展有限公司CEO。李金龙三年前还在为生活费发愁,如今已是年营收数千万公司的CEO。2020年,正当很多应届毕业生开始为自己毕业后的工作而苦恼时,同样是应届毕业生的李金龙需要考虑的却是如何带领他的公司发展得更快。

李金龙出生在甘肃省陇西县的一个偏远山村,从小家境贫寒,父亲在镇上开了一家兽药铺,以此维持一家人的生计。六岁那年,他不慎使自己的右眼受伤导致很难看清书上的字,虽然视力带给了他很多学习上的不便,但他还是凭努力考入了中南财经政法大学公共管理学院。入学后的李金龙想要通过自己的努力尽可能地减轻家里负担,于是通过开培训班、做驾校代理、卖新生用品的方式赚钱贴补家用。

让李金龙在真正意义上走上创业道路的机会来自于一次调研。在调研中作为班长的他不仅每天晚上要安排调研行程和对接社区,还要说服同学克服早起和期末复习的困难。那时的李金龙几乎每天都要工作到夜里一两点钟,5天下来瘦了6斤。也正是这次社区调研让老师看到了李金龙出色的能力和坚强的意志,于是老师把他推荐给当时正在创业的师兄们,和他们一起创业。

在师兄们的带领下,李金龙开始负责运营更多的项目,涉及在线教育、社会调查、智能洗护设备等多个领域,并且和师兄一起开始了新的创业项目——智慧校园。该项目主要以共享洗衣机的刚需聚拢流量、搭建智慧校园生态,目前设备已从最初的15台发展到现在的7 000余台,公司营收超过千万。

"大二上学期买了车,大三上学期买了房。"李金龙凭借自己的辛勤劳动和创造性劳动,尚在读书阶段就实现了人生的几个小目标。

(资料来源:长江日报,2020.06.05,有改写)

思考:从李金龙的经历,谈谈你对树立科学的劳动观与个人成长成才的理解。

复习思考

一、理论知识掌握
1. 简述劳动的概念和价值。
2. 简述劳动教育的概念和特征。
3. 谈谈新时代开展劳动教育在教育中的意义。
4. 当代大学生应如何践行劳动教育?
5. 试列举几个劳动事例。

二、能力素质训练
1. 查阅相关资料,学习平凡的工作岗位上一位劳动模范的事迹,交流学习感受。
2. 卢梭曾说:"劳动是社会中每个人不可避免的义务。"结合你的学习,谈谈你对这句话的理解。

3.在教师指导下分组设计调查问卷,调查了解大学生的劳动现状,并完成调查分析。

4.小组讨论:

(1)请结合本章内容,谈谈对"劳动教育"的理解。

(2)如何在大学期间践行劳动教育?

5.阅读分析

在图书馆上"大学"的金克木

1935年,只有小学学历的金克木经人介绍,到北京大学图书馆工作,负责借书还书。一天,他忽然想到:我为什么不能也像那些教授、学生一样读一些书呢?但如何在书海中寻到最有价值的书,令他一筹莫展。后来,他想到了一个办法——"索引",就像他根据"索引"给借书人找书一样,反过来,他也可以从借书人那里搜索到有价值的书啊!从此,借书人就成了他的"导师"。白天,他在借书台和书库间穿梭,晚上他就偷偷阅读那些被别人借过的书。他的"导师"五花八门,但以毕业生为主,这些学生要写论文,因此他们借的书都很有方向性。给金克木留下深刻印象的,是一位从十几公里外步行赶来的教授。他夹着布包,手拿一张纸往借书台上一放,一言不发。金克木接过一看,全是些古书名。待这位教授走后,金克木赶紧把记下来的书名默写出来,以后有了空闲,便按照书单到善本书库中一一查看。日久天长,这个曾经的懵懂少年不仅靠自学精通了梵语、印地语、世界语等十多种语言文字,还在文学、历史、天文等领域卓有成就,成为一代奇才,与季羡林、张中行和邓广铭并称为"燕园四老"。

问题:

1.金克木的"大学生活"对你的启示是什么?

2.对学习这种特殊的劳动,你有哪些新的认识?

3.谈谈你对劳动改变世界的认识。

第二章 传承新时代劳模精神
——学习榜样的力量

劳动模范是民族的精英、人民的楷模,是具有示范和引领作用的"最美劳动者",具有爱岗敬业、争创一流、艰苦奋斗、勇于创新、淡泊名利、甘于奉献的品格。劳模精神是以爱国主义为核心的民族精神和以改革创新为核心的时代精神的生动体现,是影响、带动、鼓舞亿万劳动群众为实现国家富强和民族复兴而拼搏奋进的"风向标"和强大精神动力。

劳模精神是党和国家的宝贵精神财富,新时代弘扬劳模精神具有重要的价值意义。它能为实现中华民族伟大复兴的中国梦提供强大的精神力量,能为振奋伟大的民族精神提供鲜活的精神资源,弘扬劳模精神拓展了促进社会进步的有效途径,弘扬劳模精神构筑了培育时代新人的重要手段。新时代劳模精神具有丰富鲜活的时代特征。劳模是当之无愧的时代领跑者,既是一面旗帜,又是一面镜子。新时代劳模精神是引领时代新风尚的精神高地,生动体现了时代精神的精神实质、主要特征和重要内容。新时代劳模精神是工匠精神的深化提升,工匠精神既是劳模精神的重要构成要素,也是劳模精神当代品格的核心体现,充分凸显了新时代劳模精神爱岗敬业、精益求精、追求卓越、技能报国的精神品质和价值导向。弘扬和践行劳模精神,有助于在社会上形成劳动光荣的氛围,进一步凝聚共识、增进团结。

学习目标

了解劳模的概念。
掌握劳模精神在不同时代的特色,深刻体会劳模精神的当代特色。
掌握劳模精神的当代价值,树立劳模精神的认同感。
结合学生实际,践行劳模精神。

第一节 新时代劳模精神

一、劳模

劳模是一个时代的追寻脚步,人生道德观念和价值取向。伟大出自平凡,英雄来自人民。一个国家的成就是由点点滴滴的平凡人物汇集而成的。在社会主义建设的各个时期,以劳模为代表的工人阶级和广大劳动群众始终不忘初心、牢记使命,用平凡的双手创造不平凡的梦想。

(一)劳模的概念

劳模是劳动模范的简称。"劳"表示劳动,这是劳模的基本前提。"模"体现了一种"示范"和"楷模"的价值导向,一种可近、可亲、可信、可学的榜样作用。"劳模"意味着"先进符号",是人民授予生产建设中先进人物的一种崇高称号。

劳模是在社会主义建设事业中成绩卓著的劳动者,经职工民主评选、有关部门审核和政府审批后被授予的荣誉称号。劳动模范分为全国劳动模范与省部委级劳动模范,有些市、县和大企业也开展劳动模范评选。例如,全国劳动模范袁隆平,是杂交水稻研究领域的开创者和带头人,致力于杂交水稻技术的研究、应用与推广,发明三系法籼型杂交水稻,成功研究出两系法杂交水稻,创建了超级杂交稻技术体系,提出并实施"种三产四丰产工程",运用超级杂交稻的技术成果,出版中、英文专著6部,发表论文60余篇。

(二)劳模的榜样力量

劳模是劳动的模范和榜样,是在群众性学赶先进的劳动竞赛活动中涌现出来的杰出人物,是社会遴选出的鼓励人们仿效的劳动者。在国家建设发展中,劳模是各行各业的杰出代表,他们身上体现着社会对某一类劳动方式和劳动精神的最高评价。

1. 榜样要有严肃的生活态度

生活需要娱乐,但绝不能将生活中的一切娱乐化,无论我们身在多么平凡的岗位上,都应该对其秉承"认真、严肃"的态度和敬业精神。我们更应该关注的是那些踏实工作、着实为社会做出贡献的"榜样"和"模范"人物,以及在平凡岗位上踏实努力的辛勤工作者,这样的生活态度才是有价值的。

2. 榜样要有社会担当精神

承担责任不是振臂高呼,追逐虚名,而是努力做好手头的每一件事。为民奔走的罗官章、深山支教的支月英、"工人院士"李万君,无一不是勇于承担责任的人。他们所承担的责任,不仅仅是岗位内职责的界定,他们拥有更大的格局,有着一颗担当起社会责任的心,这也是当今社会急需的精神源泉。习近平说过,决胜全面建成小康社会的伟大进军,每一个中国人都有自己的责任。不论职位高低、能力大小,善于、勇于承担社会责任,是每一个人应拥有的精神动力。

3. 榜样要有执着的追求

生活中动人事迹的主人公,虽然他们的职业和经历不同,但却有着共同的品质:为心中的信念执着地追求。女承父业的警察李贝,为护卫一方平安汗洒青春;党工委书记苗振水,牢牢守住农民工流动党员心灵旗帜;科研工作者王恩东,对科学技术日夜坚守、极致追求。他们将心中的目标化为日常不懈的努力和执着的追求,坚守到最后,在努力中进步,在追求中收获,这样的工作状态,是我们应该学习和践行的。

一个民族的文明进步,一个国家的发展壮大,需要一代又一代人接力努力,需要很多力量来推动,其中核心价值观是最持久、最深沉的力量。今天,中华民族要继续前进,就必须根据时代条件,继承和弘扬我们的民族精神、优秀文化、传统美德。

生活不止吃喝玩乐,人生不该浑浑噩噩。一个社会推崇什么,就会产生大批与之相对应的人。当那些乐于奉献,善于、勇于承担社会责任的人成为我们争相学习的榜样,当社会担当精神植入人们的心灵,当我们每一个人都为心中的理想信念不懈努力,只有这样,才能共同打造一个和谐稳定、积极进取、健康向上的社会,这就是榜样的力量。

(三)劳模的评选条件

劳模身上有一个共同点,那就是他们都是体现时代精神的平凡人,相信并为美好的未来而奋斗,他们让民族精神有所依托,让民族历史有了厚重感;他们以自己的聪明才智和无私奉献的优秀品质、时代精神激励着人们不断拼搏奋进。

(1)热爱祖国,坚决贯彻执行党的基本路线和各项方针政策,遵守国家法律法规,具有优秀的思想品质和职业道德,在推进产业结构调整和在岗位"创新、创先、创优、创最佳"中做出业绩者。

(2)崇尚科学。

(3)在环境保护,安全文明生产兴农、开拓农村市场、搞活农产品流通、发展经济,增加农民收入等方面做出贡献者。

(4)敢于探索,勇攀高峰,我国各条先进生产线的荣誉先进生产者、社会主义现代化建设中的先进建设者。

(5)在社会主义物质文明、政治文明、精神文明建设及其他方面做出重大贡献者。

"爱岗敬业、争创一流,艰苦奋斗、勇于创新,淡泊名利、甘于奉献",这是劳模精神,也是成为劳模的必备条件。

典型案例1

电焊工人的"璀璨人生"

福建省马尾造船股份有限公司位于连江县琯头镇的粗芦岛,一艘艘建造中的巨轮屹立在造船厂码头。工人们穿梭在钢铁丛林中,在烈日下努力工作。10日,记者来到码头,体验了一回造船工人的艰辛,也见证了他们的努力。

从头到脚"全副武装"

下午3点,记者来到造船厂码头,地表烫得仿佛能冒烟,闷热的空气中夹杂着钢铁点焊后散发的刺鼻味道。正是上班时间,一个个皮肤黝黑的工人,从厂区的各个角落汇聚到码头,其中有不少特殊着装的人:结实的安全帽、笨重的面罩、被焊花烧得"体无完肤"的工作服、牛皮马甲、1.5千克重的防滑绝缘胶鞋。他们是船厂的电焊工人,他们全副武装地走向一艘艘未完工的钢铁巨轮。

在一艘4层楼高的巨轮下,记者踩着斜挂在船体外仅60厘米宽的铁梯上船,这也是工人登船的唯一通道。一名工人递给记者一只手套:"扶手很烫,小心烫手。"

登上甲板,发现温度比地面还要高。此时记者已是汗如雨下。"船是钢铁造的,经过太阳暴晒,甲板上的温度在65℃以上,鸡蛋敲上去立刻就熟。"一旁的师傅打趣地说。

记者尝试着用手去捡甲板上的一节钢条,被烫得立马松手。

从一个狭小的入口进入船舱。密闭的船舱里，闷热异常，此起彼伏的烧焊声吱吱作响，伴着刺眼的弧光，黄红色的焊花如喷泉一般飞溅。

"体感温度在60℃以上，手握着焊枪像抓着一把火。"39岁的孙国伟正缩着身子，趴在直径60多厘米的管道上专注工作。最后一个焊点完工，他关掉手上冒着火花的焊枪说，焊枪喷出的火苗大于1 000℃。

说话间，孙国伟站直身体，摘下面罩，长长舒了一口气，另一只手使劲敲打着自己的后腰。

孙国伟说，电焊工很辛苦，不是谁都能坚持下来的。当下盛夏，街上人们都穿着T恤短裤，电焊工可不敢这么裸露肌肤，要穿上厚重的工作服。焊接时溅起的焊花若掉落在肌肤上，瞬间就是个水泡，做电焊工的没人敢说自己没被烫伤过。说话间，记者注意到孙国伟的手上满是疤痕。

"为避免烫伤，最有效的办法就是多穿几件衣服。"孙国伟说，有的电焊工师傅要穿三层衣服——贴身衣服、工作服、防烫牛皮外套。为防中暑，厂里每天除了准备大量藿香正气水外，还提供绿豆汤、菊花茶、蜂蜜水等。"每人每天要喝大量的水，都不用上厕所，出汗就流掉了。一天下来，工作服能拧出半桶水来。一天中下午三四点的时候最难熬，撑过去就好了。"

"为什么不在船舱里放些大风扇降温？"记者问。

孙国伟摇摇头说："微风环境下，有可能造成焊接气孔夹渣，特别是二氧焊和氩弧焊，不能有风。"

采访中记者多次深呼吸，但不适感越来越强，十几分钟后，记者就被"赶"出船舱。

"我有烈日、高温和焊花"

下午3点40分左右，孙国伟和徒弟吉莲琼一前一后从船舱口探出头，吃力地爬了出来。以他们的身手，这个每天都要进出十几回的舱口，本可以很利索地出来，但此时，他们已经筋疲力尽。

两人摘下面罩，露出黑红油亮的脸，上面细细密密布满了汗珠，用手一抹，马上聚成豆大的汗水接连滚落在外套上、甲板上。

他们径直走到一张搁着几个大保温桶的台桌前，孙国伟用一只巨大的水杯装了满满一杯冰水，咕咚咕咚地一口气喝下大半杯，脸上这才露出畅快的神色，然后找了一处遮阳的地方坐下。那是船上仅有的几处在重型机器背阳面下形成的阴影地带。记者也凑上去席地而坐，但滚烫的甲板让记者立刻弹了起来。

"这里比船舱里凉快多了。"孙国伟说。他脸上的汗水不停地往下掉，牛皮长袍也被汗水湿透。这就是船厂的电焊工，每天一身厚重的行头，衣服总是湿了干，干了又湿，下班后，衣服能抖下一地盐霜。

孙国伟说，由于工作环境特定，有的焊接场地狭小，焊接位置隐蔽，电焊工不得不采取"盲焊"的手法。有时要站直身子扬着脸焊，焊花从头上一直烫到脚下；有时要缩着身子甚至趴在地上歪着头焊，焊花直往脖子里钻，这些都会导致电焊工被烫伤。每个电焊工都要掌握"盲焊"技术，这对个人的技术和心力都是不小的考验。

"早上干干净净来上班，一个小时不到，人就像从垃圾堆里爬出来的。许多电焊工这样评价自己：远看像要饭的，近看像收破烂的，仔细一看是烧电焊的。这就是电焊工给人的印象。"说着，孙国伟哈哈大笑起来。

"但是也有别人没有的震撼。"徒弟吉莲琼自豪地说，"我看过一张照片，一名电焊工站在高处，高举着焊枪烧焊，从他的手部到地面，是繁多的焊花绽开，他的身影在焊花中显得很朦胧。照片拍得非常好，我就是看到那张照片才决定学电焊的。"

孙国伟也认为，他不羡慕那些夏天能躲在房间吹空调的人。因为这种体验他下班回家就能感受到，但电焊工们的日常别人或许一辈子都没机会体验。"真的，你有空调、Wi-Fi和西瓜，我有烈日、高温和焊花，无比灿烂。"

"悟性和吃苦耐劳缺一不可"

一阵电话铃声响起，孙国伟接完，立即抓起手边的工具快速朝下船的铁梯走去。

"肯定是车间有事。"吉莲琼对记者说，"师傅是船厂第一焊工，他的很多技艺是我们焊接的标准，所以凡是电焊车间的人遇到问题，都会找我师傅帮忙。"

记者追到焊接车间，顿时被眼前的壮观景象震撼了。硕大的车间，看不到人员走动。百来个工位有序地排列，每个工位都有焊花溅起。嘈杂的环境里透着别样的宁静。

孙国伟指导焊工解决问题后回到自己的工位。孙国伟说："焊接是门精细活，活儿一定要漂亮。学习电焊，悟性和吃苦耐劳缺一不可。入门很简单，要想掌握好，没个八九年肯定不行。师傅只能教你各种焊接的手法，精髓要靠自己在实践中摸索，一点一滴积累。"

孙国伟很感激他的师傅，师傅要求极高，孙国伟考取代表行业内最高水平的6GR证书，就是被师傅逼出来的。在师傅"逼迫"下，省内外各种焊接技术交流、大大小小各类焊接比赛，都有孙国伟参与和获奖的足迹。

对工作中偶尔的瑕疵，孙国伟都要反复琢磨。他会拿来样本照片，对外观、裂纹、气孔等要素进行观察，反思手法是否存在不足，认真分析问题的症结所在。

"电焊工是一个很好的职业，有了这门技术，走遍天下都不怕。但现在年轻人都不爱做，嫌累嫌脏。其实脏也好，累也罢，习惯了都能克服。比如你戴上面罩就呼吸困难，而我戴上面罩就特别有安全感，这就是习惯的力量。"孙国伟遗憾地说，"现在的年轻人大都不愿意勉强自己去适应。平心而论，我对一些徒弟也不满意，但我不想失去他们，就先自我检讨，思考自己在哪方面教得不够好，再找徒弟一起沟通。只要他们肯学，我都会毫无保留地教。"

孙国伟是福建省极少数掌握了所有金属材料切割、焊接技术的金牌工人，曾获得福建省五一劳动奖章、2019年福建省十大八闽工匠等荣誉。

（资料来源：东南网，2020.07.13，有改写）

思考：孙国伟身上体现了劳模的哪些特征？

典型案例2

技术工人周家荣

52岁的周家荣，已和钢绳相伴33年。他出身于农民家庭，幼时家境并不富裕，初中毕业后的他早早步入社会。1987年，打了三年零工维持生计的周家荣因贵州钢绳厂占地招工，幸运地成了一名股绳工人。周家荣对这份工作十分珍惜，"干就要好好干！"这个想法从此在他心里扎下了根。

  此后，钢绳生产零基础的周家荣依靠刻苦自学技能、勤于请教前辈，成为一线技术骨干。他还以优异的成绩取得了技师资格证及大专文凭，获得了"全国五一劳动奖章""中华技能大奖"等殊荣。

  为满足不同用户需求，周家荣不断研究，攻克了许多无先例可循的技术难关，也为贵州钢绳厂带来了多项世界领先的生产技术，让新产品填补了国内市场空白。贵州钢绳股份有限公司二分厂党委书记陈仕学告诉记者，周家荣研制产品精益求精，经他手的产品都能让客户满意、让厂里放心。

  周家荣凭借过硬的技术能力，先后参与了136件特殊产品的生产，并且成功应用在南极科考、虎门大桥、坝陵河大桥、辽宁号、神舟系列飞船等国家重点工程和平塘FAST天眼等大国重器上。

  知识与技术在迭代，但初心不改，匠心不变。爱岗、专注、踏实、创新是周家荣的信条，他也将其淋漓尽致地展现在了工作中。

（资料来源：天眼新闻，2020.09.16，有改写）

思考：在周家荣身上可以感受到哪些榜样的力量？

二、劳模精神

（一）劳模精神的概念

  劳模精神是指"爱岗敬业、争创一流、艰苦奋斗、勇于创新、淡泊名利、甘于奉献"的劳动模范的精神，是伟大时代精神的生动体现。其中，爱岗敬业是本分，争创一流是追求，艰苦奋斗是作风，勇于创新是使命，淡泊名利是境界，甘于奉献是修为。做一个守本分、有追求、讲作风、担使命、有境界、有修为的人，是每一位劳模的精神风范，更是每一位劳动者应该追求的目标。

（二）新时代劳模精神的内涵

  新时代是一个伟大的时代，伟大时代需要伟大精神引领和导航，伟大精神推动伟大事业和伟大目标的实现。"不惰者，众善之师也。"劳模精神是对新时代劳动者最具感召力、凝聚力和影响力的精神力量。

  党的十八大以来，习近平在与劳模座谈、考察调研、劳模表彰大会等不同场合，就如何更好发挥劳模作用、传承和弘扬劳模精神提出了许多新思想、新观点、新论断和新要求，为新时代光大劳模精神提供了根本遵循。这些新思想、新观点也是充分调动亿万劳动群众的工作热情，激发劳动群众的创新活力，凝聚劳动群众在实现中华民族伟大复兴中国梦的伟大征程中拼搏有为、展现风采、建功立业、不断创造新辉煌的行动指南。新时代是奋斗出来的，美好生活是靠广大劳动群众干出来的。实践好、完成好"十四五"规划和二〇三五年远景目标，应紧紧依靠工人阶级和广大劳动群众，大力弘扬劳模精神。正如习近平所说："全社会都应该尊敬劳动模范、弘扬劳模精神，让诚实劳动、勤勉工作蔚然成风。"以"铁人"王进喜等为代表的老一代劳模曾带领广大人民群众自力更生、奋发向上、顽强拼搏，克服重重困难，为我国建设和发展立下了不朽功勋,在创造了巨大物质财富的同时,也给后人留下了宝贵的精神财富。改革开放以来,"蓝领专家"孔祥瑞、"金牌工人"窦铁成、"新时期铁人"王启民、"新时代雷锋"徐虎、"白衣圣人"吴登云、"中国航空发动机之父"吴大观等新时代工人阶级的杰出代表,以改革创新精神,锐意进取,大胆开拓,带动广大劳动群众在改革开放和社会主义现代化建设大潮中,为开拓和发展中国特色社会主义事业做出了重要贡献,担当起了改革开放主力军的职责。在各个领域取得的举世瞩目的辉煌成就,靠的是数量庞大、勤劳坚韧、素质不断提高的劳动者的辛勤劳动和卓越创造,靠的是劳模精神的代代传承。

每个时期的劳模,都是时代的精神符号和力量化身。长期以来,广大劳模以高度的主人翁责任感、卓越的劳动创造、忘我的拼搏奉献,谱写出一曲曲可歌可泣的动人赞歌,为全国各族人民树立了光辉的学习榜样。新时代劳模精神被赋予着越来越多的时代内涵和元素:

(1)劳模精神是工人阶级先进性的集中体现。
(2)劳模精神是工人阶级主人翁意识的集中凸显。
(3)劳模精神是社会主义核心价值观的生动诠释。
(4)劳模精神是时代精神的生动体现。
(5)劳模精神是民族精神的重要组成部分。
(6)劳模精神是劳动精神的积极呈现。
(7)劳模精神是培育时代新人的重要手段。
(8)劳模精神是文化自信的重要支撑。
(9)劳模精神是实现中华民族伟大复兴中国梦的重要力量。
(10)劳模精神当代品格的核心要素是工匠精神。

每个新时代的劳动者都要树立劳动最光荣、劳动最崇高、劳动最伟大、劳动最美丽的思想观念,始终坚持用劳动模范的崇高精神和高尚品格激励和鞭策自己,把党和国家的奋斗目标作为自己实现人生理想和人生价值的目标,以民族复兴为己任,争做新时代的追梦人。每个劳动者无论从事什么性质劳动,都要干一行、爱一行、钻一行,在工厂车间要弘扬"工匠精神",精心打磨每一个零部件,生产有品质的产品;在田间地头,精心耕作,努力实现丰收高产;在商场店铺,无论线上还是线下,都要诚实经营,笑迎天下客,童叟无欺,提供优质服务;在科学研究岗位上,要密切关注行业、产业前沿和技术进步,刻苦钻研,不断提高技术水平和攻关能力……每个劳动者都要发扬为民服务孺子牛、创新发展拓荒牛、艰苦奋斗老黄牛的精神,砥砺奋斗、笃定前行,不畏艰难险阻,在平凡岗位上续写不平凡的故事,努力在全面建设社会主义现代化国家新征程上创造新辉煌、铸就新伟业。

(三)不同年代劳模精神的时代特色

1.革命战争年代劳模精神的时代特色

革命战争年代的劳模群体呈现出"为革命生产劳动、为革命拼命献身、为革命苦干巧干"的"革命型"特征,劳模精神开始萌芽。

(1)爱党拥军和革命英雄主义是革命战争年代劳模精神的鲜明底色。
(2)热爱劳动和主人翁责任感是革命战争年代劳模精神的崭新面貌。
(3)艰苦奋斗、自力更生、埋头苦干是革命战争年代劳模精神的优良作风。
(4)无私奉献、团结群众是革命战争年代劳模精神的品格特色。

2. 中华人民共和国建设时期劳模精神的时代特色

劳模精神在20世纪50~70年代初具雏形。中国社会主义建设在中国共产党的领导下，在初期借鉴苏联的经验和后期摸索开展的过程中曲折前进。劳模在艰苦的环境中练就了坚毅品质和勤劳品格，继承了踏实朴素、艰苦奋斗的优良传统。

（1）坚定理想、忠党爱国、服从领导是中华人民共和国建设时期劳模精神的崇高信念。

第一代劳模群体是革命时代的英雄儿女，从革命中来，深受"革命理想高于天"的熏染，在中华人民共和国成立后的革命事业中更加坚定了传承革命话语、实现共产主义的理想信念。

（2）自强不息、艰苦创业、奋发图强是中华人民共和国建设时期劳模精神的优秀基因。

作为中华民族的传统美德，艰苦勇敢、自强不息自古以来就是中华民族精神的重要内容。几千年来，正是依靠这种艰苦奋斗精神，中华民族才历经沧桑而不衰，巍然屹立于世界民族之林，中华人民共和国建设时期的劳模继承了这种精神品格。

（3）爱岗敬业、忘我劳动、多做贡献是中华人民共和国建设时期劳模精神的品质标准。

中华人民共和国成立后，党和人民政府励精图治，党的正确政策、优良作风和崇高威信深入人心，人们在党的领导下积极参加各项革命和建设工作，在全国形成了革命的、健康的、朝气蓬勃的社会道德风尚。

（4）团结协作、勇于革新、淡泊名利是中华人民共和国建设时期劳模精神的价值追求。

我国工人阶级和广大劳动群众在中华人民共和国成立后，围绕国家重大战略、重大工程、重大项目、重点产业，广泛深入持久开展劳动和技能竞赛，积极参加群众性创新活动，汇聚起众志成城的磅礴力量。深刻认识国家好、民族好大家才会好，正确处理个人和集体、当前和长远、局部和整体的利益关系，自觉维护大局、服务大局，深刻认识团结就是力量、团结才能前进的道理，发扬团结协作、互助友爱的精神。

典型案例

茅以升的故事

茅以升（1896—1989年），原名以昇，字唐臣，中共党员，中国桥梁家、教育家，江苏镇江人。

茅以升毕业于唐山工业专门学校，是美国康奈尔大学硕士，美国卡内基理工学院博士。曾任交通大学唐山学校教授、东南大学工科主任、北洋工学院院长、钱塘江桥工程处处长、交通大学唐山工学院院长、国民政府交通部桥梁设计工程处处长。后任北方交通大学校长、铁道部铁道研究所所长、铁道科学研究院院长、武汉长江大桥技术顾问委员会主任委员。

茅以升长期从事桥梁工程、结构力学和土力学方面的工程实践、科学研究和教育工作。他主持修建了由中国人自己设计和施工的第一座公路铁路兼用的现代化大桥——钱塘江大桥，该桥是中国自己建造的第一座跨度较大的现代桥梁，在建桥中采用了桥梁基础、桥墩、钢桁架梁三项工程上下并进的施工方法，并在"射水打桩法""气压沉箱法"和"钢桁架梁浮运法"中实现了全部工程半机械化施工，因而仅以两年半时间和低廉的造价，就完成了这一艰巨的工程，并于1941年获得中国工程师学会荣誉奖章，在钱塘江大桥建桥过程中，培养和造就了一批土木工程，特别是桥梁工程的技术人才；参与了中国第

第二章 传承新时代劳模精神——学习榜样的力量

一座现代化的大桥——武汉长江大桥的建造,大桥将京汉铁路和粤汉铁路衔接起来,成为我国贯穿南北的交通大动脉,并把武汉三镇连成一体,确保了我国南北地区铁路和公路网连成一体;参与结构审查工作。茅以升倡导土力学的科学研究和教学,并于1948年发起成立中国土力学及基础工程学会,为我国建设贡献出自己的力量。

(资料来源:中国新闻网,2009.06.21,有改写)

3. 改革开放初期劳模精神的时代特色

劳模是一个饱含时代情感的标签,每个时代的劳模都代表这个时代最先进的生产力和最主流的价值倾向。在"科学技术是第一生产力"等一系列重要论断下,专职技术人员、知识型工人、优秀企业家等进入了劳模行列,金庆民、闵乃本等院士、教授光荣地成了劳模。

(1)劳模以实干精神诠释"以经济建设为中心"

1978年召开的中国共产党十一届三中全会确定以经济建设为中心,开启了改革开放的新征程,对改革开放时期的劳模的成长产生了深远的影响。

(2)劳模将敬业精神与科学精神相结合

改革开放初期,中国经济社会发生重大变化,劳模的范围突破了单纯的生产范围逐步拓展到交通运输、财贸、教育、文化、卫生、体育、新闻等行业。

总之,改革开放初期的劳模随着改革开放号角的吹响,用精业敬业、敢为人先的精神在困难中披荆斩棘;他们起早贪黑,默默奉献,创新创造,勇当改革发展的领跑者。

他们将自己的汗水挥洒在自己热爱的领域,跻身于政治和社会的舞台中心,通过自己的劳动创造得到社会越来越多的关注。

典型案例

纪念改革开放40年——劳模班的岁月

2017级劳模本科班班长张鹏上课时总抢着坐在第一排。

正当改革开放的春风吹遍中华大地时,那些在工厂车间、田间地头、商场店铺勤勉工作的劳模们并没有想到,他们的人生即将发生改变。

1992年,全国总工会在中组部、教育部的大力支持下,在中国劳动关系学院创办了劳模本科班,从优秀工人中选拔干部,培养跨世纪后备人才。这意味着,来自基层一线的劳动模范有了免费读大学的机会。

26年,607名劳模本科班学员,607个非凡的人生。走进大学课堂,劳模们获得的不仅是丰富的知识,更开启了一扇通往崭新人生的大门。

追寻劳模班走过的年年岁岁,感受劳模精神与时俱进的光彩与力量。

2017年11月25日,正值北京的深秋。有着68年建校历史的中国劳动关系学院的校园里,秋色正浓。红色的枫叶、黄色的银杏、绿色的松柏,缀满枝头的柿子,这一切都让回到母校的贾向东怀念起读书的时光。

这趟回北京,他是受邀参加纪念中国劳动关系学院举办劳模本科教育25周年研讨会的。想到能见到劳模班历届校友,与老师促膝而谈,一向沉稳的他激动了好几天。

"我们1992年入学时,是个很特殊的群体,班里的同学来自17个省(区、市),年龄最大的38岁,最小的21岁……"会议室正中的大屏幕上是岁的劳模班首届学员胡建明。

胡建明进入劳模班的时候,还是一名纺织女工,现在已是湖南省株洲市总工会副主席;贾向东,从普通的一线技术工人,成长为山西省总工会兼职副主席……一幅幅劳模前辈的老照片,一个个决定劳模班走向的转折点,一个个通过学习获得淬炼的励志故事,深深吸引着2017级劳模班班长张鹏。

4年的大学生活,改变着劳模学员的生命轨迹。他们用亲身经历告诉学弟学妹:时代需要劳模,需要劳模精神。劳模要与时俱进,劳模精神要代代传扬。

"我要上大学!"

1992年5月的一天,湖南省株洲市麻纺厂工会主席找到了织布挡车工胡建明。

"小胡,告诉你一个好消息,市总工会要推荐你到北京上大学!前提是需要参加全国统一的成人高考,只要达到为劳模生专划的分数线就能录取。"工会主席语调轻快,满脸笑容。

胡建明低头捡着工装上的线头,半天没吭声。

"我高中毕业10年了,工作以后就没摸过书本,我怕……考不上。"胡建明嗫嚅着。

工会主席沉吟半晌后拍板:"给你三个月假期,上个补习班。你是劳模,这点考试难不倒你!"

胡建明张了张嘴,心里既温暖又忐忑:"谢谢主席,我一定努力!"

交接了工作,胡建明一头扎进了书本里。26年后的今天,她依然记得当时拼命学习的日子,"每天除了吃饭就是背书、做题,有时半夜突然惊醒,脑子里全是英文单词。"

当年,湖南省为参加成人高考的劳模设置了专门的考场,两个教室,坐了40多人。最后,胡建明和其他8个人跨过了分数线,拿到了录取通知书。

1992年8月31日,在中华全国总工会的高度重视和支持下,经教育部、中组部特批,中国工运学院(现更名为中国劳动关系学院)迎来了48名首届劳模本科班学员,他们将在这里进行为期四年的脱产学习。

全国劳动模范、全国五一劳动奖章获得者、全国三八红旗手、新长征突击手……当时,站在来自各行各业的劳模同学中间,胡建明觉得自己这个纺织系统劳模很不起眼。

与自信张扬的大学生不同,劳模学员们走进课堂后显得有些紧张和局促。由于长年工作在生产第一线,大部分学员文化底子薄,英文、数学成了他们最头疼的科目。也正因为如此,劳模们特别珍惜学习机会,拿出"劳模精神"啃起了书本。

在课堂上学习英语语法、计算机应用、工会知识;抱着书籍走在绿树成荫的校园里;金秋时节出现在课桌上的柿子……在胡建明的记忆里,住在3号学生宿舍楼的日子充满了"象牙塔"里的无忧无虑。

当胡建明在知识的海洋里徜徉时,一些劳模进入了全国总工会获批开设的"预科班"——由中国工运学院组织集中补习高中文化课,在考试合格后,直接安排进入劳模本科班学习。

1996年,全国总工会组织部"免除劳模班入学考试"的申请获得教育部批复。自此,凡符合入学条件的全国劳模、全国五一劳动奖章获得者,由省(区、市)工会推荐,全国总工会组织部审定,报教育部批准后,"可免试进入中国工运学院劳模本科班学习"。

如今,中国劳动关系学院是全国唯一坚持举办劳模本科班的学校。

"关爱劳模,不仅要有鲜花和荣誉,更要为他们提供'充电'的机会。"全国总工会的态度很明确。

一年年春华秋实,中国劳动关系学院劳模本科班日渐成熟,吸纳着各行各业的劳模,包括乡村外出务工人员。

2009年新年,焊工贾向东收到一封信,落款为"中国劳动关系学院"。他心里一阵慌乱,深吸一口气,轻轻展开信纸——"贾向东同学:你已被我院社会工作专业(高中起点本科)录取……"短短三行字,这位出身乡村外出务工人员的劳动模范反复读了很多遍。

"我要上大学了!"贾向东笑出了声。

"象牙塔"里的日子

胡建明入学那年,张鹏正在部队当汽车兵,贾向东还是一个农村娃。

参与改革开放、当选劳动模范、免费上大学……彼时的张鹏和贾向东,绝想不到这些"高大上"的事情会发生在自己身上。

2017年3月,45岁的张鹏成了中国劳动关系学院劳模本科班的一名大学生。

铁质的上下床铺、清爽的碎花窗帘、独立卫生间、书桌书架、台灯电脑,还有窗外操场上传来拍打篮球的"砰砰声"……步入大学校园的那一天起,张鹏觉得自己走进了一个新的世界,"迟到20多年的大学梦实现了"。

张鹏出生在辽宁省铁岭市的一个小镇,从小父母离异,早早便辍学养家。1990年入伍当兵;1994年离开部队后,他拿着仅有的1.8万元退役津贴创业,从洗车工到服务员,从卖掉房子购买第一台校车,到成立辽宁省葫芦岛市第一家校车车队;从组建爱心车队,积极参加志愿活动,到抢险救灾、照顾孤寡老人、资助贫困学生、免费接送高考生……依靠劳动创造美好生活的张鹏,也用自己的方式传播着"爱与温暖"。

生活富裕了,"上大学"的念头又开始在他心中萌动。

2016年的一天,张鹏的劳模朋友兴奋地告诉他:自己要去中国劳动关系学院读书了。

"我能去吗?"张鹏怀着试试看的心情,找到了辽宁省总工会领导。

"你是全国劳动模范,绝对符合条件。"领导爽快地答应了。

申请入学的过程十分顺利。在完成了新生入学程序后,张鹏如愿以偿地拿到了盖着"中国劳动关系学院继续教育学院招生办公室"红色公章的录取通知书。

少年时坎坷,青年时拼搏,中年时读书……张鹏觉得自己的日子越过越美。

入学第一天,班主任就给张鹏安排了一份"要职"——2017级劳模班班长。"张班长"很称职,放下行李,就开始张罗着帮即将同窗四年的劳模同学搬行李,布置宿舍,带着大家参观校园。

"又可以结交新朋友了,而且全是各行业的精英!"在张鹏眼里,大学生活充满了新奇。

劳动经济学、劳动法、工会法、人力资源管理、计算机应用、中国工运史、世界工运史、大学英语……每堂课,身材魁梧的张鹏都坐在第一排。"给我们授课的都是学院的'大牌教师',一定要抢个好位子。"

每开一门新课,张鹏还会做一件事——拉着授课老师在黑板前合影,然后把照片上传到个人QQ空间,作为纪念。"即便以后年纪大了,我都不会忘记为自己传道授业解惑的恩师。"他觉得,这是对老师最好的尊重。

为适应劳模特点,学校有针对性地规划了课程设置:40门课程涉及通用素质能力、专业素质能力和专业技能三个板块,致力于使学员在掌握社会科学基础知识之上,在工会与工会工作、劳动关系、社会保障、企业管理与相关法律、社会工作的理论、方法和技能、企业文化等领域能够有所专长。

结合课堂教学需要,学校还开设了"第二课堂"——定期组织劳模学员到实践基地、厂矿企业、基层社区进行实地调查学习,组织劳模大讲堂、党员知识竞赛,组织劳模学员参加大国工匠与国家创新发展论坛、大国工匠进校园等活动,不断扩展着劳模学员的视野。

毕业22年的胡建明觉得,4年的劳模班学习给她的人生画出了一条分水岭:"收获的不仅是知识,头脑里想的东西也不一样了。"

一个崭新的开始

1993年,胡建明第一次走进了人民大会堂。这年的金秋十月,劳模班学员幸运地参与了一项重要工作——为中国工会第十二次全国代表大会服务。

站在万人大礼堂里,胡建明见到了来自全国各地、各行各业的优秀工会干部、著名劳模和一线职工。

"工会工作怎么干""全国职工是建设中国特色社会主义事业的主力军"……大家谈论的话题,为以往"只顾埋头纺织"的胡建明打开了一扇新的大门。同时她也深刻地感受到了中国工会的作为和工人阶级的力量。

1996年,胡建明大学毕业了。"离开校门的那一刻,不是学习生涯的结束,而是一个崭新的开始。"带着班主任的这句临别赠言,怀揣中组部《关于确认中国工运学院劳模本科班毕业生干部身份问题的批复》,胡建明踏上了回家的列车。

那一年,国有企业效益普遍下滑,许多国有企业开始了新一轮改革。其中,也包括株洲市麻纺厂。

胡建明被叫到了株洲市总工会主席的办公室。"小胡,市总工会需要专业人才,你这四年学到的工会学知识正好可以派上用场。不如,来市总工会工作吧!"主席笑盈盈地看着胡建明。

批编制、调档案、办手续……胡建明说,自己就这样懵懵地成了一名工会干部。

她工作的第一个部门是研究室,负责信息采集和数据统计。为了写好信息简报,胡建明每天坐公交车到各厂走访,"看看改制中职工权益有什么新情况,企业工会工作有什么新亮点"。一年后,她"用脚底板"踩出的简报,在全国工会系统名列前茅。

每年汇总统计数据的时候,正是株洲最冷的冬季。当时,株洲市总工会只有一台286电脑。胡建明在劳模班学会的电脑知识正好派上了用场。她每天脚下垫着电暖炉,手边放着电话机,在电脑前一坐就是一整天。几千个数据,一点一点抠,遇到统计误差,就挨个给基层工会打电话。

"统计数据应该反映工会工作的真实情况,特别是基层单位,如果我们的数错了,汇总到全国总工会,可能就会对相关判断与决策形成误导。"胡建明觉得,自己的方法虽然笨拙,做的事情却很有意义。

胡建明的工作得到了株洲市总工会领导和同事们的认可。很快,她当上了研究室副主任、女工部部长、帮扶中心主任、市总工会副主席。

年纪阅历在增长,胡建明"拼命三娘"的工作劲头丝毫不减——2002年4月,在全省创办首家工会女职工周末学校,2010年该校被全国总工会授予全国女职工培训示范学校;2003年,建立株洲市总工会职工维权帮扶中心,消除帮扶盲点;2012年,成立首家劳模技术创新工作室,建立"株洲工匠"人才库,设立职工科技创新进步奖……

"心有多大,舞台就有多大!"每一项工作,胡建明都拼尽全力做到最好,用自己的不懈努力坐实了"娘家人"的称号。

从"师傅"到"主席"

2016年"五一"国际劳动节前夕,胡建明把贾向东请到株洲"做客"。株洲市的主要媒体报道了当时的"盛况":4月26日,株洲市2016年庆祝"五一"国际劳动节暨劳模事迹巡回报告活动启动仪式在市委礼堂举行。启动仪式特别邀请到了中华全国总工会第十六届执委、山西省总工会兼职副主席、焊接技能大师贾向东做优秀事迹报告。作为一线职工中技能成才的典型代表,贾向东被誉为焊接技术领域的"焊武帝"。

坐在讲台中央,面对数百听众,贾向东沉稳地推了推眼镜,娓娓道来:"我本是一个地地道道的农村娃。家在山西省天镇县的一个农村。一个偶然的机会,刚满19岁的我以农民学徒工的身份,走进了山西电建二公司,当了一名焊工……"

23岁获得山西省第二届职工职业技能大赛焊接工种第一名;24岁获得全国五一劳动奖章;25岁成为山西省生产技能A级专家,火电建设专家组组长;27岁荣获全国劳动模范称号——贾向东讲述着如何用一把焊枪,"焊"出一条令同龄人艳羡的成长之路。

不过,站在卧虎藏龙的劳模群体中,他觉得自己"只能拿到70分"。

"我最崇拜包起帆,那才是'彪悍的人生'。"2013年7月,在全国总工会机关举行的"中国梦·劳动美"全国劳模先进事迹报告会上,贾向东见到了"大名鼎鼎"的包起帆。

连续5次获得全国劳动模范,2次获得全国五一劳动奖章,3次获得国家发明奖,3次获得国家科技进步奖,45次获得省部级科技进步奖,36次摘得日内瓦等国际发明展览会金奖;做过码头装卸工、机修工,担任过上海国际港务(集团)股份有限公司副总裁、上海市政府参事、华东师范大学国际航运物流研究院院长……

包起帆的传奇经历让贾向东屏住了呼吸。全国劳模是技术工人的最高荣誉,顶着这个光环,贾向东觉得自己需要更努力,才能配得上这份荣耀。

事实上,从劳模班毕业后,贾向东的生活发生了翻天覆地的变化,从一名一线焊工,成长为山西省总工会兼职副主席。

35岁的贾向东确实已经是很多人的"师傅",受邀为大大小小的技能比武当技术指导或裁判,前往各地技校传授焊接经验,这些经历让他认识了不少年轻同行,拜师学艺的人也蜂拥而至。不过,他不轻易收徒弟,"万一品行不好,影响'劳模'这块金字招牌可不行"。

但贾向东看见特别喜欢学技术、刻苦练技术的年轻人就心软。

有一年,贾向东为内蒙古包头职业技术学院授课,有个小伙子课后抓住他问个不停。此后几年,只要是贾向东的课,这个小伙子每堂必到。学院老师告诉他,小伙子是请假听课,晚上还要在学院里练到大半夜才走。好心的老师特意为他提供了临时住所。

小伙子叫赵波波,后来成为了贾向东的徒弟。今年,他摘得了第六届全国职工职业技能大赛焊工选拔赛内蒙古自治区赛区第一名。

2018年10月25日晚,中国劳动关系学院安排了一次特殊的"课外辅导"——2017级、2018级劳模本科班全体学员、教师、本科生、研究生及校友代表欢聚一堂,共话中国工会十七大。课堂上,张鹏又见到了比自己年轻十几岁的"师兄"贾向东。

彼时,中国工会第十七次全国代表大会正在北京召开,其中有12位代表来自劳模班,贾向东当选了中华全国总工会第十七届执委会主席团委员。

"请你谈谈上学的体会""上学给你带来了怎样的改变"……面对在读劳模们的提问,腼腆的贾向东抿了抿嘴唇:"多学一点知识,多做一些贡献,让人生不断发光发热。"

中南海回信

对于中国劳动关系学院劳模本科班的学员来说,2018年的"五一"因为一封特殊的回信而值得终生铭记。

4月30日傍晚,胡建明习惯性地打开电视锁定央视的《新闻联播》,然后走进厨房准备碗筷。"建明,快看,电视里在讲你们劳模班!"丈夫兴奋地喊道。

胡建明奔到电视机前,听到播音员正在播报习近平回信——

"你们为党和国家事业发展做出了突出贡献,被评为劳动模范,如今又在读书深造,这是对大家辛勤劳动、无私奉献的褒奖,也是党和国家对劳动者的关怀""社会主义是干出来的,新时代也是干出来的。希望你们珍惜荣誉、努力学习,在各自岗位上继续拼搏、再创佳绩,用你们的干劲、闯劲、钻劲鼓舞更多的人,激励广大劳动群众争做新时代的奋斗者""劳动最光荣、劳动最崇高、劳动最伟大、劳动最美丽。全社会都应该尊敬劳动模范、弘扬劳模精神,让诚实劳动、勤勉工作蔚然成风"。

"总书记给我们回信了!"此时,在读的劳模班学员也正激动地聆听习近平的回信。

"五一"前夕,2017级和2018级劳模班38名学员集体给习近平写了一封信,汇报了他们在读书深造时取得的成绩,表达了争做新时代奋斗者的决心。"没有想到,总书记真的回信了!"作为直接参与者,张鹏激动得脸庞涨红。"这个'五一'不单是我们劳模班,也是全国劳动者最幸福的'五一'!"

对他来说,这个"五一"注定了充满光彩:走进全国总工会和央视联合主办的2018年"中国梦·劳动美""五一"国际劳动节心连心特别节目现场,接受央视采访,上了《新闻联播》……许多葫芦岛人在微信群和朋友圈晒出张鹏参加"五一"活动的视频和照片,大家自豪地说:"张鹏是咱们葫芦岛籍劳模!"

胡建明在1989年当选湖南省纺织系统劳动模范时,只有25岁。也许是一种巧合,在成为株洲市总工会副主席后,胡建明被安排分管劳模工作。这也让她对于劳模精神有了更深刻的理解。

第二章 传承新时代劳模精神——学习榜样的力量

"我们当劳模的时候,劳模精神意味着'甘愿为党和人民当一辈子老黄牛'的奉献精神。但如今的劳模,不仅要爱岗敬业、技术一流,更需要有智慧会创新。"6年时间,胡建明与同事们在株洲推动建立了超过100个劳模创新工作室,致力于让劳模精神后继有人。

习近平的回信,也将中国劳动关系学院劳模本科班推到了聚光灯下。据统计,劳模班培养的607名学员中,全国劳动模范234人,全国五一劳动奖章210人,全国人大代表17人,全国党代表11人,还有9人获得"中华技能大奖"。

2018年,改革开放40年,劳模们的生活悄然发生着改变。

胡建明要在退休前抓紧推动劳模创新工作室创建工作规范化、制度化、标准化,使之真正成为职工成长的"大课堂"、技术创新的"孵化器"、成果转化的"中转站"。"退休前,我还要再推荐几名劳模上大学。"

已经调入中国能源建设集团山西省电力勘测设计院的贾向东,正牵头筹备山西省焊接协会,吸纳焊接工匠、技能大师和高校教师加入,让顶尖焊接技术发挥更大的作用。

张鹏给远在国外读书的女儿写了一封信:"我非常自豪在人生的韶华之年,见证并参与了伟大的改革开放。一粒种子,只有深深地植根于沃土,才能生机无限。女儿,希望你跟老爸一起好好学习,三年以后,咱俩毕业了,一起为国家建设做贡献,成为新时代的奋斗者!"

(资料来源:中工网,2018.12.11,有改写)

(四)新时代劳模精神的内涵

新时代劳模精神的内涵是爱岗敬业、争创一流、艰苦奋斗、勇于创新、淡泊名利、甘于奉献,它的本质特征是对我国工人阶级的优秀品格的体现;对伟大的中华民族精神的传承;对改革创新的时代精神的凝结;对社会主义核心价值观的诠释。习近平高度重视对劳模精神的弘扬,并在党的十九大报告中提出,弘扬劳模精神和工匠精神,营造劳动光荣的社会风尚和精益求精的敬业风气。十八大以来,党和国家各项事业取得巨大成就和突破,我国顺利进入中国特色社会主义新时代,社会主要矛盾发生转化,弘扬中国精神时不我待,注重创新发展迫在眉睫,这构成了弘扬劳模精神的时代背景。与此同时,中国共产党弘扬劳模精神的优良传统和新时代弘扬劳模精神所面临的问题与困境,也强烈要求着我们在历史中总结经验和规律,认清现实和形势,继续把弘扬劳模精神的传统发扬光大。劳模精神是党和国家的宝贵精神财富,新时代弘扬劳模精神具有重要的意义。首先,它能为实现中华民族伟大复兴的中国梦提供强大的精神力量;其次,它能为振奋伟大的民族精神提供鲜活的精神资源;再次,弘扬劳模精神拓展了促进社会进步的有效途径;最后,弘扬劳模精神构筑了培育时代新人的重要手段,践行新时代劳模精神也至关重要。

中国特色社会主义进入新时代,中国劳模精神一方面延续了过去年代的精髓要义,另一方面显露出新的时代内涵和实践向度。

> 典型案例

中国梦·实践者｜大山里的女校校长张桂梅：我想改变一代人

"起床喽，姑娘们！""快点呗，还有两分钟上课了……"清晨，天还没亮，63岁的张桂梅就开始了一天的工作。她拿着喇叭走在校园里，喊学生们起床，催促学生们上课。

"她们喊我'魔鬼''周扒皮'，半夜鸡叫。"张桂梅笑道，因为要求严格，她被学生们起了许多外号。

张桂梅不是校工，而是一所学校的校长。她的这所学校很特别：学生大多来自云南的贫困山区，而且都是女生。这就是全国第一所全免费公办女子高中——丽江华坪女子高级中学（以下简称华坪女高）。

从东北到云南，命运让她与这里的学生紧紧相连

张桂梅祖籍辽宁，从东北来到云南支边后，随丈夫同在大理白族自治州喜洲镇第一中学任教。张桂梅以为那里将会是她余生的归宿，然而天不遂人愿。1996年，张桂梅的丈夫因胃癌去世。张桂梅害怕触景伤情，申请从大理调出，来到了丽江市华坪县民族中学任教。

从大理调到华坪不到一年，张桂梅被查出子宫内有一个近五斤重的肌瘤。由于之前给丈夫治病几乎花掉了所有积蓄，张桂梅决定放弃治疗。后来，县里得知了张桂梅的病情，县长告诉她："我们再穷，也会救活你。"为此，县里开妇代会的时候积极动员大家给张桂梅捐款，有人甚至捐出了自己仅剩的五块钱路费。

"我没为这个小县做过一点点贡献，却添了这么大的麻烦。他们把我救活了，我活着要为他们干些什么。"张桂梅回忆起那段往事，依然哽咽。

再次回到校园，张桂梅发现，华坪的教育环境和她以前所在的大理相差甚远。张桂梅任教期间，民族中学里的女生不仅数量少，还时不时有女生从课堂上消失。

读着读着就不来了，是什么原因？张桂梅跑进大山，开始找那些退学女生做家访。和家长们一谈，张桂梅明白了：十几岁的姑娘，已经被定下婚事，要出嫁了。张桂梅不甘心，拦不住的，就找到当地的村干部进行沟通；家里太穷的，就拿出自己的工资补贴。她铁了心，无论如何也要把这些女孩子们带回去读书。

2001年，华坪儿童之家（福利院）成立，捐助方指定让身为教师的张桂梅兼任院长。"儿童之家"收养的孩子中有一部分是被遗弃的健康女婴，无儿无女的张桂梅成了她们的"妈妈"。

民族中学和儿童之家的经历让张桂梅萌生了一个想法：筹建一所免费的女子高中。

"女孩子受教育她可以改变三代人的。如果她有文化，她会把孩子丢掉？我的初衷就是解决低素质母亲和低素质孩子的恶性循环。"张桂梅说。

为什么不男女生一起招收呢？张桂梅也有自己的考虑。一次家访时，她发现有户人家的儿子才读初二，便可以进县城参加补习班，而他的姐姐已经高三了，却要被家长留在家里干活。那一刻,张桂梅心里觉得,就算再难,她办女高都是对的。

筹款路漫漫,不负苦心人

华坪县的教育经费本就紧张,专门办一所全免费的女子高中,在旁人看来是太过疯狂的想法。从2002年起,张桂梅就开始为这个不切实际的梦想四处奔波。

她带齐所有的证件,到城市去募捐:我想办一所学校,您能不能支持我五块、十块,哪怕两块都行?

"骗子!好手好脚你不干活,还会说普通话,戴个眼镜你出来骗钱花……"筹款之路比张桂梅想象中困难许多,她用了五年寒暑假的时间也只筹措到一万元,远远不够开办一所学校需要的资金。

就在张桂梅已经不抱希望之际,天无绝人之路,2007年,张桂梅当选党的十七大代表。到北京开党代会时,一位细心的记者发现张桂梅穿的牛仔裤居然破了两个洞,她开始好奇张桂梅的故事。这之后,一篇《我有一个梦想》的报道,让张桂梅和她的女高梦在全国传开。

来自各方的捐款以及当地政府的出资共同汇聚在华坪,2008年8月,华坪女高建成。张桂梅担任校长,并吸引来了其他16名教职员工。

华坪女高首届共招收女生100名,绝大多数是少数民族,因为入学分数没有门槛,学生普遍基础较差。尽管如此,张桂梅还是给老师们下了"硬指标":好多人家祖祖辈辈第一个高中生在我们这儿。有女学生的爷爷奶奶说,孙女读高中了,我们可以放心地死了。知识在山里人心里的分量有多重?好不容易人家把孩子给我们了,你们给我教出来,最少二本!

又是一个看起来几乎不可能完成的任务。从那之后,张桂梅成了学生们眼中的"魔鬼",从洗漱、吃饭到自习,每件事都被张桂梅严格限制在规定时间内。

张桂梅说,她知道靠刷题提高成绩的方式并非上策,但这是没有办法的办法。尽管苦一点、累一点,但大山里的学生也可以考到浙大、厦大、川大、武大,那便一切都值了。

"您为此付出了什么?""几乎是生命"

今年七月,华坪女高将送走它的第十届毕业生。2019年高考,华坪女高118名毕业生一本上线率达到40.67%,本科上线率82.37%,排名丽江市第一。建校至今,已经有1 645名大山里的女孩走进大学。

华坪女高佳绩频出之时,张桂梅的身体却每况愈下,她患上了肺气肿、肺纤维化、小脑萎缩等10余种疾病。6年前,因为胳膊疼得抬不起来,张桂梅停止了授课,转而当起学校的后勤。她是校长,也是保安,每天检查水电安全,熄灯与否,拿着小喇叭催促学生上课,顺道赶走路上的蛇。张桂梅没有自己的家,她就住在一间学生宿舍里,日夜守护着校园。

"再坚持一下。"张桂梅说,"我也自己想办法找一些止疼药,先止疼,后面再说。现在也不想去检查身体了,越检查毛病越多。"尽管疾病缠身,张桂梅还是尽量让自己显得精神一点,她坚持对每个学生进行家访,把文化摆脱贫困的理念带进大山。

张桂梅的心思很细腻。前段时间因为疫情,学校只能网络授课。她担心老师一个人在教室讲课会孤独,便坐在教室门口陪着她们。久坐使她疼痛难耐,张桂梅干脆在门外支了张床。教学楼晚上熄灯,只有讲课的这一层才通电,张桂梅躺在光影之外,静静地陪着正在讲课的老师。

12年里,张桂梅先后被授予"全国先进工作者""全国五一劳动奖章""全国十佳最美乡村教师"等荣誉称号,她把全部奖金、捐款和大部分工资共计一百多万元一同捐献给了教育事业。

张桂梅说,当她走进华坪、走进民族中学、走进孤儿院这群孩子当中,本以为一两年之后就会离开,没想到一陷进去就没拔出来。

"不管怎么着,我救了一代人。不管是多是少,她们后面过得比我好,比我幸福,就足够了,这是对我最大的安慰。"

(资料来源:央视网,2020.07.03,有改写)

思考:张桂梅为什么被称为劳模?

第二节 践行新时代劳模精神

学习目标

掌握践行新时代劳模精神的方法。

一、爱岗敬业

爱岗敬业是从业者基于对职业的崇敬和热爱而产生的一种全身心投入的认真、尽职的职业精神状态。爱岗是敬业的基础,而敬业是爱岗的升华。爱岗就是干一行爱一行,热爱本职工作,不见异思迁,不被高薪及利益所诱,淡泊名利,坚守初心。敬业就是要钻一行,精一行,对待工作勤勤恳恳,兢兢业业,一丝不苟,认真负责。这精神是抗疫一线冲锋者、脱贫攻坚的践行者勇于拼搏的劳模精神。

(一)内涵

一份职业,一个工作岗位,都是一个人赖以生存和发展的基础保障。同时,一个工作岗位的存在,往往也是人类社会存在和发展的需要。所以,爱岗敬业不仅是个人生存和发展的需要,也是社会存在和发展的需要。爱岗敬业应是一种普遍的奉献精神。

只有爱岗敬业的人,才会在自己的工作岗位上勤勤恳恳,不断地钻研学习,一丝不苟,精益求精,才有可能为社会为国家做出崇高而伟大的奉献。焦裕禄、孔繁森、郑培民等都是在本职工作岗位上呕心沥血,勤政为民;当非典疫情袭来,一大批平时并不引人注目的医生、护士和科研人员,挺身而出,冒着生命危险,冲上第一线,拯救了一个个在死亡线上挣扎的同胞的生命,有人还为此献出了自己宝贵的生命。

爱岗敬业是平凡的奉献精神,因为它是每个人都可以做到的,而且是应该具备的;爱岗敬业又是伟大的奉献精神,因为伟大出自平凡,没有平凡的爱岗敬业,就没有伟大的奉献。

建设中国特色社会主义现代化强国的伟大事业正呼唤着亿万具有爱岗敬业这种平凡而伟大的奉献精神的人。具备爱岗敬业这种平凡而伟大的奉献精神的人,永远都是强大民族的脊梁!

(二)具体要求

1. 职业理想

职业理想是指人们对未来工作部门和工作种类的向往和对现行职业发展将达到什么水平、程度的憧憬。

(1)职业理想有三个层次:初级、中级和高级。

(2)职业理想形成的条件:人的年龄增长、环境的影响和受教育程度是人的职业理想形成的内在因素,社会发展的需要是职业理想形成的客观依据。

2. 职业责任

职业责任是指人们在一定职业活动中所承担的特定的职责,它包括人们应该做的工作以及应该承担的义务。

典型案例1

爱岗敬业榜样——导航卫星领域的技术专家刘波

作为我国导航卫星领域的技术专家,刘波心系祖国的航天事业和科技发展,拒绝名利诱惑,20年如一日潜心攻关,为北斗导航卫星系统研制做出了突出贡献。

从1991年参与导航试验系统方案论证,到2012年16颗北斗导航卫星实现太空组网,在20多年里,刘波参与并推动了我国北斗导航系统的建设,带领团队创造了我国卫星单一型号密集交付、发射记录,为我国导航卫星组网画上圆满句号,建成了主要技术指标可与美国和俄罗斯等世界一流的导航卫星系统媲美、惠及亚太地区的卫星导航系统。在导航卫星项目立项之初,技术和管理能力突出的刘波被任命为主抓卫星有效载荷研制的副总设计师。作为卫星研制任务重中之重的载荷系统,面临多项关键技术攻关任务。在技术攻关关键阶段,刘波经常不分昼夜在办公室钻研技术问题,咫尺之遥的家都经常不回。常常是妻子把饭送到办公室,他才想起没有吃饭。晚上盖上棉大衣打个盹儿,醒来以后继续钻研。就是在这样忘我的工作中,多项关键技术在刘波手里迎刃而解。出于对导航事业的热爱和执着,他多次拒绝了知名企业许诺的数百万年薪,以国家利益为重,锲而不舍地坚守导航事业。

2009年,导航卫星研制进入攻坚阶段。由于长年工作在科研一线,超负荷的工作量使刘波经常感到胸闷难受。经医院诊断患有心脏冠状动脉阻塞,医生建议通过心脏搭桥手术来缓解阻塞问题,妻子和单位领导也提议他暂时休息,等养好身体再继续工作。然而,出于对航天工作的热爱,倔强的刘波选择了继续坚守。他说自己如果这时候退出,无疑是给整个队伍撂挑子,会影响整个导航系统的建设进度。长期辛劳使刘波的腰椎也出了问题,医生建议通过手术来矫正。但是因为忙,他将手术的时间一推再推。2010年,趁着单位开运动会的空档,刘波去医院做了手术。然而,第二天单位其他同志在不知情的情况下,通知刘波参加一个临时的评审会。刚刚手术本应卧床休息,刘波不顾同事劝阻,坚持参加会议,等到会议结束,他的衬衣已经湿了一大半。刘波爱岗敬业的奉献精神深深地感染了身边的每一个人。

刘波荣获陕西省道德模范、全国五一劳动奖章等荣誉称号。

(资料来源:中国文明网,2013.07.16,有改写)

典型案例2

杰出的核物理学家——于敏

于敏,男,汉族,出生于1926年8月,中共党员,中国科学院院士、中国工程物理研究院高级科学顾问。

他是我国杰出的核物理学家,我国核武器研究和国防高技术发展的杰出领军人物之一,隐姓埋名20多年,在核物理、中子物理等方面取得多项重要研究成果,为建设强大国防、奠定我国大国地位做出不可磨灭的贡献,被称为"中国氢弹之父"。

1961年,于敏投身我国核武器研制事业。他说:"面对这样庞大的题目,我不能有另一种选择。一个人的名字,早晚要消失,能把微薄力量融进祖国强盛之中,便足感欣慰。"

对于敏来说,工作几乎是他生命的全部。有时,为得到一个准确数据,他甚至趴在地上,绘出一条条特征线。于敏工作起来不分昼夜,有时因为产生灵感,半夜起床伏案工作;领导为限制他出差在外无休止地工作,总是派一位同事与他同住。在他面前,一个数据都不能含糊。在一次核试验之前,他突然发现原设计中一个数据可能有问题,但这时试验装置已下了竖井。他深知自己将要承担的责任,还是立即报告上级,要求暂停试验。经过查找,终于弄清这个不利因素可以为另一个抵偿因素所抵消,他才露出放心的笑容,向上级报告可以继续试验。

于敏荣获全国五一劳动奖章、全国劳动模范、国家科学技术进步奖特等奖、"两弹一星"功勋奖、国家最高科学技术奖等荣誉称号,被评为"感动中国2014年度人物"。

(资料来源:中国青年网,2015.07.10,有改写)

二、争创一流

(一)内涵

争创一流就是追求最优。"取法乎上,仅得其中;取法乎中,仅得其下"。追求最优,需要坚持,需要量变到质变的积淀;追求最优,需要创造性思维,保持积极思考的习惯,保持自身思维的独立性与前瞻性;追求最优,需要充满激情,积极主动地工作、学习和生活。

（二）具体要求

这种精神是以追求卓越的实干、精益求精的坚持、人民至上的服务谱写的工匠精神。于国，工匠是重器；于人，工匠是模范。给"深海勇士"装上大脑的祝普强、"超精密机械手"魏红权、"塔吊匠人"陈金国等工匠人物的奋斗故事，印证着"微光成炬，涓水成河"的道理。大国工匠，看似"高高在上"，实则是立足本职岗位不懈奋斗的普通人。疫情期间他们奋战在复工复产第一线，扛起一份责任，坚守一份执着，彰显出一股看不见的中国力量，推动着经济社会秩序走向全面复苏。为此，新时代工匠自当"不驰于空想、不骛于虚声"，要牢固树立"功成不必在我"的理念和"我将无我"的赤子情怀，以真抓实干、持之以恒和为人民服务的"工匠精神"，不断越过新的"娄山关""腊子口"，在取得较好成效时"再努一把力"，朝着目标不断进步，用百折不回的坚定毅力去夺取各项工作的伟大胜利。

争创一流就要有进取心。进是一种前进的动力，人只有不断地学习、进步，才能不断地提升自己的能力，在工作中顽强拼搏、争创一流；取是指获取，但在获取之前需要有付出，有付出才有收获。进取心就是不满足于现状，坚持不懈地向新目标追求的心理状态。例如张志远同志于淇县公安局从事经济犯罪工作近八年，熟悉金融领域、商贸领域案件的侦查，善于分析研判，做事认真细致，责任心强，注重探索经侦新领域的业务，对网络型经济犯罪深入研判、侦破，具有自己的独到之处，2017年以来，先后侦破"罗某某等人信用卡诈骗案""胡某等人妨害信用卡管理案""林某某等人生产、销售假药案"等重特大案件。

典型案例

攀登高峰 奉献祖国
——记第二军医大学第三附属医院院长、中国科学院院士吴孟超

党和人民把这么多荣誉和这么高褒奖给了我，这是莫大的承认和激励，我将用一生履行入党和从医时的承诺，为党争光、为人民群众谋健康！——吴孟超

理想信念坚定，忠诚党和军队的事业。吴孟超出身华侨家庭，在抗日战争的艰苦年代，心系祖国，勇赴危难，毅然从马来西亚回国、求学、救助伤患，从此把毕生交给了党的事业。他始终保持对祖国的无限热爱，对党的坚定信念，对军队的忠心耿耿，历尽坎坷矢志不渝，努力开创我国肝胆外科事业再发展的春天，90岁高龄仍然奋斗在水银灯下，培养和打造了优秀医学创新团队，表现出一名杰出知识分子的高尚风范和赤诚情怀。1996年他将所获奖金和社会捐赠共500万元成立吴孟超肝胆外科医学基金，现已颁奖四届，共奖励肝胆外科专家27名。

勇于超越创新，不断攀登医学高峰。他早年就立志投身科学研究，把瞄准基础医学前沿、做出一流成绩作为自己的奋斗目标。最先提出中国人肝脏解剖"五叶四段"的新见解，在国内首创常温下间歇肝门阻断切肝法，并率先突破人体中肝叶手术禁区。20世纪70年代，成功切除迄今为止世界上最大的重达18千克肝脏特大海绵状血管瘤，患者仍

健在。他建立了完整的肝脏海绵状血管瘤和小肝癌的早期诊治体系,较早应用肝动脉结扎法和肝动脉栓塞法治疗中、晚期肝癌;80年代,建立了常温下无血切肝术、肝癌复发再切除和肝癌二期手术技术;90年代,在肝癌综合免疫治疗、生物治疗、肿瘤生物信号传导研究、病毒与基因治疗和肝移植领域以及早期发现肝癌的检测手段和技术研究方面均取得重要成果,并首先开展腹腔镜下肝切除和肝动脉结扎术。在他领导下,全院共施行肝叶切除术1.4万余例,其中肝癌1万余例,术后5年总体生存率逐步提高,小肝癌术后5年生存率达79.8%,最长存活45年,患者仍健在。他还主持建立了肝胆外科疾病治疗及研究专科中心,先后获国家、军队和上海市科技进步一、二等奖24项,出版《腹部外科手术学图谱》《肝脏外科学》等医学专著多部,在国内外许多著名医学刊物上先后发表论文220余篇(其中《Science》1篇),SCI引文374篇次,中文引文354篇次。

  热情扶持新人,培育大批医学人才。他一直把育人育才作为一项战略任务来抓,率先申办国家第一批硕士点和博士后流动站,逐步实施培养世界一流人才,建设世界一流学科的宏伟计划。他不仅手把手地教、手拉手地带学生,把自己的知识和技术毫无保留地传授给他们,而且积极帮助他们选择一些国际上刚刚起步、国内无人问津、临床又迫切需要、居现代世界医学科学前沿的课题进行深入研究,促使学生在较高的起点上很快脱颖而出。他还常常利用自己在国内外学术界的影响,千方百计把年轻人推上学术交流讲坛,推上科研教学第一线;经常给任务、出课题、压担子,让他们尽早挑起大梁,成为骨干。在他的培养下,不少学生在各自的研究领域里已崭露头角,有的方面已超出老师。自1978年以来,在他指导下全院共培养博士后研究员18名、博士研究生70名、硕士研究生105名。他们目前大都成为学科骨干和带头人,在国内外取得了许多骄人的成绩。仅在肝胆医院工作的,就先后有10多人次被评为上海市"十大科技精英"和被授予"做出突出贡献的中国博士学位获得者""中国青年科学家奖"及"总后科技银星""总后科技新星"。

  保持清正廉洁,树立高尚的医德医风。他几十年如一日,对病人满腔热忱,高度负责,廉洁行医,赢得了海内外广大患者的敬重,盛赞他是"救命恩人""华佗再世""白求恩式的好医生"。作为一名享誉海内外的肝胆外科权威,慕名前来找他看病的病人排成长龙,其中有为数不少的华侨和外宾,他不分高低贵贱,不管什么病人向他求医,都认真接待,细心诊治;不少患者求医心切,常常在马路上将他的车子拦下,而他总是耐心接过病人的病历和片子细心询问查看,热心安排治疗。他人到哪里,看病到哪里,外出考察、开会的间隙常常是他为病人就诊、手术的时间。出差归来,他总是先到病房看望病人,然后再回家。吴孟超1975年给一位安徽农民做手术后,23年中每隔一段时间都要亲自或派人千里迢迢去为他检查身体,嘘寒问暖。许多患者为了感谢他的救命之恩,送来各种礼物乃至成百上千元的"红包",不少华侨还送来外币、金戒指等,均被他婉言谢绝。在他的带领下,全院人员没有违反政治纪律的人和事,大家自觉地遵守文明规范服务守则,不收病人红包、不收病人礼物、不以物代药、不开大处方和人情方,使病人的满意率一直保持在95%以上。

(资料来源:共产党员网,2018.11.18,有改写)

三、艰苦奋斗

(一) 内涵

艰苦奋斗是指为实现伟大的或既定的目标而勇于克服艰难困苦、顽强奋斗、百折不挠、自强不息、居安思危、戒奢以俭的精神和行动。艰苦奋斗的内涵和表现有两个层面。

1. 物质层面

物质层面的艰苦奋斗要求人们的消费水平要节制在合理的限度内。

2. 精神层面

提倡艰苦奋斗就要在思想意识上树立正确的价值取向和立场观点,增强不怕困难的意识。提倡艰苦奋斗就要在精神意志上始终保持昂扬的朝气、奋进的锐气和浩然的正气,矢志不渝、志存高远、百折不挠。

(二) 具体要求

提倡艰苦奋斗就要在学习和工作中始终勤奋刻苦、努力创新、厉行节约,吃苦在前,享受在后。这种精神是以坚守岗位的贡献、只争朝夕的奋斗、梦想为伴的信念诠释的劳动精神。可以说,劳动精神是每一位劳动者在劳动过程中的一种态度,是劳动精神风貌的体现。正如习近平强调的劳动最光荣、劳动最崇高、劳动最伟大、劳动最美丽,劳模精神必将让劳动光荣、创造伟大在祖国大地蔚然成风。

提倡艰苦奋斗就要在生活态度上保持心态平和,耐得住清贫、自觉摆脱低级趣味,抵制腐化堕落的生活方式。

典型案例

大师铸大学 | 沈忠厚:中国的"钻头之父"

钻头之父,水射流、绣凤雕龙功夫。智者胆略仁者识,直向魔力掷赌。草野学堂,穷经皓首,二十春秋渡。惊天奇技,惊呆世界眼眸。

美酒鲜花潮涌,光环烟似,探索无止途。登天尚且身生翼,入地古来无路。憔悴半生,鬓稀无懈,梦绕油藏处。母亲欣慰,平生快意大竹。

——王玉宝《念奴娇·咏沈忠厚院士》

沈忠厚,中国工程院院士、博士生导师,1928年2月生于四川大竹,1951年毕业于重庆大学采矿系,我国石油钻井和水射流技术专家,致力于石油钻井及高压水射流理论与技术的研究工作。他先后获国家科技进步二等奖1次、国家发明三等奖1次、中外专利13项,在中外刊物发表论文70余篇,荣获"全国能源工业特等劳动模范"等6种省部级以上荣誉称号和奖励。20世纪80年代中期,沈忠厚率先提出在石油钻井中水射流结合机械破碎岩石的新概念,首次揭示了在钻井双向应力作用下岩石裂纹形成规律及主裂纹发展方向,并建立了联合钻头设计理论,发明了联合破岩钻头,对钻井工程做出了创造性贡献。沈忠厚由此被称为中国的"钻头之父"。

沧海可填山可移,男儿志气当如斯

1951年,沈忠厚大学毕业后选择了留校任教,从事石油钻井的教学工作。为了尽快适应教学,他决定到玉门油田现场实习,以便掌握丰富的第一手现场资料。当时,全国总共只有几台钻机,都集中在玉门,各种钻采人才加起来才几百人。初到玉门时,他发现不仅当地人生活条件苦、现场气候恶劣,而且深深感触到:偌大一个中国,靠这么一点人力物力找油、采油,无异于大海捞针!贫油国的帽子,又怎能不紧扣于我们头上?

沈忠厚、刘希圣教授带领学生现场试验牙轮钻头

一份庄严而神圣的责任感在沈忠厚心底油然升起:这辈子,铁定决心搞石油,自己的青春年华,要融入这片黑色的海洋,石油工业所面临的尴尬与选择、我国对石油的强烈需求……这些都是沈忠厚忘不掉甩不下的牵挂。"怎样打下扎实的基础,这才是勘探、钻井、采油的前提"。回到重庆大学后,他全身心投入教学工作,钻研科技,扎根讲台,沈忠厚笃定了信念,数十年如一日地为中国的石油事业夯实基础。

1955年,沈忠厚转到成立不久的北京石油学院任教,先后担任北京石油学院钻井教研室副主任、华东石油学院开发系主任、钻井研究所所长、石油大学高压水射流研究中心主任等职,这为他石油梦想提供了更加广阔的平台。

千淘万漉虽辛苦,吹尽狂沙始到金

20世纪60年代,日本一架喷气飞机在空中行驶时遇到一场小雨,降落后发现机身上都是小孔。一些科学家由此得出水射流理论,水在速度极快的情况下能产生巨大的力量。20世纪70年代初,国外出现水射流技术,美国、苏联、德国等开始研究把水射流技术用在工业上。

在20世纪70年代末期的一个偶然的机会,沈忠厚听到同行介绍国外有人用水(水射流)来切割金属板、裁剪布匹,切口整齐划一,几乎没有毛刺。他就灵机一动,若把水射流应用于钻井(喷射钻井),加快破岩速度,提高钻头在井底的工作效率,不正是一个行之有效的提高钻速的最佳方法吗?沈忠厚从此对水情有独钟,一研究就是20年。

1981年3月,沈忠厚带着一连串关于喷射钻井的疑问,赴美国西南路易斯安那大学和N.L公司考察做访问学者,他在与美国喷射钻井的奠基人、全美最著名的喷射钻井权威戈恩斯教授等美国著名钻井专家进行交流学习中,不仅开阔了眼界,提升了实力,也更加坚定了在钻井中开展水射流研究的决心。

认真工作的沈忠厚教授

回国后,沈忠厚即投入该课题的研究中。实验室里、计算机旁、钻井现场,处处有他的影子。经过不懈努力,1986年3月,沈忠厚完成了《淹没非自由射流压力衰减规律的研究和井底水力参数计算》的论文,并在第2届国际石油工程会议上宣读。沈忠厚的论文,使与会者惊奇地意识到,中国石油工程专家在喷射钻井方面已走到他们的前面。

实际成果更令人振奋:根据此理论成果设计的新型钻头——加长喷嘴牙轮钻头在相同的条件下,与普通钻头相比,井底水功率提高30%~40%,井底压力提高1倍,井底压力梯度提高1.5倍以上,使用寿命最高可达150小时,平均机械钻速提高30%,平均单只钻头进尺提高40%。据统计,当时全国13个油田使用加长喷嘴牙轮钻头3 300多只,至少可获直接经济效益1.7亿元。1989年3月,该课题顺利地通过中国石油天然气总公司部级鉴定,该成果获得了国家科技进步二等奖,并获两项国家专利和一项美国专利。沈忠厚也因此先后获"能源部特等劳动模范""石油工业有突出贡献专家"等荣誉。美国、英国权威机构的名人辞典上,也赫然收入"沈忠厚"的条目。

在研究加长喷射钻头的同时,他又另辟蹊径,先后于1982年、1984年开始研究自振空化射流钻头、联合破岩钻头,并在理论和实践上都取得重大突破。现场测试表明,在相同条件下,平均机械钻速提高35%~45%。1991年,在阿根廷举行的第13届世界石油大会上,根据此成果撰写的论文《新型射流理论及其在钻井中应用前景》在大会上发表,受到与会者的广泛好评。

春蚕到死丝方尽,蜡炬成灰泪始干

听过沈忠厚讲课的人,都有一个共同的体会:沈教授讲课特别注意深入浅出,一个很抽象、深奥的原理,经其一过滤,就变得很形象、很浅显,仿佛一切就在你的面前,举手可触;一个极抽象、极生动的道理,经沈忠厚老师轻轻点拨,即点石成金,形象得呼之欲出。

沈忠厚认为,课堂就是战场。上战场前必须做好充分的准备,不管这门课讲了多少遍,他每一次讲课前都必须重新备课,并及时补充最新的国内外信息。在讲稿完成之后,他还得另外再编一个提纲,理出重点、难点,上课时,仅拿这个提纲即可。有的学生在第一次上沈忠厚的课时,很是吃惊:"沈教授怎么一个提纲讲半天?"其中的缘由原来在这里呢!

课堂上的沈忠厚教授

沈忠厚极力倡导严谨治学,敬业乐道。他认为,作为一名教师,不能有一分热,发一分光,应该有十分热,发一分光,即他发这一分光,必须要有十分热。没有充足的热量库存,作为一名教师是不可想象的。他说,培养一名教师,比培养一名研究员、一名工程师要艰难得多。研究员的主要目的是认识世界,而教师,既要拥有认识世界的本领,又要拥有改造世界的本事。现在研究生、博士生,认识世界的本领是有了,但缺乏改造世界的本事。因此,沈忠厚主张,青年教师要多到现场去,不要让自己的思想仅仅停留在理性层面上,要让自己的知识转化为生产力。

他是这样说的,也是这样做的。数十年来,他的足迹遍布中国所有的油气田钻井现场,在产学研方面做了大量工作,取得了显著成绩。他培养出的学生,有长江学者、教授、博导、学术带头人、高级工程师等,还有的走上了领导岗位。

1998年,沈忠厚70寿辰,中国石油大学老校长杨光华为他题词:"水击石穿寻地火,披肝沥胆为人民。"这是老校长对沈忠厚的赞誉,更是对沈忠厚崇高人生追求和高尚学术风范的高度概括。2001年12月,沈忠厚当选为中国工程院院士。他的长虹志气,他的孜孜探索,他的桃李满园,他的清廉一生,无不体现着"石油人"身上闪着光的品质,无不彰显着中国石油大学惟真惟实的校训和勤奋、严谨、求实、创新的学风。

(资料来源:中国石油大学报,2021.1.22,有改写)

四、勇于创新

(一)内涵

创新是一个民族进步的灵魂,是事业发展的不竭动力。一个全民创新的国家会更有力量,一个全员创新的企业会更有生机,一个自我创新的岗位也会更有作为。发展蕴含机遇,创新成就伟业。劳模勇于创新的精神是各行各业创新精神的总结。

创新是以新思维、新发明和新描述为特征的一种概念化过程,主要有三层含义:更新、创造新的东西、改变。创新是人类特有的认识能力和实践能力,是人类主观能动性的高级表现形式,是推动民族进步和社会发展的不竭动力。大学生创新就是要敢于突破老规矩,敢于打破旧框框,敢于接受新事物,创造性地建立新机制、制定新思路、采取新方法、取得新成绩。

(二)具体要求

(1)充实知识储备,蓄积创新能量。大学生创新主要靠知识技术。

(2)掌握创新技巧,发挥创新潜能。没有好的方法、技巧是很难达到预期的目的的,方法、技巧是创新的途径和工具。

(3)强化实践锻炼,提升实践能力。科技竞赛是提高大学生实践能力的一个重要载体。

典型案例1

大学生创业团队扶贫革命老区,带来500亩芳青玫瑰

潍坊职业学院创业教育学院"芳成农业大学生创业团队"一行13人奔赴红色革命老区、国家级贫困县——陕西省榆林市绥德县开展农业技术帮扶,带来500亩芳青玫瑰。

创业团队抵达绥德县,走进赵家坬现代农业脱贫产业园进行实地考察,对地形地貌、土壤情况进行实地考察调研分析,并对前期扶贫帮种的500亩"芳青玫瑰"进行后期养护;详细询问花农栽种、养护过程遇到和期盼解决的问题,提供专业技术指导和答疑,同时做好详尽记录,对应制订精准帮扶计划和技术扶持方案。

据介绍,2018年伊始,"芳青玫瑰"品种在绥德县(荒漠化土地)试种成功,成活率在96%以上,赢得了当地农民广泛好评。"芳青玫瑰"是潍坊职业学院与山东元舜现代农业科技有限公司合作研究,在野生玫瑰的基础上,经过特殊选育、改良而培育的一种抗性较强的玫瑰品种,具有耐盐碱、耐干旱、花期长、产量高、用途广泛等特点,适合盐碱、荒漠、山地等多样土壤环境种植。

"芳青玫瑰既耐干旱又耐盐碱,不仅美化了环境、改善土壤结构,又实现了当地农民增收,感谢潍坊职业学院送技术到绥德,为乡村振兴插上了腾飞的翅膀。"绥德县二十四垧种养殖农民专业合作社丁汝泽深有感触地说。

通过实践帮扶教育,潍坊职业学院积极引导大学生创业团队对接陕西革命老区,找准精准扶贫正确方向,通过开展"全链帮扶""科学致富""奉献青春"等多途径帮扶活动,以创新创业成果支持红色革命老区经济社会发展,在帮扶行动中触及大学生灵魂,传承革命前辈不怕苦不怕累的红色经典精神,以实际行动奏响了助力"乡村振兴"奉献力量的青春之歌。

(资料来源:齐鲁网,2018.05.02,有改写)

典型案例2

清华大学无人直升机团队:坚信我们可以改变世界

2019年10月,在初秋的杭州,李京阳站在浙江大学体育馆舞台上,为清华"交叉双旋翼复合推力尾桨无人直升机"项目做大赛最后的路演,随着大屏幕上不断增长的分数条,现场观众开始欢呼,分数最终定格在1 250分,清华大学锁定冠军。

赛后,李京阳幽默地说,"只要我们参加比赛,肯定拿第一!"李京阳的自信来自于项目的突出成绩。四年前,他和四个伙伴提出并开始研制世界首架交叉双旋翼复合推力尾桨无人直升机。在当时,交叉双旋翼无人机技术还处于被美国垄断的状态。他说:"我在清华一直学习飞行器设计,我就想,能不能用自己的专业知识突破技术的瓶颈,打破这种垄断。"

此后,李京阳团队用了四年时间专注于技术突破。"交叉旋翼加推力尾桨是我们无人直升机最大的亮点,交叉旋翼载重高,推力尾桨速度快。以前,只有美国的洛克希德·马丁公司有交叉旋翼,但现在我们不仅也有了,还加了推力尾桨。"拥有载重和速度优势,他和团队创造出了世界首架交叉双旋翼复合推力尾桨无人机,并自主研发了与之匹配的飞控系统。

目前,李京阳团队的无人直升飞机已获科研支持。2015年底创建北京清航紫荆装备科技有限公司,是国家高新技术企业、金种子企业、中关村高新技术企业。三年,项目已完成三轮融资1.2亿元,技术成果转移实现经济价值11 840万元。

"我们的无人机主要用于两方面,一是高层灭火,可以做到用工具打爆玻璃,再喷水进入室内进行灭火;二是运送应急救援物资,有人机成本很高,无人机运力高,可以带超过两吨的物资。"李京阳介绍。从2019年5月开始,团队将眼光拓展到民用市场。此外,在赛场内外,与高手过招、对接资本、了解市场渠道、寻找创业合伙人、带动师弟师妹创新创业、听取前辈经验……这些附加机会使得他对技术有了更好的完善方案,提升了项目质量。

在李京阳看来,大学生处在父母身体健康,还未有妻子、儿女的人生阶段,是创业最好的时期。既有放手一搏的洒脱,又有不断试错的资本。"大学生创业没有后顾之忧,但一定要准备好、考虑好,保持乐观是创业应当具备的素质。"

科研、创新、创业……其中艰辛不言而喻。每年大概有一半时间,李京阳都是在全国各地奔忙,一年下来飞行超过 100 次。陪伴家人的时间少之又少是他为创业而不得不做出的牺牲。他的同学中,有很多从事金融或其他领域的年薪已达百万,他打趣团队里 8 位清华博士每个月却只有 800 块工资:"便宜得很"。可创业虽苦,男孩心里的强军报国梦依然扎扎实实地在他心里没有动摇,"我们公司早晚有一天会上市,我的小伙伴们也都相信我们可以改变世界。"李京阳说,认准一件事,没有做好之前绝不退出。

(资料来源:教育部官网,2019.10.06,有改写)

五、淡泊名利

(一)内涵

淡泊名利是中华民族的传统美德,是做人的崇高境界。淡泊名利不是力不能及的无奈,也不是心满意足的自赏,更非碌碌无为的哀叹,而是以超脱世俗、豁达客观的态度看待一切。

淡泊名利,就要努力做到清白做事,干净做人;办事公正,清正廉洁;一心为公,尽职尽责。树立正确的名利观,以平和之心对"名",以知足之心对"利",自觉坚持洁心、洁身、洁行,以廉为荣、以俭立身。

(二)具体要求

(1)要做到淡泊名利,就要慎初、慎独、慎微。我国自古有"三慎"的修德美谈。这"三慎"都要求将全部的人格、生活奉献给高尚的道德追求。慎初指谨慎于事情发生之初,在思想上筑牢第一道防线。人生贵善始,如果第一道防线被冲破了,往往会"兵败如山倒"。

(2)要做到淡泊名利,还要知足、知止、知耻。知足是指在生活需求和名利得失上要知道满足,不做过分的企求。知足必常乐,常怀知足心,常念感恩情,在功利面前才会多一份淡定,在诱惑面前才会多一份坚毅,在得失面前才会多一份从容。

(3)名利淡如水,事业重如山。在新的历史条件下,我们要积极弘扬淡泊名利的精神,做到计利国家、无私忘我,不争名、不图利、不揽功,甘为人梯,甘做无名英雄。例如黄大年 26 年前带着科技强国的心愿出国留学、工作,回国后,黄大年被选为"深部探测关键仪器装备研制与实验项目"的负责人。在黄大年团队的努力下,中国的超高精密机械和电子技术、纳米和微电机技术、高温和低温超导原理技术、冷原子干涉原理技术、光纤技术和惯性技术等多项关键技术进步显著,快速移动平台探测技术装备研发也首次攻克瓶颈,突破了中国以外国家的封锁。黄大年带领团队创造了多项"中国第一",为中国"巡天探地潜海"填补多项技术空白,为深地资源探测和国防安全建设做出了突出贡献,成为国际著名的航空地球物理学家。

典型案例

张富清:战争年代九死一生 和平年代深藏功名

2018年12月3日下午,湖北省来凤县退役军人信息采集点接待了一位特殊的军属——张富清的小儿子张健全。他带来的一个红色包裹,揭开了张富清不为人知的红色过往,让很多当地民众,包括张富清的同事、朋友都惊讶不已。

这个包裹里,放着写有"人民功臣"四个大字的荣誉奖章,而奖章的背后,又是怎样的传奇人生呢?近日,央广记者去到当地,深入走访。

95岁老英雄张富清在解放战争中战功赫赫,却直到2018年底湖北恩施土家族苗族自治州来凤县退役军人事务局进行退役军人信息采集工作时,他才出示了自己尘封63年的军功证明。退伍军人信息采集处采集员说:"把红色包裹打开,露出了一枚奖章,上面写着'人民功臣',我知道,这种奖章不是一般人能够得到的。他是在某种大型战役之中,对整个战局有突出贡献,经过九死一生才能够获得的荣誉奖章。我立马打开那张奖状和那个立功证书,才发现那张奖状原来是西北野战军总司令兼政委彭德怀元帅给张爷爷家的特等功报功书,我当时立马有一种钦佩之情。"

1948年,张富清参加解放军西北野战军,解放战争期间先后荣获西北野战军特等功一次,军一等功一次,师一等功、二等功各一次,团一等功一次,两次被授予战斗英雄称号,获得西北军政委员会颁发的"人民功臣"奖章,被问到他为什么要把自己的功绩"尘封"起来,老英雄说,他牺牲的战友们才是真正的英雄,他没有资格把自己的军功拿出来显摆。张富清说:"我想起和我并肩作战的战士,有几多都不在了,比起他们来,我有什么资格拿出立功证件显摆自己啊,比起他们我有什么功劳啊?"

从陕西一直打到新疆喀什,直到解放全中国。1955年,张富清作为连职干部在武汉的中央军委航空速成中学完成了两年的文化学习后,面临复原转业。张富清一打听,了解到湖北最艰苦的地方是恩施,恩施最偏远的地方是来凤,他二话没说,便把工作地选在了来凤。妻子孙玉兰也跟着他到了来凤,从此,二人几乎再没有回过陕西老家。张富清说:"来以前,学校的党组织找我打过招呼,恩施来凤是湖北三省交界最困难、最艰苦的地方,作为一个受到党多年培养的老同志,我在战场上,死都没有怕,我还会怕苦吗?"

从到来凤的那一天起,张富清就封存了所有的战功记忆,一心一意干好每件工作。他先后在县粮食局、三胡区、卯洞公社、外贸局、县建行工作,1985年在县建行副行长岗位上离休。

张富清任卯洞公社革委会副主任时,照样保持着突击队员的作风。公社班子分配工作片区,张富清抢先选了最偏远的高洞片区,那里不通路、不通电,是全公社最困难的片区。在那里,张富清带领社员们投工投劳,一起放炮眼、开山修路。张富清的老同事向致春回忆说:"修高洞公路,他和民工一样,带头挑崖、打炮眼,有时候十天半月不回家,看不出是卯洞公社的副主任。卯洞公社几万干部群众,没有一个知道他当过兵。"

当时不少干部会向集体借钱,对困难干部,组织上也会给几十元的补贴。但是直到张富清离开卯洞公社,他既没向集体借过一分钱,也没有享受过组织对困难干部的补贴。张富清老同事田洪立说:"因为我们都住在一起,看到有时候他们家的生活还赶不上公社伙食团的生活,他从来没有向领导说过有什么困难,每次向他了解哪些干部有困难,他都是提别人,从来不涉及自己。"

张富清夫妇俩生养了四个孩子,几个孩子没有一个是依靠父亲的赫赫战功谋得一官半职。张健全表示,他们理解父亲。他说:"因为父亲一直以来都是用自己的行为要求我们、教育我们,该怎么做不该怎么做,在我们心里都有一杆标尺,以前我们不知道父亲的战功,也根本没想过依靠父亲的战功获得什么东西,后来知道以后,父亲依然是平常的心态,我们非常理解父亲的做法。"

现如今,张富清老人已经95岁高龄了,他说自己最大的愿望就是祖国能够早日统一,"部队不怕吃苦,永听党的话,党叫做什么就做什么。官兵在政治上能够提高,在工作中要有坚强的意志。"张富清说。

中华人民共和国走过了70年的风风雨雨,张富清老人的岗位、身份也一再改变;唯一不变的是他对党的绝对忠诚。从老人身上,人们看到了不改初心、淡泊名利和克己奉公,看到的是一个共产党员的本色。

(资料来源:央广网,2019.05.27,有改写)

六、甘于奉献

(一)内涵

奉献精神是指为了维护社会集体利益或他人利益,个人能够自觉地让渡、舍弃自身利益的一种高尚品格。奉献的内涵包括不怕困难勇挑重担的精神、见义勇为助人为乐的无偿服务、勤勤恳恳忘我工作的精神。

(二)具体要求

(1)甘于奉献首先要有思想动力准备。

(2)甘于奉献还需要知识能力准备。知识就是力量。有知识才能做出奉献。

(3)甘于奉献还需要劳动付出准备。劳动是有目的地改造世界的活动。时代发展浩荡向前,精神之火永不熄灭。伟大的时代呼唤伟大的精神。

第二章　传承新时代劳模精神——学习榜样的力量

典型案例

全国劳动模范李辉：技术的价值就是让麻烦不再麻烦

中等身材，戴着眼镜，穿上工装的李辉看上去就是一个车间工人。他很安静，温文尔雅，不喜欢"抛头露面"，他痴迷于与继电保护相关的技术。

上班的时候，他向各种技术难题发起挑战，下班回到家，他又将自己关进家里专门设置的小型实验间。他琢磨的仍然是技术。

在以他名字命名的劳模创新工作室里，李辉向记者展示了一个夹子，夹子呈三角形，跟家里晾衣服时用的夹子造型相似。

不过，当记者用大拇指和食指打开夹子时，还是感受到了这个夹子的不同凡响：金属和塑料材质的精致结合，小巧却又厚重，好看而且扎实，力量太轻还打不开，而一旦夹上，却又咬合严密，纹丝不动。一个测试夹，浑身散发出来自技术控的专业范儿。当然，它的作用不只是夹。夹子的一边，有一个小开关，控制着一片伸缩的金属舌头，伸出去可以当探针用，用完马上收回来，与夹子融为一体。一个夹子，将测试和探针的功能合二为一，小空间有大智慧。这是李辉灵感一现的发明。

他最初也是用别人制作的夹子，不过只有测试的单一功能。需要探针的时候，他首先得放下夹子，抓起探针，这样很麻烦。

技术存在的价值就是让麻烦不再麻烦。李辉盯着一个夹子，开动脑筋，很快一个合二为一的创意诞生了。

这个组合式测试夹，获得海峡两岸职工创新成果展金奖，除了取得实用型专利证书外，在实际工作中也得到推广应用。

1995 年，李辉还是昆明供电局的一个学徒工，有一天，他和班长到 110 千伏澄江变电站送电，赤日炎炎，酷热当头，由于差动保护二次接线有误，送电过程中先后停电 3 次。

试验非常辛苦，大汗淋漓的李辉问班长："这样操作太麻烦了，我们能不能改进一下？"班长抬头看了他一眼，说："书上都用这种方法，你就别折腾了。"不折腾，意味着止步不前，麻烦缠身。而李辉是一个喜欢"折腾"的人。

他进行了理论计算、数据分析后，展开大量试验工作，以一个非常巧妙的方法，克服当时差动保护的难题，大大提高了工作效率和电网运行的安全性。

"差不多就行"在李辉这里是行不通的。他看见原有的测电笔不能满足强光环境下的测试要求时，用晶体管电路制作了"灵敏声光电笔"，不仅能测电，在强光环境下还有声响，通过不同声响还可以判断直流系统的正、负极，而且测电更准确，效率更高。

2011 年，在南方电网云南电网有限责任公司昆明供电局，"李辉劳模创新工作室"正式挂牌成立，成为南方电网公司首家劳模工作室，2014 年底被中华全国总工会命名为首批"全国示范性劳模创新工作室"。

大家好才是真的好,大家进步才是真的进步,在这个锐意创新、攻坚克难的平台上,当初10人的工作室,如今已壮大为69人的高水平团队,一件件技术难题被攻克,一桩桩生产经营中遭遇的麻烦事迎刃而解。

2016年,一种高仿真的继电保护装置模拟操作系统获全国电力职工技术成果一等奖,这是李辉劳模创新工作室"职工创新"项目中创造价值最多的一个成果。

有人问李辉,哪来的灵感?我们怎么没想到呢?

事实上,思考只是一个方面,知识的学习、储备和积累,技术的提高,各方因素的综合、叠加,创新才不会停歇。

2018年,李辉和他的劳模创新工作室迎来了科研成果的丰收年:电气量同步测量及智能分析仪项目获中央企业熠星创新创意大赛优秀奖,这是李辉工作室掌握的核心技术,在国内领先;继电保护二次原理动态模拟仿真系统获第十届全国电力职工技术成果奖二等奖,属工作室独创;在2018中国国际科普作品大赛中,由王天安、李辉、李勇作为主创人员提交的科普图文"人工智能在电力生产中的应用"获三等奖,这是一个国际奖项。

工作室还起草了电力变压器冷却系统PLC控制装置技术国家标准,变电站继电保护现场作业安全技术规范中国电机工程学会标准,这对全国多如牛毛的供电企业来说,着实不易。

如今,李辉劳模创新工作室团队以劳模工匠精神的传承和弘扬为宗旨,培养出多位技术、技能专家,岗位技术能手,创新之星,为企业输送了大量人才,成为企业安全生产运行的中流砥柱。团队围绕电网设备安装、投运、检修、技改、缺处等流程,排除15项重大隐患,攻克7项生产技术难题,完成42项创新课题,实现36项专利成果。其中"不停电调电装置""继电保护装置模拟培训系统"等创新成果在省内得到推广应用,累计实现经济效益约1 653万元。

李辉曾说:"我没有刻意想着当劳模,只是喜欢这份工作,越做越喜欢,开心工作很重要。"

对于痴迷技术的李辉,学习和阅读已是工作生活的一部分,有一段时间,他迷上了物联网有关的电子标签,"我主要还是看书,特别是教你如何做试验的那种,把各个地方学习到的方法结合起来特别有意思,这种学习我特别享受。"

南方电网公司对用户的承诺是"万家灯火,南网情深",对于开心工作于其中的李辉来说,除了点亮万家灯火,还须是灯火辉煌,就像他的名字一样。

因为他的青春、深情和梦想,都付与了精益求精、勤勉踏实的建功立业中。

(资料来源:云南网,2020.07.09,有改写)

思考:李辉是如何践行新时代劳模精神的?

拓展阅读

全国五一劳动奖状、全国五一劳动奖章

全国五一劳动奖状和全国五一劳动奖章是中华全国总工会授予在中国特色社会主义建设中做出突出贡献的企事业单位、机关团体和劳动者的光荣称号，是中国工人阶级最高奖项之一。

全国五一劳动奖状是中华全国总工会设立的授予先进集体的荣誉称号。全国五一劳动奖状授予在中国境内依法注册或登记的非跨地区的企业、事业、机关、社会组织及其他组织以及驻外机构。除召开全国劳模表彰大会的年份外，全国五一劳动奖状每年评选表彰一次。对在国际国内有重大影响的事件中、国家经济建设和国防建设中、抢险救灾等危急情况下以及在中华全国总工会书记处批准的全国示范性劳动竞赛中做出突出贡献的先进集体，可即时授予全国五一劳动奖状。

复习思考

一、理论知识掌握

1. 劳模的特征有哪些？
2. 什么是劳模精神？
3. 新时代劳模精神的内涵是什么？
4. 如何践行新时代劳模精神？
5. 试列举几个劳模事例。

二、能力素质训练

1. 小组讨论：
（1）劳模精神的意义和价值是什么？
（2）如何在大学期间培养劳模精神？

2. 联系三位不同行业的劳模，根据他们的劳动事迹、工作岗位和工作感悟进行访谈。通过访谈总结应如何进一步提升个人劳动素养。

第三章 传承新时代工匠精神
——培育大国工匠

工匠精神是一种严谨认真、精益求精、追求完美、勇于创新的精神。党的十八大以来，习近平多次强调要弘扬工匠精神。党的十九大报告中提出，弘扬劳模精神和工匠精神。党的十九届四中全会通过的《中共中央关于坚持和完善中国特色社会主义制度、推进国家治理体系和治理能力现代化若干重大问题的决定》中提出，弘扬科学精神和工匠精神。在新时代大力弘扬工匠精神，对推动经济高质量发展、实现"两个一百年"奋斗目标具有重要意义。

第一节　新时代工匠精神

学习目标

理解工匠精神及其内涵。
掌握工匠精神的价值。

一、工匠精神的内涵

《新时期产业工人队伍建设改革方案》中指出，要把产业工人队伍建设作为实施科教兴国战略、人才强国战略、创新驱动发展战略的重要支撑和基础保障，纳入国家和地方经济社会发展规划，造就一支有理想守信念、懂技术会创新、敢担当讲奉献的宏大的产业工人队伍。加强产业工人队伍建设，必须把培育和弘扬"工匠精神"放在更加重要的位置，让劳动光荣、技能宝贵、创造伟大的时代风尚更加浓厚，为实现"两个一百年"奋斗目标、实现中华民族伟大复兴的中国梦凝聚最强大的力量。

新时代的工匠精神是推进供给侧结构性改革、实现从制造大国向制造强国转变的重要推手；是提高职工就业创业能力、实现全面发展的重要动力；是引导广大职工立足本职岗位劳动创造、切实提升技术技能素质、不断发展工人阶级先进性的有力抓手。新时代工匠精神的内涵包括以下几个方面：

（一）爱岗敬业的职业精神

爱岗敬业是从业者基于对职业的敬畏和热爱而产生的一种全身心投入的认真、尽职尽责的职业精神状态。爱岗是敬业的基础，敬业是爱岗的升华。"爱岗"就是热爱本职工作，不见异思迁，淡泊名利，坚守初心。"敬业"就是对待工作勤勤恳恳，兢兢业业，一丝不苟，认真负责。中华民族历来有"敬业乐群""忠于职守"的传统,敬业是中国人的传统美德,也是新时代社会主义核心价值观的基本要求之一。

典型案例1

46年顾客零投诉

  史庆明在粮食供应系统已经工作了30多年,作为一家粮油食品公司的总经理也有近20年的时间。走进史庆明的办公室,四面墙上挂满了锦旗和荣誉牌匾。这些既是他的荣誉,又是他的责任。它们时刻提醒着他,永远都要为人民服务。

  虽然是粮店的一把手,史庆明并没有以领导的身份自居。每天,他和普通员工一样,在营业室忙前忙后,接待顾客,组织搬货,协调秩序,每件事情都亲力亲为。他不仅管店内的事,还管店外的事。冬天,当看到有刚买完粮的顾客站在店外的马路边半天打不着车时,史庆明就组织人或者亲自开车将顾客送回家。

  在佳木斯市,粮店免费送货服务是史庆明最先提出的。当时还是计划经济时期,职工们对免费送货上门的规定很不理解,心里有抵触。史庆明就以身作则,亲自一家家地送,有了领导的示范作用,职工们也都慢慢地接受了免费送货服务,最终把免费送货的服务在全店推开。粮店规定,只要顾客购买超过1元的商品,店里就给免费送货,但服务推行至今,没有一个顾客真的只买1元钱的东西就要求送货的,粮店的真心服务也换来了顾客的理解和信任。

  正是这样的敬业精神才换来了46年的零投诉。

(资料来源:央广网,2018.04.20,有改写)

典型案例2

胡双钱35年无悔的坚守

  胡双钱,现任中国商飞上海飞机制造有限公司数控机加车间钳工组组长,主要负责ARJ21-700飞机项目零件生产、C919大型客机项目技术攻关及青年员工的培养。先后获得上海市质量金奖、全国五一劳动奖章、全国劳动模范等荣誉。

  1960年7月,胡双钱出生在一个普通的工人家庭。也许,在父母的眼里,"技术"就是一门能够谋生的手艺。父母希望他能学会一门手艺,掌握一项可以安身立命的技术。在父母的教诲下,成为一名技术工人的梦想,早早地在胡双钱心里扎下了根。1977年,胡双钱刚好中学毕业,他如愿进入了5703厂技工学校(上海飞机制造厂技工学校)。在学校学习期间,胡双钱跟着老师参与了运10飞机零部件的加工生产,有了一次难得的实践机会。他十分珍惜这次机会,虚心向师傅请教,苦练操作技能,从不轻易放过每一个问题。

  由于飞机的零件加工都是一些精度要求高、技术难度大的精细活,他从中学到了许多技巧和方法。功夫不负有心人!经过理论学习和技术钻研,胡双钱很快就能独立操作了。

20岁那年，上海航空工业(集团)有限公司组织技术大赛，胡双钱积极报名参赛，在赛场上一鸣惊人，取得了第四名的好成绩。后来，凡是遇上技术比赛，胡双钱就踊跃报名参加，因为他想通过这一平台不断学习、不断钻研、不断提高。就如胡双钱所说，精湛的技术是靠长期的积累磨炼出来的。

梦想需要坚守

胡双钱从小就特别喜欢飞机，他经常跑到上海大场机场看飞机，直到飞机从头顶上呼啸而过。彼时，他常常暗暗发誓："一定要当一名航空技术工人，造出世界一流的飞机。"

从技校毕业后，胡双钱被分配到5703厂飞机维修车间，每天可以近距离地接触飞机，他别提有多兴奋了。刚到飞机维修小组，他每天的活多半是跑工具间，来回取送不同的工具。虽然这项工作简单而枯燥，但胡双钱没有不乐意，而是认真地做好每件事。他认为，要掌握好技术，就得从学会准确分辨和了解工具开始。一段时间后，他对工具的用处了如指掌。

实习期满后，胡双钱来到了数控机加车间钳工组。在车间里，他从不挑活，什么活都干，通过完成各种各样的急件、难件，他的能力也在慢慢积累和提高。在此期间，他见证了中国人在民用航空领域的第一次尝试——运10首飞。这成为他一生中最骄傲的事情之一。

运10下马后，原本聚集了一大批航空人才的上海飞机制造厂渐渐冷清下来。因为没活可干，不少技术人员离开了工厂，到外企、私企就职，这支好不容易聚集起来的队伍渐渐散了。工厂门口停满了一些前来招聘技术员工的企业专车，胡双钱也收到了邀请，一家私营企业的老板甚至为他开出了3倍工资的高薪，但他拒绝了。在周围一些人的不解中，胡双钱留了下来，选择了坚守。

要生存，先把泪擦干。胡双钱相信，坚持是一种力量，是人生不断前行的动力。那段时间，他做过电风扇、大客车座椅等民品零部件的加工制造。胡双钱自豪地说，用造飞机的技术生产出的电风扇、绞肉机等民品，质量特别好，深受老百姓欢迎。

1985年4月，美国麦克唐纳道格拉斯公司和上海飞机制造厂签署了生产25架MD82飞机的合同，又可以接触飞机了，胡双钱看到了希望，全身心地投入工作中。

谈及那段艰难的岁月，胡双钱感慨道，只有不断坚持、不断进取、不断拼搏、不断超越，才能让我们的人生道路更加宽阔，才能让我们的生命之花更加美丽、绚烂。

百分之百合格

35年，加工过数十万个飞机零件，从没出现过一个次品。这令各大媒体见多识广的记者们深感震惊。

要做好一件事，不难；要做好一天的工作，也不难。但是，要在35年间，不出差错，做好每一件事，却是难上加难。对于这个令人震惊的纪录，胡双钱很淡定，没有什么豪言壮语，有的只是平淡的两个字：用心。

有的时候，人生的道理归纳起来其实真的很简单、很质朴，但是，要真正领会，并身体力行，却是很艰难、很可贵。

2008年5月11日，中国商飞上海飞机制造有限公司成立，中国人的大飞机梦再次被点燃。胡双钱意识到：实现自己梦想的时候也到了。

胡双钱又忙了起来。为了让中国人自己研制的民机早日在祖国的蓝天上翱翔，他常常一周有六天都在数控机加车间里，打磨、钻孔、抛光，继续书写着无差错的记录。

在他加工的零部件中，最大的将近5米，最小的比曲别针还小。有一次，在加工某定位圈时，由于零件的直径小，零件定位直口的孔径更小，而孔径深度尺寸又较长，孔径的公差要求高，通常加工完孔径的内圆后，内径无法进行打表测量，也没有专用量具。胡双钱反复琢磨，找出了一种测量内圆尺寸的方法：用块规加上标准的圆柱销进行辅助测量，通过一次次打表测量，直到符合图纸的加工要求。最终，他圆满地完成了任务。

胡双钱不仅要按工作计划加工形状各异的零部件，有时还要临时"救急"。一次，厂里急需一个特殊零件，从原厂调配需要几天时间，为了不耽误工期，只能用钛合金毛坯在现场临时加工。

胡双钱再一次临危受命

这个零件的精度要求是0.24毫米，不到一根头发丝直径的二分之一。这样的零件本来要靠先进的数控车床来完成，但当时厂里没有匹配的设备，胡双钱硬是靠着自己的双手和一台传统的铣钻床，用了一个多小时，打出36个孔。当这场"金属雕花"结束后，零件一次性通过检验。

大飞机作为"国家名片"，是中国梦的重要组成部分。打造好这张"国家名片"，离不开一大批高技能人才，离不开像胡双钱这样的"大国工匠"，用踏实的劳动铸就中国梦。

一人好不算好

在他眼里，自己一人好不算好，一个团队好才是真的好。创新创业来不得浮夸，回归"工匠精神"，用实干与可靠的技术、发明来扎扎实实地解决人类面临的难题、中国经济发展的困境、产业技术进步的瓶颈，是创新驱动发展的内在核心和根本保障。唯其如此，产业核心技术的获取、复杂产品的创新能力才会得到真正的提高。

胡双钱思考着，如何才能培育"工匠精神"？首先，教育是根本。当今，在多年的应试教育思想指导下，人们关注理论，忽视实践，淡化工程。只有把团队中的所有成员有效地组织起来，把技术传授给年轻人，使大家团结在一起，才能发挥出团队的无穷力量。

这么多年来，胡双钱带出的徒弟很多。他说："企业文化需要传承，技术也同样需要传承。技术是自己的，更是企业的，企业造就了我们，为我们的成长营造了良好的氛围，为我们展示技能创造了机会。我会毫无保留地把我的经验传授给更多的年轻人，希望他们早日成为车间的顶梁柱。"

从他身上，我们不仅看到了他作为一位长者的师德，更看到了他作为一名钳工的艺德，令人敬佩与感激。胡双钱带徒弟，不是简单地手把手教怎么干活，而是点出关键点，让他们自己琢磨、领悟。他说，这样能让他们记住操作的关键点，快速掌握关键技术。在他的指导下，在公司举行的两届技能大赛中，胡双钱所在班组的参赛选手每次都名列前茅。

回望走过的路，胡双钱感慨地说："勤奋刻苦为我赢得尊严，技艺精湛让我收获荣誉，我为自己是一名航空技术工人而感到自豪。"

这就是胡双钱，一个简单而又不简单的"大国工匠"。

（资料来源：中国文明网，2015.07.17，有改写）

（二）精益求精的品质精神

精益求精是从业者对每件产品、每道工序都凝神聚力、追求极致的职业品质。所谓精益求精，是指无论产品大小，在已经做得很好，达到现有标准的情况下，还要求做得更好，投入时间和精力，进一步提升质量以期达到尽善尽美。

典型案例1

用非遗"锦绣"织就巾帼致富路

付国艳出生在贵州安顺，这里的蜡染被誉为"东方第一染"，安顺也被誉为"蜡染之乡"。付国艳听父亲说起，早年祖父在安顺集镇上开办染坊，在众多的作坊中，帅家、付家、谭家是规模较大的。付家即付国艳祖上。

1988年，付国艳辞去令人羡慕的国企营业员工作，开了一间蜡染小作坊。1990年，亚运会在北京举办，亚洲劲吹中国风。街头巷尾，越来越多爱秀的贵阳人把民族服饰穿在身上，蜡染蝙蝠衫、扎染连衣裙成为最时尚的打扮。付国艳看准商机，和朋友合作开设了一家蜡染服装厂。

为了把"锦绣"传承下去，付国艳开始研究民族工艺品的市场化发展。为了保证产品质量和数量，她一直坚持以3倍的订货数目向绣娘们收购产品，对于不合格产品，她宁可剪坏扔掉。

如今付国艳团队已经取得了贵州民族手工艺十五项专利，但她仍然怀揣着对传统工艺不变的坚持和敬畏，"会创造更多更好的民艺产品，继续带动更多的贫困妇女居家就业增收，让民族工艺的璀璨明珠在更多人手中传承下去"。

（资料来源：央视网，2019.09.02，有改写）

典型案例2

雕刻金属的艺术家——胡胜

1974年出生的胡胜，职高毕业后，进入一家国有工厂当车工，开始接触数控车工技术，1999年，因为技艺精湛，作为特殊人才被引进到十四所，成为该所第一批数控机床操作工。

胡胜的工作就是按照图纸要求进行零部件加工，用电脑设定好程序，通过数控车床对金属进行雕刻，做成各种精致的零件，被称为"在金属上进行雕刻的艺术"。

2009年国庆阅兵仪式上，我国自行研制的大型预警机首次亮相，机身上方安装的雷达成为万众瞩目的焦点。这个雷达关键零部件的加工生产，是由胡胜带领团队完成的。

雷达零部件加工的关键是精度，有的零部件要求加工精度不超过0.004毫米，而现有机床的精度只能达到0.005毫米。胡胜通过掌握材料的热膨胀率，再了解加工、检验时的温度,算出其中的温差,最后将精度做到了 0.003 毫米。雷达零部件对精度的要求非常"苛刻",有的误差要求不能超过一根头发丝的 1/10(0.005 毫米~0.008 毫米),甚至要达到 0.004 毫米的精度,哪怕一丝划痕也不能出现。胡胜与技术人员探讨分析各种可能遇到的问题,甚至对每一刀的排屑方向、每个槽的切削速度都做了大量试验,通过巧妙设计的自制刀具、合理的切削方法,加工出了合格的产品。

近年来,胡胜在一系列具有国际先进水平的重点项目中承担关键件、重要件加工 70 多项,攻克了某型装备的波纹管一次车削成形、反射面加工变形等技术难题。初步统计,自 2006 年以来,胡胜加工品种 600 多个,提出技术革新和合理化建议 30 多项,尤其在数控车的宏程序编程模块、车铣一次性加工成形等方面提出许多独特的方法,大大提高了生产效率,节约科研经费近千万元。

胡胜,从一名职业高中毕业生成长为全国技术能手,享受国务院政府特殊津贴,他在车床上诠释着精益求精、追求完美极致的工匠精神。

(资料来源:工人日报,2020.11.20,有改写)

(三)专注执着的坚持精神

专注就是内心笃定而着眼于细节的耐心、执着、坚持的精神,这是一切"大国工匠"所必须具备的精神特质。工匠精神意味着一种执着,即一种几十年如一日的坚持与韧性。

典型案例1

"工人发明家"手握 8 项专利

徐仲维是湖南湘电动力有限公司的一名高低压电器装配工,曾获"全国装备制造调整和振兴规划立功竞赛先进个人""全国技术能手"等荣誉,人送外号"工人发明家"。

"穿新鞋走老路,不会有突破。"徐仲维对解决技术方面的问题从不墨守成规,总是要打破常规找思路。多年来,他通过自学积累了大量电机设计、工艺制造的知识,攻克了一个又一个难关。在国家某重点科研高新装备核心技术攻关项目中,他负责担任项目组组长,主持该项目的总装装配工艺、相关检测验证文件的编制及安装调试工作。先后完成了该项目中关键部分技术攻关 65 次;改进电机系统缓冲装置的关键技术 11 项,设计了定位、检测、吊运工装 100 余项,制作了大型设备 2 台,通过近万次试验验证,各项性能均满足使用要求,圆满地完成了该项任务。

"35 年里,我一直把'简单的事情重复做就会成为专家,重复的事情用心做就会成为赢家'作为我工作的目标,而这句话也是推动我不断前行的'发动机'。"徐仲维说。

(资料来源:新湖南,2020.12.04,有改写)

典型案例2

"仪表工匠"暴沛然

跨越七千里，携妻带女做广东乙烯"开荒牛"

20世纪80年代，大庆石化总厂建成投产了乙烯装置。刚刚起步的行业急缺人才，陆续向年轻人抛出橄榄枝。1984年，刚刚高中毕业的暴沛然进入了这家企业，当仪表专业学徒工。乙烯装置是以石油或天然气为原料，以生产高纯度乙烯和丙烯为主，同时副产多种石油化工原料的石油化工装置。它同所有化工生产装置一样，工艺技术复杂，物料活性大，操作一不留心，装置就会发生自动联锁导致停车，而停工一天会影响几百万元产值、几十万元利润。而仪表检测，就好比人的眼睛和神经，随时感应身体的微妙变化，预判趋势，及时调整。由于从小对航模及遥控电子产品的热爱，培养了他较强的动手能力。对于这份工作，暴沛然充满了好奇和期待。仪表专业的工作，让他接触到各种各样先进的产品，并且有许多装置上换下来的旧的仪表设备和零件可以让他研究和琢磨。为了对设备和系统的细枝末节了如指掌，乐观开朗的暴沛然还拜了好几位其他专业的"高手"为师傅。他铆足劲学技术，很快，他成为为数不多的班长。

1995年，由于工作需要，暴沛然携妻女举家迁往茂名，以开工专家的身份，从大庆调到茂名石化，参与新乙烯生产厂开工建设。1999年，暴沛然再次以开工专家的身份，从茂名调至广州，加入广州乙烯装置的复产开工中。

有魄力，成功为机器做"心脏搭桥"手术

无论是在大庆，还是在茂名，或在广州，在暴沛然的心中，有一种深厚的检修情结，那就是精益求精、敢于担当、追求极致的工匠精神。在石油化工企业，四年一次的设备检修是确保装置下一个周期能否长周期运行的重要保障。丁二烯压缩机P2101是丁二烯装置的"心脏"，其正常运行直接关系装置的长周期运行。压缩机的8个轴温探头引线因设计缺陷在机体内易受损，导致联锁经常误动作，造成装置停车。"导致轴温探头受损的原因是引线强度不够，易受润滑油冲刷而损坏。可以在机体内给容易受损的轴温探头加装保护套管，并将联锁四取一改为两个二取二！"经过反复研究后，暴沛然决定利用装置检修时机解决问题。在机体内加套管相当于在人的心脏内动手术，改造过程风险很大，成功率不容乐观。有人劝他不要干这种"傻事"，以免失败而毁了积累多年的名声和口碑；也有人并不看好暴沛然的改造前景，劝他不要做没有把握的事情。面对外界的质疑，暴沛然坚信自己的技术。改造过程中，他连续几天守在现场，凭着丰富的经验和娴熟的技术实施了"心脏搭桥"手术。改造后的丁二烯压缩机，再也没有出现因轴温探头受损而导致的停产事件。该项目也荣获集团公司技能创新三等奖。

勇创新，填补国内球阀维修空白

在暴沛然的仪表世界里，创新贯穿始终。在暴沛然创新创效工作室里，展示着一台三维立体球阀研磨机，这台研磨机能够实现在三个方向上对球阀进行同步研磨，研磨维修后的球阀真圆度达毫米级。在一次检修中，暴沛然觉得调节阀阀芯、阀座替损内漏，从现场拆回来用机床打磨，既耗费人力，也耗费物力。"能不能在现场直接进行研磨呢？"暴沛然开始琢磨并采取行动。他到轴承厂、阀门厂学习取经,查阅国外资料。在两三年的时间里,暴沛然做出了五个版本的研磨机,每个版本都有新的改进,从只能研磨固定尺寸的球阀到研磨任意尺寸,从手动研磨到手、气两用研磨,从单方向研磨到三方向研磨,现在已经到了第四代,并被命名为"三维立体球阀研磨机"。记得有一次,在硫黄回收联合装置现场,放空球阀下线拆检后,大家发现阀门球体严重磨损,无法修复,订配件至少需要3个月,将严重影响装置开工。暴沛然经过反复观察估算,找来一台同型号的旧阀,用三维立体阀门研磨机对球体进行研磨,经试验,阀门密闭性达到最高标准。维修后阀门顺利安装复位,确保了装置按时开工。

近年来,这种第四代研磨机修复了大量的密封球阀,解决了多项阀门检维技术难题,特别是针对SZorb(催化汽油吸附脱硫)装置故障高发的程控阀,不仅解决了阀门磨损内漏的难题,他还对每一台程控阀制定个性化的预防性维护方案,使程控阀故障率同比下降了20.9%,运行周期延长了一倍以上。三维立体球阀研磨机不仅获得了国家发明专利,还荣获全国第十三届全国TnPM大会设备维护工具创意奖一等奖,填补了国内球阀维修和生产的一项空白,每年为企业节约维修费用30万元。

多次婉拒外企高薪诱惑

近年来,通过开展小革新、小发明、小创造、小设计、小窍门"五小"创新活动,"暴沛然创新创效工作室",创新成果层出不穷,收获的79项成果中,工具类18项、生产问题改善类61项,有46项获得奖励。暴沛然技术娴熟,许多同行企业邀请他去帮忙解决装置问题、传授操作经验。对此类邀请,他总是热情相助、无私授艺。在业内名气大了,不少企业拿出高薪挖他跳槽,但他始终不为所动。"我是中国石化培养出来的,是企业为我提供了施展才能的平台,没有中国石化就没有我的今天。只有在中国石化守着我日夜陪伴的装置,我心里才踏实。"暴沛然说。

重传承

单位曾有意安排他到管理员岗位,但他坚持要待在基层。他总说,守着装置,心里才踏实。技术方面的问题,要累积到一定量才谈得上活学活用。暴沛然一直保持着做笔记的习惯。他每个月要用手机拍摄技术问题图片500～1 000张,整理、分析、归类。一年一个文件夹,硬盘满了,就换一个新的。现在他要求徒弟也养成做笔记的习惯。"无论你失败了还是成功了,要把这东西总结出来,失败了继续找出原因,成功了要把经验传承下去。"暴沛然说,"我希望工匠精神在年轻人身上传承下去。"在过去,追求卓越的创造精神、精益求精的品质精神使他从一个普通工人成长为知识型、技术型、创新型的高技能人才。在今天,他对身边的年轻人有着同样的期盼。

2015年11月,以他名字命名的"暴沛然创新创效工作室"正式挂牌。暴沛然满腔热情地经营着创新创效工作室,无私地把技术和知识传授给其他人员。据统计,工作室成立以来,已累计输送各类技能及管理人才15人。暴沛然在用自己的热诚为广州石化的当下和未来培养批量的人才。

"他遇到难题从不绕着走。生活中的他有些腼腆,不善言辞,但一谈到工作,谈到仪表,他就变得侃侃而谈,他的技术和精神是我努力的目标和动力。"作为暴沛然的徒弟,庄海林也参与了丁二烯压缩机改造。暴沛然在改造过程中精益求精和敢于担当的精神,给庄海林留下了深刻印象。经过多年努力,庄海林现在已经是化工区关键班组——化一班的副班长,也成为暴沛然创新创效工作室的成员之一。

一片痴心钻技术,一片丹心报国企,一片热心传绝活,成绩和荣誉面前不骄傲,高薪和诱惑面前不动心,暴沛然始终保持工匠精神,不忘初心,牢记使命,不断前行。

(资料来源:搜狐网,2019.07.09,有改写)

(四)团结协作的团队精神

当今时代,任何一项技术、任何一个工艺,都可能只是复杂技术链条上的一个环节,需要多部门、多环节团结协作共同完成。与传统工匠不同,新时代工匠尤其是产业工人的生产方式已不再是手工作坊,而是大机器生产,工匠所承担的工作只是众多工序中的一小部分。团队需要的是"协作共进",而不是各自为战。因此,团结协作是现代工匠精神的要义。

典型案例

雷军表示,小米智能手机的成功之道在于有好的创业团队、创新及好口碑。而MIUI、小米手机和米聊则组成了一个"铁三角",让小米智能手机与其他竞争对手区分开来。

雷军在创业小聚年会上分享了自己的创业经验。在谈到创业成功之道时,雷军表示,在竞争日益激烈的今天,找到好的创业团队就是成功了一半。创业时,他花了半年多的时间,找遍了所有认识的人,才组建了小米科技的核心团队。

(资料来源:中国经济网,2012.07.12,有改写)

(五)勇于探索的创新精神

工匠精神强调执着、坚持、专注,甚至是陶醉、痴迷,但绝不等同于因循守旧、拘泥一格的"匠气",其中包括追求突破、追求革新的创新内蕴。这意味着,工匠必须把"匠心"融入生产的每个环节,既要对职业有敬畏、对质量够精准,又要富有追求突破、追求革新的创新活力。事实上,古往今来,热衷于创新和发明的工匠一直是世界科技进步的重要推动力量。

典型案例

蓝领科学家

19岁怀揣八级钳工梦的王军刚从上海宝钢工业技术学校毕业就被分配到宝钢,在2050热轧精整线做剪刃组装工。在旁人看来,这种辅助岗位劳动强度大、技术含量低,很难熬出头。但王军却认为,即使没机会成为八级钳工,也要做最优秀的剪刃组装工。

正是这种朴素的职业追求、积极的职业心态,30多年了,他一直奔走在创新路上,从未止步,从未停歇。他用他的慧眼,找出设备缺陷攻克点,改造,再改造。他用他的双手,破解世界难题,创造,再创造!王军,带领他的团队,用他们骄人的创新成果,无数次地书写着宝钢技术、中国制造。

他在创新的道路上奔波了30多年,申报国家专利208项(已受理186项,其中授权168项),申请PCT国际专利12项(已受理12项,其中授权8项),获国家软件著作权2项,获宝钢技术秘密认定42项,而且还创造了创新应用零失误的记录。

(资料来源:新华网,2016.07.23,有改写)

拓展阅读

李克强四次提及工匠精神

2016年3月5日：李克强在做政府工作报告时，首次正式提出，鼓励企业开展个性化定制、柔性化生产，培育精益求精的工匠精神，增品种、提品质、创品牌。

2016年4月24日：李克强在四川芦山考察工作时，对青年学生说："我们国家需要搞普通研究的人，也需要搞专业工作，当高级工匠的人"，"后者现在我们国家更需要"，"上大学和读高等职业学校，不管走哪条路都可以成为大师"。

2016年7月15日：李克强对"世界青年技能日"做出批示，举办"青年技能日"活动，就是要营造尊重劳动、崇尚技能的社会氛围，引导广大青年大力弘扬工匠精神，走上技能成长成才之路。各地区、各部门要多措并举，创造良好环境，培养造就数量充足、结构合理、素质优良、技艺精湛的青年技能人才队伍，促进就业结构优化，推动中国制造实现转型升级、中国经济发展跃上中高端。

2017年3月全国"两会"期间：李克强再次强调，"质量之魂、存于匠心。要大力弘扬工匠精神，厚植工匠文化，恪尽职业操守，崇尚精益求精，培育众多'中国工匠'，打造更多享誉世界的'中国品牌'，推动中国经济发展进入质量时代"。

（资料来源：人民网，有改写）

二、工匠精神的价值

（一）工匠精神是衡量社会文明进步的重要尺度

实现中华民族伟大复兴的中国梦，要极大丰富物质财富和精神财富，只有物质文明建设和精神文明建设都搞好，国家物质力量和精神力量都增强，全国各族人民的物质生活和精神生活都改善，中国特色社会主义事业才能顺利向前推进。物质文明与精神文明是推动社会文明进步的"两个轮子"，是实现中华民族伟大复兴中国梦的"一双翅膀"，两者缺一不可。

事实上，工匠精神的发育程度与社会的物质文明、精神文明的进步程度都直接相关。从精神文明的角度来看，工匠精神作为一种职业精神，在本质上是同社会主义核心价值观，特别是同其中的敬业、诚信要求高度契合的。从物质文明的角度来看，工匠精神在物质文明的创造过程中可以发挥强大的精神动力及智力支持作用。

典型案例

装配火箭的"工匠"大师——崔蕴

崔蕴，中国航天科技集团有限公司特级技师，中国运载火箭技术研究院首位型号产品总体装配首席技能专家。他先后四次荣立个人三等功；被院授予型号研制一等奖；被评为院十佳优秀工人、一院首席技能专家；曾荣获"一院技术能手""航天技术能手""全国技术能手"等荣誉称号。

崔蕴是天津航天长征火箭制造有限公司总装车间副主任，火箭总体装配工。这位总装车间内的"工匠"大师,学历并不高,但从北京火箭生产车间当装备工起步的他,凭借着勤奋好学,研习了铣工、车工、焊工、电工等多项技能,逐步掌握了各种火箭制造发射的知识。现在,崔蕴已经成为中国运载火箭研究院首个也是唯一一个弹箭体装配专业特级技师。

崔蕴在业内被称为"拼命三郎",是因为他两次为航天拼过命。第一次是为了我国首枚长二捆火箭发射,第二次是为了长征五号、长征七号火箭。前一次造成他肺部75%的面积被四氧化二氮侵蚀,后一次他在五十多岁时带病要求"为新型火箭再拼一次命"。

1982年以来,他心系航天,始终坚守着内心的"航天梦",将自己的全部心血和精力都浇筑在一枚枚火箭和导弹中。

(资料来源:国家航天局官网,2019.04.29,有改写)

思考:从崔蕴的事迹中,你认为工匠精神的价值什么?

(二)工匠精神是中国制造业前行的精神源泉

制造业是国民经济的主体,是立国之本、兴国之器、强国之基。中华人民共和国成立后尤其是改革开放以来,我国的制造业持续快速发展,建成了门类齐全、独立完整的产业体系,有力推动了工业化和现代化进程,显著增强了综合国力,支撑世界大国地位。

为实现中国从全球制造大国到制造强国的跨越,《中国制造2025》中提出了我国实施制造强国战略第一个十年的行动纲领。中国要迎头赶上世界制造强国,成功实现《中国制造2025》的战略目标,应在全社会大力弘扬以工匠精神为核心的职业精神。工匠精神被赋予了新的时代内涵。它不是工匠大师特有的殊荣,每个坚守工作岗位兢兢业业的劳动者都是工匠精神的生动诠释。

典型案例

让中国智能机床冲击世界一流

盖立亚,沈阳机床集团优尼斯智能装备有限公司教授级高级工程师,在机床行业工作20多年,先后主持和参与4项国家重大专项项目,取得主导实用新型专利22项、发明专利3项,成为"代表中国一流,冲击世界一流"的业界重要领军者。

2000年,在资深工程师生病住院的情况下,刚大学毕业一年的盖立亚不知熬了多少个通宵,不断地调试修改带领团队按时交货。这是公司第一台高端数控车床,开创了国产数控机床商品化之路。

有一次,一家世界五百强企业因为对机床指标要求太苛刻,没有供货商愿意供货,盖立亚毫不犹豫地接下了这个订单。这一年,33岁的盖立亚怀孕了,妊娠反应特别强烈。考虑到这份合同不仅能给公司带来可观的经济效益,而且是设计技术的一大突破,她深知,必须坚持下去,保质保量完成任务。组织技术人员自制毛坯料在机床上进行模拟模型试验,并对切削结果进行比较。对机床结构、参数设定、加工工艺、切削效果、性能、精度等环节,反复修改技术方案11次。盖立亚带着团队一直工作到临产前4天,产假没休完她又回到工作岗位上参加设备调试,将机床的精度提高到进给单脉冲0.5微米,相当于人头发丝直径的1/120。这家世界五百强企业的专家操着生硬的中国话对盖立亚说:"盖,你都不知道你们的机床有多好!"后来,仅这一家企业就陆续从沈阳机床公司订购上百台机床。

"这个精度到目前为止还是领先于世界的,证明了我们中国人可以做出来高精度的机床。行业龙头企业职责所在,应该为国家担起这样的职责和责任。"盖立亚说。

（资料来源:央视网,2019.05.15,有改写）

（三）工匠精神是企业竞争发展的品牌资本

随着市场经济特别是知识经济的到来,现代经济越来越呈现为一种品牌经济。在现代市场经济视域下,作为知识资本形态的品牌形象也是一种可经营的企业资本,是一种潜在的、无形的、动态的、能够带来价值增值的个性特征,是传统的会计体系反映不了的无形资本。塑造良好的品牌形象,有效开发、经营品牌资本,是企业参与市场竞争、占领市场制高点的重要手段。

工匠精神是企业品牌内涵的重要体现,也是企业品牌知名度、美誉度及顾客忠诚度培育的有效途径,更是企业品牌资本价值增值的重要来源。事实上,工匠精神在企业品牌形象塑造和品牌资本创造过程中具有十分重要的作用。

（四）工匠精神是员工个人成长的道德指引

尊重员工的价值,启迪员工的智慧,实现员工的发展,不仅是员工个人成长的强烈需求,还是现代企业的责任和使命。而工匠精神作为一种职业精神,是企业员工提升个人精神追求、完善个人职业素养、实现个人成长进步的重要道德指引。

典型案例

自主创新让环卫工作"少些味道、多些尊严"

河北沧州人李德,身上贴有很多"撞色标签":既是环卫工人,又是首位享有国务院特殊津贴的"大国工匠";一手拿着初中文凭,另一手却有9项国家专利,100余项技术创新;既是屡屡获奖的武术冠军,又是几次心脏病突发紧急送医的病人……

自1982年进入环卫系统,36年来,李德从以身作则、不眠不休工作的拼命三郎,到寻求技术突破、提高机械化作业率解放双手的专家,他用自主创新真正改善了这份曾被戏言"顶风臭八里地"的工作。

小型粪便机械化作业车、自动压缩式固液分离吸污车、多功能高压冲洗车……从2004年开始,李德的发明填补了我国特种设备及特种车四项空白。14年间,他靠着自主研发,让沧州运河区公厕管理的粪便清淘机械化作业率从18%提升到了98%。

"9项专利代表着环卫工作中需要攻克的9个难题。"李德说,作为环卫工人,他要让这份工作少些味道、多些尊严。

2018年5月,他从全国技术能手中脱颖而出,被选入中央组织部组织的"大国工匠"高技能人才国情研修班,和其他来自全国各地,包括航天工业、核工业、汽车制造等各行各业的69名顶尖人才一起学习。

"我所理解的'大国工匠',不仅需要专业知识和技能的支撑,更需要吃得了苦、经得起磨难、耐得住寂寞。"李德说。

(资料来源:新华网,2018.07.13,有改写)

(五)工匠精神是劳动者实现自我价值的重要途径

当今社会,机器化生产提高了产品生产率,很多工作由如计算机这样的机器来完成,因此很多劳动者在工作中觉得单调、机械和乏味,甚至有的劳动者觉得在智能时代自我价值已经消失了,人的劳动正在被机器取代。

实则不然,对于一个具有工匠精神的劳动者而言,产品是向往自由美好愿望的充分表达。劳动者在创造工作过程中具有完全的主动权,根据自己的构思、意志来完成产品,使自我想法在作品中体现,创作出来的产品是自我对世界的理解、认识、客观化的体现。以工匠精神来做创造,工作就变成了一种忘我的投入、生命的外在表达。

拓展阅读

"中华技能大奖"和"全国技术能手"

为加速培养大批具有优秀品质和高超技艺的技术工人,引导广大工人钻研技术业务,走岗位成才之路,加大宣传优秀技术工人和能工巧匠的先进事迹,表彰他们为企业、为国家做出的突出贡献,人力资源和社会保障部(原劳动和社会保障部)从1995年开始,会同46个行业主管部门和各省、市建立了"中华技能大奖"和"全国技术能手"评选表彰制度。

世界技能大赛

世界技能大赛被誉为"技能奥林匹克",由世界技能组织举办。世界技能大赛顺应了工业化、信息化的人类社会发展趋势,追求卓越技能的打造、精益求精的品质和不分种族、宗教、文化的相互尊重、交流合作、共同发展。特别是表现在职业技能上,能够通过项目的设置、规则的制定、标准的规范,引领各国职业技能人才的培养方向。

2010年我国正式加入世界技能组织,2011年在第41届世界技能大赛上中国首次参赛即实现了奖牌零的突破,标志着中国技能正式登上世界舞台。从2013年到2019年,中国都取得了优异成绩,2019年更是位列金牌榜、奖牌榜、团体总分第一名。

2021年第46届世界技能大赛在上海举办,作为世界第二大经济体和重要的发展中国家,中国的国际地位日益重要。

第二节　践行新时代工匠精神

学习目标

结合学生实际,践行工匠精神。
理解工匠精神培育的重要性。

第三章 传承新时代工匠精神——培育大国工匠

理解培育大学生工匠精神的必要性。
理解高职院校培养学生工匠精神的路径。

一、工匠精神之热爱

做任何事时，如果对自己所做的事情无法投入情怀和梦想，没有热爱之情，那么即使再有意思的事情，做久了也会让人感到枯燥和乏味。分析优秀工匠及其工作可以发现，在他们工作的过程中，除了精湛的技艺和专注的神情外，还有发自内心的快乐和享受。

一个人只有将工匠精神注入工作中，才能够享受工作过程中的快乐与愉悦；一个人只有用梦想指引自己的职业道路，才能够始终走在正途，向着一名优秀工匠的目标坚定前行。同时，还应尽可能地在工作中投入情感，这样才有可能让自己的工作感动他人、感动世界。有些人总是在工作中抱怨，将工作看作养家糊口的手段，这些人往往与成为一名优秀工匠无缘。一个人只有将自己最真挚的情感投入工作中，才会像对待自己的好朋友、亲人一样对待工作，在工作过程中用心与之沟通，这也是工匠精神的一种体现。

一个人在一件事情上注入情怀时，往往能够在做事的过程中不知疲惫、不计得失；在实现自己的梦想时，挫折和困难也不再是难以逾越的鸿沟。将情怀注入工作中，用梦想引领前进的方向，最终将走出属于自己的工匠之路。

典型案例

木雕艺术是一生挚爱

陆光正出生在浙江东阳岭下村。村子四面环山，山上古木参天。银杏树、樟树、枣树是主要树种，这些树是东阳木雕的主要雕材。陆光正的父亲是有名的裁缝。母亲虽不识字，但一笔花鸟画却极为传神。大约是受环境熏染，陆光正从小在艺术上就表现出超常天赋。

2003年，陆光正创作杭州雷峰塔群雕壁挂《白蛇传的故事》系列。由于群雕规模大，木材因受湿度变化影响而引起伸缩膨胀，导致作品开裂变形。如果这个问题不解决，将无法制作大件木雕。经反复试验，陆光正采用了分组叠雕的方式，进行了东阳木雕的技法创新。他通过图像分组、分组雕刻、拼接组装、彩木多层叠雕的方法，改良了工艺和雕刻手段，在平面雕刻的基础上，综合运用浅浮雕、深浮雕、镂空雕、半圆雕、圆雕等多种雕刻技法，大大提高了木雕艺术的表现力。随后，他又用多层叠雕的技法完成了《锦绣西湖》《武则天出巡》《雁荡风光》等鸿篇巨制。

陆光正与他所热爱的东阳木雕相伴了一生。他将东阳木雕艺术的传承与发展推到了一个新的高度；他用一件件艺术珍品诠释着自己的艺术主张与艺术才华；他通过不懈努力，成为东阳木雕艺术的杰出传承人与守望者。

（资料来源：人民网，2016.03.17，有改写）

二、工匠精神之专注

专注就是内心笃定而着眼于细节的耐心、执着、坚持的精神,这是一切"大国工匠"所必须具备的精神特质。专于其心,一心一意,一次只做一件事,这意味着集中精力,注重目标唯一,不轻易因其他诱惑而动摇。若经常改变目标或四面出击,则往往不会有好的结果。

古今中外,但凡在科学成就上有所突破的科学家,都需要数十年废寝忘食地研究和追求。

典型案例

焊枪下的艺术品

1987年8月,19岁的李万君职高毕业后到长春客车厂(中车长客股份公司)工作,在焊接车间水箱工段当工人,和他一起入厂的还有28个伙伴。一进焊接车间,火星子乱蹦,烟雾弥漫,刺鼻呛人。焊工们穿着厚厚的帆布工作服,戴着焊帽,拿着焊枪喷射着2 300 ℃的烈焰,夏天时,穿着重重的装备干完活出来,全身都湿透了。

这样艰苦的条件不是每个人都能承受下来的。一年下来,和他一起入厂的同事大部分都调走了,但他依然选择留下来。厂里要求每人每月焊100个水箱,他就多焊20个,一年下来,两年一发的工作服被他磨破了5套,不够穿,他就到市场上自己掏腰包买。

除了跟着师傅学习,他一有时间就跑到其他师傅那儿看,有问题就问。一开始,一些老师傅嫌他黏人;但慢慢地,师傅们发现,这个小伙子凡事问过一次,就会举一反三。不知不觉中,李万君的焊接手艺在同龄人中已出类拔萃。

入厂第二年,李万君就在车间技能比赛中夺冠;2005年,他在中央企业焊工技能大赛中荣获焊接试样外观第一名;1997、2003、2007年,他三次在长春市焊工技能大赛荣获第一名;2020年,他捧得了"中华技能大奖"。

为了攻克各种各样的困难,他成立了一个攻关团队,遇到焊接难题,整个团队都会群策群力,攻坚克难,将技能和智慧紧密地结合在一起,突破一个又一个难关。

2005年,李万君根据异种金属材料焊接特性发明了"新型焊钳",获得国家专利并被推广使用。2020年,在出口伊朗的单层轨道客车转向架横梁环口焊接难题中,李万君再次挺身而出,经过不断试验摸索,成功总结出了氩弧自动焊焊接方法和一整套焊接操作步骤,填补了我国氩弧焊自动焊接铁路客车转向架环口的空白,也为我国日后开发和生产新型高铁提供了宝贵依据。2020年,针对澳大利亚不锈钢双层铁路客车转向架焊接加工的特殊要求,李万君冲锋在前,总结出了"拽枪式右焊法"等20余项转向架焊接操作方法,解决了批量生产中的多项技术难题,累计为企业节约资金和创造价值800余万元。

2020年初,中车长客股份公司试制生产我国首列国产化标准动车组,转向架很多焊缝的接头形式是员工们从未接触过的。其中转向架侧梁扭杆座不规则焊缝和横侧梁连接口斜坡焊缝质量要求极高,射线检测必须100%合格,不允许有任何瑕疵。由于不规则焊缝接头过多,极易造成焊接缺陷,这个部位的焊接成为制约生产顺利进行的"卡脖子"工序,影响了标准化动车组的研制进程。

李万君马上主动请缨,以攻关团队"李万君国家技能大师工作室"为主要阵地,经过反复论证,多次试验,最终总结出交叉运用平焊、立焊、下坡焊,有效克服质量缺陷的操作技法,成功攻克了这项焊缝接头过多导致焊缝射线检测难以100%合格的难题。

2020年7月15日,中车长客股份公司试制生产的两列中国标准动车组,以420千米每小时的速度成功进行会车实验。列车以相对时速840千米的速度擦肩而过,这还是世界首次。实验的完美表现,再一次赢得海外市场的关注以及相关合作国家的青睐,成为开启国外高铁市场的一把"金钥匙",为中国高铁走出国门奠定坚实的基础。

"其实,我的追求很简单,我希望每一位焊工都把焊接标准熔到骨子里,把焊枪下的产品升华到极致,从而形成一件件艺术品……"李万君说。

凭着一股子不服输的钻劲儿、韧劲儿,他参与填补了高速车、铁路客车、城铁车转向架焊接规范及操作方法的几十种国内空白,先后进行技术攻关100余项,其中21项获得国家专利。

(资料来源:网易新闻,2017.02.09,有改动)

三、工匠精神之勤奋

伟大的成功与辛勤的付出总是成正比的,有一分付出就会有一分收获,后天的勤奋可以弥补先天的不足而最终获得成功。

古今中外,有很多以勤补拙的例子,如我国汉代的匡衡、苏联作家奥斯特洛夫斯基、我国清代的曾国藩等。

典型案例

捞纸大师周东红

中国制作宣纸已经有1 500多年的历史了,一张宣纸从投料到成纸需要经历三百多天,一十八个环节,一百多道工序。但是现在做宣纸的人越来越老,愿意学这行的年轻人越来越少。所谓"捞纸",两个人抬着纸帘在水槽中左右晃动,一张湿润的宣纸便有了雏形,整个过程不过十几秒。但是宣纸的好与坏、厚与薄、纹理和丝络的形成就全在这一"捞"上。

周东红是中国宣纸股份有限公司的一名捞纸工。30年来,经周东红捞的近千万张纸每张质量误差不超过1克,始终保持着成品率100%的记录,他加工的纸也成为一些著名画家及国家画院的"御用画纸"。

周东红说,那时候每天早起一点,冬天把手伸到冰冷刺骨的水里,即便是长了冻疮也要下水捞纸,勤学苦练,就为了找到那种感觉。妻子说他,"深夜两点起床就去捞纸了,捞到下午五六点才下班"。

老周说,最初从事捞纸行业,是为了生计,但是这么多年下来,他已经慢慢地爱上了这一张张宣纸。

(资料来源:央视网,2015.05.05,有改写)

四、工匠精神之严谨

对待工作要本着一丝不苟的态度,这是一种优秀的工作态度,更是一种工作方法和工作哲学。一个人从平凡到优秀,再到成为众人口中的成功者、优秀工匠,需要做事严谨、一丝不苟。

要想成为真正的工匠,必须摒弃和消除"凑合"的观念,将严谨纳入工作习惯中,让自己从普通的手艺人向优秀的工匠行列迈进。消除"凑合"的工作态度,就是要让自己对工作保持敬畏之心。

典型案例

"在刀尖上跳舞"的工匠

夏立1987年进入中国电科网络通信子集团(54所)工作,30多年一直坚持天线制造工作,上海65米射电望远镜、太赫兹小型高精度天线、嫦娥工程、北斗工程、索马里护航船站、国庆阅兵、抗战阅兵、远望系列船、国家地震局应急通信工程、中央电视台上星站……在这些国家级重大项目中,都有夏立及其团队的身影。如今的他带领团队,组建了工作室,专攻小型精密天线加工制造研究。

"天上飞的、地上跑的、水里游的,所有的天线我几乎都做过。经我手装配的天线有上千面,从没有出过质量事故。"采访中,夏立这样说道。

主攻"私人定制":做第一个"吃螃蟹"的人

现在不少工厂都是机械化、自动化,但这个模式在54所"吃不开",因为他们接单的天线基本都是定制化的,而不是标准化产品。

"现代科技使许多精密制造实现了自动化,但要实现这种超高精度的装配,离不开高技能工人的手工操作。"

夏立参与了许多国家级重大项目中卫星天线的预研与装配,其中最难的当属上海65米射电望远镜天线的装配。在该任务中,夏立负责方位、俯仰传动装置的装配任务,该装置是控制天线转动的核心设备,直接决定了该天线的指向精度。当时设计师提出的要求是:终端精度需要达到0.004毫米,才能满足天线的要求。这在当时,几乎是不可能完成的任务。可接到任务的夏立,决心做第一个"吃螃蟹"的人。

技术与工期的要求使得夏立没有失败的机会。这非常考验每一步操作时的"感觉",手稍微重一点会过紧,手的力量不够又达不到精度要求。在反复尝试中,夏立凭着多年积累的经验,找到了那无法言说的"偶遇"。

钢码盘的输出精度要求小于0.002毫米,机器研磨反复试验也只能做到0.02毫米,精度等级整整差了10倍。为了满足精度要求,夏立提出依靠手工研磨,单单为攻克钢码盘这一难关,他研磨了整整三天,最终确保了天线指向精度的要求。

机载小型通信天线:翻越另一座高山

完成了多项重大工程之后,在大型天线加工制造领域,夏立及其团队的"手艺"得到了证明。可前进永不止步,新的任务、新的担子又摆在了夏立面前——小型精密天线的制作,尤其是机载天线,需要更好的动态跟踪特性,以便克服更加恶劣的使用环境。

小型天线的口径小,精度要求高,对装配的要求更加严格,其难点在于对精度的把握。夏立凭着高超的技术又一次实现了突破,在小型天线领域,夏立将天线的控制精度做到0.015毫米,这在整个行业内是顶尖的、首屈一指的。

不仅有过硬的职业技能,还要有创新意识

在天线加工技术领域,最难解决的是铜喇叭天线的加工。目前在生产中,这类铜喇叭主要是通过焊接的方式,将各个零件之间的平板面通过磨具搭接固定。这种焊接方式使得生产过程中喇叭腔体的各个方向斜度难以保持一致,而且设计加工模具费时费力。为了改变这种局面,更大限度地满足生产指标,夏立提出异型铜喇叭无磨具定位焊接工艺,不仅能保证喇叭腔体的各个方向斜度保持一致,还能省去模具。

多年来,经夏立改造、制作的天线稳定性和可靠性极高,它们被应用于航空、航海、航天领域,特别是在无人机领域得到了广泛的应用,为国防事业的发展做出了贡献。

当好"带头人":教会徒弟、带好团队才是好师傅

如今的夏立已是单位第一届高级技能带头人中的一员,技能提高的同时,他常会更加深刻地思考自己的价值。"我去安装一台天线比别人快了1个小时,这是自我价值的体现,但不如我带领团队去装配,共同提高效率,创造'1+1>2'的更大的价值。"

以夏立命名的创新工作室里,操作台上摆满了各式半成品通信设备,工人就在这里操作。大家形成了一个习惯,每完成一项任务出一个总结报告,拿出来一起讨论,并成为新同事的学习参考。夏立也会将他在工作中遇到的技术难点、要点以及工作心得整理出来,与大家分享。"工人靠技能在单位生存,俗话说,教会徒弟,饿死师傅。但在我们这里,只要徒弟去问,师傅都会耐心讲解,询问也是一个交流。"

在夏立眼里,工人师傅们的功劳和贡献与搞科研的博士们不一样,但对于岗位的贡献与忠诚却不分上下。"机械行业有一句话是'机床的母机从何而来?',制作标准化产品的高精度机床,也必须由人来装配起来,所以钳工工种不会消失,我们有我们存在的价值,一代一代钳工将手艺传承下去,这就是我所理解的工匠精神。"夏立的话语坚定、自豪。

(资料来源:央广网,2018.04.20,有改写)

五、工匠精神之责任

每个人在这个世界上都有自己的使命。在革命时代,老一辈无产阶级革命家的使命是带领当时深处水深火热之中的中国人民走出囚笼,推翻压在身上的三座大山(帝国主义、封建主义和官僚资本主义),真正翻身做主人。在新时代,我们需要做的是为国家的繁荣富强而奋斗,为实现千年大计、"中国梦"而拼搏。

"大国工匠"中的每位优秀工匠都秉承着"责任重于泰山"的工匠精神,将几年、几十年甚至毕生的心血都倾注于自己的事业,同时也将把自己掌握的手艺传承下去视为自己的责任。他们不仅将工作做到了极致,还用自己的实际行动传承这份责任。

典型案例

连续 46 000 步操作"零"失误

核电已经成为国家名片,成为国家向世界展示工业实力的窗口,是代表国家核心竞争力的"国之重器"。卓越的背后,有一批深藏功与名的"大国工匠"。中广核集团的核燃料操作师乔素凯,就是代表之一。他没有很高的文凭,没有超人的智慧,却凭着一股钻劲深入细致地做好每一项工作,其所在团队共为国内 20 台核电机组完成了 100 多次核燃料装卸任务,创造了连续 46 000 步操作"零"失误的纪录,实现了燃料操作"零"失误及换料设备"零"缺陷,堪称守护核安全的典范。

扎根一线 25 年终成"大国工匠"

我国商用核电站建设起步晚,没有成熟的技术,大亚湾核电站的技术、设备全靠国外引进,建设运营初期也离不开外方技术人员。经历过那段岁月的中广核人都很熟悉一句话:"低头靠勇气,抬头靠实力。"乔素凯在核电站安全运行领域的岗位上,取得一连串出色业绩,讲述"抬头"的故事。

核燃料是核电站的动力之源,与核燃料相关的工作是每个核电站的重中之重。乔素凯正是在这个岗位上,从事核电站新燃料接收、大修堆芯换料、燃料组件检测与修复、乏燃料后运等所有与核燃料相关的工作。在这个岗位上,乔素凯深耕了 25 年,多年来他一直致力于 PMC(核燃料装载贮存系统)的维修及换料操作、换料人员行为规范、燃料组件专项视频检测与分析、破损燃料组件修复及后运、堆芯换料装载技术优化、堆芯装载异常困难处理、换料专用设备国产化研发等领域,目前,这些技术均处于国内领先水平,其主持并参与的项目有 19 项获得国家专利,部分项目还获得了核能行业协会及国家能源奖项。

乔素凯不仅为核燃料安全操作做了大量的基础工作,还为改进燃料操作做了很多技术创新。根据核电站堆芯安全运行需要,他凭借多年来的技术积累和细节观察所得,创建了处于国内领先水平的燃料组件全方位检测、水下维修及评价体系。只要燃料组件进入核电站,乔素凯和他的伙伴们就成了组件的检验师和外科医生,通过自主化开发的国产化特殊检查设备,能及时发现燃料组件瑕疵及潜在的缺陷,并给予及时处理。

在 PMC 换料项目的研究方面,他从未停下脚步。近年来,他陆续攻克了国内核电站核燃料组件水下特殊维修(单棒更换、骨架更换)及堆芯内异物打捞领域的关键技术难题,组建了国内唯一一支核燃料组件特殊维修专业技术团队,通过不断探索和钻研,中广核的燃料组件维修技术已达到国际领先水平。在此基础上,他更深入地研究燃料组件整体修复项目,最终,燃料组件整体修复设备整机试验一次成功,得到了评审专家的一致好评。该设备的技术路线优于国内外通用修复模式,填补了国内在压水堆核电站乏燃料组件水下整体修复领域的空白。他带领队伍成功修复了国内多个核电站的破损燃料组件,为中广核集团挽回了数千万的损失,也为核电站创造了相当可观的经济效益。

做守护核安全的典范

"燃料无小事,做毫无差错的技术能手!"这句乔素凯时常挂在嘴边的话是他工作中恪守的最高准则,因为在中广核的核安全文化里,"核安全高于一切!"因为核燃料工作的特殊性,他用"不允许毫厘之差"来要求自己和身边的同事,尤其在面对难度最大、风险最大的组件修复项目时,他对每个工具、每个数据都会严格把控。修复一组燃料组件破损棒,有400多道工序,其中有不可逆转的200多道工序是关键点操作,每一步操作都堪称"步步惊心"。为此,他和团队苦练操作技能,力求把精确操作做到极致。他可用4米的长杆完成水下精确值为3.7毫米的操作;面对燃料棒包壳管0.53毫米的壁厚,他可以用自己的手感和经验保证燃料抽出的过程完好无损。有一次,在大亚湾核电站燃料组件修复过程中,当破损燃料棒拔出后插入替换棒时,该棒位置比其他棒位低了几毫米。项目组成员都认为几毫米没问题,但担任项目负责人的他说:"不行!必须返工!燃料无小事,我们不能在核燃料组件上留下任何安全隐患,一次就必须把事情做好。"最终,在大家的反复试验下,将替换棒拉到了正常高度,成功修复了破损组件,保证了该组件再入堆后的安全运行。为机组安全运行保驾护航是乔素凯最大的工作目标。在大亚湾核电站1号机组第13次换料大修时,4组控制棒突发卡涩故障,无法下插到位。在国内首次实施堆芯尚未卸料就直接抽取控制棒且缺乏经验借鉴的情况下,他和项目组成员顶住压力,凭借丰富的燃料异常处理经验,不分昼夜地采集数据、分析图纸、编写程序,成功研发了控制棒卡涩处理专用工具,顺利通过多次试验,最终圆满处理了控制棒卡涩问题,守住了核安全。也正是因为他和一代代核燃料人心怀敬畏、严谨细致的精神,成就了如今核燃料队伍多年来保持"零失误、零缺陷"的出色业绩。

核燃料专业化队伍的领路人

为组建一支优秀的PMC换料专业化队伍,乔素凯长期主持核燃料分部换料人员培养工作。他精心安排换料人员进行不同PMC换料设备操作实践,编写培训任务书并进行理论、燃料事件经验反馈及换料模拟机培训,定期组织核燃料操作技能考核和年度换料人员取证上岗考试。近10年来,他先后培养了5名换料顾问,30多名换料主管及50多名换料机操作员,目前已完成4支大修换料队伍的人员培养,基本满足中广核20台在运机组的独立换料操作及设备维修工作。这支不断壮大的专业化队伍正主动承担起中广核旗下各电站的堆芯换料重任和新机组的首接首装任务,为公司和集团的可持续发展及中广核"走出去"重大战略实施做出了重要贡献。除此之外,乔素凯和他的团队还频繁往来于各个核电基地,指导各核电厂换料项目组的工作,为培养更多燃料技能人才做了大量基础性工作。近几年来,乔素凯共组织40多期技能培训课程,受训人数达到1 000多人次,通过理论结合实操的灵活培训有效提高了换料人员的技能水平。

(资料来源:南方日报,2017.07.01,有改写)

六、工匠精神之创新

在工作中,创造性是一个人应具有的基本素质,而在寻常中创造出不寻常,是优秀工匠应具有的品质。在追求成为优秀工匠的路上,我们要培养革新创造的精神,细心观察,努力创新。我们要懂得动脑筋,懂得在遇到问题的时候寻找解决问题的方法,尝试性地使用新方法去解决问题,而不是循规蹈矩、故步自封、止步不前。

> **典型案例**
>
> **辽宁舰上一种工具以他的名字命名**
>
> 　　翟国成是辽宁舰首个获得国家专利的航母舰员。3本国家专利证书、10余项创新研究成果、4次荣立三等功、全军优秀士官人才奖一等奖……这是二级军士长翟国成在航母上收获的一份成绩单。更让这位航空保障部门支持设备区队区队长骄傲的是,有一种工具,能以自己的名字命名——"翟国成扳手"。
>
> 　　航母甲板被称为"世界上最危险的机场"。甲板上进行的每一个操作都可能影响飞机的起降安全,大到设备,小到工具,在操作上容不得半点误差。
>
> 　　"翟国成扳手"正是在这样谨小慎微的环境中诞生的。一次飞行甲板作业过程中,一名舰员在使用工厂配发的航空供给盖扳手时,扳手从供给盖滑脱,手背瞬间被飞行甲板坚硬的涂层擦伤。看见身边年轻战友滴血的伤口,围在一旁的翟国成心疼不已。
>
> 　　"为什么扳手会滑脱?是不是扳手设计上有缺陷?能不能有更合理的改进?"一连串疑问在翟国成脑海中一个接一个冒出来。凭着自己多年的机务保障经验,在对供给盖结构原理进行反复思考后,他终于找到了症结。他立即着手研究改进,在战友帮助下学会工程制图,设计出质量轻、费力小的立式扳手。在翟国成的引领下,辽宁舰掀起了装备革新的热潮,涌现出多名"装备革新之星",为航母建设提出的装备改进建议有数百条。
>
> 　　"是航母给了我平台,让我去创新。"而关于发明创造的初心,翟国成说,一切都为了能打仗打胜仗。"装备改进一点,航母的战斗力就提高一点。"
>
> (资料来源:新华网,2017.08.23,有改写)

七、高职院校培育学生"工匠精神"的意义和路径

(一)培育工匠精神的重要性

1. 工匠精神培育对学生自身发展意义巨大

　　工匠精神培育最直接的得益者当属学生,他们在其中获得的益处显而易见,具体体现在以下几方面:一是对学生世界观、价值观、人生观和职业观的提升。通过工匠精神潜移默化的引导,帮助学生树立正确的就业观与择业观,树立远大的职业理想,确立坚定的职业信条与职业操守。二是帮助学生提升职业技能。开展工匠精神的相关教育,不仅可以丰富学生专业知识,还可以给学生提供更多的机会感受工作环境和进行实习实训,不仅开阔了学生的眼界,更帮助学生提高了动手操作的技能水平,有助于学生早日实现"文能道其所以然,武能让其所以然"。三是有助于学生实现就业优质化。就业优质化的意义绝不仅仅是找到福利待遇更优厚的工作,而是让学生在工作中的个人技能得到提升,从工作中获得满足感与成就感。由工作的激励产生奋发向上的进取精神,这份进取精神的回馈会使工作成果更加喜人,最终实现学生与工作双赢的局面。

2. 工匠精神培育赋予职业教育新灵魂与新方向

社会对于职业教育的普遍观点是：职业院校的主要责任是培养学生的职业技能，学生的文化学习及思想引领相对居于次要的地位。很多职业院校的教师也认为提升学生的职业技能是院校培养学生的首要责任。近年来，不重视职业精神培育的后果逐步凸显，部分职业院校毕业的学生缺乏敬业精神，就业后容易出现违反职业纪律和职业道德的行为，频繁更换工作，工作中难有较大发展，最后导致所学与所做完全不符，在校所学技能彻底荒废。不仅如此，职业院校中部分毕业生职业素质的下降还给不少职业院校带来了办学压力，一方面企业不愿意再招聘职业院校毕业生而导致毕业生就业难；另一方面学生及家长了解情况后不愿意让学生入学而导致部分职业院校出现生源不足、招生困难的现象，少部分办学水平较低的职业院校更是深陷招生难的困境。

工匠精神的提出赋予了职业院校教学新的灵魂，将职业精神的培育提升到了新的高度，改变了以职业技能培养为主线的教学思路，使众多职业院校的教改重点转移到对工匠精神的培育上。在教学中将"技能"与"思想"并重，将培育学生的工匠精神视为第一要务，这不仅有利于学生日后的职业发展，还对职业院校的生存发展有着至关重要的意义。因此，工匠精神培育的提出，不仅帮助职业院校拓展了教育新思路，赋予其教学新内涵，更为职业院校的发展指明了新方向。

3. 工匠精神培育对社会和谐发展意义非凡

纵观目前职业院校学生培育状况，学生在校期间文化水平与技能水平提升均不明显，学生毕业后常常感觉无所适从，无法找到合适的就业岗位。学生对职业缺乏归属感导致的频繁跳槽直至失业不但对学生自身有百害而无一利，对社会的长治久安和稳定和谐也是一种潜在的隐患。

工匠精神培育的目的是使学生将工匠精神内化，使其就业后个人能力能够得到提升，取得良好的发展。在校期间接受过工匠精神教育的学生进入相关行业后，能够推动产品品质提升，加速产品创新，促使行业内部形成良性竞争，实现行业的稳定发展。而行业的稳定发展使更多有工匠精神的学生在行业内植根，从而形成良性循环。

> **拓展阅读**
>
> 习近平对我国技能选手在第45届世界技能大赛上取得佳绩做出重要指示时强调，要在全社会弘扬精益求精的工匠精神，激励广大青年走技能成才、技能报国之路。在看望参与北京大兴国际机场建设和运营的工作人员代表时，他强调，大兴国际机场体现了中国人民的雄心壮志和世界眼光、战略眼光，体现了民族精神和现代水平的大国工匠风范。近年来，在习近平和党中央的倡导下，大力弘扬工匠精神逐渐形成热潮。

（二）培育大学生工匠精神的必要性

1. 高职院校培育学生工匠精神是遵循科学规律的必然选择

唯物主义观点认为，内因决定外因。产品的品质卓越源自工匠的手艺超群，而工匠技能作为外因，是受内因即工匠的职业精神和态度影响的，因此，在学生入学之初即有计划地开展工匠精神培育,能够帮助学生自觉地将工匠精神融入内心,融入平时的生产、生活和未来的职业发展中。工匠精神培育开展得越早,越能够让工匠精神根植于学生的内心,使其从职业教育伊始便认识到工匠精神的重要性,并将之作为职业信条践行终身。

拓展阅读

《国家职业教育改革实施方案》中指出,推进高等职业教育高质量发展,把发展高等职业教育作为优化高等教育结构和培养大国工匠、能工巧匠的重要方式。工匠精神作为一种职业素养,是学生职业道德、职业精神和技术技能水平有机融合的集中体现。培育工匠精神,不仅是学生职业生涯发展的需要,更是高职院校生存发展的需要。

2. 高职院校开展工匠精神培育顺应了规模化职业教育的发展趋势

工匠精神在中国延续千年,靠的是代代相传,然而时至今日,机械化生产已大大节省了人力,原始的手工业也逐步被规模化的生产所替代。机械化生产并非不需要工匠,只是工作方式发生了转变,由手工操作转变为机械操作,由粗放型劳作转变为精细化操控,但无论是前者还是后者,对工匠的工作要求不但没有降低,反而更高了,稍有不慎就可能导致大批量的产品报废或价格昂贵的精密仪器受损。因此,当代工匠精神对于精益求精的职业素质的培养,应当在有规模、有组织的条件下展开。高职院校对于工匠精神的培育,不但是规模化办学的要求,而且顺应了时代的发展潮流。

3. 以学校组织的形式开展工匠精神培育是现代社会工匠培养的最佳方式

央视巨制的《大国工匠》中展现了我国多位杰出工匠身上的优秀品质,如精益求精、坚持不懈、坚韧不拔等,而这些"一生只做一事"却务求做到最好、最精的优良品质,正是工匠精神的基本要求。目前,单独个体的"师徒相授"已不再是工匠精神培育的最佳选择,徒弟在漫长的学艺期中,逐步领悟匠心的要义更不现实,因此,在规模化的教育教学中,加入工匠精神培育的元素,使学生在掌握知识的过程中潜移默化地接受工匠精神的熏陶,是现代社会培养工匠的最佳方式。

(三)高职院校培育学生工匠精神的路径

1. 政府力量——政策制定,激励工匠人才爱岗敬业

各级政府作为政策的制定者,应在政策制定中考虑融入工匠精神。目前,全国都已经开展了种类丰富的弘扬工匠精神的活动。虽然宣传活动能够营造一定的社会氛围,但使工匠精神开花结果仍需要有适宜其生长的土壤,而政府的力量就是土壤中重要的养分。政府可在制定政策的过程中充分考虑工匠精神培育所需要的资源支持,进行适度的政策倾斜,通过政策支持给予工匠劳动尊严、经济及社会保障,使从业人员能够安心工作、乐于工作,整个社会形成尊之、重之、敬之的氛围,从而吸引更多的从业人员愿意为追逐工匠精神而奋斗终生。因此,政策的制定要能够给从业人员足够的职业发展空间,才能够让工匠精神在这片土壤上生根、发芽、开花、结果。

第三章　传承新时代工匠精神——培育大国工匠

典型案例

2020年12月14日，佛山市就印发《进一步深入开展"佛山·大城工匠"锻造工程的意见（试行）》举行新闻发布会。佛山市人力资源和社会保障局相关负责人介绍，为进一步大力推动技能人才队伍建设，根据佛山市委主要领导的指示，佛山即将制定印发《进一步深入开展"佛山·大城工匠"锻造工程的意见（试行）》（下文简称《意见》）。

相关负责人说，该文件是在总结三届"佛山·大城工匠"推荐命名活动成功经验的基础上，对大城工匠顶层设计的全面加强、体制机制的系统优化、政策措施的集成升级，将从健全制度、落实措施方面做好统筹设计，建立健全培养、考核、使用、待遇等一整套的"佛山·大城工匠"激励机制。今后，佛山将从荣誉工资外津贴、政治待遇、福利待遇、发展通道、发挥技能、入户子女等配套服务、培训深造、走进讲台、宣传引导等方面全方位对荣获"佛山·大城工匠"者进行激励，让"工匠"在"政治上有荣誉、社会上有地位、职业上有保障、经济上有实惠"。

《意见》要求，佛山各区、市各相关部门要在组织领导、财政支持、上下联动等方面强化"佛山·大城工匠"工作，并突出强调各区、各责任单位要根据本意见尽快制定具体措施，确保各项政策落实到位。

佛山市有关部门将强化指导和督促各区、各责任单位尽快制定"锻造工程"的具体措施，强化对各项措施的牵头单位、参与单位的指导、督促和检查，尽快完善各项细致化举措，让文件能够更好地落地、更好地发挥作用。在文件落地的过程中，各部门还将做好对大城工匠、企业、社会各界的意见、建议的收集归纳，并积极吸收调整，进一步优化"佛山·大城工匠"工作机制，提升服务质量。

自2016年开始，佛山市委、市政府以最高规格连续召开了三届"佛山·大城工匠"命名大会，命名了90位"佛山·大城工匠"，广泛持续培育和弘扬工匠精神，让工匠精神和企业家精神交相辉映、相得益彰、深度融合，共同成为照亮佛山现代工业文明之路的"双子灯塔"。

（资料来源：南方网，2020.12.15，有改写）

2.学校力量——以现代学徒制为依托，普及工匠精神养成教育

现代学徒制起源于古代学徒制，作为流传多年的教育体制，其强调师父的重要性，认为师父不仅负责技能传授，也应承担思想品质的培养任务。因此，在学徒制学习中，对师者自身提出了更高的要求，要求师父既要教会学生做事，又要教会学生做人，"传道、授业、解惑"缺一不可，学生要在"尊师重道"的基础上"思而好学、乐学、敏于学"。学校在传统的教学模式上要进行改革创新，以现代学徒制教育为依托，普及工匠精神培育，使学生在学中做、在做中学，将填鸭式教育变为自主学习，强调工匠精神学习的持久性，将工匠精神的学习持续整个学习过程中。学校在对学生工匠精神的培育中应从大处着眼、小处着手，具体应从两方面入手，一方面注重对学生工匠精神的培育，在提升学生专业技能的同时培养学生的职业素养与职业道德，使学生通过系统的学习具备实现个人价值的能力与态度；另一方面，学校应努力营造适宜学生工匠精神培育的校园环境，建立良好的校园文化，举办多种多样的校园活

动,如知识竞赛、讲座、技能大赛等,鼓励学生积极参与,使学生在潜移默化中提升职业技能,加强职业素养。

> **典型案例**
>
> 　　平遥现代工程技术学校是首批国家中等职业教育改革发展示范校。早在示范校建设时期,该校就实施"双主体、全过程、工学一体"的人才培养模式,推行"教师亦教亦工、工人亦工亦教"的校企合作机制,现代学徒制正是这一培养模式的实践和升级。
>
> 　　该校首先选定优质企业,共同制订实习计划,确定课程模块、岗位(工种)数量、岗位人数、带教师傅、考评制度等。然后和企业组建课程开发小组,共同确定了学校技能课程和企业岗位课程同步推进的课程体系。经过几年探索,现已与企业共同开发了"三段育人"样本,如数控、焊接专业"1+1+1"样本,漆艺、彩塑专业"(0.5+0.5)×2+1"样本;实施了带班师傅与实习指导教师共同培养人才的双导师制;建立起了有效执行现代学徒制的评价体系。最终,该校成功构建了"3324"现代学徒制人才培养模式。即政府、学校、企业"三元管理机制",课程模块化、内容项目化、项目岗位化的"三化课程体系",在岗学习、轮岗实训、顶岗实习的"三段育人过程",考试对接考核,学历证书对接职业资格证书的"二元对接评价机制",学生→学徒→准员工→员工"四种身份转换"。
>
> 　　现代学徒制以企业需求为导向,技能培训与企业需求相对接,使学生能很快适应岗位需要,加快了学生的职业发展速度。
>
> (资料来源:平遥现代工程技术学校官网,2017.11,有改写)

3. 学生力量——树立科学就业观,苦练本领强自身

高职院校的学生是未来工匠精神的发扬者和传承者,也是新时代匠人形象的缔造者。在他们的世界观、人生观、价值观尚未成型之前,进行职业精神和理念的培养,显得至关重要。除却外在环境的营造与知识的传输,工匠精神的培育更需要依靠学生自身,学生至少要在三个方面进行自我锻炼:

(1)树立正确的就业观,爱岗敬业。

(2)培养良好的个人品质,坚持不懈。

(3)对个人能力与素质高标准、严要求,不断超越以往的个人水平。

具体从德行、品质、才学三个方面开展:

(1)德行方面,应树立对职业的敬畏心和尊敬心,具有良好的工作品德和工作品质,在劳动道德的指引下尽心尽力地投入工作,不偷工减料也不偷奸耍滑,有良好责任心。

(2)品质方面,应培养良好的个人素质,工作认真、细致、追求尽善尽美,工作中有恒心、有毅力,对产品的要求不是完成即可,而是"不愧我心"。

(3)才学方面,应清晰认识到自身在学习方面存在的不足,查漏补缺,秉持"学无止境"的态度,坚持学习行业的相关知识,掌握行业最先进的知识,务求走在行业发展的前端。

4. 企业力量——健全校企合作机制,充分发挥"第二课堂"作用

培育学生的工匠精神,企业应站在比以往更广阔的舞台上,发挥更重要的作用。相比以

往的职业教育,企业在其中发挥的作用微乎其微,往往是学生结束学校教育参加工作后,才开始进行职业技能培训及企业文化的熏陶。迟滞的企业教育给学生个人的发展及企业带来一定的影响,出现学生对企业的不认同、缺乏归属感、个人发展迷茫,企业难以招录到合适的员工、企业凝聚力不强、发展后劲不足等情况。为避免出现此类情况,提高学生工匠意识,企业应密切与职业院校合作,成为技能与素质培养的"第二课堂",给学生提供更多的提升个人能力的机会。在加强校企合作的基础上,企业作为工匠精神培育的"第二课堂",应更多地参与到高校教学工作中。

(1)应增加实训课程所占比例,将学生的实训场所转移到企业车间现场,让学生在现场亲自参与实操,体验真实的工作环境,感受企业的人文氛围。

(2)应挑选部分技能过硬的工作人员参与到职业院校教育教学过程中。企业工作人员技能娴熟,掌握行业发展的最新科技,他们在日积月累的操作中所积累的宝贵经验能够帮助学生规避风险、少走弯路,他们的加入势必成为教学大军中的一股新生力量,能为学生提供先进、生动且贴合实际的知识,也有助于激发学生学习兴趣,帮助学生树立工匠意识。

5. 社会力量——多方助力,线上线下提升职业尊重

大国工匠的培养并非一日之事,一国工匠的培养更非朝夕之功。培养工匠不仅要依靠政府、学校和企业,社会环境的营造在其中发挥的作用也至关重要。正如政府的支持是工匠精神培育的最重要养分,社会环境的营造也不可或缺。如果缺乏良好的工匠环境,那么会导致人才流失,例如许多曾经在我国流传多年的工艺,如今却面临失传的窘境,究其根底,工匠精神的缺乏是一个重要原因。

在社会大环境中营造尊重工匠的气氛,能够使工匠安于工作、乐于工作、勤于工作,在得到职业尊重的基础上获得更多的成就感。因此,工匠精神的培育离不开社会各界的努力,在线上线下,应通过广告宣传、标语提示、纪录片展播、文化讲座等方式开展相关宣传,塑造工匠楷模,提升工匠形象,形成尊重工匠的社会合力。

复习思考

一、理论知识掌握

什么是工匠精神?简述新时代工匠精神的内涵。

二、能力素质训练

1.小组讨论:工匠精神的意义和价值是什么?如何在大学期间培育这种精神?

2.阅读材料:

钢轨探伤"女神探"关改玉

高铁建设中,500米长的钢轨要用自动焊接机一根根焊接在一起。

关改玉的工作就是用专用的超声探测仪,检查每一处钢轨焊接口是否合格。关改玉说,这个工作的第一步就是除锈,就是用专门的钢丝刷,将铁轨接缝处及周围的锈迹刷掉,再用毛刷将上面的细屑、灰土以及旁边的沙粒、碎石清理干净;第二步是涂抹机油,就是铁轨探伤用的耦合剂;第三步是用探头检测钢轨的轨底、轨腰、轨头等部位,确认每个焊接口没有伤

损,不会给行车安全留下隐患。

能够探到伤损,是探伤工的价值所在。但现在钢轨无缝焊接技术已经非常成熟,常常是一条线路几十万米走下来,没有一个伤损出现。关改玉说,现在碰到的伤损越来越少,但自己的压力反而越来越大,因为枯燥的工作很容易让人疲劳、分心,万一有一个伤损没有被探出,那留下的隐患可能是致命的。所以,尽管检测出伤损的概率很小,但是必须要求自己对每个焊接口的检测都按照规程严格执行,这样就可以杜绝侥幸心理的出现,保证每个焊接口的检测过程都符合技术要求,所出的最后结果都科学可靠。

问题: 你从关改玉身上学到了什么?

劳动实践篇

第四章　校园劳动

校园是学生学习和生活的地方，劳动是成功的必经之路。当前，全国各族人民正满怀信心为实现"两个一百年"奋斗目标而努力。为实现这一奋斗目标，归根到底要靠辛勤劳动、诚实劳动、科学劳动。当代大学生更应该敢闯敢试、勇于探索，主动学习新知识，刻苦钻研，掌握新技能，勤于思考，掌握新本领；以学固本，以学立德，以学增智，以学兴业；不断增强学习能力、创新能力，进一步提高自身素质，争当知识型、技能型、创新型的劳动者大军，为祖国未来的经济发展做贡献。因此作为大学生，应该从身边的小事做起，从校园劳动开始，积极参与社会实践，努力继承和弘扬劳动精神。

第一节　垃圾分类倡导者

学习目标

了解我国垃圾分类的发展历程。
熟悉垃圾分类标志及分类标准。
掌握垃圾分类的基本知识。

一、我国垃圾分类的发展历程

垃圾分类一般是指按规定或标准将垃圾分类储存、投放和搬运，从而转变成公共资源的一系列活动。分类的目的是提高垃圾的资源价值和经济价值，力争物尽其用，减少垃圾处理量和处理设备的使用，降低处理成本，减少土地资源的消耗，具有社会、经济、生态等多方面的效益。

在中国古代，环保意识已形成，在商代，就有关于垃圾处理的法令。《韩非子》记载："殷之法，弃灰（垃圾）于公道者断其手"，这一法令一直延续到秦代，《秦律》有"刑弃灰于道者"的条文。在古代，人们习惯于把剩饭菜用来喂猪，把动物粪便和枯草落叶用来沤肥，以助农业生产。《齐民要术》中记载了废弃物作为粪肥改良土壤肥田的做法。"种不求多，唯须良地，故墟新粪坏墙垣乃佳。""若无故墟粪者，以灰为粪，令厚一寸；灰多则燥不生也。"意思是用旧墙土作肥料，没有旧墙土也可用草木灰替代。旧墙土经过细菌群的长期作用，积累了大量的氮化物和硝酸盐，有较高的肥效。

不只是"旧墙土"和"草木灰",其他有机废物也可用作肥料改良土壤。《氾胜之书》中记载:"陈草速朽,肥良胜粪,无陈草者,用粪之亦佳";"以骨、石布其根下,则科圆滋茂可爱";"蚕矢粪之"。其中提到的动物骨、蚕矢等废弃物在《齐民要术》中也均提及用作肥料来改善土地肥力。

宋代是中国城市发展的繁荣期,"街道司"是宋代专门设置的以管理城市环境卫生的机构,其职责包括整修道路、疏导积水、洒扫街道等整顿市容市貌的工作。

城市居民每日产生的生活垃圾、粪溺,也有专人收集、运走。据《梦粱录》记载:"人家甘泔浆,自有日掠者来讨去。杭城户口繁夥,街巷小民之家,多无坑厕,只用马桶,每日自有出粪人瀽去。"这些专业倒粪的行业叫作"倾脚头"。到了春天,大街小巷有"官府差雇淘渠人沿门通渠,道路污泥,差雇船只,搬载乡落空闲处"。

明代沿袭了宋代的垃圾管理制度。于是,16世纪下半叶,从污水横流的欧洲城市里走出来,漂洋过海来到明朝的欧洲传教士们,不但收获了深深的震撼,更见识了无比宝贵的古代垃圾回收经验。

曾在中国生活数十年的传教士曾德昭记载,明朝的城市和乡村间,已经形成了完备的产业链,不但耕作所需要的各种粪便有专门的人员从城市里回收,然后运载到乡村里出售,甚至各种城市生活垃圾都有专门人员回收。

中华人民共和国成立以来,垃圾分类在我国进行试点工作已经历时多年,2000年,《关于公布生活垃圾分类收集试点城市的通知》中确定了我国生活垃圾分类收集八个试点城市,分别为北京、上海、广州、深圳、杭州、南京、厦门、桂林,由此拉开了我国城市生活垃圾分类收集试点工作的序幕。随后我国陆续颁布的一系列相关法律和政策文件中多次涉及开展生活垃圾分类收集、建立合理的生活垃圾收运处理处置体系、优化配置综合处理技术和设施、提高生活垃圾处理无害化水平、推进城市生活垃圾处理向资源化发展等方面内容,为生活垃圾分类收集、生活垃圾无害化处理工作的开展给予了法律和政策支持。

典型案例

唐宋的垃圾分类,那些你不知道的先进事迹

垃圾分类活动正进行得如火如荼。古代是如何处理日常垃圾的呢?

古代的环境问题绝对不是你脑海里的"明月松间照,清泉石上流",虽然没有化工污染,也没有难以降解的塑料垃圾,但是单单生活垃圾,就足以让一个城市"崩溃"。

史上最"崩溃"的一次环境污染在长安,环境污染严重到必须迁都的程度。

《隋书》上有记载:"且汉营此城,将八百岁,水皆咸卤,不甚宜人。愿陛下协天人之心,为迁徙之计"。汉长安历经了八百年的风霜,由于人口众多,地势低洼,下水道的污水排不出去,垃圾粪便堆积在一起,整个城市都臭不可闻,就连生活用水都是一股子咸馊的垃圾水味儿,已经不适宜人类居住了!

于是,在隋开皇初年,汉长安就被残忍地废弃了,隋朝迁都到了大兴城,可这个大兴城并没有干净到哪里去,唯一的优点就是地势高,垃圾粪水能排出去,不至于让老百姓喝垃圾水。

相比"水皆咸卤"的汉长安,《万历野获编》中对明朝环境污染的描述更加生动形象:雨后则中皆粪壤,泥溅腰腹,久晴则风起尘扬,颠面不识。

一到了下雨天,地上就全是粪便泥浆,这些粪便泥浆还总会溅到身上,单是溅到裤脚也就算了,常常连腰腹上都沾得脏兮兮。你以为不下雨就可以了?若是晴天,只要一刮风,漫天的灰尘全糊在脸上,脏到熟人都不认识。

清朝的环境污染堪比"大片",《燕京杂记》中记载:人家扫除之物,悉倾于门外,灶烬炉灰,瓷碎瓦屑,堆积如山,街道高于屋者至有丈余,人们则循级而下,如落坑谷。

清朝的老百姓扫完地,收拾完屋子,就把家里所有的垃圾堆积在街道上,久而久之,垃圾堆竟然比屋子还高!若只是垃圾堆过高也就算了,清朝人还总是随地大小便,街道上总是弥漫着尿骚味儿。或许是环境治理不到位,到了清末,京城的排水系统还出了问题,每年开春,有关部门都要组织工作人员去把沟渠给挖开,然后把里面的垃圾给抠出来,放在街上晒晒,那个气味的酸爽度,想想就要吐。

可见,以上几个热门朝代都不适合穿越,古人活得比我们艰难多了。

上海的网友发微博调侃:这个月的工资,一半交了房租水电,一半交了罚款。若是在古代,乱扔垃圾,交罚款岂能过关?垃圾不分类、乱扔垃圾,那是大罪,单是看惩罚,就够让人闻风丧胆。

《汉书·五行志》:商君执法,弃灰于道者,黥。在秦代,乱扔垃圾会被罚墨刑,就是在脸上刺个字,从此乱扔垃圾这件事将终身伴随,脸上被刺的字,就是一个行走的处分决定书。《韩非子·内储说上》:殷之法,弃灰于道者断其手。商朝的处罚条例非常简单粗暴:喜欢扔垃圾是么?直接剁手,乱扔两次垃圾以后,提前结束人生。《唐律疏议》:其穿垣出秽污者,杖六十;出水者,勿论。主司不禁,与同罪。相比于先秦与商朝,唐代稍微温和点,乱扔垃圾,杖打六十。若是执法人员没有及时制止,包庇纵容,那么与扔垃圾的人一起打!清朝想想:算了,跟唐朝相比,我们就打个折,乱扔垃圾的,我们只打四十,请挺住。

除了严苛的刑法,各个朝代对于垃圾分类这件大事,也是很有想法的,尤其是宋朝,为了垃圾分类处理,还设置了专门的机构:街道司。宋朝的街道司相当于现在的环卫局,收编了数百个环卫工人,专职负责维护城市卫生。它不仅仅停留于只负责街道的卫生,为了垃圾分类,工作已经细化到专人负责城市居民的生活垃圾以及粪便,一对一上门服务,以确保垃圾分类准确无误。除了日常的上门服务,《梦粱录》中还提到了城市定期排查:每年的新春时节,政府会定期安排环卫工疏通城市沟渠,提前做好雨污分流,以免城市积水;对于道路上的污泥,政府会提前准备好船只,将污泥专门运送到乡村荒凉的地方。仅仅是垃圾分类就做得如此细致周到,宋朝不愧是中国历史上政治、经济、文化最为繁荣的朝代之一。

据说因为垃圾分类,上海市很多企业家找到了新商机:有生产垃圾处理器的,有售卖家用小型分类垃圾箱的,还有家政服务公司增设分类处理垃圾项目的。但这些所谓的商机,跟一个"破烂王"的高瞻远瞩相比,那真是差远了。

故事发生在很久很久以前的唐朝,有个名叫裴明礼的"破烂王"坐在居民区路口,面前挂个小牌子,表示是废品收购站。每天他都会收到一堆被居民们废弃的生活用品,晚上回家就将这些废品分门别类,做好标签,即使是一小块瓦片也坚决不浪费,久而久之,他就存下了一笔钱,据说是"万贯家财"。这笔钱成了他的第一桶金,裴明礼非常机智,在房价还没涨之前,就投资了房地产——在金光门外,买下了一块荒地。

荒地,不长庄稼也就算了,上面还都堆满了瓦砾,请人来清理又是一笔开销,不划算。裴明礼想了个办法:大唐经济繁荣,人们工作压力大,不如开个"俱乐部",专业解压。

于是裴明礼在地里竖起了一根木杆,上面挂了个筐,让人捡地里的石头瓦砾往筐里投,投中了就给钱。没想到投掷生意太好,许多人都来玩投掷解压,但上千个投掷的人中,仅有一两个人投中,很快地里的瓦砾石头就被捡尽了,裴明礼宣布本"俱乐部"无限期停止营业。那些被拣出来的瓦砾石头,他拿去卖,大赚了一笔。裴明礼又将这块地让人放羊,放羊后,就有了羊粪,土地也就肥沃了,在等羊粪的同时,裴明礼又将收来的垃圾进行分类,挑出了果核,撒在了土地里。一年后,裴明礼成了果农,卖水果又让他赚了一笔。紧接着,裴明礼利用手里回收的各种物品,又进行分类,很快盖起了房子,屋前屋后又安置了蜂箱,养蜂贮蜜。而他屋前屋后的土地上,种满了蜀葵,蜜蜂可以采花酿蜜,又可以传授花粉,蜀葵蜂蜜双丰收。此时的裴明礼早已从昔日的"破烂王"成了著名的商人,唐太宗认为此人很有智慧,于是封他为御史,到了唐高宗仪凤二年,裴明礼累迁太常卿,成了九卿之一,人生从此逆袭!

裴明礼的人生轨迹看似神奇,但更多的是他对"物尽其用"这一信条的坚守:做"破烂王"时懂得垃圾分类;做"地产生意"时懂得将资源循环利用。这足以看出,让他人生得以逆袭的,是他超前的意识,是他对一切都保持着"可持续发展"的态度。

由此可见,古代就有垃圾分类,保护环境,是我们世世代代的责任,刻不容缓,有益无害。

(资料来源:中国青年报,2019.09.09,有改写)

二、我国垃圾处理技术

(一)垃圾填埋技术

垃圾填埋技术是我国当前主要的生活垃圾处理方式,该处理方式投资少、工艺简单、处理量大。垃圾填埋可分为简易填埋、受控填埋和卫生填埋三类。简易填埋是比较落后的填埋方式,因为这种填埋方式基本没有按环保标准采取相应的工程措施;受控填埋采取了部分环保措施,但不齐全;卫生填埋相比于前两者,有着比较完善的环保措施。

垃圾填埋技术对垃圾成分无严格要求,但不适用于含水率过高的垃圾,因为这样容易造成垃圾渗滤液的增加,过多的垃圾渗滤液会对周边的环境造成较大的危害,造成二次污染。若填埋的垃圾并没有进行无害化处理,则其产生的垃圾渗滤液会污染地下水资源以及土壤,使土地在很长时间内无法耕种,也不能作为建筑用地,同时还存在沼气、重金属污染的隐患和引发火灾与爆炸等危险的可能性,而且垃圾填埋场的容量是有限的,这就面临着不断需要建立新的垃圾填埋场的问题。现在部分垃圾填埋场已填满,如西安江村沟垃圾填埋场,已封场;原本预计可使用24年的杭州垃圾填埋场在12年的时间里也已然被填满。

（二）垃圾焚烧技术

垃圾焚烧技术是将生活垃圾置于高温条件下进行焚烧处理，一般温度控制在850℃以上。生活垃圾再经过焚烧处理其体积可缩小50%～80%，如生活垃圾预先进行了分类处理，分类处理后的可燃性生活垃圾再经过焚烧处理其体积甚至可缩小90%。如焚烧处理技术与热分解、熔融处理技术相结合，垃圾体积可进一步减小。垃圾焚烧技术具有以下优点：占地面积小且对垃圾的减量、减容效果明显；可回收燃烧产生的热能用于发电，实现垃圾资源化。但是如果垃圾焚烧设施没有配备烟气处理设施，可能会使重金属、有机类污染物等再次排入环境中造成二次污染。垃圾焚烧处理投资成本较大，很多垃圾不适合焚烧，例如含水率过高以及热值低的垃圾。

（三）垃圾堆肥技术

易腐有机垃圾可采用垃圾堆肥技术进行处理，垃圾或土壤中的微生物可降解垃圾中的有机物，使垃圾变为类似腐殖质土壤的物质，即堆肥化的产物，也称为肥料，优质的肥料有利于改善土壤肥力。该处理技术对垃圾精纯度要求较高，仅适用于易腐有机垃圾。而没有进行分类的生活垃圾中往往含有一些不适合堆肥的物质，这些物质会影响垃圾堆肥技术的正常运用，从而影响堆肥产品的质量。目前，我国大部分城市的生活垃圾都属于混合垃圾，堆肥前需要进行处理，堆肥产品的品质也不高，而且残渣量较大，所以我国生活垃圾采用堆肥处理的较少。

典型案例

国内最大垃圾填埋场快满了！当地每天1万吨垃圾咋办？

在西安，位于灞桥江村沟的垃圾填埋场是西安主城区仅有的生活垃圾填埋场。

眼下，这个占地面积近7平方千米的垃圾填埋场，马上就要被填满，近期将关闭封场。

江村沟垃圾填埋场于1994年建成，每日处理垃圾约10 000吨，是目前国内日处理量最大的垃圾填埋场。江村沟垃圾填埋场原计划每日垃圾填埋量为2 500吨左右，原本能使用50年的填埋场，结果提前迎来了饱和。这个超负荷使用的垃圾填埋场关闭后，西安每天10 000吨垃圾该如何处理？

11月4日，西安市首个垃圾焚烧发电项目投产试运行，三台750吨焚烧炉在蓝田前卫镇同时点火启动，日处理生活垃圾2 000吨以上。除此之外，建设在高陵、西咸的两个焚烧项目将在本月底投入运营，处理垃圾总量可以达到5 000吨；到明年底，西安市5个无害化处理项目将全部投入运营，每天总处理能力将达到12 750吨，完全可以满足当前西安市垃圾处理的需求。

但新建的垃圾焚烧厂又面临新困难：垃圾无害化处理有一个非常重要的前提，就是需要源头垃圾分类，如果不分类或者分类不精细，干、湿垃圾不分开，燃烧不充分，就有可能产生有毒、有害物质。今年全国46个重点城市被列为垃圾分类试点城市，西安也是46个试点城市之一。西安提出，2019年要实现城市垃圾分类全覆盖；9月1日《西安市生活垃圾分类管理办法》实施，规定西安生活垃圾分为可回收物、有害垃圾、厨余垃圾和其他垃圾四类。

　　单位或个人违反规定随意投放生活垃圾的,个人罚款 100 元以上 200 元以下,单位罚款 5 000 元以上 20 000 元以下,并将不良信息纳入个人征信系统。这意味着西安垃圾分类迈入"强制时代"。然而推行效果并不理想。在一些老旧小区,垃圾"一桶扔"现象仍然存在,垃圾分类变成了一种口号。

　　按照《西安市建筑垃圾管理条例》的规定,建筑垃圾排放人应当对建筑垃圾进行分类;任何单位和个人不得将建筑垃圾与生活垃圾、危险废物混合处置。但在某小区,不仅建筑垃圾长期堆放,而且鞋盒、灯具、木板、收纳盒、电线电缆等生活垃圾和这些建筑垃圾混放在一起。

　　西安市城管局生活垃圾末端处理小组组长坦言,垃圾分类不能仅仅只是依靠民众的自觉,而是要建立在社会约束和管理之上,还需要政府建立持续的考核体系。

　　垃圾分类是一个庞大的系统工程,并不是源头分类了,垃圾分类工作就完成了。分类后的垃圾该如何进行无害化处理?运输是否真正实现了分装分运?对于违反垃圾分类条例的人,执法工作是否能做到持之以恒、违法必究?进入强制垃圾分类时代,如果这些问题解决不好,垃圾分类工作就会变成走过场。

　　推进垃圾分类是大好事,"硬件设施有了,还需要每一个环节都能按照要求做到位,这其中更少不了相关监管执法部门加大执法和监管力度。"

(资料来源:人民日报,2019.11.14,有改写)

三、垃圾分类实施背景和标准

(一)垃圾分类的实施背景

　　我国飞速发展的经济建设和城市化建设带来了一系列环境问题,导致城市及农村每年垃圾量有上亿吨,严重超出城市环境承载量,造成部分城市面临垃圾围城的危机。

　　目前我国垃圾处理主要采用的是垃圾填埋和焚烧处理,这又带来一系列新的问题。由于我国生活垃圾只增不减,现有的填埋空间已经不能满足处理需求。城市地下无法"消化"的垃圾或被投放至海洋,或被转运至农村,间接导致环境的二次污染。

　　这就要求我们现阶段必须开始落实推进垃圾分类。通过源头减量,成为提高资源化利用效率的关键环节。从某种程度上来说,垃圾分类其实是对传统垃圾回收处理方式的改革,也是对垃圾进行科学有效处置的新方式。2017 年,《生活垃圾分类制度实施方案》的发布,为我国垃圾分类制度的推进制定了路线图。同时,各个省市根据地区实际情况,相继制定出台了垃圾分类具体实施方案,完善顶层设计,补齐分类短板,提高垃圾分类法治化水平,垃圾分类工作取得实际成效。

　　2019 年,住房和城乡建设部发布了《生活垃圾分类标志》(GB/T 19095—2019),并于 2019 年 12 月 1 日起实施,该标准将生活垃圾类别调整为:可回收物、有害垃圾、厨余垃圾和其他垃圾四大类。

1. 可回收物

可回收物是指适宜回收利用的生活垃圾,包括纸类、塑料、金属、玻璃、织物等。如图 4-1 所示。

图 4-1　可回收物标志

2. 有害垃圾

有害垃圾是指《国家危险废物名录》中的家庭源危险废物,包括灯管、家用化学品和电池等。如图 4-2 所示。

图 4-2　有害垃圾标志

3. 厨余垃圾

厨余垃圾也可称为湿垃圾,是指易腐烂的、含有机质的生活垃圾,包括家庭厨余垃圾、餐厨垃圾和其他厨余垃圾等。如图 4-3 所示。

图 4-3　厨余垃圾标志

4. 其他垃圾

其他垃圾也可称为干垃圾,是指除可回收物、有害垃圾、厨余垃圾外的生活垃圾。如图 4-4 所示。

图 4-4　其他垃圾标志

除这四大类外,家具、家用电器等大件垃圾和装修垃圾单独进行分类。

> 拓展阅读

"全国垃圾分类"小程序正式上线

2019年12月1日,国家标准《生活垃圾分类标志》正式实施。为进一步普及生活垃圾分类知识,方便居民进行生活垃圾分类,由住房和城乡建设部联合中国政府网共同推出的"全国垃圾分类"小程序于今日上线。

小程序目前覆盖全国46个生活垃圾分类重点城市,这些城市的居民可以一键查询所在城市生活垃圾分类政策,同时也可以查看生活垃圾分类标准和投放要求等内容。

"全国垃圾分类"小程序依托于"国务院客户端"小程序平台开发,可使用微信扫描小程序二维码,关注中国政府网微信公众号等方式访问。

(资料来源:中国政府网,2019.12.09,有改写)

四、大学生参与垃圾分类的途径

培养大学生的垃圾分类意识是培养我国高素质人才的关键,通过学习垃圾分类的专题知识讲座,掌握宣传环境保护及垃圾分类的知识,并向身边的人进行宣传传播;在大学里积极参与组织活动,积极配合学校相关部门专门负责校园垃圾投放的监督管理及宣传工作;号召身边的朋友、家人、师生共同努力,自觉做到垃圾分类,推动垃圾分类习惯的养成,增强环保意识,使得垃圾分类这一举措能真正达成人们心中的共识。

> 典型案例

被喻为"世界上最美的颜色",是他从厨余垃圾中提取的

2019年,随着上海"史上最严垃圾分类"7月1日正式实施,关于垃圾分类的讨论越来越热。当大批同龄人还在为"这个垃圾应该怎么分"勤奋补习或吵得难舍难分时,在中国香港的90后小伙张骏霖已经做出了令人惊叹的改变。

在人口高度密集、生活快节奏的香港,每天都产生大量餐厨垃圾。张骏霖在大学时读的是环境科学专业,他一直在思索寻找让厨余垃圾再生的方法。转机发生在七年前的一天,张骏霖和朋友去饭店吃饭,不小心被咖喱汁弄脏了衣服。他发现这个颜色没有办法轻易洗掉,是染色的好材料!

张骏霖灵机一动,咖喱汁能够成为厨余垃圾,从厨余垃圾中是不是也能够找出颜色来?大学毕业后,张骏霖正式开始厨余垃圾染色的探索,并成立了一家工作室专门研究从厨余垃圾中提取染料的方法。

他要做的第一件事,就是收集餐厨废料。张骏霖跑遍了香港大小餐厅和菜市场,要别人吃剩下的食物和将蔫坏掉的果蔬。最初他经常被别人误会,后来,直到张骏霖做出一两件成品给他们看的时候,才逐渐有人理解了他的研究。

把这些餐厨废料拿回来清洗、分类、冷泡,通常要14到28天才能把颜色泡出来。颜色提取后的浓度检测、调配是最难的一个步骤。几百次的测试可能才得到一次理想的效果,单单是为了提取到一种稳定的蓝色,张骏霖就花了半年时间。

紫椰菜可以做蓝色,姜、洋葱可以做黄色,甜菜根可以做红色,咖啡可以做咖啡色,菱角和泥巴可以做灰色,橘子皮可以做橘色……这些都是张骏霖一次一次实验得来的。目前,他已经研制出了9个色系的染料,并用这些颜色做了旗袍、帆布包、帽子、抱枕、T恤等产品。

2015年意大利米兰世博会官方邀请张骏霖和他的团队前往现场进行讲座,惊叹于厨余垃圾染色的环保理念,称赞他们提炼的是"世界上最美的颜色"。此后,他带领团队在香港成立了几个厨余垃圾染色的推广点,进一步宣传他们的环保理念。

张骏霖说,如果有一天,他的店因为收集不到厨余而关门大吉,他可能会开心地做梦都要笑出声来。

(资料来源:央广网,2019.07.04,有改写)

第二节 公共环境维护者

学习目标

了解公共环境的内涵。
熟悉校园公共环境的维护方式。
掌握公共场所环境的维护方式。

公共环境是指公共场所、公共场合、多人区域及大中型广场的室外环境。从广义上来讲,只要有两人或两人以上活动的区域,以及周边环境、当代行政办公建筑,都属于公共环境的范畴;从狭义上来讲,公共环境是主要相对于室内环境来说的,指户外空间和场所,如校园、车站、公园等。

一、校园公共环境的功能与维护

(一)校园公共环境的功能

1. 校园形象塑造功能

校园公共环境是学校的"第一印象",走进学校首先的印象是外部环境卫生。"第一印象"体现的是一个学校精神面貌、道德风尚和管理水平,往往给人留下深刻印象。因此,塑造优美、清洁的校园形象十分重要。

2. 环境育人功能

古人说:"居移气",意思是环境可以改变人的气质。文明、优美的育人环境会激发学生热爱生活、热爱校园、热爱祖国的情感。身处优美的校园环境,学生心中会有一种爱护环境的意识,自觉规范自己的行为。同时,良好的育人环境,也会净化学生心灵,有助于学生形成高尚的道德情操和思想品德。

3. 文明展现功能

卫生状况是衡量一个学校文明程度的重要标志。如果学生不养成讲卫生、爱清洁的习惯,就谈不上文明。优美的环境令人心旷神怡,对培养学生讲文明、讲卫生的良好行为习惯具有重要作用。

4. 美育功能

学生参加卫生劳动,能够培养他们热爱劳动、热爱劳动人民的思想感情和吃苦耐劳、克服困难的意志。同时,在劳动中,学生感受到自己付出的辛劳使环境变得优美,从而更加珍惜自己的劳动成果。通过日积月累的劳动教育,学生养成良好的卫生清洁的生活习惯,自觉维护校园清洁。同时,维护健康优美、整洁的校园环境,是人们日益增长的物质文化生活的需要,因此,要站在提高师生健康水平和生活环境质量的高度来看待环境卫生工作。良好清洁的校园环境,有利于师生保持良好体质,预防疾病。

(二)校园公共环境的维护

校园环境会影响师生工作、学习和生活。优美的校园环境,彰显每个人的素质,体现整个学校的风貌,学校可组织学生进行卫生大扫除、劳动活动周、文明教室等活动,使学生养成爱护公共环境的良好习惯,更能保持环境的清洁卫生,增强维护意识。

1. 以宣传做引导

通过校园广播、"两微一端"、宣传栏、主题班会等对师生进行卫生习惯的养成教育,使他们努力做好校园的卫生工作,创设优美、干净、整洁的校园环境。

2. 以活动为载体

在师生中广泛开展志愿活动、诚信教育活动等,通过活动杜绝学生的不良行为,倡导讲究卫生、美化校园的传统美德。可通过志愿者活动,增强学生自觉性。抓好校园环境卫生建设,认识到"校园环境卫生工程"的重要意义,增强学生"校园建设从我做起,从小事做起"的自觉性。通过诚信教育活动,培养学生的好习惯。通过"诚信教育""感恩教育"等德育教育工作,开展诚信校园、诚信学生等活动,开展校园内外清洁活动,使学生从思想上认识"校园环境卫生工程"的重要意义,养成良好的卫生习惯。

3. 以倡议促习惯

作为校园活动中的一员,每一位同学都有责任和义务爱护校园,努力做文明校园的开拓者、实践者、建设者。可以向全校师生发起倡议活动,并希望广大师生做到以下几点:

(1)以构建和谐校园、爱护校园环境为己任,自觉维护校园的清洁、卫生。

(2)从我做起,从现在做起,养成良好卫生习惯,不随地吐痰,不乱扔垃圾,做到垃圾入篓、袋装垃圾入桶,并提醒和制止乱扔垃圾等不文明行为。

(3)提倡"弯腰精神",随时拾起地面上的零星垃圾,扔进垃圾筒,确保地面的干净。

(4)不在校园内抽烟、乱扔、乱吐残渣废物等。

(5)不在楼道、教室等场所进行激烈或推搡活动,不把脚印、球印等污迹印在墙壁上。

(6)爱护花草树木,不践踏草坪,不攀折树木。

(7)养成勤俭节约的美德。树立节约意识,做到人走灯灭,人走水断,节约粮食,杜绝浪费。支持和参与废纸、废塑料、废金属的回收利用,尽量减少生活垃圾。

(8)不将食物带进教室,自觉清理教室垃圾。

(9)爱护校园公共设施和环境卫生,不乱贴乱画、随意践踏。

(10)自觉与不文明行为说再见,做文明学生。

(11)自觉与不文明行为做斗争,人人自我约束,相互提醒,相互监督,做保护校园环境卫生的维护者。

拓展阅读

保护校园公共环境活动策划书

一、活动背景

地球是人类的家园,保护环境,人人有责,为了我们共同的家园,我们要爱护每一片绿叶、每一棵小草、每一朵鲜花。爱护地球,保护环境,绿化校园,珍惜青春,营造一个"文明、卫生、健康"的校园环境。

二、活动目的

美化校园的环境卫生,提高学生的保护环境的意识,提高劳动能力。

三、活动主题

爱护校园环境　争做文明学生

四、活动时间:××年××月××日

五、活动地点:××校园

六、活动对象:学校全体师生

七、活动内容

1. 开展一次爱护校园劳动实践活动。选举校园环境保护代言人。

2. 举办环保袋、矿泉水瓶的设计比赛。

3. 制作环保卡片,在活动期间分发给参加者留念。

4. 由学生会召开各班学生代表交流会议,了解各班代表对校园卫生的看法,提高他们对环境卫生的重视程度,深入探讨如何进一步改进学校的卫生工作。

5. 举办可回收物收集活动,收集可利用的垃圾再次利用,并进行作品设计。

八、活动方法

1. 在学校的卫生区及花园草地内设立环保小标语、警示牌、温馨提示牌等。

2. 对卫生区进行彻底清扫,并对各班进行检查。指出优、缺点,相互学习,相互改进,共同提高。

九、注意事项

1. 活动期间,安全是第一位的。

2. 活动组织者和安全管理人员要维护现场秩序。

二、公共场所环境的维护

(一)公共场所环境管理存在的问题

随着我国公共场所的数量不断增加,公共场所的人流量也在不断增多,导致公共场所的卫生情况越来越差,危害到了个人的卫生和健康,同时也加大了公共场所卫生管理工作的难度。

1. 卫生管理条例不完善

在我国经济蓬勃发展,公共场所的数量不断增加的情况下,现有的公共场所卫生管理条例却尚未把一些新兴的公共场所列入规范范围,因此对于这些公共场所的卫生管理工作而言,缺少针对性、明确性,导致很多公共场所的卫生状况严重不符合应有的标准,给出入人群的生命安全带来威胁。除此之外,随着社会的不断发展,很多传统的卫生管理条例难以满足当前的管理需求。例如,在现有的卫生管理条例下对不符合规范的对象给予处罚时,处罚的力度远远不足以匹配其违规的严重性,甚至是针对某些没有卫生许可证的对象,也只是单纯的罚款。这种情况导致很多商家轻视违规行为,为了牟取更高的利益屡教不改,公共场所整体的卫生水平难以提高。

2. 卫生管理执法问题

在公共场所的卫生管理执法上同样也存在几个问题,首要问题是卫生管理人员的人数不足,这使得能够开展的卫生管理工作远不能满足实际需求。公共场所的数量与日俱增,而相应的卫生管理人员却依旧很少,每个管理人员分担到的工作任务繁重,严重影响了卫生管理的效率和质量。不仅如此,还存在卫生管理人员专业素养不高的问题。由于卫生管理工作量太大,且实际工作流程复杂,在不同公共场所之间奔波也需要大量的时间和精力。因此,专业的公共卫生管理人才几乎不会选择担任卫生管理人员,公共卫生管理部门只能降低招聘标准,聘用很多专业素养不高的人从事卫生管理工作。在此观之,卫生管理人员的专业素养普遍不高,导致公共场所卫生管理工作的质量受到很大影响。除此之外,在实际的卫生管理工作中没有建立科学的预防管理制度,并且现有的 1 年只检查 2 次的制度也不够严格,导致很多检查对象可以轻易做表面功夫应对检查,公共场所的卫生质量没有得到真正的提高。

3. 公共场所经营者缺乏卫生管理意识

我国大部分的公共场所经营者都存在缺乏卫生管理意识的问题,不了解有关的法律法规,导致很多经营者存在不符合相关规范的行为,降低了公共场所的卫生质量、影响人们的卫生安全。且因为如今公共场所的数量不断增加、卫生管理人员的缺乏,卫生管理工作很难做得面面俱到,导致部分公共场所长期没有接受过卫生检查。而很多经营者了解到这种实际情况后,抱着不会被检查到的侥幸心理轻视卫生管理工作。同时,还有部分经营者素质水平低,严重缺乏卫生安全意识,在实际经营中几乎不开展任何卫生管理工作,严重影响公共场所的卫生环境。

(二)公共场所环境管理措施

1. 完善卫生管理条例

现有的卫生管理条例很难满足日益提高的卫生管理需求。为切实保障实际的卫生管理

第四章　校园劳动

工作有全面、严谨的规范可以依照，相应的卫生管理条例亟待完善。其中，加大对违规行为的惩罚力度是非常必要的，同时要加强管理条例的规范性和严格程度，从而提高管理条例的约束力。除此之外，还应在实际的卫生管理工作中号召人们监督并鼓励举报违规行为，从而加大卫生管理的覆盖面、促使卫生管理更加严格。针对存在违规行为的经营者应当加大监管力度，并随机进行突击卫生检查，如果屡次出现违规行为应当严惩。

2. 提高卫生管理人员素质

在招聘公共场所卫生管理人员的过程中，管理部门要提高招聘门槛，尽可能多聘用素质较高的人员，从而提升卫生管理队伍的整体专业性，为卫生管理工作的质量提供保障。在日常工作中还应定期对卫生管理人员展开专业培训，进一步保障卫生管理工作的专业性。同时，政府还应为公共卫生管理部门提供更多的人力、财力和物力，扩充卫生管理人员的数量，提供更多的活动资金以及卫生管理设备等。此外，还应定期组织卫生管理人员展开法律意识培训活动，增强其对有关方面法律法规的了解，让卫生管理人员知法、懂法，促使其在实际监管工作中严格依法。

3. 加强公共场所经营者的卫生管理意识

保障公共场所的卫生不仅仅依靠公共卫生管理部门单方面的努力，在公共场所卫生管理人员能够严格依照有关规范进行监督、检查并严格惩罚的同时，公共场所经营者的配合也必不可少，在二者的共同努力下，公共场所卫生管理工作才能够真正良好地进行。因此，在开展卫生管理工作时，还要加强公共场所经营者的卫生管理意识。可以通过定期对经营者开展卫生管理培训的途径，提高其对卫生管理重要性的认识，增强对相关规范的了解。并且还应不断完善经营者在日常经营中的卫生管理模式，结合实际的经营环境为其制定有针对性的卫生管理方案，并督促其严格依照相关规范做好卫生管理。除此之外，还应积极倡导经营者在日常的经营活动中自律自查，不断完善自身的法律意识和对卫生管理规范的了解，从而提高公共场所的卫生管理质量。

总之，公共环境是人们日常生活所必需的。公共场所的卫生会直接影响环境的美观和人们的健康。破坏公共环境卫生，是对他人的不尊重和不体贴，是个性自私的一种显现。在公共场所，应做到以下三点：

（1）公共秩序自觉遵守。
（2）公共设施精心爱护。
（3）公共安全自觉维护。

典型案例

禁止手机声音外放　全国多个城市实施禁令

据中央广播电视总台中国之声《新闻晚高峰》报道，地铁、高铁、飞机等公共场所，每一个人的行为不仅是自己的行为，还会影响别人。比如说话声音的大小，用手机看视频的声音大小等。

公众场合需要每个人都遵守秩序，不仅考虑自己，还要考虑他人，否则，人人都按照自己的想法来，可能会造成一片混乱。比如手机外放声音，很多人都挺反感。

《上海市轨道交通乘客守则》自 2020 年 12 月 1 日正式实施，其中明确乘客不得将手机声音外放。网友们纷纷表示赞许——上海开始动真格的了！

而在昆明、贵阳、兰州等其他城市，也已经推出相同禁令。那么，守则实施首日，效果如何？市民对此有何看法？

记者12月1日上午在上海地铁内看到，不少车厢已贴出"使用电子设备时禁止外放声音"的标识，不少市民对这一举措的实施表示支持。

上海市地铁运营管理中心客运市场部副经理表示，对于地铁禁止电子设备声音外放，听到很多正面的反馈声音，市民对具体实施都很期待，目前乘客同意的声音蛮高的，比如乘坐地铁的时候，不希望因为声音外放被打扰。

在昆明地铁二号线早高峰时段记者看到，车厢环境比较安静，大多乘客都佩戴耳机，没有电子产品外放声音的情况。2019年底，《昆明市城市轨道交通乘客守则》颁布实施，特别增加了"列车内使用电子设备时不外放声音"的规定。规定实施一年多，效果非常明显。昆明地铁运营有限公司行政执法检查大队工作人员表示，现在，声音外放的情况基本上很少了，大部分乘客都会戴耳机，或者不播放外音。新规实施效果比较理想，广大市民比较支持和理解。

兰州地铁开通于2019年6月23日，当年7月，兰州就发布了《兰州市城市轨道交通乘客守则》，规定在地铁车厢内不得外放音乐等内容。兰州市轨道交通有限公司运营分公司客运部副部长说："开通初期就提出了要建安全地铁、建绿色地铁、建人文地铁和建智能地铁的理念，用全国一些先进的理念来开展管理，提出了乘客守则，积极地倡导市民文明出行和文明乘车。"

（资料来源：央广网，2020.12.01，有改写）

第三节　寝室美化时尚者

学习目标

熟悉寝室及公共区域卫生标准。
掌握寝室安全管理及安全知识。

学生寝室是学生学习、生活、休息的场所，是大学生思想政治教育和日常管理的重要阵地，也是加强学生品德教育和良好行为习惯养成的重要场所。做好学生寝室的建设与管理，是学校优化育人环境和健全育人机制的重要环节，宿舍整体感觉清爽洁净，物品摆放整齐统一，整体布局及装饰品高雅舒透、规范合理，会给人以温馨之感。

一、寝室环境建设遇到的问题与解决措施

（一）寝室环境建设遇到的问题

1. 寝室环境卫生问题

当前高校学生寝室多为四人间、六人间或八人间。在一些学生寝室中，学生的个人物品

摆放杂乱,地面上布满灰尘,室内空气混浊。在检查寝室时发现,一般低年级的寝室卫生环境和个人卫生习惯表现得相对较好,而高年级大学生则相反。

2. 人际关系不和谐问题

寝室是一个集体生活空间,同一寝室中有来自不同地域、不同成长背景的学生。在这当中可能有些学生会认为既然交住宿费,那么寝室便是私人的生活空间。如宿舍关灯问题,由于大家的作息时间存在一定的差异,早休息的学生想关灯入睡,而习惯晚睡的学生不习惯太早关灯,学生之间难免会产生一些矛盾。由于每个人的价值取向不同,交友时也会有不同的选择,如果彼此欣赏,关系则较为亲近、和谐,但如果彼此厌恶,人际关系则会紧张,甚至使整个寝室关系恶化。

3. 寝室安全意识薄弱问题

学生的安全意识比较薄弱,在寝室内可能会遇到失窃的情况,另外还有到处乱搭网线、电线,在寝室内烹饪,使用电饭锅等大功率电器等行为,给寝室安全留下了极大的隐患。

4. 思想政治意识弱化问题

新时期大学生群体中的独生子女较多,又正处于青春期,情绪不够稳定,社会阅历不足,对社会环境的复杂性缺少应有的认识,思想单纯,容易受到不良思想的影响。另外,大学生是新媒体的忠实用户,很容易受到网络不良信息的影响,被表面现象迷惑。学生的一些错误观点很可能通过"卧谈会""悄悄话"等形式在寝室中传播,导致其他寝室成员同样受到困惑,不利于学生的健康成长。

(二)寝室环境建设的解决措施

一个干净整洁的寝室不仅可以预防诸多疾病,还可以使身处其中的人心情舒畅。在美化寝室的过程中,可以培养学生爱卫生、爱整洁的好习惯,还可以增强学生的集体精神和班级凝聚力。寝室环境建设的解决措施可以从以下几点出发:

1. 以制度为标准

制度是考核的依据,只有按照制度的要求做好每一个细节才能达标。作为班级管理者,应向学生普及《学生守则》和关于寝室卫生评分的相关制度和条例,然后亲自带领学生逐项落实,这样考核的成绩才会提高,一旦自己的劳动成果得到肯定,学生的积极性也会得到提高。

2. 净化寝室环境,建设品牌寝室

寝室环境是寝室文化的具体体现。寝室环境包括寝室硬件设施、生活、学习用具等物品的摆放,卫生状况等。在寝室文化建设中,首先要以卫生环境为突破口,做好寝室文化建设的基础工作,环境卫生要"六面光、八角净、物品齐",对卫生条件差的寝室要通报批评。其次,鼓励大学生加强个性寝室建设,体现每个寝室的特色,如泸州医学院每年会举办"寝室风采大赛",这样既强化了寝室卫生环境的管理,又锻炼了学生的动手实践能力。高校要鼓励大学生发挥自己的智慧,建设特有的寝室文化。

3. 宣传劳动的重要性,加强培养学生的劳动意识

高职学生以后走上社会是技术人才,需要通过劳动来生存,要能够发挥自己的主观能动性,要通过积极的表现来获得赏识,所以平时应加强劳动锻炼,端正劳动态度,养成良好的劳动习惯。在劳动习惯养成过程中,更需要寝室长以及生活委员的检查与督促。

4. 健全规章制度，增强寝室安全意识

正所谓"没有规矩不成方圆"，宿舍规章制度是学校宿舍管理思想的具体体现，也是加强高校寝室文化建设的根本保证。各高校可以根据实际情况，制定《学生公寓管理规定》《学生宿舍安全保卫制度》等规章制度；并对已执行的规章制度进行修正，多倾听学生的意见，对普遍得不到认可的条例进行修改，使规章制度成为规范大学生寝室文化建设的重要基础。

5. 积极推进思想政治工作进寝室，培养高素质人才学生

寝室是学生思想政治教育的重要场所。所谓"近朱者赤，近墨者黑"，学生在寝室环境中学习生活，往往容易在潜移默化中形成共同的理想信念、心理状况，很多寝室成员在长期生活过程中会形成趋同的人生态度与价值理念。高校应该将思想政治教育延伸到每一个学生寝室，将解决学生寝室实际问题作为解决学生思想问题的突破口。高校思想政治教育工作者应经常深入学生寝室了解情况，听取各方面的意见和观点，并将之整理归类及时向有关部门反映、协商，确保问题及时得到解决。要在学生寝室中评选"文明示范寝室"，发挥优秀学生的先锋模范作用，以正确的思想政治意识影响、引导寝室中的成员，为高校文化建设奠定坚实的思想政治基础。

总之，在新时期背景下加强大学生寝室文化建设直接关系到大学生的健康成长和校园文化的建设。高校应重视大学生寝室文化建设工作，对大学生进行精神引导，为大学生的未来发展创造条件。

典型案例

大学生最头疼的宿舍关系，或与宿舍结构有关

"你见过这样的极品室友吗？""受不了室友了！"在百度贴吧、高校论坛里，不少大学生发帖倾吐自己对宿舍关系的不满。据一项最新的网络调查显示，仅四成大学生对寝室关系满意，还有三成大学生对寝室矛盾抱着无所谓的态度，剩下三成大学生无法容忍宿舍关系。据了解，在一些高校中寝室矛盾越来越凸显。许多大学生与网友打得火热，却和室友形同陌路。

作息不一致惹争吵

"因为课业比较重，我平时活动也很多，晚上开会开到10点半回来是常有的事。回来免不了要洗东西，整理一下。开开灯、磕磕碰碰地弄出声响，宿舍就会有人有意见。"一名大三的同学说，"我其实已经很注意不要吵他们睡觉了，可他们还是会不理解。他们认为我的作息有问题，舍友们虽然一直没有挑明说，但感觉就是不太舒服。"

张同学是大四的一名学生，也说道，"我们宿舍关系其实不错，但系里有的同学的关系却处得不好，主要原因还是作息时间。听说一个同学因为自己要夜里11点睡觉，就强制要求宿舍其他人11点以后不许有任何的灯光和声响。在集体宿舍，这根本就不可能。我们系作业多，熬夜写作业是常事。白天就算抓紧时间也未必写得完，晚上不熬夜，作业都交不了。"

除了作息问题，还有兴趣原因造成的分歧。例如，有的男生宿舍，多数人喜欢打篮球，但是也有些男生喜欢在宿舍看漫画、上网。有时候一个人在宿舍时要开空调用电之类的，有的室友也会觉得不公平，毕竟电费和水费是大家平摊的。

卫生习惯不可忽视

宿舍中常会因为卫生关系而造成宿舍关系不和谐。也有同学反映宿舍关系还行,但有个别室友因没有养成很好的卫生习惯,衣服、鞋子、书本有时候堆得乱七八糟。

但在另一些同学看来,卫生问题不是困扰最大的宿舍问题,性格才是最重要的原因。

宿舍问题与宿舍结构有关

据大学心理健康老师介绍,之所以现在的学生比较容易出现宿舍关系问题,首先表现在宿舍结构的改变上。"以前一个宿舍住6~8人的时候,矛盾不突出,是因为很少出现5或7个人孤立一个人的情况,但是现在宿舍住4个人,3个人孤立一个人的情况就比较容易发生了。"杨雪花说,另外一方面,年轻人的自我意识比较强,容易在人际关系上出现问题。

辅导员老师表示,学生中确实存在宿舍关系不好的问题。一般来说,她会这么处理,首先是让学生明白在大学毕竟不像在家里,是自己一个人的天下,群体生活肯定要慢慢适应,要学会换位思考和包容。其次,要家长多配合。最后,就是多组织一些以寝室为单位的集体活动,让大家意识到缘分不容易。同学们现在在宿舍吵吵闹闹,毕业时还是会互相舍不得的。

调查发现,造成宿舍矛盾的主要原因有以下几种:生活习惯、性格差异、学习习惯、感情因素等。而在解决矛盾的方式方面主要有以下几种:顺其自然、沟通交流、第三方调解等。由此可见,同学们还是很注意维持自己的宿舍关系。

(资料来源:中国新闻网,2012.12.31,有改写)

二、寝室内及公共区域卫生标准

寝室内卫生不仅要学生通过大扫除、文明寝室等活动来保持,更多的是要在日常生活中加以维护。

(1)做好寝室值班安排表,保持寝室清洁卫生。

(2)床上被子叠放整齐,除被子、枕头和少量书籍外,无其他杂物。

(3)地面干净,无杂物、水渍,桌面无乱扔、乱放现象,墙壁干净、墙角无灰尘和杂物。

(4)寝室门窗保持整洁无广告,窗台整洁无杂物。

(5)寝室内桌椅、桌面物品摆放整齐。

(6)床下行李箱、鞋等物品,摆放的数量适中,做到整齐,不凌乱。

(7)无乱扯电线、电话线、网线等现象。室内悬挂衣物整齐。

(8)宿舍成员共同营造积极健康的宿舍氛围,空气清新自然,寝室气氛融洽。

寝室公共区域人员流动大,环境复杂,因此更加需要卫生的清洁与维护。

(1)每日进行走廊及楼梯的清洁打扫。

(2)定期进行公共卫生间、走廊、宿舍消毒工作,预防病菌滋生。

(3)及时清理垃圾桶内垃圾,进行垃圾分类。

(4)保持墙面、宣传板、开关及楼内各种标牌干净,严禁张贴小广告。

拓展阅读

×××大学宿舍卫生检查标准

为了保证宿舍的文明、整洁、美观、有序,根据各宿舍楼的住宿条件,制定相应的宿舍布置规范要求如下:

1. 地面。要求无果皮纸屑、塑料袋等杂物,地面干净,无积水,无泥土,无痕迹,无明显灰尘(特别是床下、墙角、门后、桌下)。此项20分,一处不达标扣3分。

2. 门窗。要求门上不乱写、乱画、乱贴,无脚印,无积尘;玻璃干净,无积尘,无蜘蛛网。此项10分,一处不达标扣3分。

3. 墙壁。要求墙上不乱贴、乱画、乱挂衣物;墙上无积尘,无脚印;无损坏。此项10分,一处不达标扣3分。

4. 天花板。要求天花板(包括四角)、日光灯及电扇无明显积尘和蜘蛛网。此项10分,一处不达标扣3分。

5. 被褥。宿舍内被褥统一规格,叠放整齐,床铺平整,枕巾、床单平整、干净,床上无杂物。此项20分,一处不达标扣5分。

6. 卫生用品和其他物品:

(1)要求安放整齐,宿舍内空气清新,无异味。宿舍中的热水瓶、牙刷杯、牙刷、牙膏应统一摆放,毛巾应挂放整齐,扫把也应放整齐。此项10分,一处不达标扣3分。

(2)鞋跟朝外、头朝内,整齐摆放在床下,脸盆放在床外侧。

(3)行李:收纳箱、拉杆箱等应摆放整齐。

7. 桌子。桌上物品摆放整齐;桌子上无脚踩痕迹,桌面干净。

8. 值日表。要求值日表必须贴在墙上,保持整洁、美观、大方。此项5分,一处不达标扣2分。

9. 垃圾处理。宿舍内的垃圾应及时清理、倒掉。检查发现垃圾篓里有杂物的扣5分。

保持室内卫生。值班老师、宿管干部不定时进行抽查,并记入卫生评比成绩。

卫生检查奖惩措施

1. 奖励:每次检查结果张榜公布,年终考核获得优秀的宿舍及在院里统一检查获得优秀的宿舍,颁发奖状及相应奖品。

2. 处罚:对卫生状况不良且没有改进的宿舍,将交予系里给予严肃处理,并做出相应检查;若再次被评为最差宿舍,将在系里进行通报批评,并取消评优、评先资格。

3. 卫生检查等级如下:

优:90~100分;

良:60~90分;

差:60分以下;

定期检查时间:每周三下午4:30由宿管会人员进行检查。

不定期检查:由院系领导决定。

三、寝室安全管理

随着高校学分制的推行和后勤社会化改革的深入,学生寝室在服务与育人方面承担的任务日益增多。寝室的各项职能要想得到充分的发挥必须以寝室的安全稳定为前提。对于学生来说,良好且安全的学习和生活环境是最迫切的需要,也是学校落实以人为本的具体体现。构建寝室的安全管理体系必须牢固树立以生为本,安全第一的原则。良好的寝室环境的打造需要注意以下几点安全问题:

(1)必须注意安全用电,节约用水。学生寝室除校方同意使用的电器外,不得使用电磁炉、电热棒、电熨斗等高功率或危险性的电器设备;严禁使用不合格的电器;严禁私接电线、偷电。违反本规定对他人或院方财产造成损失的要照价赔偿,并追究其相应责任。

(2)必须保持寝室内外的整洁、卫生,房间内不得张贴不文明健康的装饰,不准在寝室内外乱扔、乱吐、乱丢、乱倒脏物;禁止饲养各种小动物。

(3)必须爱护寝室内的家具、水电设施、门窗、门锁等。

(4)不准在寝室走廊打球、溜冰;不准敲打铁桶、脸盆、餐具等器具;任何时候不得喧闹起哄或向楼下摔东西,并禁止在宿舍区内打架、斗殴、谩骂、酗酒、聚众哄闹。

(5)提高警惕,注意防火防盗。房间内严禁使用蜡烛、煤油灯等明火照明;严禁使用液化气瓶,严禁燃放鞭炮、烟花和在走廊内烧东西。

(6)离开房间时要锁好抽屉、关好门窗,妥善保管好贵重物品以及房门钥匙,不准将房门钥匙交给其他人员。

(7)房间内发生案件时,应保护现场,并及时报告学院有关部门和报警。

(8)住宿人员要增强安全防范意识,发扬见义勇为精神,对宿舍区异常情况应当及时报告,未经许可不准推销和销售商品。

典型案例

消防员对一高校宿舍进行消防安全教育

高校宿舍变厨房,还炒起了小龙虾?

近日,消防部门接到举报:在某高校宿舍内有学生大半夜"鼓捣"小龙虾。接到举报后,消防员过去和校方联合查寝,找到"作案地点"。不查不知道,一查吓一跳。该校宿舍内普通插座超过500瓦就会跳闸,为了"鼓捣"这顿美餐,同学们竟然把电锅接到了宿舍空调插座上。消防员向学生分析了宿舍火灾的危险性,对其进行消防安全教育。学生也意识到错误,主动上交了"作案工具"。校方也表示将对学生宿舍进行深度排查,加强用火用电安全管理。

注意用火用电安全,防患于未"燃"。

(资料来源:光明日报,2021.03.26,有改写)

第四节　勤工助学参与者

学习目标

了解勤工助学的内涵。
熟悉勤工助学的基本流程及保障。
掌握勤工助学或兼职被侵权下的维权方式。

一、勤工助学的内涵

勤工助学活动是指学生在学校的组织下利用课余时间，通过劳动取得合法报酬，用于改善学习和生活条件的实践活动。它是学校学生资助工作的重要组成部分，也是提高学生综合素质和资助家庭经济困难学生的有效途径。

勤工助学旨在着力培养家庭经济困难学生的自立自强、创新创业精神，将扶困与扶智、扶困与扶志结合起来，增强学生社会实践能力，发挥勤工助学资助育人功效，实现无偿资助与有偿资助的有机融合，形成"解困—育人—成才—回馈"的良性循环。并且，通过参与勤工助学，能够有效地帮助学生培养积极的劳动观念和优良的职业道德，锻炼品格毅力，提升综合素质，实现大学生德智体美劳全面发展。

二、勤工助学的岗位设置

勤工助学活动必须坚持"立足校园、服务社会"的宗旨，按照学有余力、自愿申请、信息公开、扶困优先、竞争上岗、遵纪守法的原则，由学校在不影响正常教学秩序和学生正常学习的前提下有组织地开展。勤工助学活动由学校统一组织管理。

按岗位来源来分，勤工助学岗位分为校内勤工助学岗位和校外勤工助学岗位，校外勤工助学岗位同样纳入学校管理；校内勤工助学岗位严格遵守国家及学校勤工助学相关管理规定，按照以工时定岗与以需求定岗相结合的原则设置，主要有教学助理、科研助理等岗位，既满足学生的实践需求，又保证学生不因参加勤工助学而影响学习。对校外开展勤工助学活动的，学校组织与用人单位和学生三方签订具有法律效力的协议书，明确各方的权利和义务以及争议解决方式。其中，校内勤工助学岗位包括教学助理、科研助理、教辅助理、行政管理助理、后勤服务等。校外勤工助学岗位包括家教和其他适合学生参与的力所能及的兼职活动。

按勤工助学时间来分，勤工助学岗位分为固定岗位和临时岗位。固定岗位是指持续一个学期以上的长期性岗位和寒暑假期间的连续性岗位；临时岗位是指不具有长期性，通过一次或几次勤工助学活动即完成任务的工作岗位。

三、勤工助学的劳动保障

《高等学校学生勤工助学管理办法（2018年修订）》对学生勤工助学做了相关规定，同时，各高校根据学校的具体情况，制定了相关的管理规定。学生在参加勤工助学时，既要了解国家政策法规，又要熟悉本校的管理规定。

校内勤工助学岗位按照每个家庭经济困难学生月平均上岗工时原则上以不低于20小时为标准，既要满足学生需求，又要保证学生不因参加勤工助学而影响学习。学生参加勤工助学的时间原则上每周不超过8小时，每月不超过40小时。校内固定岗位按月计酬，以每月40个工时的酬金原则上以不低于当地政府或有关部门制定的最低工资标准或居民最低生活保障标准为计酬基准，可适当上下浮动；校内临时岗位按小时计酬，每小时酬金可参照学校当地政府或有关部门规定的最低小时工资标准合理确定，原则上不低于每小时12元。

校外用人单位聘用学生勤工助学，须向学校勤工助学管理服务组织提出申请，提供法人资格证书副本和相关的证明文件。经审核同意，学校勤工助学管理服务组织推荐适合工作要求的学生参加勤工助学活动。

校外勤工助学酬金标准不应低于学校当地政府或有关部门规定的最低工资标准，由用人单位、学校与学生协商确定，并写入聘用协议。

学生参与校内非营利性单位的勤工助学活动，其劳动报酬由勤工助学管理服务组织从勤工助学专项资金中支付；学生参与校内营利性单位或有专门经费项目的勤工助学活动，其劳动报酬原则上由用人单位支付或从项目经费中开支；学生参加校外勤工助学，其劳动报酬由校外用人单位按协议支付。

四、勤工助学的育人功能

勤工助学是加强大学生思想政治教育，培养社会主义事业可靠建设者和接班人的有效途径。如何借助勤工助学实现其教育功能，提高勤工助学的附加值，是高校在组织开展勤工助学过程中始终坚守的主题。

（1）与专业教育相结合，激发大学生的学习热情。在勤工助学、助教、助研等岗位的分配上，应以专业对口为原则，安排相同或相近专业的学生参与其中，使学生在参与勤工助学工作的同时更加贴近自己所学的专业领域，能够促使他们将自己所学的理论知识运用到实际的工作中，边学边干，既深化了理论知识，又增强了实际操作能力，同时加深了对本专业的了解，体会到了专业知识的价值，这些对激发大学生的学习热情具有深刻的意义。

（2）与心理健康教育相结合，提高自我调适能力。当今社会的个体会面临各种挑战和压力，要应对这些挑战和压力，良好的心理素质和自我调适能力至关重要。大学生处在心理发育和成熟的重要阶段，加之学习压力、经济负担等问题，很容易导致大学生产生不同程度的心理问题，如个别家庭经济困难的学生表现出自卑、敏感和行为上的独处等。大学生在参与勤工助学的过程中，会面对各种竞争、经历各种挫折、克服各种困难、承受各种压力，通过种种历练，他们会具备良好的心理承受能力，坦然应对工作中出现的挑战，能够有效地培养大学生情感的驾驭能力与情绪的控制能力。此外，勤工助学活动中要特别关注贫困生这个群体,工作中适当增加心理健康教育方面的内容,引导他们放下思想包袱,使其在宽松愉快的心境下工作。工作中要及时鼓励和肯定他们的成绩,帮助他们建立自信,培养他们自立自强的精神品质。

(3)与人才培养相结合,增强大学生实践能力。大学生参与勤工助学有别于课堂的理论学习。大学生在勤工助学工作中要学会与人交流、沟通且具有良好的团队意识和协作精神。此外,对于在勤工助学工作中遇到的各种变化和突发事件,大学生要学会及时调整应对、冷静分析处理,这对锻炼和培养他们的实践能力具有积极的意义。

(4)促进大学生世界观、人生观和价值观的形成。大学生的世界观、人生观和价值观是在生活、学习和成长中逐步形成的。勤工助学作为一种实践手段,有利于大学生个体社会化的进程,也能够促进大学生运用辩证唯物主义的基本观点和方法,全面客观地观察、分析和解决问题,正确分析和评价现实生活中的政治、经济、文化等现象,从而帮助大学生树立正确的世界观、人生观和价值观。同时,勤工助学让大学生体会到党和政府的关怀,社会主义大家庭的温暖,有助于他们认识到社会的良好生存空间。此外,大学生把勤工助学作为一种锻炼的同时,也是发展和实现自我价值的机会,这些都有利于大学生的世界观、人生观和价值观的形成。

典型案例

让勤工助学岗更好地发挥帮困和育人的作用

教育部、财政部近日公布《高等学校勤工助学管理办法(2018年修订)》(下文简称《管理办法》),提高了大学生参加校内勤工助学临时岗位的时薪,从2007年的不低于8元/小时提高到原则上不低于12元/小时。在对部分高校面向本科生的勤工助学岗位进行的调查中发现,多数学校只有50%至60%的岗位是由困难学生担任的,勤工助学岗位对困难学生来讲供大于求。

目前有的高校更重视开发多少勤工助学岗位,由于待遇不高,岗位工作缺乏挑战性,有的勤工助学岗位缺乏对贫困学生的吸引力,贫困学生并不"买账",也难以带给学生有价值的动手能力和社会实践锻炼。

学校开展勤工助学确实有"兜底"的责任,但从某种程度上说,重视岗位数量而不重视岗位质量的勤工助学工作思路,既没有很好地起到帮困兜底的作用,又没有很好地起到锻炼学生的作用。高校应该以更高的待遇标准、更高的岗位职责要求,来开发勤工助学岗位。

大学还可以把提高大学教育、管理水平和勤工助学结合起来,开发助教、助管和助研岗位。比如,让本科二、三年级学生担任大一学生的助教,辅导大一学生学习,这既可以帮助大一学生适应大学学习,也能让担任助教的学生有荣誉感,更重要的是,这也体现了学校对教学的重视程度。我国大学要提高整体的教育和管理水平,做到更精细化地办学,是可以为大学生勤工助学提供广阔的空间的,这会使勤工助学一举多得。

(资料来源:新华网,2018.09.10,有改写)

五、勤工助学中的权益维护

许多大学生在勤工助学过程中权益都受到不同程度的侵害,有的学生是被中介机构侵害权益,有的学生是被用人单位侵害权益。主要原因有以下几点:

(1)对中介机构的合法性没有认识或认识不足。调查发现,大学生在找工作时对中介机构的性质或资质的合法性确认不足。只有少部分学生每次都会对其合法性进行确认,绝大部分学生偶尔或从未对这些中介机构的合法性进行确认。

(2)对与用人单位签订的协议或合同不够重视。大学生在与用人单位建立劳务关系时,往往不重视与其签订的协议或合同。而且,有些学生认为签订合同对保障他们合法权益的作用不大。

(3)对权益受到侵害后的维权途径选择失当。在权益遭受侵害之后,绝大部分的学生会选择自认倒霉,直接放弃维权。只有很少一部分学生会选择在同学的帮助下与用人单位进行交涉,或者向有关部门投诉,通过法律手段维护自己的权益。

学生在勤工助学过程中,要注意以下几个方面:

(1)端正态度,树立正确的兼职观念。大学生应主动选择与自己身份相符的兼职工作,正确处理学习、生活和兼职之间的关系,不因兼职耽误自身学业甚至误入歧途。

(2)加强自我保护意识,非必要时不轻易泄露个人信息与家庭信息,不给不法分子提供可乘之机,保证自身的生命安全与财产安全。

(3)学习法律知识,提高维权意识。大学生应主动学习与兼职相关的法律法规,且要充分理解,在求职时灵活运用,真正做到学法、懂法、用法。在权益受到侵害时,要敢于与侵权行为做斗争,积极有效地运用法律武器维护自己的合法权益。如果出现自身权益受到侵害,要第一时间联系学校,不可私自解决。特别是在进行校外勤工助学时,要妥善保存与该工作相关的实证。

典型案例

合肥工业大学扎实做好勤工助学工作

合肥工业大学以"立足校园、服务社会"为宗旨,坚持夯实基础、强化管理、改革模式,扎实做好勤工助学工作,持续发挥勤工助学的育人功能,助力学生成长成才。

加强体制机制建设,做到"四到位"。坚持组织到位,成立学生奖助工作领导小组,全面领导资助工作;党委学生工作部(处)勤工助学中心负责日常管理具体工作;各用人单位指派专门指导老师负责学生培训、管理及考核等工作;各部门统筹协调,确保勤工助学工作顺利开展。坚持保障到位,逐年增加勤工助学专项经费,由2010年的约100万元增加至2019年的550万元,勤工助学酬金由每小时8元提高至12元,保障勤工助学工作持续开展。坚持制度到位,制定《学生勤工助学管理办法》《岗位培训管理办法》等制度,促进勤工助学工作规范开展。坚持考核到位,规范勤工助学岗位设置和考核工作,每年6月进行岗位申报,由学校人事处、党委学生工作部(处)等组成审核组进行定岗审核;完善考核机制,从工作态度、工作成效等方面考核学生,从制度建设、家庭经济困难学生占比、岗位培训、团队文化、工作成效等方面考核用人单位,保证勤工助学工作健康开展。

构建精细化管理体系,实施"四措施"。实施勤工助学岗前培训考核制度,学生参加勤工助学活动需经岗前培训,考核合格后取得"勤工助学上岗证"方可上岗;报名家教招聘还需参加家教培训,取得"勤工助学家教上岗证"。实施勤工助学"团队服务"模式,以团队形式开展勤工助学活动,发挥团队平台的育人优势。目前学校共有17支勤工助学服务队,近800个岗位。实施勤工助学常态化督查,勤工助学中心开展督查工作,了解学生工作及各单位日常管理等情况,听取各单位的意见和建议;督促用人单位对学生严格管理和悉心指导,提升工作实效。实施勤工助学典型选树评优,开展先进个人、勤工助学之星和优秀团队评选与表彰,大力宣传先进典型和励志故事,为广大学生提供榜样的力量和德行的滋养。

探索管理新模式,实现"四创新"。创新服务模式,每年受理3 000余人国家助学贷款、近万人次校内外勤工助学等工作。创新开展团队文化建设,以勤工助学中心学生服务队为例,中心员工统一着装,佩戴工牌,规范礼貌用语,积极组织志愿服务、素质拓展及各类文体活动,开展"每月之星"评选,积极营造爱岗敬业、团结奉献的团队文化。创新育人模式,在学生资助服务大厅成立临时党支部,设立"党员示范岗",制定《学生党员示范岗工作标准》,积极发挥党员先锋模范作用。创新资助模式,勤工助学中心先后成立4个学生勤工助学经营实体,每年约为150名家庭经济困难学生提供勤工助学和创业实践岗位,累计发放勤工助学工资近600万元;基地设立"莘莘助学金",累计资助困难学生3 700余人,资助金额达189万余元,努力推动资助模式从保障型资助向发展型资助转变,使学生从"资助"到"自助"再到"助他"转变。

(资料来源:教育部官网,2020.08.28,有改写)

复习思考

一、理论知识掌握

1.请同学们搜集校园或社会上关于破坏公共环境的案例,并进行分组讨论,对出现的问题提出相应的解决方案。

2.搜集并结合本节内容,列出大学生在勤工助学过程中遇到的侵权行为,并提出相应解决措施。

二、能力素质训练

1.请综合下面三则材料,概括出一些国家在垃圾分类方面的三条可借鉴经验。

【材料一】 日本是世界上人均垃圾生产量最少的国家,每年只有410千克;也是世界上垃圾分类回收做得最好的国家之一。每家都有分类垃圾箱,人们在家就可以轻易地给垃圾分类;同时,扔垃圾还要分日子:每周一、三、五扔可燃垃圾(包括果皮、菜渣等);每周二可扔旧报纸;每月第四个周一可扔不可燃垃圾,如电池等。

【材料二】 英国每个家庭都有3个垃圾箱:黑色垃圾桶,装普通生活垃圾;绿色垃圾桶,装花园及厨房的垃圾;黑色小箱子,装玻璃瓶、易拉罐等可回收物。社区会安排三辆不同的垃圾车每周一次性将其运走。普通生活垃圾主要是填埋,花园及厨房的垃圾用作堆肥,眼镜、家具等42种垃圾则由专门机构定期回收。

【材料三】 瑞士每年垃圾产量总体上在增长,但送入焚烧厂的垃圾量在减少,可回收利用垃圾量不断增加。其城市固体垃圾总的回收率已达40%,塑料饮料瓶、铝质易拉罐、纸、玻璃的回收率在70%以上。在许多超级市场都设有易拉罐和玻璃瓶自动回收机,顾客喝完饮料将易拉罐和玻璃瓶投入其中,机器便会吐出收据,顾客凭收据可以领取一小笔钱。垃圾清运公司由三家民间团体联合组成,他们发给每户居民四种纤维袋,分别盛放可以再利用的废纸、废金属、废玻璃瓶和废纤维。公司利用特制的废弃物回收车每月登门收集一次,其他垃圾则是每周收集一次。此外,在公寓、旅馆等公共住宅区,也都设有专门的收集装置。

2.请同学们进行一次大学生寝室环境卫生大调查,并撰写一份调查报告。

【材料】

大学生宿舍卫生、秩序和环境问题情况调查问卷

亲爱的同学:

您好,感谢您抽出宝贵的时间来填写我们的调查问卷。学生宿舍是学生生活、学习的重要场所,宿舍卫生环境的好坏,会直接影响到我们的日常生活。所以我们想对您进行一个关于"大学生宿舍卫生、秩序和环境问题情况"的调查,谢谢您的支持!

基本情况:

1.您的性别　　A.男　　　　B.女

2.您的年级是　　A.大一　　B.大二　　C.大三　　D.大四

3.您的专业属于　　A.工科　　B.理科　　C.文科　　D.艺体

答题方法:请在您要选择的答案上面画√,如未特别标注多选的题目,请只选择一个选项。

1.您宿舍的人数是?

A.6人以下(不包括6人)　　B.6人以上(包括6人)

2.宿舍平均多少天打扫一次?

A.每天都打扫　　　　B.2~3天打扫一次　　　　C.4天以上

3.每天都有轮班倒垃圾吗?

A.有　　　　　　　　B.没有

4.宿舍内部是否会进行垃圾分类?

A.会　　　　　　　　B.不会　　　　　　　　C.没有注意过这种事

5.您对目前的宿舍生活情况满意吗?

A.满意　　　　　　　B.基本满意　　　　　　　C.不满意

6.对于本宿舍的整体卫生您是否满意?

A.满意　　　　　　　B.不满意　　　　　　　　C.一般满意

7.宿舍里一般什么地方存在卫生问题?

A.卫生间以及洗漱池　　B.宿舍整体卫生　　　　C.个人卫生

8.请问您的宿舍存在如下哪些情况?(可多选)

A.天花板漏水　　　　B.浴室花洒损坏　　　　C.大门扶手损坏

D.日光灯损坏　　　　E.饮水机损坏　　　　　F.墙壁有发霉或者裂缝

G. 其他　　　　　　　　　　H. 无

9. 您是否会注重个人的卫生问题？

A. 非常注重　　　　　B. 一般注重　　　　　C. 不太在意

10. 宿舍卫生问题与个人卫生问题您更注重哪一个？

A. 宿舍卫生　　　　　B. 个人卫生　　　　　C. 两者都有

11. 您认为宿舍周围的自然环境如何？

A. 很满意　　　　　　B. 比较满意　　　　　C. 不满意

12. 您认为宿舍的周边环境中哪些方面仍需要改善？（可多选）

A. 噪声问题　　　B. 气味问题　　　C. 卫生问题　　　D. 其他

13. 对于平常邮购时所带回来的纸箱等可回收的物品您是如何处理的？

A. 收集起来，等攒到一定数量时卖给回收站

B. 直接扔到宿舍的垃圾桶内

C. 置之不理

14. 对于宿舍会出现的一些卫生问题您有什么建议？

15. 如果可以再次调整宿舍，您认为住在一间多少人的宿舍里会更有利于宿舍的整体卫生？

再次感谢您的配合，在您的配合之下，我们将能更好地完成本次调查。愿您身体健康，学习进步！

第五章　志愿服务

志愿服务是现代社会文明进步的重要标志，是加强精神文明建设、培育和践行社会主义核心价值观的重要内容。随着社会的发展与变迁，志愿服务成为全世界共同的话语，日益深入人们的生活，成为社会治理体系和治理能力现代化不可或缺的组成部分和重要力量。青年志愿者是现代志愿服务体系中最具生机的队伍，活跃在志愿服务的各个领域，推动了现代志愿服务模式的形成与发展。1994年，中国青年志愿者协会成立，标志着我国青年志愿服务事业进入现代化发展新阶段。三十多年来，青年志愿者活跃在公共服务、扶贫支教、社区建设、国际服务项目等各个领域，成为我国现代志愿服务中不可或缺的核心构件，是中国特色社会主义现代化事业中志愿服务发展的先锋和主体力量。

第一节　志愿服务概述

学习目标

了解志愿服务的发展历程。
理解并掌握志愿者和志愿服务的含义、特征。

一、志愿服务的发展历程

志愿服务在中国的兴起与发展历经了三十余年的时间。据统计，截至2021年8月，我国注册志愿者人数达8 545万人，累计开展志愿活动达276万次，累计志愿服务信用时数达2.9亿小时。

1. 志愿服务行为的起源

志愿服务行为的起源可以追溯到19世纪初的西方国家的慈善服务，现如今发达国家的志愿服务运作机制已比较完整。我国志愿服务发展起步相对比较晚，其兴起缘自政府自上而下的倡导和推动，并伴随城市社区建设和青年志愿者活动发展起来。1963年，毛泽东发出了"向雷锋同志学习"的号召，在全国范围掀起了"学雷锋"的热潮，"学雷锋"活动是我国具有志愿服务色彩的行动，为以后志愿服务在我国的发展打下了良好的基础。

2. 20 世纪 80 年代末的志愿服务发展

20 世纪 80 年代末，广州、深圳等地开始借鉴香港、澳门等地从事志愿服务事业的"义工组织"，并将其优点与"学雷锋"活动相结合，取长补短，打开了我国志愿服务的新局面。1987 年，广州市开通了全国第一条志愿者服务热线电话；1989 年，我国第一个社区志愿者协会——天津市和平区新兴街社区服务志愿者协会成立；1990 年，我国第一个正式注册的志愿者团体——深圳市义务工作者联合会成立；1991 年，中国社会工作协会（现中国社会工作联合会）成立，在全国范围内发动社区志愿者的建设；1993 年，中国共青团号召 2 万余名青年亮出"青年志愿者"旗帜，在京广线开展为旅客送温暖志愿服务，标志着中国青年志愿者行动正式启动；1994 年，共青团中央向社会公开发布青年志愿者标识，同年 12 月，中国青年志愿者协会成立并发布了"奉献、有爱、互助、进步"的中国青年志愿者精神；1997 年 7 月，上海市精神文明建设委员会建立"上海市志愿者协会"。从青年志愿者到社区志愿者，我国的志愿服务组织逐步具备中国特色。

3. 新世纪以后的志愿服务发展

进入新世纪以后，联合国将 2001 年确定为"国际志愿者年"，党和国家以"国际志愿者年"为契机，更加重视志愿服务事业的发展，我国成立"中国 2001 国际志愿者年委员会"，党员志愿者、社区志愿者、职工志愿者、青年志愿者、巾帼志愿者、老年志愿者、扶残助残志愿者等各类志愿服务队伍更加活跃，我国进入了包含党群组织、社区组织、企业组织以及个人自愿参与的中国志愿服务事业的多元化发展的年代，中国志愿服务事业也开始为世界所了解。

拓展阅读

1. 中国青年志愿者协会。中国青年志愿者协会（Chinese Young Volunteers Associasion，CYVA）成立于 1994 年 12 月 5 日，是共青团中央主管的，由青年志愿者组织和个人自愿结成的全国性、专业性的非营利性社会组织。该协会通过组织和指导全国青年志愿服务活动，努力弘扬"奉献、友爱、互助、进步"的志愿精神，推动社会主义精神文明建设，促进社会主义市场经济体制的建立和完善，提高青年的整体素质，为经济社会的协调发展和全面进步贡献力量。该协会在宪法和法律许可的范围内开展工作。

2. 中国青年志愿者标志。中国青年志愿者标志通称"心手标"（图 5-1），其整体构图为心的造型，同时也是"青年"英文第一个字母 Y；图案中央既是手，也是鸽子的造型，寓意青年志愿者向需要帮助的人们奉献一份爱心，伸出友爱之手，立足新时代，展现新作为，弘扬"奉献、友爱、互助、进步"的志愿精神，以实际行动书写新时代的雷锋故事。"心手标"广泛应用于大型赛会、扶贫支教、应急救援、海外服务等志愿服务场景，成为最受志愿者欢迎、传播最为广泛、最具影响力和标志性的中国志愿服务文化符号，生动诠释了"奉献、友爱、互助、进步"的志愿精神。

（资料来源：中国青年志愿者网，有改写）

第五章 志愿服务

图 5-1 中国青年志愿者标志

二、志愿服务的规范化发展

近年来,我国志愿服务活动逐步向多元化、规范化、制度化发展,国家先后下发《国务院关于加强和改进社区服务工作的意见》《中共中央关于构建社会主义和谐社会若干重大问题的决定》《关于深入开展志愿服务活动的意见》《关于推进志愿服务制度化的意见》《关于支持和发展志愿服务组织的意见》等文件。

1.《国务院关于加强和改进社区服务工作的意见》

2006年4月,《国务院关于加强和改进社区服务工作的意见》中指出,积极组织开展社区志愿服务活动,培育社区志愿服务意识,弘扬社区志愿服务精神,推行志愿者注册制度。该文件的颁布,使我国社区志愿服务开始进入规范化建设阶段。

2.《中共中央关于构建社会主义和谐社会若干重大问题的决定》

2006年10月,《中共中央关于构建社会主义和谐社会若干重大问题的决定》中指出,以相互关爱、服务社会为主题,深入开展城乡社会志愿服务活动,建立与政府服务、市场服务相衔接的社会志愿服务体系。

3.《关于深入开展志愿服务活动的意见》

2008年10月,《关于深入开展志愿服务活动的意见》中指出,我国的志愿服务作为伴随改革开放出现的新生事物,是长期开展的学雷锋活动的发展和延续,有着广泛群众基础和独特优势。该文件进一步强调了开展志愿服务活动的重要意义,并再次明确指导思想和基本原则,从创造有利于志愿服务的舆论文化环境、加大学校教育和社会教育的力度、注重在实践中培养志愿服务意识、深入开展多种形式的志愿服务活动、建立健全志愿服务活动的运行机制、加强对志愿服务活动的组织领导等方面做出具体要求。

4.《关于推进志愿服务制度化的意见》

为深入贯彻落实党的十八大和十八届三中全会精神,建立健全志愿服务制度,进一步壮大志愿者队伍,完善社会志愿服务体系,推动志愿服务活动经常化、制度化,促进社会文明进步,2014年2月,《关于推进志愿服务制度化的意见》中强调,要充分认识推进志愿服务制度化的重要意义,推进志愿服务制度化的指导思想,建立健全志愿者招募注册、志愿者培训管理、志愿服务记录、志愿服务激励、政策法律保障等志愿服务制度,通过加强志愿服务领导、弘扬志愿服务文化、搭建拓宽志愿服务平台等方式进一步加强对志愿服务制度化的组织推动。

5.《关于支持和发展志愿服务组织的意见》

2016年7月,中共中央宣传部、中央文明办、民政部、教育部、财政部、全国总工会、共青共青团中央、全国妇联印发《关于支持和发展志愿服务组织的意见》,就我国志愿服务组织在总体上还存在着数量不足、能力不强、发展环境有待优化等问题,从加强志愿服务组织培育、提升志愿服务组织能力、深化志愿服务组织服务、加强对志愿服务组织发展的组织领导等方面提出意见,该意见对志愿服务组织的进一步壮大发展具有非同寻常的意义。

拓展阅读

2007年以来我国主要志愿服务政策

我国自2007年以来相继出台了一系列的政策来推进志愿服务的开展(表5-1),从志愿服务的组织管理、教育培训、表彰奖励、条件保障等方面做出了详细规定。

表5-1　　　　　　　2007年以来我国主要的志愿服务政策

发布时间	发文单位	文件名称
2008年	中央文明委	《关于深入开展志愿服务活动的意见》
2009年	教育部	《关于深入推进学生志愿服务活动的意见》
2012年	民政部	《志愿服务记录办法》
2013年	共青共青团中央	《中国注册志愿者管理办法》
2014年	中央文明委	《关于推进志愿服务制度化的意见》
2015年	教育部	《学生志愿服务管理暂行办法》
2016年	中宣部等8部门	《关于支持和发展志愿服务组织的意见》
2016年	中宣部等8部门	《关于公共文化设施开展学雷锋志愿服务的实施意见》
2017年	国务院	《志愿服务条例》
2021年	生态环境部、中央文明办	《关于推动生态环境志愿服务发展的指导意见》

(资料来源:中国政府网,有改写)

三、志愿服务的概念和特征

(一)志愿者的概念界定

关于"志愿者"的定义,我国相关文件中做了相应阐述。《中国注册志愿者管理办法》中的志愿者是指不以物质报酬为目的,利用自己的时间、技能等资源,自愿为国家、社会和他人提供服务的人。《志愿服务条例》中的志愿者是指以自己的时间、知识、技能、体力等从事志愿服务的自然人。

(二)志愿服务的概念界定

现代志愿服务发端于人类早期发展过程中的慈善行为,因此在早期社会发展进程中,人们更多地将志愿服务的行为界定为一种善行。无论是自愿、自发到邻居家的地里干活,还是为建立群体归属感而自愿为他人贡献时间或捐赠资源,可以说,"志愿服务"是世界历史进程中人的社会生活的一种普遍现象。孔子的"仁"、墨子的"兼爱",都是对类似志愿服务的慈善行为早期和传统的认知和界定。

志愿服务是伴随人类社会发展出现的社会事物,其本质和内涵随着社会的可持续发展不断演变,日趋进步的同时也日益复杂。什么是志愿服务?有从价值追求角度来理解志愿服务的,认为志愿服务是"服务、团结的理想和共同使这个世界变得更加美好的信念";也有从社会建设的角度出发,强调志愿服务的功能机理的,认为志愿服务是社会最宝贵的财富之一,是社区力量、韧性、团结和社会凝聚力的源泉。新时代以来,习近平多次强调,志愿服务是现代社会文明进步的重要标志,这一重要论述既概括了志愿服务的重要价值,又说明了它的特殊功能,该论述从志愿服务的本质出发,深刻凝练了志愿服务的基本社会功能。

关于"志愿服务"的定义,我国相关文件中也做了相应阐述。《志愿服务条例》中这样定义志愿服务,志愿服务是指志愿者、志愿服务组织和其他组织自愿、无偿向社会或者他人提供的公益服务。因此,志愿服务是志愿贡献个人的时间及精力,在不为任何物质报酬的情况下,为改善社会服务,促进社会进步而提供的服务,具有志愿性、无偿性、公益性、组织性四大特征。

(三)大学生志愿服务的概念界定

按照志愿服务的内涵对大学生志愿服务进行阐释,可以看出,大学生志愿服务以"大学生"为主体,以"志愿服务"为内核。因此,可以将大学生志愿服务简单理解为:自愿参与志愿组织、志愿活动中的在校大学生,利用业余时间,结合自身所学的技能知识,向社会提供无偿服务。具体表现在以下两个方面:一方面,大学生志愿服务是大学生利用课余时间自愿、不为报酬和收入,通过付出自己的时间、精力和技术推动社会公益事业、促进党政工作、调节社会矛盾、完善社区工作的一种实践行动;另一方面,大学生志愿服务是以大学生为主体开展的志愿性社会服务活动,它不仅使大学生志愿者在奉献爱心、服务社会中实现自我价值,还对社会主义核心价值体系和和谐社会建设具有深远意义。

(四)志愿服务的特征

志愿服务是发展的积极选择,通过个体与社会的良性互动进行自我和社会发展的建构。志愿服务联结个人和社会,一方面它具有主观性,是作为独立的个体表现在仁义和道义上的自愿行为;另一方面它具有客观性,是作为"社会人"的个体社会性的直接体现,是道德规范和权利责任的重要范畴,这二者共同构成了志愿服务中志愿性和义务性之间的辩证关系。志愿服务的特征如下:

1.志愿性

不受外界的干扰,遵从自身思想意识上的意愿,自觉参与志愿服务,是从思想到行为的统一。

2.无偿性

不以金钱、名利、地位为目的,以"善"的本意无私无悔热情服务社会,是对"奉献精神"价值观的不断追求。

3.利他性

从志愿服务的发展历程来看,主要是以"人道主义"精神、"利他主义"思想为主的社会服务活动,如帮扶弱小、维护环境安全等表现行为。

4. 群体性

志愿服务是人类历史发展进程中人与社会多种元素关系的一种积极体现,而现代志愿服务就是社会成员基于自由的个人选择集合成的一种公共服务性质的社会性集体主义行为。

拓展阅读

中国青年志愿者行动大事记(1993—2020年)

1993年12月,按照共青团中央统一部署,2万多名铁路青年率先打起了"青年志愿者"的旗帜,在京广铁路沿线开展为旅客送温暖志愿服务,青年志愿者行动在全国启动。

1994年12月,中国青年志愿者协会成立大会在人民大会堂举行,胡锦涛向大会发来贺信,荣毅仁出席大会并讲话。随后全国各省级协会也逐步建立起来,目前已形成了由各级协会组成的志愿服务组织管理网络。

1996年,青年志愿者行动第一个长期项目——中国青年志愿者扶贫接力计划试点,1998年全面实施,迄今累计选派了19 766名志愿者到中西部地区的237个贫困县从事每期0.5~2年志愿服务工作。

1997年12月,江泽民为"中国青年志愿者"亲笔题名。

1998年11月,首届研究生支教团组建,2011年,研究生支教团纳入大学生志愿服务西部计划整体工作。

1999年8月,共青团中央、教育部在北京人民大会堂举行"中国青年志愿者扶贫接力计划首届研究生支教团出征暨捐赠仪式"。

1999年,在昆明举办的世界园艺博览会上,青年志愿者在大型活动举办工作中的重要作用首次得到了社会的广泛认可。

1999年9月,广东省通过了国内第一部青年志愿服务条例。

2000年1月,江泽民对青年志愿者工作做出重要批示,青年志愿者行动,是当代社会主义中国一项十分高尚的事业,体现了中华民族助人为乐和扶贫济困的传统美德,是大有希望的事业。努力进行好这项事业,有利于在全社会树立奉献、友爱、互助、进步的时代新风。希望你们在新的世纪里继续努力,发扬我国青年的光荣传统,不懈奋斗,不断创造,奋勇前进,为实现中华民族的伟大复兴做出新的更大的贡献。

2001年1月,中国青年志愿者协会第二次全国代表大会在北京召开。

2001年3月,注册志愿者制度实施,以青年为主体,包括许多中老年人在内的社会公众积极报名注册,截至2020年,按照《中国注册志愿者管理办法》规范注册的志愿者超过8 000万。

2001年3月,经国务院批准,共青团中央和外经贸部共同发起成立"中国2001国际志愿者年委员会",负责规划、指导、协调国际志愿者年期间全国的志愿者工作。

2002年3月,中国青年志愿者海外服务计划正式启动,首批招募6名青年志愿者赴老挝从事语言教育、计算机培训、医疗卫生等方面的志愿服务。

2002年4月,共青团中央联合全国老龄办、中国残联启动实施志愿者为老服务金晖行动、百万青年志愿者助残行动。

2002年5月,志愿服务国际会议在北京举行,会议通过了《北京宣言》。

2002年12月,"法律援助志愿者服务计划"启动。

2003年4月至6月,面对突如其来的非典疫情,各级共青团和青年志愿者组织动员了1 200多万人次的青年志愿者开展为一线医护人员捐赠爱心包、热线咨询、助耕帮困等志愿服务,为夺取抗击非典胜利做出了突出贡献。

2003年6月,大学生志愿服务西部计划全面启动。通过志愿服务方式选派高校毕业生赴西部基层开展教育、卫生、农技、扶贫等方面的志愿服务工作。

2004年9月,"爱心助成长"志愿服务计划启动。

2004年11月,在老挝参加第八次东盟与中日韩领导人会议的温家宝亲切接见了中国青年志愿者赴老挝服务队全体成员。

2005年2月,中国青年志愿者赴泰国救援服务队一行25人启程赴泰国普吉岛等地开展下水打捞救援服务。这是中国首次派遣青年志愿者参与国际救援行动。

2005年8月,由12名志愿者组成的中国青年志愿者服务队赴埃塞俄比亚开展志愿服务,拉开了中国青年志愿者到非洲服务的大幕。

2006年1月,《中国对非洲政策文件》中提出,要鼓励并引导志愿者赴非洲国家服务。

2006年11月,胡锦涛在中非合作论坛北京峰会开幕式上宣布,今后3年内向非洲派遣300名青年志愿者。

2006年11月,胡锦涛在出访老挝期间,专门看望了正在老挝服务的青年志愿者,并指出,青年志愿者事业是一项崇高的事业,是我们适应形势发展,为增进中国和发展中国家友谊、帮助发展中国家发展的一项重大举措。

2007年4月,胡锦涛在海外计划志愿者来信上做出重要批示,青年志愿者事业是党和国家对外友好事业的重要组成部分,也是培养优秀青年人才的途径和舞台。共青团中央要会同有关方面加强领导,完善管理,注重培训,不断提高服务水平为国家争光。

2007年5月,由9名志愿者组成的中国青年志愿者首次前往拉丁美洲国家和地区服务,赴圭亚那合作共和国开展为期一年的医疗卫生、体育教学、农业科技等方面的志愿服务。

2008年5月,习近平出席"微笑北京、志愿奥运——北京奥运会、残奥会志愿者誓师大会"时指出,中国青年志愿者事业是我们党领导的共青团在新的历史条件下创新工作领域、服务社会需求的一大创举。

2008年"5·12"汶川特大地震发生之后,全国491.4万名志愿者在各地参与各种形式的抗震救灾志愿服务工作,其中,35岁以下青年占志愿者总人数的77%。

2008年8月,共青团中央、公安部等13个部委联合启动实施了中国消防志愿者行动。

2008年8月—9月,在北京奥运会、残奥会期间,170万志愿者成为"有特色、高水平"奥运会的一个重要组成部分,其中10万名青年志愿者直接服务于赛会工作。

2008年9月,胡锦涛在北京奥运会残奥会总结表彰大会上发表重要讲话并指出,广大奥运志愿者真心奉献、友爱互助,向世界展现了中国志愿者的时代风采,为祖国和当代中国青年赢得了巨大荣誉。

2009年8月,温家宝出席第三届中非青年联欢节开幕式暨中国援非青年志愿者出征仪式,向即将出征的中国援非青年志愿者服务队授旗,并给予亲切勉励。

　　2009年10月,在国庆60周年活动中,95万名青年志愿者以辛勤周到的工作、细致热情的服务、无私奉献的精神,为庆祝活动保障、城市运行、社会稳定提供了全方位的服务。

　　2009年11月,胡锦涛、李克强参加首都防治艾滋病志愿者活动,并向为防治艾滋病做出贡献的广大医疗卫生工作者和志愿者表示诚挚的问候。

　　2010年4月,全国人大内司委委托共青团中央承办的志愿服务立法研讨会在成都举行。

　　2010年4月,青海省玉树县发生地震后,共青团中央协调各级共青团组织共招募了5 900名青年志愿者参与抗震救灾工作。

　　2010年"五四"青年节期间,共青团中央启动实施"共青团关爱农民工子女志愿服务行动"。

　　2010年7月,中国青年志愿者协会获得联合国经社理事会特别咨商地位。

　　2010年8月,甘肃舟曲特大泥石流灾害发生后,共青团中央协调组织3 000多名青年志愿者参加应急救援工作。

　　2010年11月—12月,共青团组织招募60多万名青年志愿者服务于广州亚运会、亚残运会。

　　2010年12月,第八届中国青年志愿者优秀奖颁奖仪式暨中国青年志愿者协会第三次会员代表大会在北京举行,选举产生了新一届理事会。

　　2011年5月,胡锦涛给中国青年志愿者北京大学第十二届研究生支教团成员回信,向广大青年学生提出"向实践学习,向人民群众学习"的明确要求。

　　2011年8月,第26届世界大学生夏季运动会在深圳举行,共青团组织招募了120万名青年志愿者服务赛会各项工作。

　　2013年12月,习近平给华中农业大学"本禹志愿服务队"回信,肯定他们在服务他人、奉献社会中取得的成绩和进步。

　　2014年5月,习近平给保定学院西部支教毕业生群体代表回信,勉励青年人到基层和人民中去建功立业,在实现中国梦的伟大实践中书写别样精彩的人生。

　　2014年7月,习近平给"南京青奥会志愿者"回信,对他们积极参与志愿服务的精神给予充分肯定,并对他们在青奥会上的工作提出殷切希望。

　　2014年12月,志愿服务广州交流会暨首届中国青年志愿服务项目大赛举办。

　　2015年1月,共青团中央等六部委联合部署青年志愿者服务春运"暖冬行动"。

　　2015年12月,第二届中国青年志愿服务项目大赛暨志愿服务重庆交流会举办。

　　2016年5月,全国优秀志愿者代表共同绣制"中国青年志愿者"旗帜。9月15日,凝聚着全国青年志愿者心愿的中国青年志愿者"飞天旗帜"搭乘天宫二号空间实验室飞向了浩瀚的太空,成为全世界第一面遨游太空的志愿者旗帜。

　　2016年12月,第三届中国青年志愿服务项目大赛暨志愿服务宁波交流会举办。

　　2019年7月,共青团中央、中央文明办、教育部、民政部联合部署实施"七彩假期"志愿服务项目,8.1万名青年志愿者在3 284个服务点陪伴农村留守儿童和随迁子女度过快乐的假期。

　　2020年,各级共青团组织、青年志愿者协会组织动员170余万名青年志愿者踊跃投身新冠肺炎疫情防控应急志愿服务。

(资料来源:中国青年志愿者网,有改写)

第二节　志愿者的自我修养

学习目标

掌握志愿精神的原则、内容、特征。

学会培养志愿精神，主动做志愿精神的继承者、传播者、实践者。

一、志愿精神的原则

《志愿服务条例》第三条指出，开展志愿服务，应当遵循自愿、无偿、平等、诚信、合法的原则，不得违背社会公德、损害社会公共利益和他人合法权益，不得危害国家安全。

（一）自愿原则

自愿原则体现了两个方面的意思：一是任何组织和个人不得胁迫他人从事志愿服务；二是志愿者参加志愿活动具有自觉性，是主动自觉的，而不是被动强迫的。只有自愿才能成为"志愿者"，只有自愿才能发自内心积极地参加志愿活动，只有自愿才能调动志愿者的积极性和主动性。因此，自愿是开展志愿服务活动的前提。

（二）无偿原则

无偿原则是指一切志愿活动都不得收取任何费用。志愿服务不应该被当成达到其他目的的手段。志愿者在提供志愿服务时应该坚持利他和公益的基本原则。志愿者可以获得回报，但是不应该以获得回报为目的，即使没有回报，也应坚持志愿服务。因此，无偿是从志愿服务的动机而确定的基本原则之一。

（三）平等原则

在公益活动中，志愿者对救助对象应一视同仁，志愿者和受助者之间也是互相帮助的平等关系。志愿者不应有"施与""救世主"和"赠予"的心理与态度。志愿者在活动中不能高高在上，要对受助者尊重和爱护，保护他们的隐私，尊重他们的人格，保障他们的权益不受侵犯。

（四）诚信原则

志愿者行动的出发点和立足点，是为政府分忧、为群众解难、办实事，这要求志愿者做到诚信。而志愿者要做到诚信，便要在志愿服务中狠抓落实。志愿服务只有落实到基层，到具体人、具体事，才能真正成为基层广大志愿者的经常行为，才有生命力和发展前途。

（五）合法原则

志愿服务要遵守我国的法律法规，如《中华人民共和国宪法》《中华人民共和国民法典》《中华人民共和国刑法》《中华人民共和国民事诉讼法》《志愿服务条例》《中国注册志愿者管理办法》等。志愿服务日益规范化和制度化，学生在志愿服务的过程中要严格按照流程操作，听从组织安排，不可单独行动，量力而行，从自身实际与社会需求出发，把主观愿望和客观实际结合起来,把社会需求和服务能力结合起来,要在自身人力、物力和财力允许的条件下开展服务,对于自己能力有限无法承担的工作,志愿者要主动提出,不可强行接受。

> **拓展阅读**
>
> ### 《志愿服务条例》中关于志愿服务原则的规定
>
> 《志愿服务条例》于2017年6月7日国务院第175次常务会议通过,自2017年12月1日起施行。该条例是为了保障志愿者、志愿服务组织、志愿服务对象的合法权益,鼓励和规范志愿服务,发展志愿服务事业,培育和践行社会主义核心价值观,促进社会文明进步而制定的。该条例适用于在中华人民共和国境内开展的志愿服务以及与志愿服务有关的活动。该条例的第一章第三条规定,开展志愿服务,应当遵循自愿、无偿、平等、诚信、合法的原则,不得违背社会公德、损害社会公共利益和他人合法权益,不得危害国家安全。
>
> (资料来源:新华网,2017.09.06,有改写)

二、志愿精神的内容

"奉献、友爱、互助、进步"的志愿精神已经成为当代青年喜爱和接受的精神时尚,青年志愿者行动已经成为动员青年参与经济社会建设的重要载体,成为当代青年运动的一个典范。青年一代通过志愿服务对于整个经济社会发展所引起的变革,已经扩展到社会多个领域和各个年龄的人群,青年一代开创的这一事业还将更加波澜壮阔。

(一)奉献精神

1. 奉献的基本定义

奉献是一种高尚的道德信念、处世态度、利他行为和"大爱"情操,是志愿精神的内核与至高境界。奉献是全人类共同尊崇的价值追求,是中华民族的传统美德。奉献精神的核心是服务、团结的理想和共同使这个世界变得更加美好的信念。显然,这里的"服务",既是奉献的态度,又是奉献的具体行为和形式。而团结的理想和让世界变得更加美好的信念,都蕴含着对奉献精神的呼唤与推崇。

2. 奉献精神的三层基本意蕴

(1)奉献精神体现了中华传统道德文化与时代精神相统一的道德理性。它与"仁者爱人""舍生取义""先天下之忧而忧,后天下之乐而乐"等中华传统美德情理相通,同时,又集中反映了"国家与人民利益高于一切""大公无私""甘当革命螺丝钉"以及"助人为乐"等社会主义道德风尚与价值追求。

(2)奉献精神是社会文明进步与和谐美好真实状态的最直观体现。人们的责任感和使命感越强,奉献精神越能蔚然成风,社会文明程度就越高。

(3)奉献精神是考验政治品格、思想觉悟的试金石。奉献精神是为大多数人谋利益的无产阶级政党的精神特质,也是培育和践行社会主义核心价值观的内在要求与核心要义。

3. 奉献精神的内在规定性

（1）积小善为大善的渐进性。追求崇高性，即大美情操和高尚境界，是奉献精神的价值旨归。但崇高性需要逐步涵养，即从先人后己、助人为乐的礼让精神，再到乐善好施、扶危济困的慈善精神，最后升华至为国赴难、为民分忧的担当精神。抗击新冠肺炎疫情中的"逆行者"便完美注释了新时代奉献精神的最高境界，是当代志愿者的楷模。

（2）甘心付出的主观自觉性。奉献精神不带有任何功利色彩，是发自内心做出善举的。它不排斥外部环境的影响和熏陶，但拒绝外界压力的胁迫与规制，是行为主体的自主价值判断与行为选择。

（3）实践性与拓展性。奉献精神是一种高尚道德范畴，需要伦理教化与实践造化的有机协同。因此，奉献精神强调知行合一、表里如一，需要在不断奉献的具体实践中验证情怀，升华品格。拓展性体现为奉献行为的延展性，即一种具体的奉献实践行为可以影响到其他社会行为的方方面面，继而在实践效果层面形成发散与示范效应。

（二）友爱精神

1. 友爱的基本定义

"爱人者，人恒爱之；敬人者，人恒敬之。"友爱是谦谦君子的道德秉性，也是人与人之间和谐共生的基础，蕴含着与人为善、平等尊重、团结互助、坦诚相待等道德理性和追求人间大爱的价值取向，是跨越国界、种族、性别、文化、年龄、职业和贫富差距的人类情感纽带。社会的良性发展既需要刚性的制度规制，也需要柔性的人文关怀。友爱精神是人文关怀的核心要素，是构建和谐社会的情感基石。志愿服务的实质是一种以友爱为情感底色的爱心服务，传递出来的是与人为善、助人为乐的人间真情。因此，友爱成为志愿服务的道德遵循。

2. 友爱的两个层面的内涵

（1）友，实质就是"善"，是友好、善意、平等相待、志同道合、精诚团结等语义的精练表达，是和谐人际关系的基本要义。

（2）爱，是一种更高层面的情感表达，是人发自内心的善意的主动付出和无私给予。可见，爱是道德理性之"元"、人性向善之根、社会和谐之基。

按照友爱的具体范畴，可将其分为真诚之爱、平等之爱、无私之爱、博大之爱。真诚之爱强调以信任和欣赏对方为前提，坦诚相待，推心置腹；平等之爱强调以尊重对方为前提，在坚持志愿者与服务对象之间人格平等的基础上开展志愿服务，避免先入为主，更不能居高临下；无私之爱强调志愿服务的公益精神，以成全对方为目的，不带杂念、不求回报；博大之爱强调不分远近亲疏，兼济天下的仁爱之心。

3. 弘扬友爱精神的四个基本问题

（1）弘扬友爱精神需要以律己为基本前提，从加强自身道德修养做起。友爱表现为志愿者与服务对象之间、志愿者与普通社会公众之间的真情互动，彼此温暖。志愿者要有先行付出、主动付出和无私付出的胸怀与自觉。

（2）弘扬友爱精神需要坚持正义立场与法治精神。友爱精神包含明确的价值判断，是一种社会正能量的传递与弘扬。因此，不能将友爱的博大性理解为无原则、无边界的爱的"泛滥"，而应该坚持抑恶扬善的正义立场、于法有据的法治精神。

（3）弘扬友爱精神需要用实际行动来表达。友爱是一种美好情感，但这种美好情感具有明确的实践性要求，需要在为他人分忧解难、为社会担当奉献中体现。

(4)弘扬友爱精神需要营造良好的社会氛围。友爱是一种人与人之间的善意交互行为,需要彼此支撑,共同维护。

(三)互助精神

1. 互助的基本定义

互助是人类在长期的生产生活实践中积累的成功经验与价值遵循。马克思主义认为,人的本质是一切社会关系的总和,社会生活在本质上是实践的。互助是个体社会关系发展的必然要求。作为志愿精神的基本内核,互助是志愿主体与客体基于道义或价值共识和允诺基础上的情感及行为交互过程,是助人与自助的有机统一体,也是志愿服务得以有效实现的重要途径与方法。助人与自助的有效协同,可以最大限度调动和激发社会成员参与志愿服务的热情,并在满足被助者利益需求乃至实现公共利益最大化的同时,促进志愿者自身正当利益的有效实现。这也是志愿服务的普遍性与号召力所在。互助具有价值和工具的双重理性,作为价值理性,互助在不否定"利己"原则的前提下,突出强调"利他"与助人取向,因此是值得推崇的道德观念;就工具理性而言,互助是实现志愿者与服务对象利益"双赢"的高效方式,是人类生存发展的智慧与经验结晶。

2. "守望相助"是中华民族生生不息的精神"密码"

习近平指出,当有人需要帮助时,大家搭把手、出份力,社会将变得更加美好。当下,互帮互助,与其他国家共同抗击新冠肺炎疫情,是中国共产党和中国政府对互助精神的奉行与弘扬,是推动构建人类命运共同体的担当精神的集中体现。唯物辩证法认为,世间万物都处于普遍客观的联系中。志愿者通过志愿行为帮助服务对象(个体、社会或者国家)共克时艰,摆脱困境,赢得新的发展机遇和局面,这是志愿者"助人"主观愿望的客观呈现。志愿者由此生成的成就感,是内化且升华为"自助"的直接体现:一是内心获得愉悦和满足,情操得以陶冶和升华;二是帮助他人战胜困难,自身能力和素质得到提升;三是助人成果的直接"回馈"。他人需要帮助时,主动伸出援手,自己遇到困难时也会得到更多的关爱和帮助。

3. 互助的实现需要处理好道德理性、人文关怀与技术设计的有效协同

(1)处理好"利他"与"利己"的关系,坚持助人为先与"利他"至上原则。互助是一种不带功利倾向的客观互利行为,"利他"是互助的行为动机与前提,"利己"只是"利他"效果的反馈,它与市场经济的等价交换,以及"一本万利"的投机行为有着本质区别。

(2)处理好尊重与共担的关系,坚持平等待人与有效协同原则。即以理想效果的实现为目标,协调志愿者之间、志愿者与服务对象之间的关系,以充分尊重服务对象意愿与自尊为前提,调动和发挥双方的主观能动性,形成最大合力。

(3)处理好"情"与"理"的关系,坚持情义为上、以情聚力的原则。志愿服务是人心向善的情感表达,保持同情心、责任心、谦恭心是互助行为的情感纽带和精神动力。

(四)进步精神

1. 进步的基本定义

进步是指人或者事物正向发展的态势及其良好状态的呈现。志愿精神中的进步是志愿服务的社会功能与现实意义的表达,即适应时代要求,促进社会文明健康发展,体现了志愿服务的价值目标与现实目标的有机统一性。就其价值目标而言,志愿精神作为一种道德范

畴,其终极目标是"共同使这个世界变得更加美好",直接指向人类社会的文明进步。追求进步既是社会责任意识与担当精神的宣示,也是人类大爱情怀的集中表达,凝聚着生命美学的精华,具有至高的价值审美意义。

2. 进步精神的意义

进步精神的意义,在于其对社会文明健康发展的直接推进作用,以及由此衍生出的对社会行为规范的示范和引领作用。具体而言,一是志愿服务对促使他人、社会和国家变得更加美好的直接意义;二是志愿服务为释放社会善意提供了机会和条件,对形成良好社会风尚具有强大的导向与示范作用;三是志愿服务行为有助于提高志愿者的意志品质和能力水平。

3. 现代化是人类社会文明发展进步的重要阶梯和集中呈现

中国的社会主义现代化包含着促进个人进步、社会进步、国家进步和世界进步的丰富内涵和鲜明取向。志愿服务要与国家发展同步,自觉呼应时代要求,切实发挥自身优势,在参与推进全面建设社会主义现代化国家的伟大实践中,发扬志愿服务的进步精神。

(1) 立足人口规模的基础上的现代化新要求,积极参与推进人类现代化进程,在公民道德意识教育、公民能力素质提升等方面献计出力。

(2) 立足物质文明与精神文明协调发展的现代化新要求,积极参与推进经济社会高质量发展,尤其是在促进社会人文关怀与和谐稳定方面做出新贡献。

(3) 立足全体人民共享的现代化新要求,积极参与推进共建、共享与社会公平正义,特别是在关照困难群众利益方面尽心尽力。

(4) 立足人与自然和谐共生的现代化新要求,积极参与推进美丽中国建设,特别是在环保意识的宣传与生态环境维护等方面做好生力军。

(5) 立足走和平发展道路的现代化新要求,积极参与推进"一带一路"建设,特别是在传播构建人类命运共同体理念、国际人文交流以及重大灾难救助方面发挥独到作用,展示中国志愿服务形象。

拓展阅读

习近平对志愿者的关切话语

广大公安民警、疾控工作人员、社区工作人员等坚守岗位、日夜值守,广大新闻工作者不畏艰险、深入一线,广大志愿者等真诚奉献、不辞辛劳,为疫情防控做出了重大贡献。

——2020年2月23日,习近平在统筹推进新冠肺炎疫情防控和经济社会发展工作部署会议上的讲话

党的十八大以来,广大志愿者、志愿服务组织、志愿服务工作者积极响应党和人民号召,弘扬和践行社会主义核心价值观,走进社区、走进乡村、走进基层,为他人送温暖、为社会做贡献,充分彰显了理想信念、爱心善意、责任担当,成为人民有信仰、国家有力量、民族有希望的生动体现。

希望广大志愿者、志愿服务组织、志愿服务工作者立足新时代、展现新作为,弘扬奉献、友爱、互助、进步的志愿精神,继续以实际行动书写新时代的雷锋故事。

——2019年7月23日,习近平致信祝贺中国志愿服务联合会第二届会员代表大会召开

志愿服务是社会文明进步的重要标志,是广大志愿者奉献爱心的重要渠道。要为志

愿服务搭建更多平台,更好发挥志愿服务在社会治理中的积极作用。

——2019年1月16日至18日,习近平在京津冀三省市考察并主持召开京津冀协同发展座谈会

作为志愿者,无论是在台前还是幕后,无论是迎来送往还是默默值守,都可以在这场青春盛会中展现自己的风采。

——2014年,习近平在第二届夏季青年奥林匹克运动会开幕前夕给"南京青奥会志愿者"回信

雷锋精神,人人可学;奉献爱心,处处可为。积小善为大善,善莫大焉。当有人需要帮助时,大家搭把手、出份力,社会将变得更加美好。

希望你们努力践行社会主义核心价值观,积极向上向善,从"赠人玫瑰、手有余香"中感受善的力量,以实际行动书写新时代的雷锋故事,为实现中国梦有一分热发一分光。

——2014年3月4日,习近平给"郭明义爱心团队"的回信

希望你们弘扬奉献、友爱、互助、进步的志愿精神,坚持与祖国同行、为人民奉献,以青春梦想、用实际行动为实现中国梦做出新的更大贡献。

——2013年,习近平在中国青年志愿者行动实施20周年暨第28个国际志愿者日之际给华中农业大学"本禹志愿服务队"回信

要倡导社会文明新风,带头学雷锋,积极参加志愿服务,主动承担社会责任,热诚关爱他人,多做扶贫济困、扶弱助残的实事好事,以实际行动促进社会进步。

——2013年5月4日,习近平同各界优秀青年代表座谈时的讲话

(资料来源:人民网,2020.03.05,有改写)

三、志愿精神的特征

志愿精神的特征包括自愿性、无偿性、利他性、公益性、组织性等,由于大学生群体的特殊性,大学生在参与志愿服务活动时展现的精神品质除了具有上述特征外,还具有以下特征:

(一)榜样性

榜样通常是指以特定的人或物体为标准,通过学习和模仿来达到理想的目标。如常见的公益广告、德育性的电视节目、有正能量的名人等,较为知名的有央视推出的《感动中国》、政府部门主导的"道德模范人物"评比等,具有价值导向明确、覆盖面广泛等优势。相对整个社会来说,大学生属于学历较高的群体,接受能力较快、理解能力强,其言行举止更容易被他人学习和模仿。志愿精神的榜样性有"取长补短"和"见贤思齐"的表现形式,他们通过学习榜样人物身上的"正能量"来提高个人素质,同时自己成为志愿者也可为他人带来示范性的作用,利用榜样的力量由个人影响群体再辐射到全社会,逐渐扩大影响范围形成"蝴蝶效应"。

(二)积极性

积极是指努力、进取、向上,非常正面及肯定的修饰词语。大学生朝气蓬勃、精力充沛,

在学习上有刻苦努力、奋发图强及迎难而上的特点。大学生志愿精神传递的积极性可以从思想和行动来表达：在思想上，大学生思想健康、纯洁，没有被社会不良风气所影响，意识上易接受志愿精神中积极向上和努力进取的价值观念以及参与志愿服务不怕苦、不怕累的奋斗精神，高度契合教育所提倡的"拼搏、奋斗、努力、向上"的主题思想；在行动上，志愿精神引导大学生积极参与志愿服务，践行社会主义核心价值观，加深对志愿精神的理解，更好地弘扬志愿精神。

（三）融合性

融合是指把两种及以上不同的东西合成一体，它含有交融性、包容性和集合性等特点，在文化领域上来讲，它还具有接纳及吸收的特性，把所有相同、相近及不同的文化都汇聚到一起，没有时间和地域的限制。大学生通过长期的学习和沉淀后，在思想上更加开放、思维更为敏捷，有接触范围广泛、知识渊博、看待事物的眼界高远等优点，所以能在学习世界各国的文化后，汲取其中的优秀知识再融会贯通。志愿精神蕴含了社会责任感、社会公德、爱国精神、理想信念等方面的内容，它是在继承传统德育的基础上，把西方志愿精神及我国时代精神的内容高度融合而形成的。高校志愿精神的培育不仅体现在思政专业理论上，也是各学科相互交叉的共同结果，展现出新时期中国教育的多元化。

（四）引领性

引领意为引导、导向，是指带动事物向同一轨迹运动和发展。大学生的思想素质在高校思想政治教育的影响下树立起正确的价值观，而思想道德意识也是志愿精神所要求必须具备的基本条件。大学生志愿精神有以下引领性的作用：引领社会文化思潮良性发展，让大学生树立正确的世界观、人生观、时代观及志愿观等价值观念；引领大学生自觉学习和实践志愿精神，在校园内形成浓厚志愿精神的文化氛围；引领大学生积极践行社会主义核心价值观，让大众认可志愿精神，成为社会文化新思潮的象征。

典型案例

"隐善"15年"兰小草"的秘密感动万千网友

15年化名"兰小草"，每年定时捐款2万元给孤儿寡母；28年坚守偏远海岛，成为"最美乡村医生"；33年之约的"星雨心愿"尚未完成，因病溘然离世……"兰小草"生前的真实身份是浙江省温州市洞头区大门镇岙面村乡村医生王珏。

"兰小草"的故事，要追溯到2002年11月的一天。那天，温州晚报接到一个陌生电话，说有个包裹。打开一看，竟是2万元现金，皱皱巴巴，有零有整，还有一封署名"农民的儿子兰小草"的信。信中写道："这2万元是我辛苦挣来的，捐给那些急需帮助的孤儿寡母……"还有个纸条写道："我希望用33年的时间，每年捐献2万元'星雨心愿'善款，以报答国家和社会的培养之恩，报答农民'粒粒皆辛苦'的养育之情……"

此后连续14年，每年11月中下旬，"兰小草"都会雷打不动地送来2万元钱。为了揭晓"兰小草"的身份，媒体、慈善机构等用过很多方法寻找，但善于"游击"的"兰小草"总是能成功躲过。

尽管"兰小草"的身份未确定，但他的爱心和诚信感动了无数市民，并多次被授予荣誉。2009年,"兰小草"荣获"温州改革开放30年十大慈善人物",但领奖台上依然空缺。为什么要连续捐33年?据王珏的儿子说,在王珏33岁那年,他的三弟生了重病,3年后去世。这让王珏想到人生无常,思考如何才能过得有意义?"爸爸站在楼顶许愿时,正好有流星划过,他就把自己的心愿命名为'星雨心愿',愿用下一个33年帮助更多需要帮助的人。"

隐身"兰小草"的真实身份是一位扎根海岛28年的普通乡村医生。28年前,年仅20岁的王珏坐着木制小船,跨越海湾,来到这座偏远海岛。海岛艰苦,交通不便,缺医少药。28年来,王珏成为这里人人皆知的"海岛名医"。岛上空巢老人居多,王珏对待他们如同家人般照料。

在大门岛,随便走进一户人家,都能说说王珏的故事。老人来做脚部按摩,一般脚放凳子上,他却把老人的脚放在自己膝盖上;不管多晚都能敲开他的诊所,不论山高路远他都会骑着电瓶车为无法上门的病人出诊;看到家庭困难的病人,总会想方设法少收乃至免收医药费;他经常为远道而来的老人垫付车费和船费;路上碰到过一个身体瘦弱的挑担老农,他二话不说帮忙把几十斤的担子挑上了山……

"没有花香,没有树高,我是一棵无人知道的小草;从不寂寞,从不烦恼,你把爱心洒遍天涯海角……"送别王珏的追悼会上,他的儿子充满悲痛的挽歌,唱得现场上千名群众个个眼含热泪。追悼会上,来自大门镇400多人特地乘渡轮前来送别他们的"亲人"王珏,偌大的广场被挤得满满当当。

10月23日,王珏被追授为"最美温州人"。除"兰小草"的身份外,他还是洞头区"十佳志愿者""最美洞头人""万朵鲜花送雷锋""最美乡村医生"等。

"兰小草"虽然走了,可他播下的善良和诚信的种子,已在大地上生根发芽。

(资料来源:新华网,2017.10.26,有改写)

四、大学生志愿精神的培育

习近平强调,志愿者事业要同"两个一百年"奋斗目标、同建设社会主义现代化国家同行。他勉励广大志愿者、志愿服务组织、志愿服务工作者立足新时代、展现新作为,弘扬奉献、友爱、互助、进步的志愿精神,继续以实际行动书写新时代的雷锋故事。志愿服务是人们奉献爱心、服务社会的重要方式,是"赠人玫瑰,手留余香"的高尚事业。开启全面建设社会主义现代化国家新征程、实现中华民族伟大复兴的中国梦,迫切需要社会大力弘扬奉献、友爱、互助、进步的志愿精神。大学生志愿精神的培育是长期建设和持续完善的工程,需要充分发挥高校思想道德教育渠道,需要社会环境的改善与支持,需要大学生自身素质的全面提升,通过内力和外力共同推进志愿精神的培育。

(一)发挥高校对大学生志愿精神培育的主渠道功能

大学生是志愿精神发展的主群体,大学校园是志愿精神培育的主要阵地,是大学生提升专业知识和思想道德水平的重要场所。培育大学生志愿精神需要充分发挥高校自身环境、师资、课程等优势,创新志愿精神的培育内容及育人方法,发挥教师的志愿精神培育引导作用,营造志愿精神培育的校园文化氛围,例如,将志愿服务融入思想政治课堂,创建实践育人模式,完善志愿服务教材体系,开设志愿精神专题选修课等,把大学生志愿精神教育贯彻和落实到课堂教学、校园文化建设、社会实践等各个领域,让学校成为志愿精神发展和传播的主阵地。

(二)优化社会对大学生志愿精神培育的支持功能

大学生志愿精神的培育是在一定的社会环境中进行的,良好的社会环境为志愿精神的培育提供了外在条件,能有效促进大学生志愿精神的养成和志愿行为的形成。因而,我们必须优化社会环境和氛围,通过相关法制和机制、改善经济环境和社会认可度、增强宣传力度和健全服务体系等创造稳定且富有生机的社会环境。

1. 加快志愿服务法制建设和激励机制

加快相关法制建设,加强法制宣传教育,加快青少年志愿服务的全国性立法,尊重青年的成长规律,完善志愿行动的法律支持和指导,为志愿行动提供各方面保障,维护志愿者的合法权益;健全志愿服务激励制度,完善志愿者表彰机制,定期开展志愿服务组织评选活动,落实积分奖励政策,加强对志愿者的认可,提高他们服务的积极性;对大学生而言,可以为其提供资金和政策扶持,也可组织志愿者培训,使志愿者在了解志愿服务基础技能的同时,深化其对志愿精神的认识和认同。

2. 改善志愿精神的环境和社会认可度

改善经济发展环境,支持志愿活动开展。经济环境是培育志愿精神的基础性因素,优化经济发展环境可以为志愿精神的培育奠定坚实的物质基础,大力发展生产力,为志愿精神的培育提供客观推动条件;重视家庭环境教育,发挥协同培育优势。家庭是学生接受志愿精神的源头,要发挥家庭教育环境的作用,经常给孩子讲解榜样典范,生活中亲身示范,关注弱势群体,积极参与志愿行动,向孩子传递关爱他人、奉献社会的观念,培育孩子和善待人、乐于助人的性格和行为特质;增强社会认可程度,持续科学发展教育。高校应该科学开展和管理志愿活动,给予青年志愿者协会一定的活动经费,邀请慈善组织、志愿服务典范开展专题讲座,创新志愿活动形式,打造学校志愿服务品牌。

3. 增强志愿服务宣传和健全服务体系

加强志愿人员培训,改善志愿组织管理,对志愿者进行志愿服务培训,帮助志愿者掌握相关专业知识和技能;积极宣传公益活动,大力宣传和弘扬志愿精神,普及志愿服务理念,形成传递爱心、传播文明的良好社会风气,增强志愿者的归属感和荣誉感;加快志愿服务研究,健全志愿服务体系,加强志愿服务的创新发展,注重志愿理论研究,建构青年志愿服务的学术体系、理论体系和话语体系,培养一批专业化、规范化和系统化的人才队伍,提升志愿服务的信息化水平,结合青年志愿者的实际情况,建构青年志愿创新服务的思维方式。

4. 深化大学生志愿精神培育的主体意识

(1)提高对志愿精神的认同感。大学生在社会活动中要有正确的自我定位,做志愿精神践行的主力军,要走出校门,利用社会和高校搭建的志愿平台,积极参与社会公益事业。如在车站"暖冬"志愿行动中让旅客感受浓浓的暖意,在奥运会期间展现大国风范等,要充分发挥自我能动性,在真心实意地实践中升华对志愿精神的情感体验,在亲身经历中感悟志愿精神的崇高魅力。只有实现志愿精神的内涵认知、情感认同、价值选择和行为实践,才能形成正确的意识理念,让学生在感受社会责任的同时提高参与的坚定性和持久性,带动社会思想

新时代劳动教育教程

道德秩序的形成。

(2)培养公民意识和道德修养。志愿行动实际上是个人自主的道德选择,良好的道德观念和道德标准是志愿活动的行动准则,为志愿精神的培育提供了现实基础,道德水平的提升促进更多的大学生参与到社会实践活动中。投身志愿行动,为他人送温暖,勇于承担社会责任,在活动中感悟生命的意义和价值,增强大学生社会参与度,在理论和实践上提升大学生的思想道德水平,更好地传播和践行志愿精神。

(3)积极参加志愿服务活动。大学生自我价值的实现是个人价值与社会价值的统一,大学生的社会价值是在助人之助、奉献社会中实现的,大学生的社会价值源于个人对社会的贡献,表现在志愿服务上,主要是将大学生的正确志愿认知运用到帮助他人和社会的行动上,通过对社会尽义务、担责任,增强大学生的社会责任意识和为人民服务的思想观念,从而实现志愿精神的外化。

(4)坚定弘扬志愿精神。习近平曾指出,小到一个人、一个集体,大到一个政党、一个民族、一个国家要有信仰、信念、信心。李克强勉励南京青奥会志愿者,要更好地弘扬"奉献、友爱、互助、进步"的志愿者精神,汇聚起推动社会进步的巨大力量。个人的志愿精神能影响另一个人参与志愿活动的兴趣,一个人参与志愿活动的次数也能促进志愿行动的蓬勃发展。当代大学生应该树立在继承中发展,在发展中传播志愿精神的意识,把志愿服务的理念传播到国内和国外,在传递关爱、传递信心中产生群体效应,推动志愿精神的深入培育和发展。

典型案例

当好人民群众的主心骨

历史是人民书写的,一切成就归功于人民。只要我们深深扎根人民、紧紧依靠人民,就可以获得无穷的力量,风雨无阻,奋勇向前。

——习近平

"劳动着,战斗着,创造着,从过去流来的海!劳动着,战斗着,创造着,向未来流去的海!"诗人如此歌颂70年前天安门广场上的那一场盛典。今天,江山就是人民,人民就是江山。始终把人民置于最高位置,与人民同呼吸、共命运、心连心,我们党就能永远保持与人民群众的血肉联系,永远做中国人民和中华民族的主心骨。

在24号彩车上,还有几位基层工作者,他们用实际行动阐明"民生无小事,枝叶总关情"。马善祥,人称"老马",重庆江北区观音桥街道办事处原调研员,"老马工作室"的创始人。30年来,他成功调解矛盾纠纷2 000多起,撰写了500多万字的工作笔记,他的"老马工作法"已成为全国调解员的学习范本。

见到马善祥,同车的王波感到格外亲切。王波是武汉市江岸区百步亭社区党委副书记、管委会主任,全国三八红旗手。王波放弃大学教师的工作扎根社区24年,打造出"百步亭"这张闪亮的武汉名片。她在社区大力弘扬"有时间做志愿者,有困难找志愿者"的志愿文化,真正做到"事有人管、难有人帮、苦有人问",让志愿精神成为社区最亮丽的风景。

送重点旅客进站乘车是同车的南京站"158"雷锋服务站客运值班员黄吉莉的一项重要工作。每次接到对讲机讯息,黄吉莉和同事们就推起轮椅一路小跑,遇到楼梯就直接扛起来、上电梯、过天桥、送站台、到铺位……一天下来,大家常常要走3万多步,为的是那些老、幼、病、残、孕、困等特殊乘客的出行方便,她和她的"158"服务组,用徒步丈量爱的旅途,打通了高铁便民的最后一公里。

秋风拂面,阳光明媚,每个人都沉浸在对未来的憧憬中,而这各自不同的梦想,却有着共同的方向——实现中华民族伟大复兴!

(资料来源:光明日报,2019.10.02,有改写)

第三节 参与志愿服务活动

学习目标

理解参与志愿服务的意义。

能准确区分志愿服务的类型。

了解参与志愿服务的基本途径,主动投身志愿服务活动。

一、参与志愿服务的意义

习近平高度重视志愿服务事业的发展,多次做出重要指示批示,对志愿服务事业在推进社会主义精神文明建设、培育和践行社会主义核心价值观的重要作用给予充分肯定,对在抗击新冠肺炎疫情第一线的各行各业的志愿服务活动给予高度评价,勉励志愿服务组织和广大志愿者大力弘扬志愿精神,与祖国同行、为人民奉献。这一系列重要指示批示精神,为推进新时代我国志愿服务事业发展提供了根本遵循。凝聚在志愿服务行为中的志愿精神,其核心要义为"奉献、友爱、互助、进步"。立足全面建设社会主义现代化国家的发展要求,深刻把握志愿精神的时代内涵与精神实质,对进一步推进我国志愿服务事业发展有着特殊的价值和意义。对于当年大学生来讲,青年是一个人成长发展的关键时期,通过志愿服务,在社会服务中学习,是当代青年在时代大潮中建功立业,实现自我价值的必经之路。

(一)志愿服务具有助力青年成长、立德树人的重要社会功能

2019年,习近平在天津考察时强调,志愿者事业要同"两个一百年"奋斗目标、同建设社会主义现代化国家同行,志愿服务是社会文明进步的重要标志,是广大志愿者奉献爱心的重要渠道。在习近平关于志愿服务的论述中,既有对志愿服务在中国特色社会主义事业中基本定位的界定,也有对志愿服务在社会主义建设中功能的准确阐述;既有对中国特色志愿服务理论和实践特点的概述,也有对独具中国特色的志愿服务文化及精神的分析和描绘。

习近平关于志愿服务的重要论述中不仅阐述了志愿服务在推动青年社会性发展方面的重要功能,还为青年参与志愿服务指明了方向目标,明确了价值取向。通过志愿服务获得社会性发展,是青年志愿者的共同经历和收获,特别是在做合格的社会成员和道德发展方面发

挥了积极作用。志愿服务有助力青年成长、立德树人的重要社会功能,青年通过志愿服务为社会、为国家做出了贡献,在服务他人、奉献社会中收获了成长和进步,找到了青春方向和人生目标。

(二)志愿服务是适合青年群体的一种教育学习方式

服务学习具有突出的不同于传统课堂教育的性质和特点。与传统的传授知识、掌握技能相比,服务学习更着重于公民意识和责任,即通过直接的社会服务学习如何建立更和谐的社会关系,包括承担社会责任,坚持社会正义的价值理念,养成道德行为习惯,成为一个合格的社会人。本质上说,服务学习是一种向学生传授公民意识和责任,学习技能和价值观的方法。服务学习被普遍认为是一种以服务为载体的体验式学习形式。

现代志愿服务作为人类社会的集体行动,服务性、组织性是其基本规定,在一定意义上说,志愿服务是服务学习的一种有效路径。通过参与志愿服务全面提升自我,已经成为众多青年志愿者的共同收获和感受。对我国大学生志愿者的多项调查表明,学生在参与志愿服务中,不仅获得了不同的人生体验,学到了新的生活技能,还培养了新的兴趣,结交了新的朋友,更重要的是联结了自我和社会之间的各种关系,增强了社会责任感和对他人的关爱感,提升了自己的道德水准。志愿服务和服务学习在内容和形式上具有高度一致性,共同蕴含着发展的时代主题。

(三)投身志愿服务是青年科学发展的必由之路

任何一个人的发展都脱离不了时代,青年尤其如此,习近平指出,青年是标志时代的最灵敏的晴雨表,深刻阐明了青年与时代的本质关系。青年的本质和社会表现,需要从一切社会关系的总和中去思考和认识,青年的整体情况和每个青年的社会地位和作用以及发展状况和社会性作为,需要放置在整体社会结构和现实中去解析。青年志愿服务的组织者、项目的设计者和青年志愿者应该秉承以人为本的基本指导思想,在宏观的社会发展层面和微观的个体成长层面促进青年全面融入社会,促进社会发展进步。

1. 在宏观的社会发展层面

强调青年的社会发展,一是要通过多种形式的志愿服务增强青年志愿者的集体意识、公共意识、服务意识和责任担当意识,促进青年志愿者坚定社会主义核心价值观;二是重视对社会组织活动的参与及融入,推动青年志愿者在志愿服务中遵从组织规范,提高素养;三是注重青年志愿者自身个性外化和个人权利的有机统一,推动作为社会成员的广泛性社会参与等。

2. 在微观的个体成长层面

关注青年志愿者在志愿服务中的感受,推动青年个体全面融入社会,强调青年的主体性,一是注重志愿服务内容的拓展,力求通过志愿服务活动中的服务学习,实现人与他人、人与社会、人与自然、人与自我的良性互动,全面促进自身发展;二是注重青年志愿者在志愿服务中获得充分肯定和多元满足的体验,推动其社会性共情能力的成长,促进社会情感的融合;三是注重青年的积极参与,激发青年志愿者对生命价值的积极态度,促进其快乐生活,从精神、文化、社会等多方面提高生活质量等,促进其对精神现代化的追求与多元化发展。

总之,青年是志愿服务的先锋和主体力量,志愿服务是青年实现参与社会,实现人生价值的重要途径,是实现青年全面发展的社会化大课堂。

拓展阅读

"中国青年志愿者行动"主要领域和服务项目

近年来,青年志愿者行动的服务领域不断扩大,在农村扶贫开发、城市社区建设、环境保护、大型活动、抢险救灾、社会公益等领域形成了一批重点服务项目。

(1)青年志愿者社区发展计划。这项计划主要包括三方面内容:①青年志愿者"一助一"长期结对服务工作从1994年初开始实施,通过青年志愿者组织牵线搭桥,由一名青年志愿者或一支青年志愿者服务队为一个困难家庭提供经常性服务。②大中学生志愿者社区援助工作从1996年开始推进,大中学生利用周末和课余时间,就近就便深入社区,以志愿服务方式提供多内容的专业服务,目前,各地大学生志愿者正在通过到居委会挂职等方式积极开展教育、科技、文化"三进巷"活动。③社区青年志愿者服务站创建工作。

(2)青年志愿者扶贫接力计划。这项计划从1996年开始试点,1998年全面展开,共青团中央先后联合中央文明办、教育部、卫生部、科技部、人事部、国务院西部开发办等共同实施,采取公开招募、定期轮换、长期坚持的接力机制,组织动员青年志愿者为贫困地区提供每期半年至两年的基础教育、医疗卫生、农业科技推广等方面的服务。

(3)大中专学生志愿者暑期文化科技卫生"三下乡"活动。这项活动由中宣部、教育部、共青团中央联合实施,每年组织动员近百万名大中专学生志愿者深入农村基层和贫困地区,发挥自身的优势,开展了内容丰富、形式多样的扫盲和文化、科技、卫生服务,推广农村实用技术,倡导健康文明的生活方式,促进农村的经济社会发展。

(4)"保护母亲河"中国青年志愿者绿色行动营计划。这项工作以"劳动、交流、学习"为主题,通过建设绿色行动基地,集中组织青年开展植树造林、沙漠治理、水污染整治、清除白色垃圾等环保志愿服务活动。

(5)中学生成人预备期志愿服务。这是青年志愿者行动与18岁成人仪式教育活动有机结合的成功实践,它抓住16~18岁中学生向成年公民成长这个关键时期,把成千上万的中学生动员起来,在成人预备期号召青少年开展每年不少于48小时的志愿服务,寓教育于服务之中,取得了良好的效果。目前,成人预备期志愿服务已在全国普遍展开,成为新时期中学生实践教育的有效载体。

(6)在大型活动和急难险重任务中充分发挥青年志愿者的作用。数百万青年志愿者为第四届世界妇女大会、第三届远南残疾人运动会、昆明世界园艺博览会、上海《财富》论坛年会、第二十一届世界大学生运动会等国际、国内大型活动提供了优质高效的志愿服务。组织青年为大型活动提供志愿服务已逐步成为全国通行的做法。同时,青年志愿者积极参与抢险救灾工作。

(7)围绕党政工作大局和社会公益事业开展志愿服务。如青年志愿者"植绿护绿"活动,北京的"为老科学家、老教育家、老干部献爱心"活动,浙江的"天天志愿者行动",河南的为见义勇为英雄及其家属志愿服务，江苏江阴、福建漳州的青年志愿者"110联动"，青岛的"周日志愿行动"，铁道系统的"清除白色垃圾"行动，煤炭行业的"阳光工程"等，都是从战线、地方和行业实际出发，创造性地开展青年志愿者行动。

（资料来源：国务院新闻办公室网站，2013.12.02，有改写）

二、志愿服务的类型

伴随着中国特色社会主义历史进程，我国志愿服务事业快速发展，志愿服务组织不断涌现，对促进志愿服务活动广泛开展、推进精神文明建设、推动社会治理创新、维护社会和谐稳定发挥了重要作用。我国志愿服务事业的蓬勃发展，让大学生志愿服务呈现出多样化的发展趋势，以大学生为主体的高校志愿服务由以往主要围绕大型赛会志愿服务、支教帮困、助老助残等领域，逐渐拓展到扶贫济困、弱势群体、应急救援、环境保护、国际交流与合作等社会生活的方方面面。

（一）扶贫济困志愿服务

扶贫济困是指志愿者为改善贫困地区教育、医疗、科技、文化等事业以及城市贫困家庭，开展支教、支医、支农、文化、慰问等志愿服务，促进贫困地区基础教育和经济的可持续发展。随着大学生扶贫济困志愿服务的充分开展，使其逐步呈现出"制度化"发展趋势。例如，2003年，我国开始实施大学生志愿服务西部计划、中国青年志愿者扶贫接力计划研究生支教团，即招募一定数量的普通高等学校应届毕业生或在读研究生，按照基础教育、服务三农、医疗卫生、基层青年工作、基层社会管理、服务新疆、服务西藏等专项，到西部基层开展为期1～3年的志愿服务工作，并鼓励志愿者服务期满后扎根当地就业创业。我国高度重视西部计划和研究生支教团工作，习近平曾多次做出批示或给志愿者回信，肯定志愿者在西部地区辛勤耕耘、默默奉献，为当地经济社会发展、民族团结进步做出的贡献，勉励越来越多的青年人以志愿者为榜样，到基层和人民中去建功立业，让青春之花绽放在祖国最需要的地方，在实现中国梦的伟大实践中书写别样精彩的人生。

（二）助老助残志愿服务

助老助残志愿服务是指为残疾人、孤老寡人员提供如医疗保健、义务探访、生活照顾、情绪疏导、定期探访、心灵慰藉等志愿服务。我国已步入老龄化社会，助老扶老志愿者是老龄化社会进程中不可缺少的存在。例如，定期前往敬老院或社区，给老人传递情感关怀，为老人做些力所能及的事情；2015年5月成立的中国助残志愿者协会致力于推进志愿助残事业工作常态化、形式多样化和服务品牌化。残疾人作为一个特殊困难的群体，应给予格外关心和重点关注。当代大学生应主动开展助残志愿服务，协助残疾人学习基本生活技能，帮助减少社会公众与残疾人的交流障碍，让残疾人充分感受社会的温暖。

第五章 志愿服务

典型案例

武汉理工大学"山里·山外"——聋哑青少年儿童社会融入计划

"山里·山外"——聋哑青少年儿童社会融入计划,是武汉理工大学研究生支教团针对山区少数民族聋哑青少年儿童交流环境闭塞、语言沟通障碍的现状,以"社会支持网络理论"为支撑,通过交互课程、成长教育和素质拓展进行内部培养,整合正式支持和非正式支持打造交流平台,开展外界融合,内外双渠道促进聋哑青少年儿童融入社会。武汉理工大学自2007年以来,每年组建一批研究生赴贵州省黔南布依族苗族自治州龙里县、三都水族自治县等地开展扶贫接力工作。与武汉市第一聋校、苏州画信协会等结对,搭建"山里·山外"交流平台,促进聋哑青少年儿童平等参与社会生活,促进自身发展,实现社会价值。累计开展"搭建桥梁·沟通你我"国际聋人节等活动500余次,主题"画信"交流600余件,开设"阳光第二课堂"和"普特融合双语教学课堂"576课时,已帮扶12名耳聋的学生升入贵州省聋哑职业技术学校。依托"理工·滴滴GO"等爱心平台,累计帮扶800余人,募集爱心物资30万余元,发放爱心助学金8万余元;与社会企业合作,开展义卖、义演,募集公益资金3万余元,荣获贵州省首届志愿服务项目大赛金奖。

(资料来源:中国青年网,2018.12.05,有改动)

(三)弱势群体志愿服务

为农民工子女(尤其是农村留守儿童)、边缘青少年及其他需要帮助的青少年(如单亲家庭青少年、问题家庭青少年、孤儿等)提供安全保护、学习辅导、生活照顾、心理疏导等志愿服务,其中还包括贫困重症患者募捐救助、流浪人员物资关怀等。志愿服务与社会实践已是当代大学生的必修课,大学生志愿者可结合暑期"三下乡"社会实践活动、社区志愿服务,前往乡村、社区等地开展"一对一""一对多""多对一"等定向结对形式的青少年帮扶活动,在志愿服务过程中提升专业知识,培养自身的使命感与责任感。

(四)应急救援志愿服务

应急救援志愿服务是指志愿者在自然灾害、重大事故、公共卫生和社会安全事件发生后,针对受灾、受害群众开展救灾防灾、心理干预、医疗卫生、排危重建等志愿服务。近年来,青年志愿者在宣传普及抢险救灾知识、自然灾害的灾后重建、疫情防控等方面发挥了独特而又重要的作用。例如,在新冠肺炎疫情期间,许多普通人投入一线志愿服务,参与社区值守、排查患者、清洁消杀、买药送菜等疫情防控工作。据统计,截至2020年5月31日,中国参与疫情防控的注册志愿者达到881万人,志愿服务项目超过46万个,记录志愿服务时间超过2.9亿小时。其中,有无数大学生志愿者自觉投入抗击新冠肺炎疫情中,无私奉献,彰显了大学生的家园情怀和担当精神。

(五)环境保护志愿服务

环境保护志愿服务是指开展如生活垃圾分类、节能减排、护水护绿、防治污染、保护物种、环保宣传等志愿服务。现今全球环境的不断恶化已经开始影响人类的生存与健康,环境保护已成为世界各国高度关注的课题之一。近年来,一系列围绕整治污染、绿化美化等大学生环境保护志愿服务迅速开展。最典型的是1999年6月,由共青团中央、教育部等共同实施的保护母亲河行动,主要目的是让广大青年以志愿服务的方式投身植树造林、沙漠治理等为国家生态建设贡献力量。此外,为响应国家推行的"限塑令",部分高校志愿者协会积极开展丰富多彩的环保活动,如相继开展"使用环保购物袋,拯救家园"等主题环保活动。大学生环境保护志愿服务在社会上产生了广泛影响,有效提升了人们的环境保护意识,为社会生态建设贡献青春力量。

典型案例

海南师范大学"爱的龟途"海龟保护志愿服务项目

"爱的龟途"海龟保护志愿服务项目利用专业优势开展海龟救助和保护工作,拯救这一濒危动物,接收海南当地执法罚没、渔业误捕或自然受伤需要救助的海龟,通过科学治疗和精心护理,帮助受伤生病海龟恢复健康并放归大海。该项目举办多种形式海龟保护宣讲活动,科普海龟及海洋保护知识,提高公众对海龟和对海洋保护的重视。项目累计投入约35万元资金,800多名志愿者累计服务时长达10 400小时,培训核心志愿者36名,累计救助海龟69只,协助鉴定玳瑁452只,绿海龟112只,其余手镯、项链等海龟制品共392件。项目先后被中央电视台、参考消息、海南电视台、海南日报、南海网等多家媒体报道近30次。

(资料来源:中国文明网,2019年12月11日,有改动)

(六)大型赛会志愿服务

近几年来,数百万大学生志愿者积极参与2008年北京奥运会、2010年上海世博会、2010年广州亚运会、2011年世界大学生夏季运动会、2016年中国杭州G20峰会、2017年厦门金砖国家峰会、2019年第二届全国青年运动会、2020年乌镇世界互联网大会等大型赛会的志愿服务活动,他们以满腔热情坚守在自己的岗位,向中外来宾提供了高水平、高质量的服务,展示了中国大学生独有的精神风貌。如2016年中国杭州G20峰会期间,大学生志愿者以不同的形式投身"微笑亭"项目,用实际行动拥抱G20,用热情、微笑迎接中外来宾,圆满地完成了各项服务工作,赢得了各方面的高度赞赏。当代大学生应主动投身于社会活动志愿服务中,在志愿服务中发挥所长,在志愿服务中全面发展。

(七)社区志愿服务

社区志愿服务是指由官方或个人组织的,志愿者付出一定时间和精力,自愿、无偿向社区有需要的居民提供相关服务的行为。党的十九大报告提出,要加强社区治理体系建设,推动社会治理重心向基层下移,发挥社会组织作用,不断提升社会治理社会化、法治化、智能化、专业化水平。社区志愿服务作为社会治理的重要构成内容,在社会治理中的作用日益凸显,有助于推动社区志愿服务事业的健康发展,弥补政府社会公共福利事业的不足,进而实现社会治理现代化、维护社会公平正义。社区志愿服务通常可分为以下三种:

1. 民间自发组织的社区志愿服务组织

民间自发组织的社区志愿服务组织是由民间爱心人士自发组建的,面向社区困难居民进行针对性帮扶的社区志愿服务组织。这类组织的特征是运行资金不足、参与人员复杂,但内部分工明确,工作效率较高。在运行中善于灵活变通,满足困难居民的需求,但存在组织较为松散,人员流失较快的问题。这类组织获取信息渠道广,可以第一时间给予社区困难群众帮助,能及时、快速地提供服务。

2.行政主导推动的社区志愿服务组织

行政主导推动的社区志愿服务组织是指由政府或官方主导组建的,多为政府工作人员参与,有明确的规章制度和基础运行机制的社区志愿服务组织,如中国红十字会、中华慈善总会、中国青年志愿者协会等。这类组织有充足的人员和资金支持,活动规模较大,服务频次规律,且服务内容规范;但存在制度僵化、灵活性不够等方面的问题。这类组织可提供来自专业人士的帮助,对症下药,服务持续时间较长,不用担心人力、物力的耗费,可以从根源上解决居民困境。

3.物业独立组建的社区志愿服务组织

物业独立组建的社区志愿服务组织是由城市中的小区物业组织成立的,为物业服务范围内的居民提供服务的社区志愿服务组织。因为物业自身行业的特殊性,物业公司在服务与被服务关系上往往本末倒置,反客为主,把自己当作管理者,重管理、轻服务,所以这类组织有容易沟通、管理性强、服务范围窄、服务程度浅的特点。这类组织对自己区域内居民情况较为熟悉,能第一时间了解社区居民困难,及时在小区内招募人员或募集资金提供相应服务。

除上述三种社区志愿服务组织外,还有诸如知名人士或企业基金会建立的爱心志愿组织、学校组织的学生志愿组织等。

(八)海外志愿服务

海外志愿服务主要是指青年志愿者海外服务计划,派遣中国大学生前往其他国家开展基础教育、医疗卫生、农业科技等方面的服务。青年志愿者海外服务计划启动实施后,我国组织多名青年志愿者先后前往老挝、缅甸、泰国、埃塞俄比亚、文莱等国家,这在很大程度上促进了我国与这些国家之间的交往合作。大学生海外志愿服务是我国实施对外援助、进行国际合作的有效途径,进一步加强了我国与其他国家之间的交流与合作,也在一定程度上提高了我国在国际社会的影响力。

典型案例

华侨大学"华文星火"中华文化海外传播志愿服务

华侨大学1960年创办于著名侨乡福建省泉州市,是周恩来亲自批准设立、中国第一所以"华侨"命名的高等学府。该项目通过组织在华留学生回到自己国家开展志愿服务,给当地的学生(中小学为主)传播中华文化,讲述"中国故事",从在华留学生视角解读中华文化背后的魅力与自信,用"接地气"的方式促进"一带一路"沿线国家文化互通,从而助力民心相通。

自"一带一路"倡议提出以来,中泰两国"文化互通"不断深入,双方民众间的相互理解和认同也不断加深,"民心相通"更加深入人心。而泰国留学生作为中国第三大留学生群体,成为"文化互通""民心相通"的有力推动者。

由中国华侨大学华文学院23名学生组成的"华文星火中华文化海外传播实践团·泰

国支队",远赴泰国东北部边陲的四色菊府和廊开府,开展了为期近10天的社会实践活动。实践队员中包括16名华文教育专业的泰国留学生。他们利用在中国学习到的中文和中国文化,回到本国、回到家乡推广华文教育,讲述留学中国故事,传播中国文化,助力中泰两国"民心相通",服务"一带一路"建设。

实践期间,队员们先后来到四色菊府的西拉塔纳·维塔亚学校和廊开府的春蓬恩·蓬皮撒伊学校,受到了热烈欢迎,两校共800余名学生踊跃参加了华文教育活动,活动开展十分圆满。

为了让学员们可以体验到丰富的中国传统文化,队员们开设了汉语口语、中国历史文化、舞蹈、武术、书法、国画、传统手工等13门课程。

汉语口语课以日常汉语口语的学习为主,队员们针对学生们学习中文的实际情况,自编教材,选取日常实用的内容,精心设计教学环节,把枯燥的知识变为有趣的互动学习。学员们在一阵阵欢声笑语中快乐地学习,对学习中文产生了强烈的兴趣。

中国历史文化课为学员们介绍了中国传统节日文化及风俗。为了增强学习效果,队员们还将在中国留学时参观茶园、学习咏春拳等特色文化体验及各类见闻,专门用泰语录制成视频进行讲解,让学员们有了更加生动的体验。

学习唐诗,朗诵《静夜思》,平仄之下别有韵味;一曲惊鸿舞,回身举步,一颦一笑,感受中国古典舞蹈的魅力;笔墨丹青,一笔一画用毛笔写下方块字;画一幅中国画,体验笔墨渲染的艺术;一把剪刀,一张红纸,剪下百姿千态……学员们沉浸在中华文化的浓厚氛围中。多种传统中华艺术形式的展开,让未曾了解过或未曾亲身体验过中华文化的学员们感到十分新奇,学员们纷纷表示想更加深入地学习和了解博大精深的中华文化。

利用课后时间,在老师的陪同下实践队员对当地学生家庭进行走访,让有留学经验的留学生辅导他们学习汉语,鼓励他们通过自己的努力争取申请奖学金到中国留学。

学员王思欣说:"我很喜欢学汉语。这次活动,不仅让我学会了很多汉语词汇和表达方式,还了解了很多中国传统文化。这让我更加坚定了去中国留学和当一名中文老师的梦想。"

泰国队员王美珍说:"看到台下的学生我很激动,这让我想起两年前的自己。那个时候我也像他们一样坐在台下,学长学姐来我们学校举办活动,让我坚定了去中国留学的信心。而现在我已成为实践队的一员,很开心可以给更多的学生分享我的留学故事。我希望他们也可以成为我的学弟学妹。"

中国队员王可昕说:"从来没想过可以深入泰国当地的学校传播中华文化,而通过这次活动,作为华文学院的一名学生,让我内心中传播中华文化的使命感和责任感更加强烈。"

自2016年7月以来,华侨大学华文学院207名留学生和73名国内大学生共同组建了30支文化传播实践团队,利用寒暑假前往"一带一路"相关国家的21个地区40多所学校开展志愿服务活动,参与活动的中小学生共计8 000余人。仅2018年暑假,就有来自4个国家的44名留学生和13名中国学生,组建了9支小分队,奔赴泰国、老挝、印度尼西亚、菲律宾四个"一带一路"相关国家的中小学开展中华文化传播活动,吸引了将近3 000名当地学生参与。的确,就像实践团的名字一样,华文星火,薪火相传。

(资料来源:光明日报,2018.08.30,有改写)

三、志愿服务的基本途径

(一)注册志愿者

大学生是践行新时代志愿精神的主力军,当代中国的发展对大学生志愿服务工作有新的需求,同时也对新时代志愿服务工作提出了新期望和新要求。为了更好地践行志愿服务,志愿者需提供真实的身份信息、服务技能、服务时间、联系方式等个人基本信息,通过国务院民政部门指定的志愿服务信息系统自行注册,也可以通过志愿服务组织进行注册。新修订的《中国注册志愿者管理办法》中,对注册志愿者的基本条件、注册机构、注册程序等做出了相应规定。

1. 注册志愿者的基本条件

(1)年满十八周岁或十六至十八周岁以自己劳动收入为主要生活来源者;十四至十八周岁者,须经其法定代理人同意;未满十八周岁的在校学生申请注册的,按所在学校有关规定办理。

(2)具备参加志愿服务相应的基本能力和身体素质。

(3)遵守国家法律法规和注册机构的相关规定。

2. 志愿者注册机构

市(地、州、盟)、县(市、区、旗)、乡(镇、街道)以及大中专院校团组织及其授权的志愿者组织为志愿者注册机构。

3. 志愿者注册程序

(1)申请人直接到开展志愿者注册工作的团组织、志愿者组织提出申请或通过网络、通信等方式提出申请,填写"志愿者注册登记表"。

(2)注册机构对申请人进行审核。

(3)审核合格,注册机构向申请人颁发注册志愿者证章。注册机构可根据实际需要,为注册志愿者编制本地管理服务号码。

4. 志愿者的权利

(1)参加志愿服务活动。

(2)接受相关的志愿服务培训,获得志愿服务活动真实、必要的信息。

(3)获得从事志愿服务的必需条件和必要保障。

(4)优先获得志愿者组织和其他志愿者提供的服务。

(5)对志愿服务工作提出意见和建议。

(6)相关法律、法规、政策所赋予的权利。

(7)可申请取消注册志愿者身份。

5. 志愿者的义务

(1)遵守国家法律法规及团组织、志愿者组织的相关规定。

(2)每名注册志愿者根据个人意愿至少选择参加一个志愿服务项目或活动,每年参加志愿服务时间累计不少于20小时。

(3)履行志愿服务承诺,完成志愿服务任务,传播志愿服务理念。

（4）自觉维护团组织、志愿者组织和志愿者的形象。

（5）在志愿者职责范围内，自觉维护服务对象的合法权益。

（6）自觉抵制任何以志愿者身份从事的营利活动或其他违背社会公德的活动（行为）。

（7）依法应当承担的其他义务。

（二）参与志愿服务的方法

近年来，在党的号召下，各行各业的人民群众行动起来，以志愿服务的方式参与到社会实践中，建设祖国、服务他人、提升自我，极大推动了社会文明的进步。我们从中看到了志愿者的爱心奉献，也见识到了志愿服务的巨大力量。新时代中国特色志愿服务已经成为党动员亿万群众追求美好生活、实现奋斗目标的一种社会实践活动，成为党领导人民进行社会主义现代化建设的重要抓手。我们要站在中国特色社会主义的战略全局角度，进一步深化对中国特色志愿服务的规律性认识，深刻把握中国特色志愿服务的基本途径，推动我国志愿服务事业持续深入发展。

1. 融入日常生活

志愿服务的最大特点在于群众性，它源于群众，为了群众，主体也是群众。只有把志愿服务的力量资源下沉到城乡社区，送到群众身边，吸引群众参与，志愿服务事业才能获得根基和源泉。中国特色志愿服务是社会主义志愿服务，更是要践行全心全意为人民服务的理念追求，主动融入日常生活，走进社区、走进乡村、走进基层，紧紧围绕群众最现实、最迫切、最关心的问题开展服务。围绕教育科技、文化文艺、医疗健康、养老助残、扶贫济困等领域，培育优质高效的志愿服务项目，着眼于群众就近方便参与服务、享受服务，以城乡社区、公共文化设施、窗口单位为重点，广泛设立有人员、有项目、有管理的志愿服务站点，构建点多面广、功能完备的"15分钟服务圈"，让"有时间做志愿者、有需求找志愿者"成为现实。信息化时代，互联网成为人们沟通联络的主渠道、工作生活的新空间。开展志愿服务应该运用好网络的力量，积极搭建志愿服务信息平台，更好地实现供给、需求有效对接，让志愿服务触手可及、实时在线。

2. 融入社会主义精神文明建设

志愿服务是美好的道德行为和重要的道德实践，满足了人们向上、向善的精神追求，其本身是社会主义精神文明建设的重要内容和载体。新时代精神文明建设承担着培养时代新人、弘扬时代新风的职责使命，不管是开展思想道德建设，还是推进精神文明创建，都需要吸引人民群众广泛参与，让人民群众在参与过程中提升境界、陶冶情操，感悟认同社会主流价值。把志愿服务与精神文明建设紧密结合起来，围绕理论传播、道德实践、文化熏陶等方式，结合爱国卫生运动、厕所革命、垃圾分类、移风易俗等话题，有序开展丰富多彩的志愿服务活动。积极运用志愿服务的模式整合资源、调动力量、开展工作，引导人们在无私奉献、互帮互助中传承中华传统美德，弘扬社会公德、职业道德、家庭美德、个人品德，实现崇高的人生价值。

3. 融入基层社会治理

当前，我国基层社会治理任务繁重，工作力量较为薄弱。志愿服务为人民群众参与基层社会治理提供了重要渠道，是加强和创新基层社会治理的重要力量。我们可以充分发挥志愿者贴近基层、反映诉求、服务百姓、化解矛盾的优势，组织开展养老助残、纠纷调处、帮教帮扶、平安建设、心理疏导等各类社区志愿服务，满足人民群众多层次、差异化、个性化需求，画好共建共治共享的同心圆。同时，进一步完善社区工作者、网格员与志愿者的协作机制，采取政府购买服务等方式支持志愿服务组织参与基层社会治理,引导群众自我管理、自我教育、自我服务,促进社会和谐有序、充满活力。充分认识志愿服务在应对重大突发事件中的重要作用,充分认识发展应急志愿服务的重要性和紧迫性,适应国家现代化治理体系和治理能力的要求,加快建立健全我国应急志愿服务体系,大力发展应急志愿服务专业组织和团队,提升各类突发事件中志愿服务的快速反应能力和服务水平,为推进现代化社会治理打下良好基础、提供有力支撑。

4. 融入青年志愿者行动

青年志愿者行动是在党中央亲切关怀和社会各界的大力指导和支持下逐步发展起来的。青年志愿者行动是当代社会主义中国一项十分高尚的事业,体现了中华民族助人为乐和扶贫济困的传统美德,是大有希望的事业。努力进行好这项事业,有利于在全社会树立奉献、友爱、互助、进步的时代新风。青年志愿者行动符合时代发展的潮流,符合人民群众的需要,符合当代青年的特点,蕴藏着巨大的发展潜力,呈现出旺盛的生命力和广阔的发展前景,是发展社会主义市场经济中一项生机勃勃的事业。青年志愿者行动的作用如下:

(1)让需要帮助的社会成员从志愿服务中感受到社会的温暖,在全社会弘扬"奉献、友爱、互助、进步"的志愿精神,倡导时代新风正气,对社会主义道德建设有积极的推动作用,成为新时期群众性精神文明创建活动的有效途径。

(2)以扶贫济困为主题,以社会困难群体为主要扶助对象,通过志愿服务方式为困难群众提供实实在在的帮助,为我国多层次社会保障体系的建立做出积极的贡献。

(3)适应当代青年自主意识、参与意识日益增强的特点,组织和引导青年以志愿服务方式积极参加经济建设和社会发展,调动青年的内在积极性,成为共青团在社会主义市场经济条件下动员和组织青年的有效手段。

(4)为当代青年在实践中锻炼成长提供了广阔的舞台,开辟了现实的途径,体现实践育人宗旨,成为新时期青年工作的重要内容。

(5)与国际志愿服务接轨,受到国际友好人士的普遍好评,在国际上树立了当代中国青年的良好形象,成为加强与各国青年之间交流与合作的重要渠道。

志愿服务是汇集社会资源、激发社会活力、扩大社会参与、创新社会治理、维护社会稳定、促进社会和谐的重要力量,是培育时代青年增长自我才干、传递社会关爱、促进社会文明的有效途径,也是进行社会主义核心价值观引领的思政平台。对于新时代大学生来讲,志愿服务并非是可有可无、无足轻重的存在,而是帮助大学生在服务中培养出热爱祖国、敬业奉献、砥砺奋斗、互助互爱的精神,帮助他们在专业学识、思想境界和家国情怀等方面有所突破与蜕变,并在奉献中找到人生目标,实现人生价值。

拓展阅读

中国青年志愿者重点工作品牌

近年来,顺应时代需求,集中开展了共青团关爱农民工子女志愿服务行动、大学生志愿服务西部计划、中国青年志愿者海外服务计划、大型赛会志愿服务工作、应急救援志愿服务工作等一批重点品牌项目。

共青团关爱农民工子女志愿服务行动:2010年5月,团中央启动实施"共青团关爱农民工子女志愿服务行动",作为共青团履行基本职能、体现社会责任、促进社会和谐的重要工作内容,组织青年志愿者在全国城乡广泛开展学业辅导、亲情陪伴、感受城市、自护教育、爱心捐助等内容的志愿服务,为农民工子女提供切实有效帮助。启动实施以来,全团以组织化动员为重点,按照完善结对机制、招募项目专员、推行七彩课堂、建立七彩小屋的"四位一体"工作要求,不断充实服务内容和工作模式,工作覆盖面不断扩大,项目影响力初步呈现。

大学生志愿服务西部计划:西部计划是根据国务院常务会议精神,由共青团中央联合教育部、财政部、人力资源和社会保障部等部门落实党中央、国务院重大战略决策部署,服务人才强国战略、西部大开发战略和科教兴国战略的重要举措,每年按照公开招募、自愿报名、组织选拔、集中派遣的方式,招募一定数量的高校应届毕业生,到西部基层从事为期1～3年的志愿服务工作。自2003年启动以来,西部计划高扬理想主义旗帜,坚持"向实践学习,向人民群众学习",探索了以志愿服务的方式引导高校毕业生面向西部基层就业创业的新途径,唱响了到西部去、到基层去、到祖国和人民最需要的地方去建功立业的时代强音。截至目前,在中央和地方两级财政的大力支持下,全国项目和地方项目共选派了17万名应届高校毕业生和在读研究生到中西部22个省(区、市)及新疆生产建设兵团2 100多个县开展为期1～3年的志愿服务工作。2011年以来,将西部计划服务专项调整为基础教育、农业科技、医疗卫生、基层社会管理、基层青年工作、服务新疆、服务西藏等7个专项。2009年,西部计划列入中组部等五部委"统筹实施引导高校毕业生到农村基层服务项目"工作和政策范围。2011年,西部计划列入"国家重大人才工程高校毕业生基层培养计划子项目"。2013年是西部计划实施10周年,十年累计扎根西部基层总人数达16 066人,其中扎根少数民族地区7 200人,占44.8%;扎根县及县级以下单位达92.1%。

中国青年志愿者研究生支教团工作:1999年,共青团中央、教育部共同启动实施了中国青年志愿者研究生支教团工作,采取公开招募的方式,每年在全国部分重点高校中招募一定数量取得保送研究生资格、有奉献精神、身心健康、能够胜任支教扶贫工作的应届本科毕业生,以志愿服务的方式到国家中西部贫困地区中学开展为期一年的支教工作,同时开展力所能及的扶贫志愿服务。服务期满后,由下一批志愿者接替其工作,形成"志愿接力""高校服务地"的长效工作机制。2011年,研究生支教团纳入西部计划基础教育专项实施,相关经费列入西部计划年度预算。20多年来,研究生支教团项目先后从全国190余所高校公开招募了2万余名志愿者赴中西部20个省区市的600余所县乡中小学校开展支教志愿服务工作。

中国青年志愿者海外服务计划:2002年5月,共青团中央、中国青年志愿者协会实施中国青年志愿者海外服务计划,选派5名青年志愿者赴老挝服务,翻开了中国青年志愿者事业崭新的一页。2005年,共青团中央会同商务部将这项工作纳入国家对外援助工作实施范围,共同开展援外青年志愿者工作,并首次选派青年志愿者赴非洲服务。2007年,青年志愿者首次前往拉丁美洲服务。2006年至2009年,圆满完成了胡锦涛同志在中非合作论坛北京峰会上宣布的"三年内向非洲选派300名青年志愿者"的光荣任务。截至目前,已先后选派了590名中国青年志愿者分赴亚洲、非洲、拉丁美洲的22个发展中国家从事为期1年的汉语教学、医疗卫生、农业科技、体育教学、计算机培训、职业教育、工业技术、国际救援等方面的志愿服务。海外计划的实施,探索了民间外交和对外援助工作的新途径,有利于树立中国负责任大国的国际形象、促进中外友好与合作,有助于培养具有国际视野的优秀青年人才,是中国青年工作同国际接轨的一个切入点,已成为党和国家对外友好事业的重要组成。

大型赛会志愿服务工作:青年志愿者已逐渐成为各类大型活动筹办工作中一支不可或缺的力量。按照中央文明办关于志愿服务工作分工意见,共青团中央是大型赛会志愿服务工作的牵头实施单位。近年来,按照"举办地团组织为主、共青团中央协调支持、各地团组织参与"的大型活动志愿服务工作机制,各级团组织、青年志愿者组织承担了大型活动志愿服务的主体工作,先后组织170万名志愿者服务北京奥运会、200多万名志愿者服务上海世博会、60多万名志愿者服务广州亚运会、95万名志愿者服务国庆60周年、120万名志愿者服务深圳大运会、32万名志愿者服务西安世园会。在大型活动中,广大青年志愿者发挥了积极作用,也向世界展示了当代中国青年的时代风采。

应急救援志愿服务工作:近年来,青年志愿者在应急救援等方面做了大量工作,发挥了生力军作用。如在2003年抗击非典的斗争中,1 200余万人次的青年志愿者开展了为医护人员捐赠爱心包、科普宣传、热线咨询、助耕帮困等活动;"5·12"汶川特大地震发生之后,全国共有491.4万名志愿者在各地参与各种形式的抗震救灾和灾后重建志愿服务工作,其中35岁以下青年占志愿者总人数的77%。2008年,共青团中央、公安部联合启动了消防志愿者行动。青海玉树地震和甘肃舟曲泥石流发生后,共青团中央协调各级共青团组织共招募了5 900名志愿者深入青海玉树地震灾区开展抗震救灾工作,3 000多名志愿者参加甘肃舟曲特大泥石流救援工作;在新疆"7.5"打砸抢烧严重暴力犯罪事件发生后,当地团组织迅速组建了心理危机干预志愿服务队伍,开展宣传、慰问、陪护、募捐、心理危机干预等多种形式的志愿服务。

中国青年志愿者优秀个人奖、组织奖、项目奖:该奖项是全国清理规范评比达标表彰工作联席会议公布的党群等系统中央单位评比达标表彰活动保留项目,旨在选树青年志愿服务优秀典型,展示、推介全团青年志愿者工作重点品牌项目,推进青年志愿服务文化建设,推动青年志愿服务形成社会功能,促进青年志愿者行动深入、持久和创新开展,引领精神时尚,创新动员方式,激励青年参与,完善社会志愿服务体系,促进社会文明、和谐、进步。该奖项于1996年开始组织实施,截至2012年已评选过9届,2009年起每2年评选1次,设中国青年志愿者优秀个人奖、组织奖、项目奖三类奖项。在评选表彰活动中涌现出了一批优秀青年志愿者典型,如被评为2004年"感动中国"年度人物的徐本禹,在纪念中国共产主义青年团成立90周年大会上代表全体青年发言的郎坤,以及第八届中国青年志愿者优秀个人奖获得者、"西部计划"优秀志愿者、特岗教师孙丽倩等优秀典型。

(资料来源:中国青年志愿者网,有改写)

复习思考

一、理论知识掌握

1.大学生为什么要参与志愿服务活动?

2. 请用具体案例阐述志愿服务的领域。

3. 你认为大学生参与志愿服务的途径有哪些？

4. 我国志愿服务的发展经历了哪些阶段？

5. 志愿服务精神包含哪些内容？

6. 请举例说明志愿服务精神的特征。

二、能力素质训练

1. 以小组为单位，讨论志愿服务与大学生志愿服务之间的关系。

2. 你是一名大学生志愿者吗？你参与志愿服务活动遇到过的最难忘的事是什么？

第六章 社会实践

理论联系实际是党的优良传统和作风,教育与生产劳动和社会实践相结合是党的教育方针的重要内容,理论教育和实践教育相结合是大学生思想政治教育的根本原则。大学生参加社会实践,了解社会、认识国情、增长才干、奉献社会、锻炼毅力、培养品格,对于加深对马克思列宁主义、毛泽东思想、邓小平理论、"三个代表"重要思想、科学发展观、习近平新时代中国特色社会主义思想的理解,深化对党的路线方针政策的认识,实现中华民族伟大复兴的共同理想和信念,增强历史使命感和社会责任感,具有不可替代的重要作用。大学生参加社会实践是提高思想觉悟、增强大学生服务社会的意识、促进大学生健康成长的有效途径,有助于大学生更新观念、树立正确的世界观、人生观、价值观,对于培养中国特色社会主义事业的合格建设者和可靠接班人具有极其重要的意义。

第一节 社会实践概述

学习目标

理解实践的含义、特点和基本形式。
掌握大学生社会实践的含义、特点和意义。
掌握大学生社会实践的类别和原则。
理解大学生社会实践的形式和途径。

一、实践的含义、特点和基本形式

实践有着诸多的含义,经典的观点是主观见之于客观,包含客观对于主观的必然及主观对于客观的必然。人的主观与客观存在都是物质的,主、客观是认识论上的区别,是相对于实践的内外关系的定义。实践论是基础于唯物论及辩证法两者总体的认识。毛泽东的《实践论》强调实践的主客观矛盾发展对于认识及再实践的认识发展过程,认识上升到理论的指导作用。

(一)实践的含义

在马克思主义哲学中,实践是指人能动地改造客观世界的物质活动,是人所特有的对象性活动。对实践本质的这一理解和规定,包含了两层相互联系的含义。

第一层含义:是指实践是只为人所特有的对象性活动。首先肯定实践活动的对象性质,即以人为主体,以世界上任何事物为对象(客体)的现实活动。与动物消极地适应自然的活动不同,人的实践活动具有自主性。实践的自主性表现在,人通过实践不但能够认识客观规律,而且能够利用客观规律,使客观规律为人所用,从而使物按人的方式同人发生关系,达到物被人所掌握和占有的目的。同时,实践还具有创造性,它创造出按照自然规律本身无法产生或产生的概率几乎等于零的事物。人对客观世界的改造本质上就是创造。没有创造,就不会形成适合人类生存和发展的属人世界。实践的自主性和创造性一起,共同体现了人的主体性特征。实践是由人发动的同时又是为了人的活动,它使人与物的关系由物支配人变成人支配物,由此确立了人在自然界中的主体地位。在实践中,人按照对事物运动规律的认识去改造事物,把它塑造成适合人占有和利用的形式,充分显示了人的主体能动性。同时,人在实践中自觉地把自己和自然界区分开来,意识到自我的存在,具有主体意识。实践的发展,既是人的主体性不断发展和提升的过程,同时也是人的主体意识不断提高和弘扬的过程。

第二层含义:是指实践具有物质的、客观的、感性的性质和形式,这一含义把实践作为人以"感性"的方式把握客体的活动,用以区别人以精神的、观念的方式把握客体的活动,如认识、理论活动等。在这种区别中,实践具有直接现实性的特征。直接现实性指实践是人把自己作为物质力量并运用物质手段同物质对象发生实际的相互作用,这种感性的活动同感性的对象一样具有现实的实在性。纯粹的自然存在物不包含人的主观活动,因此它们不可能证实或证伪人的理论与认识。实践则不同,它既同人的主观活动相联系,又从人的主观精神的圈子里走出来,物化即外化为感性的客观实在。人通过实践活动的多次进行,不但能使自身的利益和需要得到满足,而且也检验着自己的主观目的、愿望、意图和计划等是否符合客观实际,检验着自己对事物的认识是否正确。只有实践才能证实或证伪某种理论(认识),而理论(认识)却不能通过自身而得到证实或证伪,这无疑表现出实践优于理论的地方。

核心概念:实践是人类自觉自我的一切行为。内在意识本体与生命本体的矛盾是推动人类自我解放的根本矛盾,其外在化为人类个体及组织、阶级通过生产关系联系的整体对于自然及个体间或者集体关系、阶级关系形成的解放活动。实践只有在自觉的意识下才是人性的、人格的。自觉是人类自我解放的一般规律,它是自我意识的必然;自发是无意识的自然活动,是人基于自然进化所具有的属性。人类基本的实践矛盾就在于内在的自我本质对于自我自然的发现及创新。而人类由于实践的科学化,在生产力进步的社会化中外在矛盾的实践再反作用于自我本体形成对于自我本体的实践主导。实践是马克思主义的核心概念,实践活动是以改造世界为目的、主体与客体之间通过一定的中介发生相互作用的过程。

(二)实践的特点

实践具有自身的规定和特点,是同思维和认识相互区别的主体行为。实践是不能脱离思维和认识而独立存在的。实践需要思维和认识做基础,没有思维和认识就没有实践。实践、思维和认识是统一的整体。实践的特点主要有:

1. 客观性

实践是客观的感性物质活动。实践的主体是客观的人,实践作用的对象是可感知的客观物质世界。实践的发展过程,虽然有人的意识参与,但却是意识指导下的现实的客观过程。实践的客观性表明它与纯粹的思维活动、精神活动是不同的。只有坚持实践的客观性,才能从根本上与唯心主义实践观划清界限。

2. 自觉能动性

自觉能动性又称主观能动性,是指认识世界和改造世界的有目的、有计划、积极主动的活动能力。实践是主体有意识、有目的的活动。人的实践活动不同于动物的活动,动物没有自己的主观世界,它们的活动是本能的活动,是无意识与无目的的活动。作为实践主体的人,是有自己的主观世界的。人的实践都是在一定意识、目的指导下的活动。只有坚持实践的能动性,才能从根本上与旧唯物主义实践观划清界限。

3. 社会历史性

人是社会的主体,个人的实践同社会有着密切的关系。实践是社会性的、历史性的活动。作为实践主体的人,是处于一定社会关系中的人,总是在一定的社会关系中进行实践活动。尽管实践可以表现为单个人的个体活动,但这种个体活动却总是与社会中的其他人的活动联系在一起的。只有坚持实践的社会历史性,才能既同唯心主义实践观划清界限,又同旧唯物主义实践观以及实用主义实践观区别开来。

实践的三个特点是密切联系在一起的。人们客观性的物质活动受人的自觉能动性的支配,还受到一定社会历史条件的制约;反过来,人的自觉能动性的发挥和实现,依赖于人们客观性的物质活动和一定的社会历史条件。

(三)实践的基本形式

实践是人的主观的、感性的活动,是主观见之于客观的能动的活动,它是社会的活动,它是历史的活动。科学证明,人类历史同自然历史都是客观的过程。同样,构成人类历史的实践以及实践自身的历史发展也是一个客观的过程。随着社会的发展,实践的内容和形式更加多样化。实践的基本形式主要有以下三种:

1. 生产实践

为满足人类生产而改造客观世界的能动性活动,是处理人与自然关系的活动,是最基本的实践活动。生产实践是决定其他一切实践活动产生和发展的前提,主要包括生产、消费、流通、财政、金融、信托、保险、服务等活动。

2. 社会实践

调整和改革人与人之间社会关系为目的的活动,是为了配合物质生产实践所进行的活动。社会实践主要包括政治、军事、教育、科学技术、文化、卫生、体育、司法、社会治安、社会管理、社会交往、劳动就业与社会保障、公共服务等活动。

3. 科学实验

科学实验是科学地探索宇宙间普遍规律的有目的的能动性实践活动。科学实验是人们为实现预定目的,在人工控制条件下,通过干预和控制科研对象而观察与探索科研对象有关规律和机制的一种研究方法。它是人类获得知识、检验知识的一种实践形式。科学实验是从物质生产实践中分化出来的尝试性、探索性的实践活动,随着社会实践的发展,科学实验的作用越来越大。

> 典型案例

拔尖培养计划 让"小科学家"走进大实验室

清华大学医学院的一项新研究登上了国际著名学术杂志《自然·通讯》。该研究进一步揭示了腺病毒相关受体识别多种血清型的腺相关病毒的不同机制,并提供了一个单一受体与具有不同规则的多种病毒血清型结合的例子。

发表论文令人高兴,但作为该工作的负责人,令清华大学医学院研究员娄智勇更欣慰的是,除了课题组成员外,这篇文章还有位特殊作者,首都师范大学附属中学高一学生袁正家。将一名高中生与清华大学一流实验室联系在一起的,是北京青少年科技后备人才拔尖培养计划(简称"拔尖培养")。

"拔尖培养"始于2016年,而北京青少年科技后备人才早期培养计划的探索则要比这早20年。

那一年,中国科学技术协会(简称"中国科协")青少年工作部访美,观摩美国西屋科学人才选拔赛。这是一项旨在从全美高中生中发现最有想象力的科学后备人才的培养活动。美国的一些研究机构和大学每年对外公布自己的实验室条件、可以接纳多少学生等信息,学生们提出课题项目申请。实验室评估学生项目的标准是,课题是不是学生自己提出来的,学生能不能独立完成。考察回国后,中国科协决定借鉴这一模式,在北京开展试点,具体工作由北京市科协青少年工作部与中国生理学会协助组织。

当年11月,在中国医学科学院基础医学研究所研究员邓希贤、时任北京大学生命科学学院院长周曾铨等众多知名科学家的支持下,北京市科协启动实施北京青少年科技后备人才早期培养计划。北京大学、原北京医科大学和协和医科大学成为首期开放实验室的院校。来自人大附中、北大附中、北京二中等5所中学的首批11名学生,在7位大学导师的亲自指导下,完成了8个小课题的研究性学习。在培养期间,学生们依照兴趣自由选择一个小课题作为载体,在以导师为首的科研团组指导下,利用周末和寒暑假时间,掌握初步的科学实验方法,提高自身的科学素养以及创新思维和科学实践的能力。

北京市青少年科技人才培养的主要项目包括北京青少年科技后备人才早期培养计划、英才计划(北京)、北京青少年科技后备人才拔尖培养计划。截至2019年10月,三个计划共有中学基地校50所,累计培养学生3 000多名,每年组织开展启动会、院士报告会、竞赛观摩、研讨会等各类中期活动60余场,野外科考4场,资助全市40余项青少年科学探索项目,全年有超过20 000名中学生直接参加各项活动。

(资料来源:人民网,2019.10.10)

二、大学生社会实践的含义、特点和意义

社会实践的概念具有广义和狭义之分。广义的社会实践是指人类认识世界、改造世界的各种活动的总和,即全人类或大多数人从事各种活动,包括认识世界、利用世界、享受世界和改造世界等。狭义的社会实践即假期实习或是在校外实习,对于在校大学生具有加深

对本专业的了解、确认适合的职业、为向职场过渡做准备、增强就业竞争优势等多方面意义。

(一)大学生社会实践的含义

大学生社会实践是指大学生在学校的统一组织下,按照社会实践的相关要求和学校的培养目标,有目的、有组织、有计划地深入基层、深入群众、深入实际、开展社会调查、了解国情、了解社会、接受教育、增长才干、奉献社会、提高思想觉悟、培养品格、增强社会责任感的一系列物质和精神活动的总称。它规模大、时间长、时间集中、内容丰富、形式多样,是学校理论课堂教学的有效延伸和补充。

大学生社会实践活动有广义和狭义之分。广义的大学生社会实践活动是相对于理论学习以外的各种实践环节,既包括与生产劳动相结合的实践活动,又包括与课堂教学相结合的实践活动。狭义的大学生社会实践活动是指教学计划以外的,与课堂教学相结合的各种实践活动,例如社会调查、社会服务等。本书主要研究狭义的大学生社会实践活动。

大学生社会实践的含义主要表现在两个方面:

一是大学生社会实践是一种教育活动。人类实践活动的形式是多种多样的,教育活动只是其中的一种形式,大学生社会实践作为高等教育的一个重要组成部分,立足于实现高等教育的人才培养目标,力求做到学校教育和社会教育相结合、理论与实践相结合,使大学生在实践中受到教育,从而促进大学生身心的全面发展。

二是大学生社会实践是一项实践活动。大学生社会实践是以学生为主体、以学校为载体、以社会为舞台的一项实践活动,是在社会主义市场经济建设与高等教育事业相协调发展的客观要求的基础上发展起来的,需要社会各界的高度重视和共同参与,才能保证大学生社会实践活动的顺利进行。

(二)大学生社会实践的特点

1. 实践认知性

随着社会经济的发展及社会活动新形势的出现,社会实践也有了新的发展。大学生不仅可以通过参观、访问来感受社会实践,通过亲身体验来受教育,在实践中认识世界,更重要的是可以通过技术、管理的实际应用,投身"产学研工程"等真正参与实践,通过直接参与来做贡献,在实践中改造世界,在改造世界中更深入地认识世界。大学生通过进行深入的社会实践,树立劳动意识、群众意识、为人民服务的意识、重视知识价值意识和艰苦奋斗意识,增强学习科学文化知识的自觉性、主动性。

2. 形式多样性

高校在大学生社会实践开展中具有多元化的形式,一是通过社会调研,深入人才市场、企业,了解社会对人才的需求,能够有效激发学生的兴趣,通过与企业家、优秀毕业生等榜样建立联系,有效地激励学生成长成才。二是通过模拟实践,有计划性地进行全程模拟,包括前期设计、调研市场、宣传产品、展销产品、后期调研等环节,加深学生对专业知识应用能力、语言表达能力及组织协调能力等,从而更全面地帮助学生。三是通过志愿服务,以大学生社团为依托,组织、鼓励学生深入基层、深入社区,积极帮助学生了解社会现状,并为学生提供了良好的动手能力的锻炼平台。

3. 学习教育性

大学生社会实践的教育功能是指通过社会实践活动对大学生的思想政治素质和道德

素质的形成所起的作用。具体来说,就是在社会实践过程中,高校教育者应用一定的思想政治观点和道德规范,对大学生进行有组织、有目的、有计划的教育和影响,使他们通过积极参与社会实践活动,提高思想政治素质和道德素质。社会实践的教育功能是大学生社会实践的一根主线,始终贯穿于社会实践活动的全过程之中,发挥着导向、激励、凝聚等作用。

4. 主体发展性

马克思主义认为,人的主体性是人作为主体在与客体相互作用中所展现出来的特殊的质的规定性,也就是人在实践过程中表现出来的能力、作用、地位,即人的自主性、主动性和能动性。大学生在社会实践中展现出来的主体性是指他通过社会实践活动展示自己的思想、行为,培养创新能力,满足自身成才和充分发展等方面的需要。在社会实践中,大学生将运用所学的专业理论知识指导自己的实践,在解决现实生活中遇到的思想行为问题的过程中提高思想政治素质和道德素质,这就充分发挥了大学生作为客体的主动性。

5. 社会参与性

人的社会化过程有赖于个体与社会的相互作用,有赖于个人生理上的禀赋与社会环境的充分接触,有赖于个体主动参与的社会实践活动。对大学生而言,社会实践有利于推进大学生的社会化进程。大学生拥有良好的专业技术优势,但由于学校单纯的学术环境的限制,他们对社会的了解不够全面。社会实践活动能使他们清醒地看到自己的不足,从而重新调整自己、完善自己,实现理想与实际、理论与实践、自身与社会的统一,尽快成为一个具有独立个性的人。

6. 时代主题性

大学生社会实践的内容与时俱进,与社会发展相适应,紧扣时代主题和社会发展,关注社会发展中的热点和难点问题。如,在建党 100 周年之际,大学生社会实践围绕党史学习和党在发展中所取得的成就,开展理论及成就宣讲团;围绕助力乡村振兴,开展乡村志愿服务,深入乡村开展调研实践活动等;围绕节能减排,开展环境保护、污染源调查、公民环境意识调查等活动;结合专业知识,开展学生科技支农服务活动,这些都体现了社会实践与社会发展和时代主题相结合。

(三)大学生社会实践的意义

1. 大学生社会实践是提升思想政治教育的重要途径

良好的思想道德素质是在不断的实践中锻炼形成的。同时思想道德规范也是在社会上具体化和个性化的重要体现。参加社会实践活动,是大学生感知社会、认识社会、参与社会,能够近距离地体验社会的最好方式。社会实践活动也为大学生走出校门搭建了更加良好的桥梁。大学生能够在社会实践中了解到中国变化、中国力量,目前我国一些发达城市与欠发达城市之间的差距,使他们更加认识社会、了解社会,并通过正确的理论思想来武装自己的头脑,使自己明白什么是自立、自强和艰苦奋斗,体会劳动带来的愉悦,从而形成正确的思想道德观。

2. 大学生社会实践是大学生成长成才的有效载体

通过社会实践活动促进学生了解社会、认识国情、增长才干、锻炼毅力。大学生可以在实践活动中亲身体会国家在各个领域取得的成就,感受价值体系的各种冲击,以积极的心态看待社会的变革和变化,开拓自己的视野。大学生结合专业知识、结合就业创业,在社会中培养吃苦耐劳精神,养成团队合作意识、增强自身的学习意识、服务意识和实践意识,认识差距,弥补不足,促进大学生成长成才。

3. 大学生社会实践是促进大学生社会化的重要形式

调查研究发现,我国各高校所开展的社会实践活动,目前还是以学校安排的日常教学和学生自主进行实践相结合,大学生在实践中自我组织、自我管理、自我实施。在社会实践中,大学生各方面的能力都得以提升和改变,如在团队的合作中,原本独来独往的同学学会了团结协作完成共同的项目;在遇到新问题、新困难的时候,学生能够意识到从他人那里获取帮助,并组织协调完成,形成了一种自我完善、自我调整、合作进步的精神。这些能力进而实现了由理论到实践的转型期,缩短了适应社会的周期,为大学生就业等进一步发展提供了有利的支持。

典型案例

九成受访大学生认为暑期社会实践对成长有帮助

——用一个暑假做好这一件事

"姐姐,世界上有平行宇宙吗?那里也会有一个我吗?""我做了一个梦,梦见我在另一个星球上面。"望着从"大城市"来的哥哥姐姐,这个来自浙江慈溪镇东小学的小朋友难得地打开了话匣子。只见他一溜烟儿地跑进房间里,小小的身影在柜子前"鼓捣"了许久,拿出了他的"宇宙系列"绘本,有些腼腆地向大家展示着自己的珍藏,"姐姐,在这里都没人听我说这些"。

回想起小朋友时而期待时而失落的眼神,胡颖仍有些触动。这是她第二次来到慈溪镇,2018年的夏天,她曾跟随团队为当地近120名不同学段的孩子进行了为期一周的"暖灯行动"短期支教和贫困儿童心理调研。如今,两年过去,再次来到这里的胡颖已经从曾经"经常手忙脚乱"的"菜鸟"成长为可以独当一面的带队队长。在团队指导老师与当地学校的校长和老师的带领下,他们对当地的学生展开了家访。

为了把家乡走向小康的故事"讲出来",就读于河北大学新闻与传播专业的研究生闫春旭也决定回乡进行社会实践。他主动联络丰县融媒体中心进行实习,在1个月内他走访了当地的13个村庄,与6位村书记、4位非遗传承人、2位种植大户交流,写出了4万字的田野调查笔记、2.5万字的新闻报道。家乡的脱贫之路,通过他的镜头和笔呈现出来。

近日,中青校媒就"大学生暑期社会实践"课题面向全国高校1 724名学生展开问卷调查。调查结果显示,74.58%被调查者曾在这个暑期参与过社会实践活动,包括线上(27.65%)及线下(46.93%)两种形式。

想把握每一个"走出去"的机会

"因为我生长在农村,对农村特别熟悉,从读大学后一直在外面上学,每次回家都看到自己的家乡发生天翻地覆的变化。所以想尽一份自己的力量,把家乡走向小康的故事讲述出来。"当谈及回乡社会实践的理由时,闫春旭这样说道。

无论是下乡调研、远赴山城支教还是寻找实习工作，暑期社会实践逐渐成为诸多大学生积累阅历、提升自我的不二选择。调查结果显示，96.66%被调查者认为暑期社会实践活动对自身成长有一定程度的帮助。在他们对于社会实践的期望中，职场体验类、支教类的项目成为热门选择，另有部分被调查者期待在未来继续下基层调研。

就读于西南政法大学的大二学生郭雅楠已经连续两年参与暑假社会实践，在经历了去年暑假"垃圾分类"主题的"三下乡"活动之后，今年暑假，郭雅楠选择到家乡的一家律师事务所实习，跟着指导律师写文书、改合同、参与庭审……短短2个月，郭雅楠把很多法律实务都体验了一遍。

同样对实习生活满怀期许的黄未未，在暑假到来之前，就已经为实习做了大量准备，最终，来自福建的她决定"向北闯"。面对激烈的竞争，黄未未在前期经历过很多次失败的面试。黄未未"痛定思痛"，开始有针对性地对面试中遇到的各种问题进行盘复和分析。最终，黄未未成功拿到了小米公司的录用信，开启了为期3个月的"大厂北漂"。

来自北京某高校的马楚雨选择参与志愿活动来填补暑期的"空白"。随着国内疫情防控进入常态化，家乡河北唐山市玉田县疾控中心开展2020年居民健康素养水平的动态监测，计划招募20余名返乡大学生担任调查员，抽取玉田县几个乡镇的1 200户居民样本，入户展开问卷调查。面对烦琐的工作，马楚雨没打"退堂鼓"，"我觉得这是一个很有意义的事情，我作为一个辅修新闻专业的学生，也想借此机会获取更多信息，离现实更近一点。"实践期间，马楚雨跟随团队实地走访了3个农村监测点、6个自然村，炎炎烈日下，在村民的家中、农田里、村口里找寻抽样对象，记录健康数据，既认真工作，助力提高当地居民健康素养，也锻炼了自身各方面的能力。

作为一名汉语言文学专业的大学生，再加上一直以来对教育行业的热忱，来自山西的大一学生杨琨皓几乎是毫不犹豫地选择前往山区支教。他报名参加了山西省"山水同行"大学生暑期支教项目。经过报名、初审和前期培训等环节，杨琨皓正式成为支教团队的一员，前往山西省长子县王峪学区进行为期半个月的志愿支教，为小学一年级到六年级的学生进行教学辅导。"如鲁迅先生所言，作为青年，应有一分热，发一分光"。

越苦，越要迎难而上

每次出门走访农村，闫春旭都会准备一箱水带在身边。"天气太热了，尤其是走到苹果园、玉米地，像是蒸桑拿一样，我每天都要喝5到6瓶水。"每每进果园与果农沟通时，扛着相机的闫春旭总想停下喘口气，"回办公室休息"的想法在心里反复萌生又熄灭。在太阳的暴晒下，闫春旭的汗水顺着额头滴到眼睛里，眼眶四周顿时刺痛，这让他想起了自己当初在家干农活的日子，"农民伯伯都在田地里操劳，我们大学生这点困难都克服不了吗？"想罢，闫春旭便几口灌下一瓶矿泉水，扛着相机继续工作了。

黄未未与郭雅楠也在实习的过程中碰了"钉子"。刚上手工作时，数据的处理就令黄未未感到十分苦恼，文科类专业的她目前并未系统学习过相关课程，对于数据软件的处理也并不熟悉，她明显感受到了自己对于数据敏感程度的欠缺。意识到这一点之后，黄未未每天一到公司就会先处理前一天的销售数据，用Excel软件的各种函数来处理一遍，提升自己对软件的熟练度和对数据的敏感性。

　　10位来自全国各地、彼此尚未熟悉的大学生,是杨琨皓支教团队一行人的"配置"。"校长有事没在,所以我们就成了这所小学的临时大家长。"购买食材、做饭洗碗、打扫卫生、安排课表……从生活起居到日常备课,都由10位大学生轮流主理。"之前我对此不以为然,但是亲身经历了这样的生活之后,会觉得很难,不过也很有意义。我真正感受到自己能够独立承担起一份责任。"教学过程中,团队曾遇到过很多次诸如"哄小孩""接待家长"这类"棘手"的问题,但在未来有志走向教育岗位的杨琨皓看来,这也恰恰锻炼了自己与学生和家长的沟通能力。

　　"社会实践就是一个排除万难的过程。"面对胡颖团队的到访,大部分孩子都只是怯生生地躲在房间,或是刻意避开。家长们带着浓重口音的方言、团队略显稚嫩的交流方式,都为双方的沟通设置了不少障碍。为了拉近与孩子之间的距离,胡颖团队特意准备了一些文具和体育用品作为礼物。"在沟通上面,慢慢说,听不懂的地方就写在纸上,总能明白的。"回想起这段经历,胡颖并未觉得辛苦,她不断地总结,"到后来,绝大部分孩子都能够跟我们坐下来聊二三十分钟,告诉我们他们的喜好、经历和想法。家长们也会握着我们的手对我们表示感谢,还有家长给我们买了烧饼。"胡颖笑着说,"当孩子们愿意主动与我们分享时,我们会觉得这一切都是值得的。"

乡村与我们都在变好

　　中青校媒调查结果显示,暑期社会实践对于大学生的帮助包括在实践过程中增长才干、锻炼能力,有利于大学生正确认识自己、对自身成长产生紧迫感,有助于深入社会、了解国情,在实践过程中培养职业素养,有利于大学生对理论知识的转化和拓展。

　　为期10周的实习期还未结束,但郭雅楠表示她已经成长了很多,对自己的专业和职场都有了新的认识和更深入的思索,"社会实践和在学校学习是完全不一样的,我们还是有必要尽早锻炼自己,形成从学校到社会的良好过渡。"通过实习,郭雅楠对自己的未来也有了更明确的规划,打算朝着公检法的方向努力。

　　此外,除了锻炼自己的专业能力,通过实习,郭雅楠还体会到了与人沟通交流以及个人时间管理等方面的重要性。"工作中,怎么表达是一个很重要的问题。其次还要记得,凡事往前赶,新的工作任务或者难题随时会出现,我需要加强时间管理能力。"郭雅楠说。同样深感受益的黄未未也认为,此次暑期的实习经历让她对自己有了更明确的定位和规划,在她看来,"开阔眼界,清晰思维,勇敢实践"足以让一个新手"小白"获得快速的成长。

　　"家乡与我都在努力变好。"出乎马楚雨和其他大学生调查员意料的是,许多当地老年人对于健康知识特别是疫情有着深刻的了解。这既得益于当地疾控中心宣传员挨家挨户的宣讲,也有村里面大喇叭广泛广播相关知识的功劳。

　　"原以为农村是非常破败的,但是每到一个村庄,给我最大的感触就是家乡变化太大了。作为一名在外读书的大学生,真心为家乡的变化感到高兴。"闫春旭时常想起他走访徐州丰县欢口镇李庄村藕虾地的那个下午,热情的村书记李劲松拿着一人高的莲藕笑开了怀。"丰收了,工人的工资就有着落了。"一路上,他不停地向闫春旭说起当年种藕的经历。"2016年的时候,李劲松曾带领村民种藕、养虾,但都没有赚到钱。"闫春旭清楚地记得,李劲松向他介绍时,衬衫已经被汗水浸透。"但他没放弃,而是用好的方法带领村民们获得了成功。村民都跟他种养藕虾,如今发展到全镇5 000亩,通过藕虾连作模式,实现'一水双收''渔农双赢'"。

"纸上得来终觉浅,觉知此事要躬行。"经历过支教活动以后,杨琨皓感受到乡村和城市教育水平仍然存在很大差异。看到了"另一种环境"中的坚守,让他更加坚定了自己对教育事业的热爱。"因为自己以后也要去教书,所以这次支教也相当于一次实习,为自己以后的工作积累经验,我希望自己日后能继续帮助贫困地区的孩子,为他们打开视野,看到世界;同时也要为我们国家的乡村教育尽一份力。"

(资料来源:人民网,2020.08.31,有改写)

三、大学生社会实践的类别

按内容划分,大学生社会实践可分为教育型、公益服务型、文化科技型、社会调查型、职业规划型、就业创业型、劳动锻炼型、勤工助学型等。按组织形式划分,大学生社会实践可分为暑期科技、文化、卫生"三下乡"社会实践活动,科教、文体、法律、卫生"四进社区"社会实践活动、青年志愿者活动、参观红色基地、寻访红色足迹、创业就业活动等。当前,大学生社会实践主要有以下三种类型:

(一)学术实践

学术实践是指在专业知识的指导下,有计划地组织大学生参与社会活动或是大学生自发在社会中运用专业知识了解、认识并服务于社会的一切操作性的活动与行动,旨在培养和锻炼大学生的综合能力,提高其综合素质,增强其社会责任感。

(二)社团活动

学生社团是指学生在自愿基础上形成的各种团体性文化、艺术、学术团体,不分年级、系科甚至学校的界限,由兴趣爱好相近的同学组成。社团活动是在保证学生完成学习任务和不影响学校正常教学秩序的前提下开展的各种活动。目的是活跃学校学习氛围,提高学生自治能力,丰富课余生活;交流思想,切磋技艺,互相启迪,增进友谊。如茶艺社、花艺社、篮球社等。

(三)志愿服务

志愿服务是任何人志愿贡献个人的时间及精力,在不为任何物质报酬的情况下,为改善社会面貌、促进社会进步而提供的服务。志愿服务一般是指志愿者组织、志愿者服务社会公众生产生活和促进社会发展进步的行为。或者说,志愿服务泛指利用自己的时间、技能、资源、善心为邻居、社区、社会提供非盈利、无偿、非职业化援助的行为。志愿服务的范围主要包括:扶贫助残、社区建设、环境保护、大型赛会、应急救助、海外服务等。志愿服务具有社会动员、社会保障、社会整合、社会教化、促进社会和谐和促进社会进步等功能。

典型案例

大学生"志愿达人"栗智玮：把志愿服务当作日常

2020年，全国学联二十七大代表、辽宁科技大学计算机与软件工程学院2019级1班团支书栗智玮被冠以"抗疫先锋""志愿达人"等称号。

新冠肺炎疫情暴发后，21岁的栗智玮加入了5支志愿服务团队。不管是物资保障、社区防疫还是公共场所消杀，处处都有他的身影，他每天工作10小时以上，无一日间断。

就在接受记者采访前，栗智玮刚刚结束一上午的消杀工作，流着汗的他气喘吁吁地说："大夏天穿着防护服，是真难受。"即便如此，稍作休息后，他又赶去参加下一场志愿服务——到市区的十字路口进行交通文明劝导。

人们惊讶于这个21岁的年轻人似乎长着"三头六臂"，浑身有使不完的劲儿。但不为大多数人所知的是，这仅是他近4年志愿服务生涯的一个缩影。

谈及为何对志愿服务醉心到无法自拔，这个腼腆、实在的东北小伙子很淡定：也许是高中时当班长的经历——"同学们有什么事都来找我，我作为班长也该为大家服务。一来二去的，我觉得帮助别人是件很快乐的事"；也许是因为父母的期望——"他们常对我说，长大了要为国家做贡献"；也许是因为责任心——"现在年轻人为社会做贡献的责任心越来越强了"。

栗智玮的第一次志愿服务是献血，这是他送给自己的一份成人礼。在血站，护士问他："现在血库急缺血小板，你可不可以献血小板？"

与献全血不同，献血小板时采集时间更长，每次需要1个多小时。在与护士的交谈中，栗智玮对血液知识和国内献血情况有了大致了解，这更让他觉得应该坚持下去。至今他已经坚持了3年多。在最开始的时候，因为父母反对，他只能偷偷去。

更让他父母难以接受的是，栗智玮还背着他们签署了器官捐献协议书，这也是他一直以来的一个心愿。

相比于同龄人，栗智玮的日常生活略显"无趣"，他的娱乐活动更多是在做志愿服务。对他而言，志愿服务就如同吃饭睡觉一样，必不可少。"上学时挑没课的时候去，现在放假了就天天去。"

在疫情发生前，栗智玮是6支志愿服务团队的骨干，每个团队并不一定每天都有活动，但6支团队的活动加起来，对栗智玮来说，就是每天都有事情干。

这样不累吗？"累！"但栗智玮的快乐也很简单，"每天都有人认可我，我会觉得值得。"

质疑的声音也常在栗智玮耳边响起，有人觉得他傻，有人认为他在作秀。但他一般都只用沉默代替回答，他更看重行动。"这其实是大家对志愿服务普遍的误解，做志愿服务不能急于求成，讲奉献精神靠说教、靠强制规定、靠利益都会'变味'。"栗智玮说，"要靠一群真正的志愿者用行动把奉献的理念传递出去，吸引人们来关注、了解。人们理解了，再来参与其中，就会有别样的感受。"

> 粟智玮长期以来都有一个远大的理想：希望有一天，每个人都能真心实意地为他人付出。让他高兴的是，在他的带动下，他身边的亲朋好友有近200人先后加入志愿服务事业中。
>
> 在采访结束后，粟智玮扒拉几口饭，又出发了，继续为自己的理想奋斗着。他说，他始终坚信，理想中的那一天，一定会到来。
>
> （资料来源：人民网，2020.08.10，有改写）

四、大学生社会实践的原则

大学生参加社会实践，既是提高人才培养质量、促进大学生健康成长的需要，也是提高大学生实践能力、社会适应能力、创业能力、创新能力的重要途径。大学生通过参加社会实践，有利于了解社会、认识国情、开阔视野、增长才干，同时养成理论联系实际的良好学风；有利于锻炼意志，陶冶情操，树立正确的世界观、人生观和价值观。为了更好地使大学生社会实践有效且顺利地进行，就必须要了解大学生社会实践过程中应该遵循的基本原则。

（一）思政教育相结合的原则

为更好地"立德树人"，将"三全育人"落到实处，在开展大学生社会实践过程中，应当根据不同时期、不同年级、不同专业学生的思想特点和思想政治教育的要求，有针对性地确定社会实践的思想教育主题和内容、形式，使学生能够通过参加社会实践更好地在思想政治方面受到教育。

（二）专业理论相结合的原则

开展大学生社会实践活动要根据不同专业、不同年级学生的专业特点和专业水平，尽可能地把社会实践同专业实习结合起来，安排社会实践的内容。如低年级学生可以考察、咨询服务为主，高年级学生、研究生则可围绕解决实际问题、办实事来安排活动。要发挥专业课教师在社会实践中的指导作用，指导学生更好地深入基层、融入社会发展。

（三）双向受益共赢发展的原则

双向受益是指社会实践不仅要使学校和学生受益，还要尽可能使活动接收单位受益。因此，在安排社会实践时，除了着重考虑对学生思想教育和专业教育的要求外，还应考虑地方和活动接收单位建设的需要和需求，把社会实践同地方和活动接收单位建设的实际结合起来。如在活动中以"洽谈会""选题见面会"的形式，即学校提出服务项目，地方提出急需项目，双方进行洽谈，根据双方商定的项目选派学生开展社会实践，达到双向受益、共赢发展。

（四）活动资源就近就便的原则

由于经费、交通、活动接收单位承接能力等方面的限制，社会实践一定程度上应坚持就近就便安排。主要形式有：一是多数学生应回到家乡就近开展社会实践，二是集中组织功能性强的社会实践队伍，选择的活动地点、活动内容应与活动目的相一致；三是学生在社会实践中，吃、住、行等应从简安排，不应增加接待单位的负担，削弱社会实践的效果，应当防止和杜绝以社会实践为名行观光旅游之实的风气。

（五）精心组织统筹安排的原则

要重点把握好三个环节：一是事先进行动员、联系，确定社会实践的内容和形式、参加人员、接待单位、经费来源等；二是活动开展过程中，带队教师、干部和学生骨干及地方或接收单位干部应进行精心的指导，帮助学生解决在活动过程中遇到的思想问题和实际问题，对可能出现的消极因素进行引导；三是活动后，对活动成果进行总结、消化，对好的经验进行推广。

典型案例

上好大学社会实践"必修课"

寒假将至，各地高校纷纷着手开启社会实践活动。社会实践是高校促进课堂教学与社会实际相结合、全方位培养高素质人才的重要方式，但在一些地方，务虚不务实，形式大于内容等现象也时有发生。本期大家谈，我们选刊3篇来稿，聚焦如何加强实践教育、培养实践能力。

——编者

让社会实践"实"起来

李焦明

对大学生来说，通过社会实践，可以获得知识的增长、责任意识的养成、职业能力的提升，等等。然而，在现实中，社会实践的效果还有待进一步增强，我们尤须警惕"脱实向虚"的倾向。比如，实践内容不实，一些实习岗位与专业不对口，存在"放养""注水"等现象；实践导向不实，一些学校不重视实践课程，配套设施和管理服务跟不上，等等。

社会实践被视为"第二课堂"，是全面提高大学生素质的切入点和突破口。增加社会实践"含金量"，一方面要明确实践教学质量标准，科学、合理安排实践教学内容，加强实践教学基地建设，积极改善实践教学条件；另一方面，要优化绩效考核指标体系，向实践教学工作扎实、实践教学改革与研究成效显著、实践教学成绩突出的教师倾斜。树立实干导向，就要创造实干环境，让实践课真正"实"起来，切实增强学生本领。

缩短供需之间的距离

于保月

当下，单位对人才实践能力的要求越来越高，但校园里一些实践方面的课程却与现实结合不紧密。归根结底，是需求侧和供给侧的对接出现了偏差。

解决供需偏差，必须缩短教育教学与实践的距离。一方面，积极推进校企、校地、校所、校校深度合作，建立产教融合、协同育人的人才培养模式，将企业等机构的能力标准引入教学过程。另一方面，可以聘请行业优秀专业技术人才、管理人才和高技能人才担任专兼职教师，开设应用型课程，指导学生进行专业实践。唯其如此，才能促进专业和行业协同发展、教学和实践良性互动。

搞好社会实践，还要精准对接技术前沿、把握发展趋势。结合新一代信息技术、高端装备、新能源新材料、文化创意等产业快速发展的实际，开设学生感兴趣、行业有需求、学校有特色的实践课程，培育一批特色鲜明、优势突出、对接产业、适应需求的重点专业人才，才能让适应新旧动能转换要求的高素质应用型人才脱颖而出、茁壮成长。

用心做好管理服务

徐卫清

一些社会实践活动在大学生中"遇冷"，其中一个重要原因是管理不到位。比如，有的课程全程走过场，事前无对接、事中无指导、事后无反馈。这样一来，学生往往就会"身至心不入"，草草了事、收获无几。反观那些受学生欢迎、被企业称赞的社会实践项目，背后则是良好的沟通、细致的服务。

社会实践是学生进入社会前的体验和锻炼，绝不能成了"断线的风筝"。因此，高校有关部门应形成合力，落实责任。比如，在学生参加实践前，认真做好准备工作，打通供需信息通道，搞清楚学生的专长是什么、接收单位的人才需求在哪里，努力做到无缝对接。又如，实践活动结束后，效果好不好、收获大不大，不能只从实践报告中"找答案""做总结"，还应请接收单位"把把脉""画画像"，虚心接受改进意见，等等。在此基础上，不断完善管理服务保障机制，让实践课更有价值、更有吸引力，从而用当下的耕耘，收获未来的一片绿荫。

（资料来源：人民网，2019.12.26，有改写）

五、大学生社会实践的形式、途径

大学生社会实践应紧紧围绕学生专业特色、专业技能和专业知识储备，充分利用暑假、寒假、周末和平时课余等时间，以社会调查活动为主，广泛开展与专业理论课相关的生产劳动、社会服务、勤工助学活动，以及学校共青团组织的暑期"三下乡"和科教、文体、法律、卫生"四进社区"等活动。具体来说，大学生社会实践主要有以下九种形式。

（一）社会调查活动

社会调查是大学生开展社会实践的最主要形式，其内容涵盖社会生活的方方面面，形式也多种多样。主要围绕当前经济社会发展的重点、热点问题，结合所学专业课相关理论知识，深入农村、城市、社区及企业等进行调查研究，了解经济社会发展的基本情况，运用所学知识提出问题、分析问题、提出解决问题的意见和建议，撰写出有一定实际内容、理论水平和参考价值的调查报告。

在社会调查计划及开展过程中，大学生要充分准备，认真思考，积极与指导教师沟通，加强对调查选题、调查途径、调查过程的准备。要与兴趣相投的同学组成社会调查小组，进行社会调查相关工作的分工。调查中要特别注意团队合作，注意人身和财务安全，注重团队合作精神的培养。

(二)科技文化创新和学术实践活动

大学生要广泛利用寒暑假,密切结合学校创新人才培养工作,积极参加大学生创新创业训练计划项目,深入开展科技创新实践训练,进一步开拓创新思路和创新视野,激发创新热情,增强创新精神、实践能力和自主学习能力。积极利用相关社会资源,结合地方政府、企事业单位的需求,利用学校已建立的就业创业实习基地,扎实开展各类活动,为就业创业创造见习机会。

大学生要密切结合专业特点,积极参加"挑战杯"系列竞赛、数学建模竞赛、电子设计大赛等科技竞赛活动,参加社会文化建设活动。在社会实践中参与技术改造、工艺革新、先进适用技术传播,为经济社会发展献技出力,不断提高自身的科学素养,培养良好的学术道德,弘扬求真务实、开拓创新的科学精神。在实践中,要注重加强科技成果转化,积极开展创业实践,提高创业技能,培养科学品质和团队协作精神,提高创新能力。

(三)生产劳动和社会服务活动

大学生要利用寒暑假和节假日积极参加生产劳动,培养正确的劳动观念和职业道德;积极响应党组织和共青团组织的号召,积极参加志愿服务等公益活动,运用所学知识和技能,服务人民、奉献社会,培养为人民服务的道德观,弘扬社会主义道德风尚;积极参与志愿服务西部计划、贫困地区支教计划等多种多样的志愿服务活动。

(四)参观革命传统教育基地活动

大学生可以利用寒暑假,积极参加学校或各级各类团体组织的学习、参观活动,到革命纪念地、改革开放前沿和经济社会发展成效显著的地方学习、参观,到各类博物馆、纪念馆、展览馆、烈士陵园等爱国主义教育基地学习参观,了解中国革命、建设和改革开放的历史和成就,增强对国家历史的了解,增强对党的感情,对中国特色社会主义的热爱,激发实现中华民族伟大复兴的责任感。

(五)暑期"三下乡"和"四进社区"活动

暑期"三下乡"和科教、文体、法律、卫生"四进社区"活动,是共青团中央积极开展的一项新时期重要的大学生实践形式,是新形势下大学生参加社会实践的有效载体。暑期"三下乡"指大学生利用暑假时间把文化知识带入农村,提高农民的整体素质;把科学技术带入农村,提高农民的生活水平;把卫生知识带入农村,提高农民的健康水平。服务农村的同时也让大学生在"三下乡"的社会实践中不断成长,这也是学生实现自我价值的有效形式。科教、文体、法律、卫生"四进社区"活动指把科教、文体、法律、卫生带进社区,既是提高广大社区居民素质的需要,又是大学生理论联系实际,接受社会锻炼成人、成才的必然要求。

(六)挂职锻炼与顶岗实习活动

大学生挂职锻炼一般是由教育行政部门或共青团组织,通过一定程序选拔一部分优秀大学生到某个城市或者地方的机关单位去锻炼,时间为2～3周。大学生通过参与实际工作,与工作人员一起完成相关工作任务,可以有效锻炼其口头表达能力、文字写作能力,以及待人接物、沟通交流的技能,培养其基本的职业精神,为成长、成才打下基础。大学生顶岗实习是大学生走向社会必不可少的重要一课。一次良好的实习经历,不仅可以提高一个人理论联系实际的能力,还能为其以后走上工作岗位打下坚实的基础。顶岗实习可以与专业相结合,在顶岗实习中提高大学生实干和理论联系实际的能力,培养职业道德、团队精神、工作责任感等品质。

(七)资助育人活动

大学生在完成学业的同时,结合自身实际适当参加资助育人活动。资助育人活动在使大学生取得一定经济收入的同时,有利于培养其艰苦奋斗、自立自强、诚实守信、遵纪守法的良好品格,增进对社会和国情的了解。在参与资助育人活动的过程中,大学生要增强安全意识和法治意识,加强对自身合法权益的保护,坚决禁止参与传销等非法活动。

(八)社团实践活动

学生社团是大学校园文化建设的重要载体,是高校第二课堂的引领者。学生社团形式多种多样,社团可以结合专业理论课社会实践,开展以实现自身社团宗旨为目的的社会实践活动,在实践中锻炼队伍,以自己的特长、兴趣爱好增强服务社会的能力,在实践中了解社会,使自身的特长、兴趣融于社会。社团组织者在开展实践前,要建立公平的选拔机制、制定有效的实践方案,否则就会破坏社团的凝聚力,达不到社会实践、增长才干的目的。

(九)其他形式的社会实践活动

大学生社会实践形式多种多样。除上面所列形式外,还有诸如技能培训、政策宣讲、企业帮扶、社区援助、敬老帮老、结对帮扶、家庭教育、科普宣传、环境保护、文艺演出、文化传播、市场调研等。大学生可以根据自己的情况,创新性地开展各类社会实践活动。总之,只要有利于提高大学生理论联系实际的能力,有利于提高综合素质,大学生都可以积极参与,创新性地开展各类实践活动。

第二节 社会实践报告的写作方法

学习目标

理解社会调查的概念、特点。
掌握社会调查的定性和定量方法。
熟练社会实践报告的撰写。

一、社会调查

(一)社会调查的概念

社会调查是指人们运用特定的方法和手段,从社会现实中搜集有关社会事实的信息资料,并对其做出描述和解释的一种自觉的社会认识活动。这一定义包含了以下四方面内容:

(1)社会调查是一种自觉的认识活动,社会调查区别于日常生活中人们对社会现象的观察和思考。日常生活中的观察和思考不具有特定的、明确的目的,而社会调查却是有目的、有意识地观察和认识社会现象的活动。

(2)社会调查的对象是社会事实,它既包括如人口数量的变动、家庭规模的变动、青少年犯罪的状况等客观存在的社会事实,又包括人们的态度、意愿、意见等主观范畴的社会事实。社会调查在研究社会事实时,是从现实生活中直接搜集社会事实材料并进行分析、研究,而不是在书斋或图书馆里利用间接的文献材料进行研究的。是否直接从现实生活中搜集社会事实材料,这是社会调查区别于理论研究的一个显著特点。

(3)社会调查绝不是对社会现象和社会事实的机械的、简单的、零碎的反映,而是要经过特定的方法和技术,在搜集资料的基础上,经过去粗取精、去伪存真、由此及彼、由表及里的整理加工和分析研究过程,逐步揭示出事物的真相和发展的规律,进而寻求改造社会的途径和方法。

(4)社会调查是一门方法科学。社会调查有别于哲学以及经济学、社会学、政治学等社会科学学科。这些学科都有其完备的范畴体系和理论体系,而社会调查则不具备自己的理论体系。从学科性质上讲,社会调查是一门方法科学,而不是理论科学。

(二)社会调查的要素、态度和特点

1.社会调查的要素

(1)明确的调查目的。

(2)具有社会意义的调查对象。

(3)科学的调查方法。

(4)实际的调查效果。

2.社会调查应有的态度

(1)求益的态度:力求促进社会进步,解决社会问题,增进人民幸福。

(2)求实的态度:尊重客观事实,不"唯上"不"唯书"。

(3)求教的态度:虚心向群众学习与求教。

3.社会调查的特点

社会调查作为一种有目的的认识社会现象的活动,具有以下三个主要特点。

(1)实践性。实践性是指在社会调查过程中离不开人的实践活动。社会调查一定要深入实际的社会生活中去,从社会生活中直接搜集材料。社会调查的研究课题来自现实社会,其研究结果又服务于现实社会,具有鲜明的现实性。社会调查的方法与技术具有极强的操作性。

(2)客观性。客观性是指调查者在进行社会调查时,必须持实事求是、一切从实际出发的科学态度。

(3)综合性。综合性主要表现为研究视角的综合性、运用知识的综合性和研究方法的多样性等。

典型案例

善于开展社会调查研究
——读毛泽东的《关于农村调查》
刘晓川

  毛泽东既是党内大兴调查研究之风的积极倡导者,又是开展调查研究的积极践行者。《关于农村调查》是毛泽东在延安对中央妇委和中共中央西北局联合组成的妇女生活调查团的讲话,于1978年在《中国妇女》杂志首次公开发表,人民出版社出版了单行本,1982年收入《毛泽东农村调查文集》。《关于农村调查》是对农村社会调查工作做出的进一步论述,蕴含了关于调查研究的科学世界观和方法论。

  调查研究的必要性:"认识世界,不是一件容易的事"

  调查研究是认识世界的基本方法。毛泽东在《关于农村调查》中指出:"认识世界,不是一件容易的事。"在他看来,科学认识和了解中国革命的具体实际,要坚决摒弃主观主义和教条主义,善于开展社会调查。例如,毛泽东关于湖南农民运动的科学结论就是在社会调查研究的基础上总结得出的。毛泽东在《关于农村调查》中写道:"我做了四个月的农民运动,得知了各阶级的一些情况,可是这种了解是异常肤浅的,一点不深刻。后来,中央要我管理农民运动。我下了一个决心,走了一个月零两天,调查了长沙、湘潭、湘乡、衡山、醴陵五县。""国民党骂我们'过火',骂我们是'游民行动'","其实,以我调查后看来,也并不都是像他们所说的'过火',而是必然的,必需的"。

  毛泽东同时认为,调查研究之所以必要,还因为"事物是运动的,变化着的,进步着的""情况是逐渐了解的,需要继续不断的努力"。因此,"我们的调查,也是长期的"。调查研究不仅要立足当下,更要着眼未来。在毛泽东看来,"今天需要我们调查,将来我们的儿子、孙子,也要做调查"。只有耐心地、有步骤地做好调查研究,才能不断地认识新事物,获得新知识。

  调查研究的方法论:"对立统一""详细地占有材料"

  科学的调查研究需要以科学的方法做支撑。缺乏科学的方法,调查研究就不能做到实事求是,其时效性和实效性就不能得到有效的发挥。因此,毛泽东在调查研究中十分注重对马克思主义世界观和方法论的掌握和运用。

  一是坚持对立统一,善于分析。马克思主义认为,联系是普遍存在的,无论在什么领域,事物内部以及事物与事物之间都包含着联系、矛盾的辩证关系,联系、矛盾的普遍运动推动事物的运动、变化和发展。因此,开展调查研究,必须坚持两点论与重点论相统一,具体问题具体分析。毛泽东认为,"这种观点,就是对立统一"。毛泽东在《关于农村调查》中指出,如果我们观察问题是走马看花的,各样都弄一点,这只是花费时间,一事无成。因此,"这里特别要注意的是分析","马克思的《资本论》就是用这种方法来写成的"。

马克思主义认为,只有根据各阶级的经济状况和政治态度做出科学分析才能做出正确的阶级估量。在民主革命时期,阶级矛盾是中国革命的基本矛盾之一。阶级分析方法是分析和认识中国国情的基本方法。毛泽东继承和发展了马克思主义关于阶级分析的基本思想。他在《关于农村调查》中指出,广大党员干部只有坚持用对立统一的观点去分析农村,才能对农村的各阶级以及各阶级的主要特点和相互关系做出科学的了解和把握,"才能对农村有正确的全面的了解"。

二是详细地占有材料,抓住要点。调查的最终目标是发现和总结规律,产生新观点、新论断、新理论,进而指导实践。这就意味着科学的调查研究需要以丰富的材料为保障。因此,毛泽东指出:"材料是要搜集得愈多愈好。"但搜集和具备丰富的材料并不意味着科学观点、论断、理论的自然产生。要使材料在调查研究中发挥应有的价值,还需要对所掌握的材料进行系统的分析和整合,"抓住要点或特点(矛盾的主导方面)"。毛泽东在《关于农村调查》中指出:"马克思研究资本主义,列宁研究帝国主义,都是搜集了很多统计和材料,但并不是全部采取,而只是采取最能表现特点的一部分"。十样事物,"如果你调查的九样都是一些次要的东西,把主要的东西都丢掉了,那么,仍旧是没有发言权"。也就是说,"假若丢掉主要矛盾,而去研究细微末节,犹如见树木而不见森林,仍是无发言权的"。

调查研究的关键点:澄清模糊认识

开展调查研究,关键要保持思想认识上的清醒。对于一些党员干部提出的思想认识疑惑,毛泽东做出了科学回答。

在"怎样开调查会"的问题上,毛泽东提出:"一个调查会不仅提出问题,而且要有解决问题的方法。参加调查会最好有三五人。"在"怎样找调查的典型"的问题上,毛泽东把调查的典型分为先进的、中间的、落后的三种类型,并提出"如果能依据这种分类,每类调查两三个,即可知一般的情形了"。在"如何搜集和整理材料"的问题上,毛泽东要求广大党员干部"都必须自己亲身去做",在做的过程中找出经验来,再用这些经验去改进以后的调查和整理材料的工作。在"怎样使对方说真话"的问题上,毛泽东认为,"群众不讲真话,是因为他们不知道你的来意究竟是否于他们有利"。因此,要把调查研究与群众路线相统一,牢固树立群众立场、坚持群众观点,充分肯定密切联系群众对于做好调查研究的极端重要性,"要在谈话过程中和做朋友的过程中,给他们一些时间摸索你的心",使人民群众了解我们开展调查研究的真意。

《关于农村调查》通篇体现着马克思主义的思想方法,对新时代中国共产党人提高调查研究能力、深入开展调查研究具有重要的现实指导意义。

(资料来源:中国共产党新闻网,2021.02.10)

二、社会调查的方法

实践是社会存在和发展的基础,是认识发生和发展的基础,也是社会科学研究的方法论基础。在实践活动中,运用一定的方法和手段,发现问题和解决问题,对实践经验进行理论概括和总结,通过实践检验理论和发展理论,是社会科学研究应当遵循的基本原则。大学生在社会实践过程中常用的研究方法主要有两大类:定性研究和定量研究。

(一)定性研究方法

定性研究是指在自然环境中,使用实地体验、开放式访谈、参与性与非参与性观察、文献分析、调查等方法对社会现象进行深入细致和长期的研究;分析方式以归纳为主,在当时当地搜集第一手资料,从当事人的视角理解他们行为的意义和他们对事物的看法,然后在这一基础上建立假设和理论,通过证伪法和相关检验等方法对研究结果进行检验;研究者本人是主要的研究工具,同时要考虑其个人背景以及和被研究者之间的关系对研究过程和结果的影响;研究过程是研究结果中一个必不可少的部分,必须详细记载和报道。定性研究主要包括文献研究法、实地观察法和访谈法等。

1. 文献研究法

文献研究法主要指搜集、鉴别、整理文献,并通过对文献的研究形成对事实的科学认识的方法。文献研究法包括五个基本环节:提出课题或假设、研究设计、搜集文献、整理文献和进行文献综述。提出课题或假设是指依据现有的理论、事实和需要,对有关文献进行分析、整理或重新归类研究的构思。研究设计首先要建立研究目标(使用可操作的定义方式),将课题或假设的内容设计成具体的、可以操作的、可以重复的文献研究活动,它能解决专门的问题,并具有一定的意义。文献研究法的优点如下:

(1)文献研究法超越了时间、空间限制,通过对古今中外文献进行调查可以研究极其广泛的社会情况。这一优点是其他调查方法所不具有的。

(2)文献研究法主要是书面调查,如果搜集的文献是真实的,那么它就能够获得比口头调查更准确、更可靠的信息。避免了口头调查可能出现的记录误差。

(3)文献研究法是一种间接的、非介入性调查。它只对各种文献进行调查和研究,而不与被调查者接触,不介入被调查者的任何反应。这就避免了直接调查中经常发生的调查者与被调查者互动过程中可能产生的种种反应性误差。

(4)文献研究法是一种非常方便、自由、安全的调查方法。文献研究法受外界制约较少,只要找到了必要文献就可以随时随地进行研究;即使出现了错误,还可通过再次研究进行弥补,因而其安全系数较高。

(5)文献研究法省时、省钱、效率高。文献调查是在前人和他人劳动成果基础上进行的调查,是获取知识的捷径。它不需要大量研究人员,不需要特殊设备,可以用比较少的人力、经费和时间,获得比其他调查方法更多的信息。因而,它是一种高效率的调查方法。

2. 实地观察法

实地观察法是观察者有目的、有计划地运用自己的感觉器官或借助科学观察工具,能动地了解处于自然状态下的社会现象的方法。实地观察法有四个显著特点:一是观察者有目的、有计划地自觉认识活动;二是运用两类观察工具进行观察活动,这两类观察工具是人的感觉器官(其中最主要的是视觉器官——眼睛)和科学观察工具,如照相机、摄影机、望远镜、显微镜、录音机以及观察表格、观察卡片等;三是观察过程是一个积极的能动的反映过程;四是观察对象应该是处于自然状态下的社会现象。

(1)实地观察法的种类

①根据观察者的角色,实地观察可分为参与观察和非参与观察。参与观察也称局内观

察,即观察者参与到被观察的群体之中,并通过与被观察者的共同活动从内部进行观察。参与观察按照参与程度的不同,可分为完全参与观察和不完全参与观察。完全参与观察是观察者完全参与到被观察的群体中,作为其中一个成员进行活动,并在这个群体的正常活动中进行观察。不完全参与观察是观察者以半"客"半"主"的身份参与到被观察的群体中,并通过这个群体的正常活动进行观察。

②根据观察的内容和要求,实地观察可分为有结构观察和无结构观察。有结构观察也称有控制观察或系统观察,它要求观察者事先设计好观察项目和要求,统一制定观察表格或卡片。在实地观察过程中,要严格按照设计要求进行观察,并做详细观察记录。无结构观察也称无控制观察或简单观察,它只要求观察者有一个总的观察目的和要求,一个大致的观察内容和范围,然后到现场根据具体情况有选择地进行观察。有结构观察能获得大量翔实的材料,并可对观察材料进行定量分析和对比研究,但它缺乏弹性,比较费时;无结构观察比较灵活,简单易行,适应性较强,但观察所得的材料比较零散,很难进行定量分析和对比研究。

③根据观察对象的状况,实地观察可分为直接观察和间接观察。直接观察是对当前正在发生的社会现象所进行的观察。间接观察是通过对物化了的社会现象所进行的对过去社会情况的观察。所谓物化了的社会现象,是指反映过去社会现象的各种物质载体,例如写实性绘画、古迹或遗址、各种腐蚀性或积累性物质痕迹,以及反映一定社会现象的物体或环境等。一般地说,直接观察简便易行、真实可靠。间接观察比较复杂、曲折,它需要丰富的经验和知识,有时还需要科学的鉴定手段和方法,并且在推论时可能发生误差。但是,它可弥补直接观察的不足,更是对过去社会现象进行观察的可行的方法。

(2)实地观察中应该注意的问题

①选好观察对象和环境。要使实地观察的结果具有典型意义,就应该选择典型环境中的典型对象作为观察的重点。

②选准观察时间和场合。一定社会现象,总是在一定时间、空间发生的。因此,实地观察要注意选择最佳观察时间和场合。

③灵活安排观察程序。观察程序有三种安排方法:主次程序法、方位程序法和分析综合法。主次程序法先观察主要对象、主要部分、主要现象,然后观察次要对象、次要部分、次要现象。方位程序法根据观察对象的位置,采取由近到远或由远到近、由左到右或由右到左、由上到下或由下到上等方位逐次观察。分析综合法先观察事物的局部现象、后观察事物的整体,或者先观察事物的整体、后观察事物的局部,然后再进行综合分析,得出观察结论。

④与被观察者建立良好的人际关系。应说明来意,解除被观察者的顾虑,使他们认识调查的意义和对他们的益处。应参与被观察者的某些活动,并通过共同活动来增进了解,建立友谊。应尊重当地的风俗习惯和道德规范,最好能学会并使用当地的方言,不要说禁忌的话,做禁忌的事。在力所能及的范围内,帮助被观察者解决困难。应重点选择若干有威信、有影响、有能力的当地人作为重点依靠对象,首先与他们建立良好的关系,然后再通过他们来做好其他被观察者的工作。不要介入被观察者之间的宗族、派系纠纷,遇到这类问题应尽可能做好团结工作,并保持中立。

⑤尽可能减少观察活动对被观察者的影响。观察者想要了解处于自然状态下的社会现象,就要善于控制自己的观察活动,尽量减少对被观察者的影响。

⑥把观察与思考紧密结合起来。在实地观察中要善于把观察与思考结合起来,在观察

中思考,在思考中观察;要善于把观察与比较结合起来,在观察中比较,在比较中观察。只有这样,才能捕捉到许多有价值的观察材料。

⑦及时做好观察记录。最好是同步记录,即在现场观察的同时记录观察情况;如果不宜做同步记录,应在观察后尽快追记。

⑧制作观察记录工具。有结构的实地观察,需要设计和制作观察的记录工具,即观察表格、观察卡片等。

3.访谈法

访谈法是调查者通过与被调查者面谈的形式来搜集研究资料的一种方法。访谈法是指调查者依据调查提纲与调查对象直接交谈,搜集语言资料的方法,是一种口头交流式的调查方法。访谈既可以是面对面的,也可以是通过电话进行的。访谈法一般可分为三种类型:个别访谈和集体访谈;一般访谈和深度访谈;作为搜集资料主要手段与辅助手段的访谈。

(1)访谈法的优缺点

访谈法的优点:①简便易行,便于双向交流,主客双方有交互作用;②实施程序比较灵活,也便于控制。既可随时澄清问题,纠正被访谈者对问题理解的偏差,又可以随时变换提问方式,捕捉新的或深层次的信息;③可以有效地防止问题遗漏不答的现象;④适用面广,能有效地搜集关于态度、价值观、意见等信息;⑤能在交谈的同时进行观察;⑥能建立主客双方的融洽关系,反映真实想法;⑦团体座谈时,可以相互启发,促进问题的深入。

访谈法的缺点:①花费时间和精力较大,访谈样本小,需要较多的训练有素的访谈人员,成本较高;②访谈者的特性,如价值观、信念、表情态度、交谈方式等都会影响访谈者的反应;③访谈者需要接受较为严格的和系统的培训,被访谈者的言不符实,或者对某些问题的偏爱会影响所获信息的真实性。此外,对访谈结果的处理和分析也比较复杂。

(2)访谈法的步骤、技巧和注意事项

访谈法的步骤:①访谈准备;②进入访谈;③访谈过程的控制(包括问题控制、动作控制、表情控制等);④结束访谈;⑤访谈记录与资料整理。

访谈法的技巧:①一般事先应对受访者有所了解;②尽可能自然地结合受访者当时的具体情形开始访谈;③访谈的问题应该由浅入深、由简入繁,而且要自然过渡;④在准备充分的前提下,为避免谈话跑题,有时需要适当地调节和控制;⑤无论是提问还是追问,问的方式和内容都要适合受访者;⑥在回应中要避免随意评论;⑦要特别注意自己在访谈中的非言语行为;⑧要讲究访谈的结束方式。

访谈法的注意事项:①在访谈中,访谈者要保持中立的态度,不要把自己的意见暗示给受访者,否则会影响资料的真实性;②要把握访谈的方向和主题焦点,防止谈话偏离调查主题,影响效率;③使用的语言要简明扼要;④根据受访者的特点,灵活掌握问题的提法和提问时的语气。

(二)定量研究方法

在大学生社会实践过程中,除运用定性研究方法外,通常还使用定量研究方法。定量研究是指研究者事先建立假设并确定彼此之间具有因果关系的各种变量,然后使用某些经过检测的工具对这些变量进行测量和分析,从而验证研究者预定的假设。定量研究方法强调在研究设计、数据搜集、结果的处理与解释上必须具备严格的形式。因此,定量研究在大学生社会实践活动中具有重要作用,常用的定量研究方法主要有抽样调查法、问卷调查法、实验研究法和统计分析法等。

1. 抽样调查法

抽样调查是一种非全面调查,是从全部调查研究对象中,抽选一部分进行调查,并据以对全部调查研究对象做出估计和推断的一种调查方法。

(1)抽样调查的优点

①准确性高。抽样调查的误差控制在允许范围内,调查结果的准确性较高。

②时效性强。与调查全部研究对象相比,抽样调查用时少,可以大大减少调查和处理数据的时间。

③应用面广。抽样调查适用于各个领域、各种问题,能够获得更全面、更广泛的数据。

④经济性好。抽样调查可以节省大量人力、物力、财力和时间,因而调查费用较普查低。

(2)抽样调查的分类

按被抽取机会是否相等,抽样调查可以分为随机抽样和非随机抽样。

①随机抽样:按照随机原则抽取样本。随机原则排除了人的主观因素影响,每一个样本被抽到的可能性相等。其优点包括:抽出样本的分布情况接近总体,样本对总体研究具有代表性;有助于调查人员准确地计算抽样误差,并有效地加以控制,从而提高调查的精度。

②非随机抽样:不遵循随机原则,从方便出发或根据主观判断来抽取样本。其优点是非随机抽样简单易行,适用于做探索性研究。缺点是非随机抽样无法估计和控制抽样误差,无法用样本的定量资料和采用统计学方法来推断总体。

(3)抽样调查的使用范围

在调查研究中,常根据研究的目的和内容,决定是否采用抽样调查法。以下三种情况常采用抽样调查法:

①对于要了解其全面情况但又无法进行普遍调查的社会事物或现象。

②虽然可以进行普遍调查,但如果使用抽样调查也能取得同样效果的社会事物或现象;对于具有较高同质性的社会事物或现象。

③在对普遍调查进行质量检验或补充修正时。

(4)抽样调查的步骤

在总体中抽取一个样本时,要尽可能地使样本具有代表性。如果样本的统计值近似总体的参数值,则这个样本可以称为一个代表性样本。若想减小抽样的误差,求得一个有代表性的样本,则需要依据以下六个步骤来进行抽样调查:①设计抽样方案;②界定调查总体;③编制抽样框;④选择抽样方法;⑤实际抽取调查样本;⑥评估样本质量。

2. 问卷调查法

问卷是调查研究中用来搜集资料的主要工具,它在形式上是一份精心设计的表格,其用途是测量人们的行为、态度和社会特征。问卷调查法的优点是:省时、省钱、省力,所得到的资料便于定量处理和分析,可以避免主观偏见,减少失误;具有很好的匿名性。问卷调查法的缺点是:问卷要求回答者有一定的文化水平,回收率和获得的资料的质量难以保证。

(1)问卷设计

问卷设计是根据调查目的,将所需调查的问题具体化,使调查者能顺利地获取必要的信息资料,便于统计和分析。在设计问卷的过程中,首先要把握调查的目的和要求,同时争取被调查者的配合,以保证最终问卷能提供准确、有效的信息资料。问卷要进行认真、仔细地设计、测试和调整，才可以大规模的使用。问卷设计的步骤如下：

①根据调查目的，确定所需要的信息资料。在设计问卷前，调查人员要明确需要了解的信息，这些信息中的哪些部分是必须通过问卷调查才能得到的，这样才能较好地说明所需要调研的问题，确定调研目标。

②确定问题的内容，即问题的设计和选择。设计人员应根据信息资料的性质，确定提问方式、问题类型和答案选项的分类等。对于较复杂的信息，可以设计一组问题进行调查。问卷初步设计完成后应对每个问题进行核对，确保问卷中的每个问题都是必要的。

③细致审核问题的表达方式。措辞的好坏会影响调查的结果。因此对问题的用词必须十分审慎，要通俗、准确、客观。所提的问题对被访者进行预试之后，才能广泛地运用。

④确定问题的顺序。在设计好各项单独问题以后，应按照问题的类型、难易程度进行排序。问题的排序要符合逻辑，使被访者在回答问题时有循序渐进的感觉，同时能引起被访者回答问题的兴趣。引导性的问题应该是能引起被访者的兴趣的问题，回答有困难的问题或私人问题应放在问卷的最后，避免被访者处于守势地位，引起被访者的警惕、抵制情绪，尤其在电话式问卷调查中。

⑤问卷的测试与检查。问卷用于实施调查前，应先选择一些符合抽样标准的被访者来进行试调查，并对每一个问题进行讨论，以发现设计上的缺失。例如，是否包含了整个调查主题，是否容易造成误解，是否语意不清楚，是否抓住了重点等，并加以合理的修正。

⑥审核、定稿。有时问卷经过修改后还要呈交上级，审批通过后才可以定稿、复印，正式实施调查。

（2）评价标准和注意事项

①问卷的说明要简单明了，产生共鸣。问卷的说明关系调查的质量与效果，一般要用委婉、感人的语气说明调查的目的、意义，要让被访者觉得调查对自己有作用、有意义，或者能够帮助别人，激发他们助人为乐的积极性。

②避免用不确切的词，如"很久""经常""一些"等，各人理解往往不同，在问卷设计中应避免或减少使用。

③避免提断定性问题。如"您一天抽多少支烟？"这种问题即断定性问题，被访者如果根本不抽烟，就会造成无法回答。正确的处理办法是在这类问题前加一条过滤性问题，如"您抽烟吗？"如果回答"是"，可继续提问，否则终止提问。

④避免引导性提问。引导性提问是指所提出的问题会暗示研究者的观点和见解，有使被访者跟着这种倾向回答的可能。

例如，"有人认为被动吸烟会导致肺癌，您同意吗？"

0＝不同意　2＝不知道　3＝同意

"被动吸烟会导致肺癌。"

0＝不同意　2＝不知道　3＝同意

⑤避免令被访者难堪和禁忌的敏感问题。如各地风俗和民族习惯中忌讳的问题、涉及个人利害关系和隐私的问题等。

⑥避免提笼统、抽象或不确切的问题。容易误解的概念应明确限定。例如，年龄有虚岁、实岁；收入是仅指工资，还是包括奖金、补贴、其他收入、实物发放折款收入在内；家庭人口有常住人口和生活费开支在一起的人口等。

⑦避免一问多答的问题。一个项目最好只问一个要点,一个项目中如果包含过多询问内容,会使被访者无从回答,同时给统计处理带来困难。

例如,"您的父母是知识分子吗?您父亲的文化程度是?您母亲的文化程度是?"

⑧问卷中的每个问题均有明确的目的。必须明确为什么要提出这一问题,这一信息将用来做什么样的分析,如何编码和分析。

⑨最大限度地保证信息质量。问题的表达和顺序要有利于启发被访者,问题要使人感兴趣,并易于回忆,要避免那些难以回答、浪费时间、使人感到窘迫的问题。

⑩要做到文字简洁、问题流畅。注意与被访者中文化程度较低者的沟通技巧。一个问题转到另一问题时,注意逻辑关系、用词和语气,如从一般到个别、容易到困难等。

3. 实验研究法

实验研究法是根据研究目的,运用一定的人为手段,主动干预或控制研究对象的发生、发展过程,通过观察、测量、比较等方式探索、验证所研究现象因果关系的研究方法。实验研究法常用于教材教法的研究、教学策略的选择、教学方式的运用,通过实验可以证实各种教学方法的适用情境、所产生的效果以及优缺点等。

(1)实验研究法的特点

①以假设为前提,整个实验过程围绕着验证假设展开;

②需要控制条件,没有控制就没有实验;

③分离实验因子,使问题简单化;

④能揭示因果关系,实验的理论框架和操作程序就是按照验证因果关系而设计的;

⑤可重复验证,这是实验研究成果推广运用的必备条件,是评判实验优劣的标准之一;

⑥实验结果以精确的数据说明问题,令人信服。

(2)实验研究法的优点

①实验研究者有独立自主性,可以完全按照自己提出的假设来决定研究的变量、设计变量的水平等,而不用完全遵守现实环境的"自然状态"。但其他定量研究方法则要按现有数据和观测值给出假设。

②从时序角度看,实验研究法是纵贯式研究,实验在一段时间内进行,可在多个时点进行测量,得以研究变量的动态变化,而其他定量研究方法如问卷调查法等,只有某一时刻的测量值,不能直接观测出一段时期内的变化。

③它能够比其他方法更令人信服地估计因果关系。从哲学的观点来看,因果关系永远不能被肯定地证实,只可能不断地逼近。实验研究法比其他方法更容易做到这一点,因为实验研究者可以通过操纵自变量来观察因变量的变化,还可以通过设立控制组来判断操纵的强度。

④实验研究法能够比其他方法更有效地控制外源变量的影响,从而分离出实验变量并估计其对因变量的影响。

⑤可以通过调整变量和实验条件观察到常规状态下很难出现的极端值和交互作用。

⑥实验研究法是可以重复实验的,这是研究科学性的重要体现。

⑦实验研究法的成本较低。

(3)实验研究法的缺点

①研究者人为地营造实验条件,使其远离现实情境中的"自然状态",会导致外部效度降低。

②如果研究样本不具有代表性,即便在分组时做到了随机化分派,也会使内部效度和外部效度降低。

③只限于对当前问题的研究。对过去问题和将来问题的研究,不推荐使用实验研究法。

④当研究变量和水平数目增多时,成本会急剧增加。

⑤管理领域的实验研究中,实验对象大多是人,人类行为差异大,较难控制,同时也使实验研究面临许多伦理和法律方面的限制。

⑥难以找到合适的测量工具,且在使用中容易造成偏差。

实验研究(设计)的优劣取决于能否成功地控制以下三个要素:有效地控制无关变量;成功地控制自变量(实验处理);科学地观察因变量(实验结果)。实验研究的运用和实施应从以上三个要素加以考虑和规划,尽可能增大实验处理的强度,使接受实验处理产生的效果明显;尽可能控制无关变量的干扰,减少实验结果的测量误差,只有这样才能获得真实的实验效果。

(4)实验研究法的操作程序

①确定实验主题和研究假设;

②根据实验主题和研究假设进行实验设计;

③建立实验框架,对因变量的测量进行探索性尝试;

④执行实验设计;

⑤向被试者说明实验目的;

⑥分析所搜集的数据,检验研究假设。

4. 统计分析法

统计分析法是指通过对研究对象的规模、速度、范围、程度等数量关系的分析研究,认识和揭示事物间的相互关系、变化规律和发展趋势,借以达到对事物的正确解释和预测的一种研究方法。统计分析法的基本步骤主要包括以下四个方面:

(1)设计。设计主要包括专业设计与统计设计。专业设计指选题、建立假说、确定研究对象和技术方法等。统计设计指围绕专业设计确定统计类型、样本大小、分组方法、统计分析指标及统计分析方法。

(2)搜集资料。首先,要注意资料来源,主要包括第一手资料与第二手资料。第一手资料指经常性的统计报表(如登记的原始材料、相关报告、工作记录)或者是一时性的材料(如专题调查、相关实验数据)。第二手资料指已公布的资料,如全国、全省卫生统计资料等。其次,要注意资料搜集的要求,主要包括资料搜集要完整,观察单位及观察项目要完整(观察单位,即最基本的获取数据的单元,它可以是一个个体,也可以是一个单位、家庭、地区或一批样品、一个采样点等);资料搜集要准确,即真实可靠;资料搜集要及时,即强调时限性,如人口普查规定调查开始日期和截止日期。

(3)整理资料。整理资料即将原始数据条理化、系统化的过程。所采取的方法主要是进行合理分组,如按事物的属性或性质进行分组,或者按数据的大小进行分组。所要达到的目的是实现研究目标。

(4)分析资料。分析资料主要包括统计描述与统计推断。统计描述指用统计指标、统计图表对资料的数量特征及分布规律进行测定和描述。统计推断指用样本信息推断总体特征,如参数估计、假设检验等。

典型案例

社会调查科学方法体系的创立
——读恩格斯的《英国工人阶级状况》
孟飞　朱秉贤

《英国工人阶级状况》是第一部运用马克思主义社会调查方法分析社会问题的专著,是"把马克思主义方法应用于社会具体研究的第一次巨大尝试",具有珍贵的文献价值。在这本著作中,恩格斯初步阐释了历史唯物主义基本原理,并将其与社会科学调查方法相结合,构建了一套以历史唯物主义为指导,以田野调查和文献采集为主要研究方法的科学方法体系。马克思主义社会调查方法不仅实现了对经典实证主义模型的超越,还为社会科学研究提供了新的理论范式。

历史唯物主义是马克思主义社会调查方法的根本遵循

用唯物史观指导社会调查实践,是马克思主义社会调查方法区别于其他研究方法的根本特征。19世纪30年代,孔德创立"实证主义社会学",马克思和恩格斯坚定地批判这种研究倾向,他们认为,立场问题在社会科学研究中至关重要,资产阶级学者忽视研究主体的阶级属性,实际上是企图用改良主义观点淡化社会矛盾、为资本主义制度辩护。马克思主义社会调查方法坚持无产阶级立场,强调从历史唯物主义视角出发分析社会矛盾,并提出相应的解决方案。在《英国工人阶级状况》中,恩格斯深耕阶级分析法,在剖析英国社会尖锐的阶级冲突后,一针见血地指出,工人阶级的状况是当代一切社会运动的真正基础和出发点。以此为逻辑起点,恩格斯对一系列社会现象进行了社会历史观分析,并断言:"资产阶级,不管他们口头上怎么说,实际上只有一个目的,那就是当你们的劳动产品能卖出去的时候就靠你们的劳动发财,而一到这种间接的人肉买卖无利可图的时候,就让你们饿死。"正是看到了资产阶级和无产阶级之间不可调和的利益对立,恩格斯得出结论:"无产阶级和资产阶级间的决战已经迫近了。"马克思主义社会调查方法的科学性正是源于对历史规律的深刻把握。对现代资本主义工业的考察使恩格斯认识到,资本主义生产关系已不能容纳社会生产力的迅猛发展,二者的冲突必然表现为周期性的经济危机,而"危机每重复一次,其猛烈性就加强一次"。因此,恩格斯的理论分析没有止步于对工人阶级悲惨状况的同情,而是将其视为一种自然历史现象,并试图从历史发展进程中探寻这种现象产生的根源。在《英国工人阶级状况》中,他从生产力的角度,系统批判了资本主义生产本身的罪恶性,强调"工人阶级处境悲惨的原因不应当到这些小的弊端中去寻找,而应当到资本主义制度本身中去寻找",既然资本主义制度无力解决日益加剧的社会矛盾,那么其灭亡也合乎历史发展的必然。

田野调查和文献采集是马克思主义社会调查研究的基本方法

马克思主义认为,实地调查获取的现实材料是社会研究最宝贵的第一手资料,只有准确掌握现实情况,才能进行科学的理论构建。为了深入了解产业革命后英国工人的真实生活状况,恩格斯选择了田野调查的研究方法。首先,恩格斯走访了以伦敦和曼彻斯特为中心的十余个城市,对"富人的华丽大厦"和无产者贫民窟进行了现场勘察,详细记录了"不列颠岛屿上无产阶级活动的各个部门,观察了他们的状况,并到处发现贫穷、困苦和完全不是人所应有的生活条件";接着,在纺织女工玛丽·伯恩斯的帮助下,恩格斯得以多次访问工人区,近距离观察工人的现实生活情景,获得了大量直观的感性材料;最后,恩格斯还广泛结交工厂主、议员、工人代表等不同阶层人士,与他们进行长时间访谈。调查过程中,恩格斯注意到资本主义工厂制度下工人的异化问题,"工人越是感到自己是人,他就越痛恨自己的工作",同时也看到了工人阶级政治上的先进性和革命性,赞扬"他们身上蕴蓄着民族的力量和推进民族发展的才能"。根据这一事实,他推断,工人所处的地位必然推动其争取"从资产阶级的羁绊下解放出来",进而预测了工人运动的发展方向。

此外,马克思主义社会调查方法遵循田野调查和文献采集相结合的原则,将文献的搜集和分析视为田野调查的重要补充。英国为恩格斯提供了得天独厚的研究条件,因为"只有在英国,才能搜集到这样完整的并为官方的调查所证实的必要材料"。1842年11月到达曼彻斯特之后,恩格斯悉心研读了资产阶级经济学家、宪章派领袖和空想社会主义者的著作,刻苦钻研了他"所能找到的各种官方的和非官方的文件",包括议会调查委员会的统计资料、资产者的信件、专业杂志、新闻报刊等。尽管文献数量极多,且其中的许多材料带有强烈的阶级偏见,但恩格斯仍以极大的耐心,尽可能客观地对它们进行了整理和研究,并在综合分析的基础上,提炼出了关于工人阶级状况的基本事实。

马克思主义社会调查方法为科学社会主义奠定了方法论基础

19世纪40年代,马克思和恩格斯几乎同时发现了历史唯物主义的基本原理,并分别在各自的著作中加以阐释。不同于马克思严谨的逻辑推演,恩格斯在现实的社会调查实践中,"从另一条道路"达成了对历史发展规律的把握。《英国工人阶级状况》将历史批判精神与社会学具体方法相结合,为马克思主义社会调查方法的创立做出了开创性贡献。

马克思主义社会调查方法,克服了此前社会研究方法的一些局限,从方法论层面推动了社会主义从空想走向科学。一方面,此前的资产阶级学者从唯心史观出发,将人类历史看作精神发展史,因此,尽管他们意识到了日益突出的社会矛盾,却找不到导致这些矛盾的物质动因。马克思主义社会调查方法从被忽略的"经济事实"入手,运用历史唯物主义原理,考察资本主义大工业时代的阶级冲突,发现了引发社会病症的根源,并开出了"药方"。另一方面,马克思主义社会调查方法将理论构建立足于社会现实基础之上,破除了脱离社会实际进行研究的错误倾向,大大增强了研究的科学性。从恩格斯的《英国工人阶级状况》到马克思的《资本论》,从列宁的《帝国主义论》到毛泽东的《寻乌调查》,无不是运用和发展马克思主义社会调查方法的光辉典范。

第六章 社会实践

马克思主义社会调查方法是指引共产党人不断探索真理、解决现实矛盾的重要方法论原则。深入挖掘马克思主义社会调查方法的精髓,对于更好地把握当代中国发展进程、推进中国特色社会主义理论体系建设,有着重要的理论与现实意义。

(资料来源:中国共产党新闻网,2020.11.18,有改写)

三、社会实践报告的撰写

社会实践报告是指大学生运用所学习和掌握的相关知识,结合专业背景和社会现实问题,有目的、有组织、有计划地深入实际、深入社会、深入生活,对所完成的社会实践活动撰写的一个总结性报告。它既是大学生汇报社会实践具体实施过程和实践结果进而达到自我知行统一教育的一种重要方式,又是大学生提高提出问题、分析问题、解决问题能力进而实现思想政治教育目标的一种有效方法。大学生撰写社会实践报告的主要目的是向学校等有关部门汇报社会实践工作的进展情况,切实反映学生在社会实践过程中所取得的经验、发掘的问题、提出的对策、自我认识的心得体会,以及收获的成果等。

(一)社会实践报告的分类

社会实践报告的内容按照不同分类标准可以有不同的划分方式。社会实践报告按其主要功能和特点可分为以下三种类型。

1. 陈述型社会实践报告

陈述型社会实践报告的主要功能是及时记录、反映考察事实,向读者提供真实的材料。其特点是材料翔实,作者很少分析论证,多以叙述性语言反映事物的真实情况。表达方式可以是笔记形式,也可以是情况汇报形式。

2. 分析型社会实践报告

分析型社会实践报告的主要功能是及时总结典型经验和反映问题。其主要内容包括考察对象的基本情况,对考察情况的分析、归纳及获得的基本规律,作者的认识和建议。典型的分析型社会实践报告内容组合方式的特点是,作者的认识和建议一般以小标题或提要形式置于段首,不展开议论,主要用客观事实反映事物的本质,揭示事物的规律性。

3. 论证型社会实践报告

论证型社会实践报告的主要功能是运用大量考察材料论证某种新发现、新观点。其内容以大量考察的事实材料为依据,运用理论指导、数学模型等多种方法展开论证。论证报告可以分为论证正确性的论证报告和论证可行性的论证报告。论证正确性的论证报告的内容的表达方式与理论证明型的论文基本相同,一般按事物内部的联系安排结构。因其具有较强的科学性、创造性、理论性和较高的学术价值,在大多数情况下,可用于学术场合。论证可行性的论证报告与论文的论证方式、方法的差异较大,常称其为可行性研究报告。

(二)社会实践报告的结构

社会实践报告应根据不同的实践主体、具体的社会实践活动内容,对所进行的社会实践的目的、主旨、功能、结构、特点和效果等要素来协同组织、统筹安排。但总体来说,一份完整的、规范的思想政治理论课社会实践报告主要由标题、摘要、正文和附录等部分组成。

1.标题

标题也称为题目,主要用于概括社会实践的对象、内容、范围或者揭示主题。标题部分通常有以下两种写作方法:

(1)公文式标题。公文式标题也称为规定式标题格式,即发文主题+文种,基本格式为"×××关于××××××的调查报告""关于×××××××的实践报告""××× ×××实践"等。例如,"关于大学生日常消费情况的调查报告""大学生诚信状况调查"等。

(2)观点式标题。观点式标题称为自由式标题格式,即"明确的语义表达"+"陈述或提问语气",基本格式为陈述式、提问式和正副标题式三种。

2.摘要

在社会实践报告的标题部分之后和正文部分之前,还需要配有一定字数的社会实践报告内容摘要(含关键词)。摘要是用来反映社会实践报告的主旨和主要观点,要求报告人用较为简明、客观的语言,概括地阐述本次社会实践活动的目的、调查方法、结果、基本结论等,它不要求报告人做任何评论和解释,具有短、精、全的特点。摘要部分要能够独立使用,且具有与正文等量的信息。

3.正文

正文是社会实践报告的主要部分,主要由前言、主体和结尾三部分内容构成。

(1)前言。前言又称引言或导言,该部分要求报告人以社会实践的基本情况为主,主要介绍社会实践的组织者、参加者和指导者,以及社会实践的主题、时间、地点、目的、价值和意义等基本信息。然后用诸如"现将此次思想政治理论课社会实践活动的有关情况报告如下"等字样直接过渡到社会实践报告的正文主体部分。

(2)主体。主体回答前言提出的问题,这是表现社会实践报告主题的重要部分。这一部分写得如何,将直接决定调查报告的质量和作用。一般要把调查的主要情况、经验和问题,分别归纳几个小部分来写。每个小部分有一个中心,可以加上序号或用小标题来标明,以提示或概括这部分内容,使之更加清晰明了。撰写时要考虑三个因素:一是怎样能够更好地表现主题就怎样写;二是选择符合报告主体的材料;三是合理安排结构。一篇高质量的社会实践报告,除了要有深刻的主题、丰富的材料外,还要有恰当的结构,三者缺一不可。常见的社会实践报告的结构有三种:横式结构、纵式结构、纵横交错式结构。

(3)结尾。结尾是全文的收束部分,是分析问题、解决问题的必然结果,并不是凑上去的尾巴。常见的结尾形式有:总结全文、深化主题,使读者加深认识;总结经验,形成结论;提出新的问题和建议;展望未来,说明意义。撰写时要根据写作目的、内容,采取灵活多样的写法,话多则长,话少则短,意尽即止。

需要注意的是,有少数社会实践报告的正文包容不了或者是没有说到而又需要附带说明的问题或情况,在全文结束时,可将这些问题和情况写出来附于调查报告的正文之后。

4.附录

附录的内容一般包括有关材料的出处,参考资料和书籍,调查统计图表的注释和说明,以及旁证材料等。

(三)社会实践报告的写作程序

1.确定主题

主题是社会实践报告的灵魂。确定主题时要注意:报告的主题应与实践主题一致;要根据调查和分析的结果,确定主题;主题宜小,且宜集中;与标题一致,避免文题不符。

2. 取舍材料

对于经过统计分析与理论分析所得到的系统的完整的调查资料,在组织社会实践报告时仍需精心选择,不可能也不必都写在报告上,要注意取舍。取舍材料时应注意:

(1)选取与主题有关的材料,去掉无关的、关系不大的、次要的、非本质的材料,使主题集中、鲜明、突出。

(2)注意材料点与面的结合,材料不仅要支持报告中某个观点,还要相互支持;在现有有用的材料中,要比较、鉴别、精选材料,选择好的材料来支持作者的观点。

3. 布局和拟订提纲

这是社会实践报告构思中的一个关键环节。布局是指社会实践报告的表现形式,它反映在提纲上就是文章的"骨架"。拟订提纲的过程就是把实践材料进一步分类、构架的过程。提纲或骨架的特点是它的内在逻辑性,要求纲目分明,层次分明。实践报告的提纲有两种:一种是观点式提纲,即将调查者在调查研究中形成的观点按逻辑关系一一地列出来;另一种是条目式提纲,即按层次意义表达上的章、节、目,逐一地一条条地写成提纲。也可以将这两种提纲结合起来制作提纲。

4. 起草社会实践报告

这是社会实践报告写作的行文阶段。要根据已经确定的主题、选好的材料和提纲,有条不紊地行文。写作过程中,要从实际需要出发选用语言,灵活地划分段落。在行文时要注意:

(1)结构合理(标题、摘要、正文、结尾、落款)。

(2)报告文字规范,具有审美性与可读性。

(3)通俗易懂。注意数字、图表、专业名词的使用,做到深入浅出,语言具有表现力,准确、鲜明、生动、朴实。

5. 修改社会实践报告

社会实践报告起草好以后,要认真修改。主要是对报告的主题、材料、结构、语言文字和标点符号进行检查,并加以增、删、改、调。

完成这些工作之后,才能定稿向上报送或发表。

拓展阅读

网络问卷调查与传统问卷调查的比较分析

互联网时代,生活节奏越来越快,人们对互联网的依赖程度越来越高。网络调查法越来越被广泛应用。网络调查,即互联网在线调查,是指以网络技术为工具,通过微信公众平台、电子邮件等网络通信手段,搜集统计数据的一种新兴调查方法。

传统问卷调查,首先要设计问卷、印制大量调查问卷;其次由专门的调查人员进行走访和调查,对一些调查内容特殊的调查主题,还要进行邮寄、访谈等,这使传统问卷调查在时间和空间上存在着不足。此外,传统的问卷调查在调查完毕后,对纸质的问卷进行整理、筛选、录入和汇总的工作量很大,需要耗费大量的人力、物力,并且由于工作人员长时间进行输入,可能会产生人工误差。总之,传统问卷调查的调查人工成本高,调查广度不足,人、财、物、时耗费多。

网络问卷调查是指通过网络邀请会员参与回答问卷以获取数据信息的一种调查方式,属于在线调查的一种。其主要方式有:网络会议、电子邮件调查和网页问卷调查等。网络会议是类似于网络在线的会议座谈,进行一对一的访谈或者多人进行座谈的一种网络调查方式;电子邮件调查是把统计调查问卷设计成电子邮件形式,再通过邮寄电子邮件方式实现搜集调查资料的方式;此外,现在也流行在朋友圈中发放电子问卷,搜集所需资料。网络问卷调查的主要特点是:成本低、时效性强、随机性强等。总之,首先网络问卷调查耗费的人力物力都小于传统问卷调查;其次网络调查效率高;但网络调查面向的主要是上网冲浪人群,而不是所有人群,因此,样本代表性不足。

进行网络问卷调查应注意的问题很多,如果是企业产品营销调研,则应区分是哪类产品,比如器具类、食品类、服装类等不同种类。但无论哪类调查,首先都要制定网上调查提纲,设计调查问卷,明确调查题目、时间、问题、标志、要求等。如果是要了解市场需求,则要从顾客的角度来了解客户需求。如果调查对象是产品的直接购买者、提议者、使用者,则要对他们的具体角色进行分析,比如,代理某种时尚品牌休闲女装,其目标销售对象应当是年轻女性及中年女性,但实际客户市场不仅是这部分人群,还包括他们的父母、男友等角色。因此,实施网络调查时,只有将调查对象进行角色细分,才能更有针对性、更准确性地了解市场需求。实施网络问卷调查时主要注意以下三个问题:

一是选择针对网络人群的内容进行网络调查。例如在基本身份特征类调查中发现:男性、理工科专业和大二、大三同学为经常上网人群,更适合进行网络调查。因此,若研究对象主要限制于网络使用者或是经常上网的人群,则对他们进行网络问卷调查比传统问卷调查更有优势。由此推理,适合采用网络调查的项目有:网络游戏的满意度调查、新产品试用效果测试、网络广告投放效果测试等。

二是根据敏感性程度选择不同的调查方式。从对满意度和敏感性问题方面的调查结果中可以发现:传统问卷调查,由于白纸黑字,会给被调查者带来压力,而网络问卷调查则相对使被调查者更容易表达真正的情绪和意愿,真实性更强。因此,可以针对敏感程度不同,采取传统问卷调查和网络问卷调查结合的方法,从而弥补两种调查方式的不足。

三是以赠小奖品等形式激发被调查者参与的兴趣。网络是虚拟世界,如果在网络调查过程中加入适当的奖品激励,调查会获得更多的参与者。如惠普在网上做调查时,用奖品激励参与者。某医学杂志在做调查时,提供样刊赠阅,也获得了积极的反馈。从这次网络调查中也发现,网络调查因为无约束性,被调查者通常参与热情不高,回复率低。如果以赠小奖品或支付少量薪酬等形式及方法,会大大调动被调查者参与调查的热情,从而提高信息的回复量和回复速度。

(资料来源:佟成军.关于网络调查与传统纸质调查差异的比较分析[J].中国统计,2017,有改写)

第三节 社会实践的考核评价与反馈

学习目标

理解社会实践考核评价的原则和作用。

掌握社会实践考核评价的类型和存在的问题。

一、社会实践考核评价的原则

评价是人们对价值关系的认识或反映，是以人为主体、以价值关系为客体的一种新型关系。大学生社会实践考核评价是依据社会实践目标对社会实践活动教学过程及结果进行价值判断并为社会实践决策服务的活动，是对社会实践的价值做出判断的过程，也是研究教师的"教"和学生的"学"的价值判断过程。社会实践考核评价一般包括对教学过程中学生、教师、实践教学内容、实践教学方法和手段、实践教学环境、实践教学管理等因素的评价，但主要是对学生实践效果和教师实践教学工作过程的评价。基于增值理念的社会实践考核评价应遵循以下原则：

（一）考核评价主体的多元性

与传统的考核评价的单一主体相比，基于增值理念的考核评价要求多元主体参与考核评价，不仅由任课教师或指导教师来进行考核评价，还要求社会、企业、行业专家以及学生本人参与考核评价，其中企业、行业的有关专家在前期还要参与考核评价标准的制定。这种有学生参与的考核评价，使学生由被评价者变成评价者，实现了评价的主、客体统一，使学生在参与评价的过程中能更好地改进自身的不足，学习他人的长处，调动学生的主动性和积极性。这个多元的考核评价共同体突出了考核评价的激励教育功能，促使考核评价为育人目标服务，最终实现学生能力水平的提高。

（二）考核评价内容的全面性

传统的考核评价往往只注重对学生知识水平的考核评价，基于增值理念的考核评价则要求考核评价的内容要体现全面性，尤其要突出能力和素质素养，考核评价的内容应不局限于教材，要具有较大的灵活性。除传统理念所关注的结果评价外，基于增值理念的考核评价还应关注学生的学习过程以及学生在学习过程中的能力、素养、品格的提升。

（三）考核评价方式的多样性

在传统的教育理念下，往往是通过期末考试的形式一次性地对学生的一门课程的学习进行考核评价，但并不能真正体现学生的学习水平，也难以充分发挥考核评价的功能和取得较好的育人效果。基于增值理念的考核评价不局限于期末考试这一种考核方式，而注重考核评价方式的多样性，既有学生的自我考核评价，又有教师及其他主体参与的考核评价；既有整体性的考核评价,又有特色及创新的考核评价;既有定量考核评价,又有定性考核评价。基于增值理念的考核评价强调针对内容选择考核评价的方式,讲究灵活多样,可以对学生的学习进行全面、客观、准确地评价,进而促进考核评价的各项功能得以充分发挥。

(四)考核评价时间的连续性

传统理念下的考核评价,往往只是在学习结束时进行,在此之前基本上没有考核。基于增值理念的考核评价则要求在学生学习的各个阶段都要进行考核评价,进而实现考核评价的连续性。这样一方面可以让教师及时了解学生的学习状况,并有针对性地改进教学中存在的问题;另一方面,可以让学生在持续的考核中,保持良好的学习态度,实现学业增值。

二、大学生社会实践考核评价的作用

高职院校实施科学合理的考核评价,用积极的态度看待学生,从每个学生发展的内在需要和实际情况出发,评价他们各自的发展进程,让每个学生都得到赏识,体验到成功,对社会实践活动的顺利进行以及达到预期的目标具有重要作用。

(一)为实践教学改革提供依据

科学合理的考核评价要求教师不只是简单地判断或褒奖,而应注重引导,更多地从内容、方法等方面去点拨和启发。教师利用评价的结果可以了解社会实践教学目标的实现程度,实践教学活动中使用的方法是否有效,以及学生的接受程度和学习状况,从而随时调整教学行为,反思和改善教学计划与教学方法,不断提高实践教学水平。社会实践考核评价是以社会实践教学目标为依据的,如果评价后学生的学习结果与预期的教学目标相符,则表明教师完成了教学任务,其教学方法是正确的。如果评价后学生的学习结果与预期的教学目标不相符,则教师需要重新考虑教学目标的适当性及教学方法的有效性,考虑如何进一步改进实践教学。

(二)为增强师生联系提供动因

学生需要教师的激励,激励能激发人的潜能,让人心智开启,灵感涌动。科学合理的考核评价对教师和学生都具有激励和强化作用。通过评价反映出教师的实践教学效果和学生的社会实践活动效果。经验和研究表明,在一定的限度内,科学合理的考核评价可以调动教师的积极性和主动性,激发学生学习的内部动因,使教师和学生都把注意力集中在教学目标的达成上。科学合理的考核评价要遵循实践教学规律。对教师来说,适时、客观的教学评价,可以使教师进一步明确实践教学工作中存在的问题,明确如何改进实践教学方法,努力提高实践教学效果;对学生来说,适当、合理的评价可以充分调动学生的主观能动性,帮助学生树立实现社会实践目标的信心,增强完成社会实践任务的决心。

(三)有利于提高实践教学质量

实践教学是学校教育的重要组成部分,如何提高实践教学质量,巩固课堂教学效果,确保各项教学任务的顺利完成,是培养合格人才的重要环节。对实践教学进行有效的质量评价,可以促使教师对照评价结果不断地改进实践教学,促进整体实践教学质量的提高。它的目的不在于区分学生学业成绩的等级差别,而在于评价每个学生对实践教学目标的实现程度。除对学生的成绩进行价值判断外,实践教学评价还要判断学生的性格特点、行为习惯、态度、思想道德素质、身体素质等方面的情况。因而,科学合理的评价有利于社会、家庭与学校增强对实践教学内在价值的认识,克服目前存在的只重理论知识学习、忽视实践能力培养的价值观念,从而更好地对学生实施素质教育,促进学生身心健康发展,真正提高实践教学质量。

三、大学生社会实践考核评价的类型

(一)诊断性评价

诊断性评价也称教学前评价或前置评价,一般是在某项活动开始前,为使计划更有效地实施而进行的评价。一般来说,教师对学生进行诊断性评价借助的手段主要有以前相关课程的成绩记录、摸底测验、智力测验、态度和情感调查、观察、访谈等。诊断性评价实施的时间一般为课程、学期、学年开始或教学过程中需要的时候。在社会实践活动开始时,诊断性评价主要用来确定学生的准备程度并对学生进行合理的安置;社会实践活动中的诊断性评价,主要用来找出存在的问题、确定妨碍学生进行社会实践的原因,并提出有针对性的改进措施。在大学生社会实践活动中,诊断性评价的优点是教师能够对自己的教育对象做到心中有数,对学生的已有知识、道德情感、性格特点等有所了解,以便在下一步的社会实践活动中抓住有利的时机,有针对性地、及时准确地对学生的社会实践活动行为做出评价,从而为提高学生社会实践活动效果提供依据。

(二)形成性评价

形成性评价是相对于传统的总结性评价而言的。形成性评价是对学生学习过程中的表现、所取得的成绩以及所反映出的情感、态度、策略等方面的发展的评价,是基于对学生学习全过程的持续观察、记录、反思而做出的发展性评价。其主要目的是改进、完善学习过程,使学生获得成就感,增强自信心,培养合作精神。在大学生社会实践活动中,形成性评价主要是对学生的实践过程进行的评价,旨在确认学生的潜力,改进和完善学生的实践活动;重视实践的过程,重视学生在实践中的体验;强调教师与学生之间、学生与学生之间的相互作用,强调评价中多种因素的交互影响。在形成性评价中,教师的职责是确定任务、搜集资料、与学生共同讨论,在讨论中渗透教师的指导作用。

(三)总结性评价

总结性评价又称事后评价,一般是在教学活动结束后,为了解教学活动的最终效果而进行的评价。学期末或学年末进行的各科考试、考核都属于这种评价,其目的是检验学生的学业是否达到各科教学目标的要求。总结性评价重视的是结果,借以对被评价者做出全面鉴定,区分出等级,并对整个教学活动的效果做出评定。在大学生社会实践活动中,总结性评价是以预先设定的社会实践教学目标为基准,对评价对象达成目标的程度即社会实践教学效果做出评价。社会实践活动中运用总结性评价注重考查学生掌握社会实践这门课程的整体程度，是对学生进行社会实践活动所取得的成果进行全面的价值判断，以便巩固、深化良好的学习习惯或行为习惯。

（四）自我展示性评价

自我展示性评价是师生之间、生生之间共同学习和交流的过程，是学生发现自我、欣赏别人的过程。活动的主题不同，过程和方法也有差别，自我展示性评价的形式也多种多样。在社会实践活动中，自我展示性评价有以下两种形式：

（1）开展社会实践成果展示交流活动，引导学生感受丰富多彩的社会实践过程。当某个实践主题或某个阶段活动结束后，社会实践活动进入成果展示交流阶段，教师要提供机会让学生相互交流，将丰富多彩的社会实践成果展现在学生面前。

（2）随机展示，不断激发学生参与的兴趣。有时学生的社会实践成果不一定要实践活动结束时才展示出来，当发现学生在社会实践活动中的闪光点或取得小小的成功时，指导教师应该满足学生展示的欲望，及时给他们提供展示的机会，以便进一步激发学生参与社会实践活动的积极性与主动性。

（五）合作式评价

合作式评价是个人与个人、群体与群体之间为了客观、公正地评价学生活动的效果，彼此相互配合的一种联合行动或方式。合作式评价的双方具有平等的法人地位，在自愿、互利的基础上实行不同程度的联合。在社会实践活动中，合作式评价的方式主要有：

1. 小组互评

在小组进行评价活动时，可以由学生之间互评，也可以由教师主持互评活动，并结合自己的观察记录，提出观点或意见，师生合作完成评价活动。

2. 家长或社区、单位评价

家长或社区、单位介入评价活动，可由校方提供评价项目、评价标准和具体要求，由家长或社区、单位管理人员对学生的社会实践活动成果进行客观评价。

（六）个人档案袋评价

个人档案袋或学生成长记录袋是指用以显示有关学生学习成绩或持续进步信息的一系列表现、作品、评价结果以及其他相关记录和资料的汇集。一般包括学生学习过程中的学习结果、学业成绩、学习付出、学业进步、学习反思等主要信息。个人档案袋评价是指通过对档案袋的制作过程和最终结果的分析而进行的对学生发展状况的评价。从其运用范围来看，个人档案袋评价多用于表现性评估。此外，档案袋的建立是师生共同协作的结果，为教师对学生的发展进行全面评价提供帮助。

（七）发展性评价

发展性评价是指依据一定的教学目标和教育价值观，评价者与学生建立相互信任的关系，共同制定双方认可的发展目标，运用适当的评价技术和方法，对学生的发展进行价值判断，使学生不断认识自我、发展自我、完善自我，不断实现预定发展目标的过程。发展性评价的关键是教师要以发展的眼光看待学生，而不是用一把固定的尺子对学生进行分类，体现的是一种全新的评价理念。发展性评价的标准、内容、过程、方法都要有利于学生的发展。在大学生社会实践活动中，想做好发展性评价需要注意明确评价的目的、强调过程评价、关注学生发展的全面性。

> 拓展阅读

大学生社会实践指标初步构建

根据大学生社会实践的具体内容和评价方式,指标体系可分为目标层、准则层和方案层。指标体系的构建可从以下5个方面展开。

表1　　　　　　　　　大学生社会实践指标体系

目标层	准则层	方案层
大学生社会实践	实践主题	选题意义与价值
		选题难度与可行性
		与社会需求的相关度
		与自身专业的相关度
	实践计划与成果	计划内容的翔实性
		计划内容的全面性
		计划内容的可行性
		总结报告质量
	思想品质	职业道德
		服务意识
		自律程度
		职业责任感
	专业知识与能力	职业认同度
		专业知识
		沟通交际能力
		观察应变能力
		文字表达能力
	身体心理素质	身体素质
		心理素质

(资料来源:张礼敬.大学生社会实践考核指标体系构建[J].新课程研究,2017)

四、大学生社会实践考核评价存在的问题

(一)重视结果评价,忽视过程评价

社会实践评价过多强调结果,导致忽视社会实践活动的过程和体验,忽视学生的全面发展和个体差异,特别是对学生的实践能力、学生对社会实践的态度、学生采用的社会实践方法、学生的创新精神等方面缺乏重视。例如,在社会实践活动过程中,学生在"解决问题的基本方法"方面获得了哪些发展,缺乏具体的评价指标。这种现状导致教师和学生在社会实践活动实施过程中对方法的落实和具体操作关注不够,表现为许多学生不知道如何设计一份简要的调查问卷、如何进行访谈等。

(二)主体偏向,自评互评形式化

目前,社会实践评价普遍忽视学生的参与,学生的主体性发挥不够,以教师为主体的评价现象十分普遍。评价主要由管理者(教师)把握,学生是被动接受的评价客体,只能接受来自于教师的评价和指导。这种排斥被评价者对评价的介入、不允许被评价者之间的相互交流、探讨以及反对被评价者与评价者之间的沟通与协商的行为,会使评价流于形式,也易使被评价者对评价活动和结果产生抵触情绪。虽然有时也组织一些学生自评和互评,但这些评价模式还很不成熟,缺乏实效性;存在没有明确的评价目标与标准,忽视对学生反思能力、比较与观察能力的培养等问题。

(三)方法单一,易造成片面化

在目前的社会实践考核评价中,缺乏有效的评价工具和方法,过多地注重定量方法而忽视定性的评价方法。对学生的各方面评价都是以报告形式进行的,评价结果自然是以量化的分数或等级为表现形式的。过分注重定量评价,而忽视定性评价;注重横向比较,而忽视纵向比较;在评价中过于重视现实的写作能力,而对其他考查方式和评价方法不够重视,不利于激发和调动学生进行社会实践的积极性和主动性。单一的评价方法会给学生的全面发展带来不良影响,容易使学生的发展走向片面化。

(四)评价指标不清,体系不完善

由于绝大部分指导教师对社会实践活动总目标缺乏分解研究,评价的具体指标不明确。比如,学生关于社会实践活动知识方面的指标,关于社会实践活动能力方面的指标,关于社会实践的态度、情感及价值观方面的指标等,都没有具体的、统一的标准,造成在评价的过程中,教师对学生社会实践活动评价的直接依据不足,导致评价过程比较随意。有的教师在评价过程中,由于对其评价指标缺乏系统研究,而仅仅将一个社会实践活动总结报告作为评价依据,使得这种评价随意性较大。

拓展阅读

大学生社会实践评价指标体系

大学生社会实践评价指标是人才培养目标和评价标准的载体与具体体现,它在大学生社会实践的评价过程中具有不可替代的作用。制定科学合理的社会实践评价指标体系,是实现社会实践目标的关键因素,是提高社会实践质量和效果的重要环节。现有的大学生社会实践评价指标体系,具有形式化内容较多、可操作性不强等弊端,迫切需要一套以学生满意为本位、以学生获益为目的、以公平公正为标准的客观科学评价体系来保证社会实践的效果,以此增强社会实践的实效性。大学生社会实践评价指标体系主要涉及以下三个方面。

一是组织策划评价指标。组织策划是活动开展的首要环节和先决条件,对于大学生社会实践而言,组织策划阶段主要包括学校重视、组织动员、主题选择和方案设计等。从宏观层面看,高校首先要将社会实践纳入人才培养方案的总体规划,规定学时和学分,纳入学生的综合测评,并保证专项工作经费到位。其次,高校要动员一切社会力量,加大社会实践基地的投资与建设,与实践基地建立良好的关系,形成长效的实践机制,为学生社会实践的开展做必要的准备。从微观层面看,学生要在社会实践中开阔眼界、增长才干,实践活动方案的科学性和有效性是基础前提。组织策划阶段的评价指标至少应包括：一级指标（组织策划），权重占20%。二级指标，包括学院组织动员情况、实践基地（单位）联系情况，各占10%；实践方案策划情况、接受学校培训情况、实践经费落实情况，各占15%；实践队伍搭配情况，占5%；指导教师参与情况，占10%。

二是实践过程评价指标。实践过程是社会实践的核心，是学生在社会实践中自身情感情绪的体验，直接影响实践者的体验成效和收获质量。因此，从学生满意度的角度，实践者的态度和能力是实践评价的重要指标。在社会实践实施阶段，评价指标不仅仅停留在表层成果的产出上，即实践者的态度上，还应该有针对性地体现在实践者的能力上，通过个人自评、小组互评或实践地评价等方式，展现实践者的实践能力，保证实践评价的科学性。实践实施阶段的评价指标应至少包括：一级指标（实践过程），权重占50%。二级指标，包括实践者团结合作的情况、实践者爱岗敬业的情况，实践者的积极主动性、实践者沟通的能力，各占5%；实践者应对挫折的能力、实践者资源利用的能力、实践者分析解决问题的能力，各占10%。

三是总结评比评价指标。总结评比是对实践过程的系统回顾和认真梳理，是评价社会实践活动优劣的核心指标。实践者通过社会实践活动，会产生一定的实践成果，因此，总结评比阶段评价的指标可以围绕实践成果来设置，评价它是否达到预期的效果，是否产生具有价值或影响的物化成果以及实践者答辩的表现情况等。总之，社会实践的总结评比指标一定要引导学生到受教育、做贡献、长才干上去，强调过程的重要性，让学生在社会实践中真正有所受益。总结评比阶段评价的指标至少应包括：一级指标（总结评比），权重占30%。二级指标，包括完成实践计划情况，媒体宣传报道情况，高校对实践者的评价情况，实践地对实践者的评价情况，各占10%；总结报告类成果的科学性、创新性、规范性，体会感悟类成果的真实性、生动性、实用性，实践者的答辩情况，各占10%。

（资料来源：肖述剑.基于学生满意度的大学生社会实践评价指标体系研究[J].学校党建与思想教育,2015）

复习思考

一、理论知识掌握

1.实践的含义与特点是什么？

2.大学生社会实践的特点和意义是什么？

3.结合实际，谈谈定性研究与定量研究相结合在大学生社会实践中的重要作用。

4.大学生社会实践的类型与原则是什么？

5.大学生社会实践的形式与途径是什么？

二、能力素质训练

1.结合自身实际，谈一谈参加过的社会实践活动，并分享收获。

2.以小组为单位，运用相关社会实践方法，对校园中感兴趣的现象进行分析，写一篇调查报告。

3.问卷调查法的含义与特点是什么？设计一份大学生社会实践活动的调查问卷，以小组为单位进行讨论、交流。

4.以小组为单位，以访谈的形式，对本校获得优秀大学生社会实践的个人及团队进行面对面访谈，了解社会实践的过程、意义和收获等。

5.以小组为单位，通过案例分析如何做好大学生社会实践的考核评价工作。

第七章 农业劳动

农业是人类社会赖以生存的基本生活资料的来源,是社会分工和国民经济其他部门成为独立的生产部门的前提和进一步发展的基础,也是一切非生产部门存在和发展的基础。国民经济其他部门发展的规模和速度,都受到农业生产力发展水平和农业劳动生产率的制约。广义的农业包括种植业、林业、畜牧业、渔业、副业五种产业形式;狭义的农业是指种植业,包括生产粮食作物、经济作物、饲料作物和绿肥等农作物的生产劳动活动。

第一节 中国传统农业知识

学习目标

熟悉我国传统农业发展历程。
了解我国传统农业生产技术的发展。
掌握二十四节气的应用。

一、中国传统农业发展历程

传统农业是在自然经济条件下,采用人力、畜力、手工工具、铁器等为主的手工劳动方式,靠世代积累下来的传统经验发展,以自给自足的自然经济为主导地位的农业。传统农业是一种生计农业,农产品有限,家庭成员参加生产劳动并进行家庭内部分工,农业生产多靠经验积累,生产方式较为稳定。传统农业生产水平低、剩余少、积累慢,产量受自然环境条件影响大。

中国传统农业是集约型农业,主要特点是因时因地制宜,精耕细作,为了提高土地利用率、单位面积产量,采取良种、精耕、细管、多肥等一系列技术措施。其形成与封建地主经济制度下的小农经营方式和人口多、耕地少的格局的逐步形成有关。在农艺和产量上,中国传统农业曾达到世界最高水平。

以种植粮食为中心,多种经营,是中国传统农业生产结构的主导形式。在这样的农区之外,又有游牧经济占主导地位的牧区,两者互相依存,在不同时期又互有消长。

中国传统农业的发展是不平衡的。精耕细作的农区虽然不断扩大,但也有些地区粗放经营,甚至还保留着刀耕火种的原始农业残余。以精耕细作农艺的形成和发展为主要线索,中国传统农业大体经历了下述阶段：

夏、商、西周、春秋时期是由原始农业向精耕细作的传统农业形态过渡的时期，主要特点是与青铜工具、耒耜、耦耕相联系的沟洫农业；

战国、秦、汉、魏晋南北朝时期是精耕细作农艺的成形期，主要特点是以耕、耙、耱为中心的旱地农业技术体系的形成；

隋、唐、宋、辽、金、元时期是精耕细作农艺的扩展时期，主要特点是以耕、耙、耖为中心的水田农业技术体系的形成；

明、清时期是精耕细作农艺的持续发展时期，主要特点是应付因人口激增而出现的人口多、耕地少的矛盾，致力于增加复种指数和扩大耕地面积，土地利用率达到了传统农业的最高水平。

二、中国传统农业生产技术

中国传统农业是体现和贯彻中国传统的天时、地利、人和以及自然界各种物质与事物之间相生相克关系的阴阳五行思想，精耕细作，轮种套种，用地与养地结合，农、林、牧相结合的一类典型的有机农业。

（一）中国传统农业生产技术的特点

讲求精细的土壤耕作和田间管理。在北方，针对春旱多风的特点，早在春秋时期就强调"深耕疾耰"，汉代以后发展成以创造蓄墒防旱的良好耕层为目的的耕、耙、耱整地技术，并重视中耕除草和轮作倒茬。在南方，宋代以后创造了耕、耙、耖等适于水田耕种的整地技术，对育秧、插秧有严格的技术操作要求，对于稻田的耘耥、施肥、灌溉与排水都有科学的管理措施。

重视选用良种。《诗经》中已有良种的概念，穗选法的产生不晚于汉代，已有相当于现代种子田的记述；植物无性繁殖和无性杂交技术可追溯到先秦时期；清代出现单株选育的新品种。几千年来中国选育和积累了大量适于不同农田条件和经济要求的品种，从丰产、优质到抗逆等各种类型都有，作物品种资源居于世界首位。

强调施肥的重要性和保持地力。这一优良传统始于战国，发展于宋、元，至明、清更趋完善。主要措施是充分利用人畜粪溺、种植豆料绿肥、蒿秆还田、人工沤制堆肥、烧制熏土、捞取河泥、施用饼肥，以及把一切生活消费后的"废物"归还土壤，在施肥技术和理论上也有许多创新。

中国古代农业生产工具和技术的发展，大大提高了生产力的发展。春秋末年开始使用牛耕，出现了铁器。在使用铁器的基础上，战国时期铁农具的使用更为普遍，铁器时代到来，牛耕得到推广，各国兴修水利，最著名的是秦国的都江堰。秦朝时期中原铁器和先进的生产技术传到珠江流域，逐渐为越族人民所掌握。到了西汉，铁农具向边疆推广，西域也开始使用铁器。同时，勤劳的劳动人民发明和使用了播种工具——耧车；张骞出使西域后，西域各族得到了铁器，还学会内地铸造铁器的技术；西汉时从西域传入了许多作物品种，有葡萄、苜蓿、核桃、胡萝卜等。在三国时期，大批北方农民为躲避战乱迁居江南，带去了先进的生产工具和耕作技术。在南北朝时期，贾思勰总结了北方人民长期积累的生产经验，写出《齐民要术》这部我国历史上最早、最完整的农书。在隋唐时期，为加强南北经济交流，隋朝开凿大运河;唐朝农民改进犁的构造,制造了曲辕犁,并创制了新型灌溉工具——筒车。在北宋时期,人们从越南地区引进的占城稻在福建地区普遍种植,政府还把它推广到江浙和淮河流域。在南宋时期,棉花种植从广东、福建地区向北扩展到长江和淮河流域。到了元朝,棉花种植区域进一步扩展到全国。在明朝时期,政府推广种植棉花,棉花种植遍及南北各地,棉布成为人民的主要衣料;原产美洲的玉米、甘薯、马铃薯、花生、向日葵、烟草等作物传入我国。

中国传统农业的土地利用率和产量俱高而地力经久不衰,主要是由于采取了上述综合技术措施。在采取这些措施时,贯彻了因时因地制宜的原则,在先秦时期就出现了《管子·地员》这部区别不同土壤及其宜种作物的著作;而不违农时,尤其是掌握适宜的播种期,是自古以来的基本原则之一。利用战国时期已形成的二十四节气掌握农时,就是这方面的独特创造。

(二) 几种中国传统农业生产技术

我国传统农业生产技术大多是劳动人民在进行农业生产时凭经验总结出来的,但这一切都处于知其然而不知其所以然的状态之中。而近代农业科学的引入,科学地解释了传统农业科技的合理性,给中国传统农业生产技术的发展提供了强有力的理论支撑。

1. 耕作技术

精耕细作是中国传统农业十分宝贵的思想财富和非常丰富的经验总结,特别讲究耕、锄、耙等工作,"耕者且深,耨者熟耘","五耕五耨,必审以尽,其深殖之度,阴土必得",到魏晋南北朝时期《齐民要术》还深刻总结了"秋耕欲深""初耕欲深"的新经验,这都说明当时对精耕细作的高度重视。而近代农业科技同样也讲求这一点,"欲于少雨而水在地面化气甚速之处保存土内之水,耕土当较深于寻常,使水能下注而回至地面甚迟。盖耕深则成许多无毛管吸力之隙,使水下注更速,而减毛管吸力吸至地面之水"。可以看出,同样的耕作技术,中国人是在多年的生产实践过程中积累总结出来的,而西方人则是从土壤学角度来阐述,然后使之上升到一定理论高度。

2. 施肥发酵技术

中国是世界上施肥历史悠久的国家,在积肥造肥方面,特别注意对有机肥的发酵处理,"人粪虽肥,而性热,多用害稼,暴粪尤酷,故于秋冬农隙时,深掘大坑,先投树叶、乱草、糠秕等物,用火煨过,乘热倒下粪秽、垃圾,以河泥封面,谓之窖粪"。西方人对这一做法也做出了理论解释:"凡将施粪溺以前,必不可不令腐熟。若以未腐熟而新鲜之物直施之,不惟少效,往往害植物,以其苛烈之性。其腐熟既得完全,然含有之阿摩尼阿,犹不无飞散之患。"

中国传统农业有重视利用绿肥来肥田的传统,《抚郡农产考略》叙述了这方面的经验:"于获稻,种豆后,相约开山锄草,种田者多,需草尤多,堆积山场隙地,其高如屋,徐取以垫猪、牛圈牢,养猪、牛多者,一月需十百担,取出放于田内。每田有塘泥、猪牛籍十车,其农必倍收,故乡农珍惜之。"而西方农书中也有类似介绍:"然使秋收之后,补种他物,第缓其泄水之时,至冬仍挟淡养五而去。则所种之植物,不得为利。……余昔尝试之,方八月之初,余种以乌挨士。此物生长可至十一月。计每扼枢打所种约重可一万五千启罗。覆埋之,其所得淡气之用,约与兽粪相等。"

3. 嫁接技术

中国传统嫁接技术历史悠久,元代的《王祯农书》中就总结出了六种嫁接技术:身接、根接、皮接、枝接、靥接和搭接;而明代徐光启不仅提出了嫁接三条要诀"第一衬青;第二就节;

第三对缝。依此三法,万不一失",还对一些具体嫁接技术也有深入细致的研究。而晚清翻译的西方园艺学著作中,西方人对此项技术给予了近代科学的解释:"接枝与本干相合,虽极近极密,然仍各存其本性,所增各种木料与树皮,彼此不相关,接枝之纹质,与微管等,终不与本干相混。"

4. 养蚕技术

中国蚕农养蚕极为讲究,在采桑叶时要求"必须在雨前采叶,如连续数天下雨,不得不于雨中采叶,应该用布夹之使干","不得买金桑叶、毛桑叶、鸡脚桑叶、大麦地内桑叶。不得买远道桑叶,如不得已买自远处,行二十余里,须放风一次"。而在蚕室养蚕的过程中,也时常强调"勿食雨叶""堆叶太厚,则湿热熏蒸,蚕食必病"。而在清末翻译的日本《蚕病要论》中则有"蒸桑"之说,"蒸桑:搬运桑叶,或贮桑之法,不得其宜,致起蒸热,则多招致微生物之寄生,今证之实验",结果是桑叶发热后需及时冷却,若不变色,则仍可用来喂蚕。但是"若冷却之际,变绿黑色,或处处变黑色、赤褐色等者,已受细菌类之寄生,决不可给蚕儿。若给之,则发剧烈传染病"。实际上,桑叶在搬运、贮藏中容易发热,这是微生物在起作用的缘故。

5. 深耕技术

深耕是传统农业精耕细作的基础。公主岭农业试验场的试验结果曾表明,东北的北部地区,无论是多雨的年份还是干旱的年份,深耕均起到增产的效果,大豆以 9 月下旬秋耕区产量最高,高粱、谷子以 10 月下旬秋耕区产量最高;另据克山农事试验场的试验,曾在 6 年中有 5 年秋耕优于春耕,他们认为在北部地区秋耕可以增产。而陕西延长县的劳动英雄王生贵,在 1943 年时把棉花地秋翻一次,深耕 20 多厘米,结果平均每亩收皮棉 25 千克。

6. 垄作法

垄作法是我国古代先进的耕作方法。公主岭农业试验场以机械耕种方法与东北固有耕作方法(垄作法)曾进行 4～7 年的比较试验,在高粱、谷子的产量上,固有耕作方法比机械耕作法高。另据克山农事试验场某两年的试验结果,大豆的产量还是以固有耕作方法产量为高。这使得当时的日本农业科技人员不得不承认,东北固有耕作方法实行垄作还是很有道理的,即在春季可以提高地温,促进种子发芽,夏季又便于排水,防止降雨集中季节土壤过湿。

7. 轮作、间作技术

轮作与间作是传统农业重要的种植制度,公主岭农业试验场的试验结果曾表明,无论施肥区或无肥区,大豆—高粱—谷子三年轮作区比连作区的大豆增产 12%,高粱增产 43%,谷子增产 29%,轮作总产比连作总产增加 34%。而从克山农事试验场的某试验结果来看,轮作区也比连作区增产 27%。由此可见,在东北这种一年一熟的地区,合理轮作的增产效果是十分显著的。四川省坝地麦田间作甚为流行,通常与小麦间作的作物为蚕豆、豌豆、油菜三种,而以与蚕豆间作者比较普遍。为明确其增产效果,四川省农业改进所曾进行了大量试验,结果表明间作蚕豆较未间作者,每亩增产蚕豆 6 千克,相当于 8%。间作小麦较未间作小麦,每亩增产 31 千克,相当于 25%。1935 年,浙江省曾在绍兴、萧山等地区推广间作 9 万亩,较一季稻农田每亩增收最高达 127.8 千克,最低有 89.55 千克。

(三)中国传统农业技术的改进

中国传统农业技术注重观察利用农业生物与农业生态系统的外部特征及相互关系,而忽视对其自身要素和内部结构的深入研究,因而中国传统农业技术在应用过程中往往受到这方面的限制而大打折扣,而西方农学通过科学方法研究农业生产过程的机理,从根本上弥补了中国传统农业技术的这一不足,提升了传统农业技术的可应用性。

1. 畦作试验

垄畦作务是两千多年前利用水土、趋利避害的一种耕作法。《吕氏春秋·任地》中提到"上田弃亩,下田弃畎",就是说高田旱地把作物种在畦沟里,低田湿地把作物种在畦垄上。而长江流域地势平坦,地下水位较高,春夏多雨,易遭受渍涝灾害,农家栽培盛行畦作,以利泄水。惟畦厢宽窄不一,或者厢面太宽而且不平,容易积水;畦沟深浅不一,高低不平,排水不畅。为明确其畦幅的适宜宽度,浙江省稻麦改良场曾比较四种不同畦幅对收获量的影响,其试验畦幅,最窄的为 53.3 厘米,递次为 80 厘米、120 厘米,最宽的为 133 厘米,每畦所种小麦行数,依次为 2 行、3 行、4 行和 5 行,结果显示以 120 厘米至 133 厘米的畦幅为宜。从此南方进行畦作便有了可以遵循的客观标准,这为大规模的畦作推广奠定了良好的基础。

2. 有机肥料技术

我国施用农家有机肥具有悠久的历史,肥料种类很多,肥料资源极为丰富。至明清时期我国的有机肥料已超过一百种。及至近代,人们在积极推广化学肥料时,并没有忽视要充分发挥有机肥料的肥效这一点,而是积极改进有机肥料的积制技术,以便充分发挥有机肥料的效能。进入民国初期,人们采用了理化分析法对我国常用的 29 种农家肥进行了氮、磷、钾三要素及有机物含量的分析化验,并以此来确定各种蔬菜施用有机肥料的数量指标。

20 世纪 30 年代,国立浙江大学农学院的土壤肥料教授刘和与助教官熙光,经过六七年的苦心研究,以榨油厂的副产物豆饼、菜籽饼、花生饼、芝麻饼、桐籽饼等,以及皮革厂废弃物皮渣、毛发为原料,通过加温加压,破坏有机肥料的脂肪,去其劣性材料,加入水分、蛋白质,使其易于氨化,发明了一种活化有机肥料的新方法,活化肥料的水溶氮百分率明显提高,肥效至少提高 40%。堆肥原为一般农民惯用的肥料,历来多注重堆贮的改善,使其易腐熟,以减少有效成分的损失。1936 年,中山大学农学院土壤肥料教授彭家元与助教陈禹平,曾分离出一种细菌,足以分解纤维质,促进堆肥腐熟,通过几年的实验,效果颇佳,当时由广东省农林局特制此菌种向农民推广,后来四川省农业改进所也积极制造并广泛推广。

3. 作物病虫害防治

民国初期至 1949 年,经过各昆虫研究机构及昆虫学家的努力,中国对主要病害虫的生活史和为害状况已有相当的认识,并且提出了适当的防治方法,这给中国这一古老的病虫害防治技术赋予了新的内涵。

(1)农业防治。黎国泰是近代较早提出农业防治的学者之一,他自 1935 年起通过研究三化螟的生活史及其防除法,揭示了三化螟的发生规律,提出了"适合于广西农民采用者,有合式秧田,冬耕灌水。以广西而论,应集中全力,一致施行早晚两造秧田期之防除,方法有采卵、捕杀成虫、点灯诱蛾"的农业防除法。1938—1940 年,邱式邦在广西柳州沙塘研究了玉米螟的生活习性,发现了卵赤眼寄生蜂一种及蛹寄生蜂两种,并着重进行了农业防治的研究,总结出了"低割玉米茎秆、烧毁残株、提早播期、加强管理、选用抗虫品种"等一套有效的农业防治方法。1940—1944 年,他又在沙塘对豆荚螟、豆平腹蜡象、豆潜蝇及小绿象鼻虫等害虫的生活习性进行了研究,找出了沙塘地区大豆连年歉收的主要原因系豆荚螟为害,也提出了一系列农业防治办法。1938—1949 年,由陶家驹、张若芷、陈家祥、黄至溥等人主持,分别对水稻螟虫的生活习性、为害情况,以及促成螟灾环境进行了系统研究,提出了抗螟育种、寄秧避螟、合理施肥、灌溉防螟、栽培管理等多项农业防治措施。

(2)生物防治。民国初期至1949年,中国的昆虫学家还加强了对寄生性天敌昆虫、捕食性天敌昆虫,以及寄生性菌类的研究,这为后来的生物防治奠定了初步基础。寄生性天敌昆虫寄生于害虫体内并以害虫体液或内部器官为食,从而达到致死害虫的效果。1933年祝汝佐在研究桑白蚕时,曾在卵期发现两种卵寄生蜂,在幼虫期发现两种幼虫寄生蜂,还有寄生蝇、大腿蜂各一种。而1936—1937年,刘廷蔚、邱式邦在考察松毛虫天敌时,发现了三种卵寄生蜂、八种幼虫寄生蜂及寄生蝇、四种蛹寄生蜂。利用捕食性天敌昆虫防治害虫是一种传统的害虫生物防治技术。柳支英于1929年在梧州开始研究两种瓢虫(十斑和十三斑瓢虫)的生物学和生态学,并于1937年发表广西这两种瓢虫的生活史,指出这两种瓢虫捕食竹蚜十分厉害。寄生于昆虫上的真菌和细菌也是生物防治上的重要因子。1941—1948年,由张若芷主持研究了螟虫的生物防治,发现了四种螟虫卵寄生蜂,它们为两种黑卵蜂、两种赤眼蜂,另外还发现了二化螟和三化螟幼虫的寄生线虫。

(3)药物防治。1930年浙江省昆虫局设药剂室试用土产法杀虫植物闹阳花和雷公藤、巴豆、烟碱防治害虫。1934年孙云沛、吴振钟应用棉油、石碱及肥皂等制成混合药剂防治棉蚜,收效很大。而1934—1935年广西南宁昆虫研究室的陈金璧试制了毒鱼藤番枧剂、辣蓼番枧剂、烟茎石灰液等混合药剂。1936年广西农事试验场的刘调化试制了除虫菊火油番枧剂、除虫菊火油石灰乳剂、除虫菊草木灰等土产杀虫剂。1938年孙云沛因感到棉油匮乏而肥皂、石碱价格昂贵,乃试用无患子液代替肥皂,试以菜籽油、桐籽油、花生油、茶油代替棉油,成绩颇佳。1941—1943年,邱式邦发现茶油皂具有较强的杀蚜虫效能,他对桐籽油、棉油、花生油、菜籽油等若干植物油进行了比较,最终发现茶油、麻油、大豆油制成的油皂较其他油皂杀虫效果更好。

近代农业的科学理论与方法开始逐渐适应中国的基本国情,促使中国传统农业技术向近代科学技术的转化,并具有很强的规律性和普遍性,这是以往农业技术所不能比拟的。

拓展阅读

《齐民要术》:古人谋生的农业百科全书

贾思勰是北魏时期的农业科学家,他创作了划时代的农书——《齐民要术》。史书中没有对贾思勰的生平进行记载,所以我们对他生平的了解非常少,只能从《齐民要术》的署名"后魏高阳太守贾思勰撰"这十个字中确切地知道他曾经做过北魏高阳郡,也就是今天山东省淄博市的太守。除此之外,他的其他信息都是靠学者考证得来。学者们通过考证,认为贾思勰出生在北魏孝文帝时期,是山东益郡,也就是今天山东省寿光市人。

贾思勰经历了北魏的衰落,认为农业非常重要,是经济的基础。为了发展农业生产,提高农业生产技术水平,他"采捃经传,爰及歌谣,询之老成,验之行事",也就是从经书传记、民间歌谣中总结前人的生产经验,又向有经验的人请教,并通过自己的实践,写成了《齐民要术》。"齐民"就是平民百姓的意思,"要术"指的是谋生的重要方法,所以,《齐民要术》这部书的内容简而言之,就是贾思勰为百姓的生存总结出来的一些生产和生活的技术、经验。

《齐民要术》全书十卷,九十二篇,十一万多字,这部书"起自耕农,终于醯醢",从耕田务农开始，到酿造酱醋结束，内容包括田地的耕作、施肥技术；种子的选取与收藏；谷、黍、粱、豆、麦等粮食作物，以及各种蔬菜瓜果、花草林木的栽培种植经验；牛、马、驴、羊、猪等各种家畜，鹅、鸭、鸡等家禽，以及鱼的饲养技术和疾病防治；还有酒、酱、醋、豆豉等各种调料，肉脯、饴糖等的制作；还包括食品烹饪、加工，笔墨、胶等的制作，总之就像贾思勰所说的"资生之业，靡不毕书"，凡是对人们生计有用的技术，贾思勰都进行了详细的记录，所以这部书也往往被称为中国古代农业的"百科全书"。

《齐民要术》包含了贾思勰重要的生产理论，即强调在农业生产中要重视"天时、地利、人和"。所谓"天时"，就是认为农业生产要按照不同的季节、气候、农作物的生长规律来进行粮食作物的种植；所谓"地利"，就是指要考察土壤的质量，根据土地的情况来种植适宜的农作物，进行合理的布局和管理；所谓"人和"，就是发挥人的主观能动作用。只有"顺天时，量地利"，才能既节省人力，粮食收获又多。反过来，如果违反自然规律，就会劳而不获。同时贾思勰也认为，比起"天时"和"地利"，"人和"在耕作中起着决定性的作用。只要人精耕细作、辛勤劳动，那么即使遇到水灾或旱灾，也能获得丰收。从"天时""地利""人和"三个方面来保障农业生产，是战国农家的主要思想之一，贾思勰将"天时""地利""人和"综合起来考虑，并且突出人力的作用，这不仅是对战国农家思想的传承，也对后世农业生产了一定影响。

《齐民要术》更多的是关于农业生产技术和经验的记载，通过这些记载，我们可以清楚地看到当时的农业生产技术已经较为成熟。许多技术不仅比汉代进步了许多，而且即使在现代也具有很高的价值。例如，它主张不要在同一块土地上连年种植同一种粮食作物，因为这样容易引起土地养分的损耗和病虫害的蔓延，这比之前提倡的休耕法，有了一定的发展；又比如，它还非常详细地介绍了果树的嫁接法，认为比起用种子培育出来的果树，采用嫁接法可以使果树提前结果；还有在家畜饲养方面，贾思勰所记载的如何选种，以及家畜的繁殖、管理、疾病防治等各项措施都非常详细。书中的很多农业知识，即使是以现代化科学的眼光来判断，绝大多数也是正确的。

总的说来，《齐民要术》详细而系统地介绍了我国公元6世纪以前先民所累积的农业生产技术和经验，它不仅反映了当时中国农业的发展水平已经处于世界领先地位，而且对后世的农业技术发展有着极深远的影响。后世许多农书，比如元代的《农桑辑要》《王祯农书》，明代徐光启的《农政全书》和清代的《授时通考》都汲取了《齐民要术》中的成果。

(资料来源：新华社，2020.05.09，有改写)

三、二十四节气与农业生产

"二十四节气"是上古农耕文明的产物，它是上古先民顺应农时，通过观察天体运行，认知一岁中时令、气候、物候等变化规律所形成的知识体系。二十四节气准确地反映了自然节律变化，在人们日常生活中发挥了极为重要的作用。它不仅是指导农耕生产的时节体系，更是包含有丰富民俗事项的民俗系统。二十四节气蕴含着悠久的文化内涵和历史积淀，是中华民族悠久历史文化的重要组成部分。2016年11月30日，二十四节气被正式列入联合国教科文组织人类非物质文化遗产代表作名录。

(一)二十四节气的发展

二十四节气的形成经历了从两至、两分到四时八节,再到二十四个节气逐步完善的过程。根据《尚书·尧典》《周礼·春官宗伯》的记载,至迟在西周时期,我们的先人就已经测定了四个节气——夏至、冬至、春分、秋分。春秋中叶,随着圭表测日技术的提高,立春、立夏、立秋、立冬这四个节气被确定下来。四时八节的确定意味着二十四节气中的主要节气划分完毕。在战国时期,二十四节气基本成形。在秦汉时期,二十四节气完全确立,刘安所著的《淮南子》中记述的二十四节气名称和顺序延续至今。在汉武帝元封七年(公元前104年),邓平等制订的《太初历》颁行全国,二十四节气开始纳入国家历法,对后世历法和天文历算都产生了深远影响。生产生活与自然时序的融合,创造出丰富多彩的二十四节气知识体系。

作为时间标识系统的二十四节气,经历了一个由简约至丰富的发展过程,其间逐渐与天象、历法、气候、物候、农事、音律等方面产生关联,进而构筑起一个生产与生活、农事与民俗、时间与文化相结合的二十四节气体系。比如,东汉时期的相关文献对节气民俗多有记述,北魏《齐民要术》记载有二十四节气农谚等。正是在传承和演变的过程中,二十四节气逐步从单纯的时间标尺发展为综合性的知识体系及其实践,其内涵、价值也日益丰富起来。

(二)二十四节气的内涵

1.二十四节气包含着丰富的科学内涵

二十四节气是中国古代科学实践的重要体现。地球围绕着太阳公转,但在地球上的人看来就表现为太阳周年视运动,中国古人通过"立竿见影"的方式,在持续性地测量日影变化的过程中,逐步掌握了日影长短与寒来暑往的关系,总结出周年变化及其一年四季的时间转换规律。因此,二十四节气形成的根基在于对日影的科学观测和四季变化规律的准确把握。二十四节气的形成,还与北斗的运行、月亮的运转、二十八宿的度数、十二律的长度、十二月令等有关宇宙和自然界的知识紧密关联,这在《淮南子》等众多古籍中可以找到佐证。在观测天象变化的同时,中国先民在长期的农业生产实践中通过观察作物的春生夏长和动物的繁衍生息,认知了农事活动与气候变化的关联,这在二十四节气以及与之对应的七十二候中得到了充分体现。比如,二十四节气中的"惊蛰"说的是春雷乍动,惊醒了蛰伏在地下越冬的蛰虫,表示春气萌动、万物复苏的时节即将到来;"小满"指的是麦类等夏熟作物的籽粒开始灌浆,进入成熟期,等等。古人还将二十四节气中的每个节气划分为三候,"候应"多描述动植物和大自然的变化,比如"霜降"有三候:初候豺乃祭兽,二候草木枯黄,三候蛰虫咸俯。这说的都是霜降时节的标志性物候变化。因此,二十四节气是中国先民在长期"仰观天宇"和"俯察大地"的基础上形成的科学认识,呈现出了古人观察自然、认识自然、顺应自然和利用自然的智慧和创造,具有旺盛的生命力,至今对生产生活发挥着有力的指导作用。

2.二十四节气包含着深邃的哲学内涵

二十四节气体现着"人与自然是生命共同体"的核心理念。"日月之行,四时皆有常法",二十四节气建构的传统时间体系是人与自然和谐共生的体现。基于天人合一的思想和整体的宇宙观,古人认识到季节流转与气候变化、植物生长、动物生息和人们生活的内在联系及其规律。《管子》云:"故春仁,夏忠,秋急,冬闭,顺天之时,约地之宜,忠人之和。"古人意识到,时间推迁的标志性时刻也是阴阳转化的关键性节点,于是,这种有关自然节律的科学认识就被巧妙地投射到个体生命与社会秩序的结构之中。宇宙自然是大天地，人则是一个小天地。这种"因时而动、顺势而为"的时令哲学立足于人与自然和谐共生的观念认知，体现着中国人尊重自然规律和生命节律的哲学智慧。

3. 二十四节气包含着深厚的文化内涵

二十四节气是时间制度与文化体系的综合体。二十四节气包含着口头文学、民俗节庆、人生礼仪等多种文化表现形式，是人们在长期的生产实践和社会生活中形成并世代相传的共识。经过长期的历史发展，有些节气还演变成全国性的重大节日，其文化内涵变得愈加丰富。比如，位于仲春和暮春之间的清明节气，本意指该节气期间天气的澄澈景象，即"万物生长此时，皆清净明洁，故谓之清明"。这一节气随后演变成中国四大传统节日之一——清明节，文化含义变得更加丰富，包含着郊游踏青、插柳戴柳、祭扫坟茔、禁火寒食、放风筝、荡秋千、拔河、蹴鞠等众多习俗活动，蕴含着中国人"报功修先，慎终追远，回归自然，亲亲之道与追求和谐"等文化精神，塑造着我国各民族的文化认同。

总之，二十四节气的突出特点是兼具自然和人文两大属性，并且人文内涵和自然时序密切相关。围绕二十四节气形成的习俗经过千百年的锤炼，承载着中国人敬重自然、睦邻友善的精神文化内核，形塑着中国人特有的符合大自然周期变化规律的文化特质，引导和规束着民众的思维方式和行为方式。

（三）二十四节气指导农业生产

二十四节气对中国农业生产有科学的指示作用。中国大部地区作为典型的季风区，季节变化是季风区最重要的气候现象，它决定着农事安排和收获成败。二十四节气中的"二分二至"客观地反映了一年的四季变化，其形成与太阳照射地球的时间长短相关，正是因为古人能够正确地认识季节，才能提出对农业发展具有重要意义的节气概念。在农业发展初期，由于人们对气候的认知水平不足，只能够利用自然条件最为优越的地方开展农事活动，当农业发展到一定水平后，人们除了能够进一步利用更先进的工具扩大耕地、提高产量，也有力量更深入地认知气候并分析农事活动和气候之间存在的联系。二十四节气中的惊蛰、清明、小满、芒种这四个节气都与农业生产密切相关。惊蛰说明土地解冻，天气转暖，冬眠生物要开始出土活动；清明是景象清新、草木繁盛的象征，除了"清明前后，种瓜种豆"的农谚外，还有踏青扫墓的习俗；小满说明麦类等夏熟作物的籽粒已经开始饱满，在中国的南方，已经进入了夏收夏种的季节；芒种表示大麦、小麦、蚕豌豆等有芒作物已达到成熟期，这个时期也是晚稻插秧和晚谷、黍稷等播种最忙的时候。这些表征物候的节气都说明中国当时的农业已经高度发达，因而农业生产所必需的气候知识也趋向了系统、详细和科学。

拓展资料

二十四节气歌

春雨惊春清谷天，夏满芒夏暑相连。
秋处露秋寒霜降，冬雪雪冬小大寒。
每月两节不变更，最多相差一两天。
上半年来六廿一，下半年是八廿三。

（资料来源：中国古时历法）

中国节气时间表见表8-1。

表 8-1　　　　　　　　　二十四节气时间表

春季	日期	夏季	日期	秋季	日期	冬季	日期
立春	2月3~5日	立夏	5月5~7日	立秋	8月7~9日	立冬	11月7~8日
雨水	2月18~20日	小满	5月20~22日	处暑	8月22~24日	小雪	11月22~23日
惊蛰	3月5~7日	芒种	6月5~7日	白露	9月7~9日	大雪	12月6~8日
春分	3月20~22日	夏至	6月21~22日	秋分	9月22~24日	冬至	12月21~23日
清明	4月4~6日	小暑	7月6~8日	寒露	10月8~9日	小寒	1月5~7日
谷雨	4月19~21日	大暑	7月22日~24日	霜降	10月23~24日	大寒	1月20~21日

第二节　现代农业技术

学习目标

了解我国现代农业技术的发展历程。
熟悉我国现代农业技术发展的意义。

一、现代农业发展现状

传统农业是我国以往的一种农业生产经营方式,但随着人口激增、土地短缺,传统农业已经无法满足现代人们对农产品产量及品质的需求。为满足人们的需求,我们需要补足传统农业的不足,通过技术手段将传统农业逐渐转变为现代农业、智慧农业。

(一)农业产业结构不合理

目前,我国的农业生产经营方式仍以种植为主,但是在具体的农业生产活动中,农业种植的内部结构缺乏一定的科学合理性,在现阶段的农业生产中,粮食种植规模较大,其他经济作物的种植比例相对较小。与此同时,我国的农业生产方式仍然以小规模的生产作业方式为主导,工业化程度低,难以实现规模经营,无法适应不断变化的市场需要。因此,我国农产品在国际市场上的竞争力相当薄弱。

(二)科技手段拉动力不足

科技手段拉动力不足主要表现是科技创新不足。现代化的农业生产活动中,很多农业生产者还是运用较为传统的生产方式,对于先进的现代化机械设备的运用程度不够,无法将一些先进的农业生产的机械设备运用到农业生产的活动中来,使现代化农业生产的发展受到了一定的阻碍。造成这种现象的主要原因是:一方面,农业科技推广体系不健全。基层农业技术的推广人员配置困难,在农业生产服务中具有一定的局限性;另一方面,农业生产者,特别是偏远地区的农业生产者,技术和文化素质较低,接受和掌握新技术的能力有限,因此,他们无法从技术中获得更多利益。

（三）农业生产者素质不高

现代化农业生产的发展离不开高素质人才的支持，虽然近年来中国农民的文化素质逐年提高，但由于受到我国长期采用传统农业生产方式的影响，现阶段从事农业生产的人员普遍素质仍较低，对先进的科学种植技术以及生产设备的运用缺乏一定的经验，无法在短时间内接受现代化农业生产的观念以及达到技术要求，同时，由于生产者缺乏一定的文化知识，会在很大程度上限制我国现代化农业生产的发展。

二、现代化农业生产的转变措施

（一）改变传统农业生产方式

为了快速有效地促进我国现代化农业生产，必须打破传统农业生产旧有观念的束缚，结合现代化农业生产的先进科学技术以及机械设备，从自给自足的原始农业和传统农业转变为以市场为导向的现代农业。加强现代农业商品"以营利为目的"的意识，加强现代农业"工业管理"的开放意识，加强现代农业"优胜劣汰"的竞争意识。

改革传统农业粗放管理的旧观念，通过对现代化的农业生产技术的运用，利用先进的农业生产的机械设备，不断提高我国现代化农业生产水平。还应在生产的同时，加强对原有生产经营模式的有效优化，促进现代化农业生产的可持续发展。

（二）优化农业产业结构

改革开放以来，农业生产逐年发展，解决了人民群众的粮食问题，中国的农业生产能力得到了显著提高。但是，农产品积压的情况和粮食销售的困难必须引起我们的注意，农业发展的方向必须转向优化产业结构，各地应根据市场情况优化品种，提高农产品的质量和农业生产的效率。首先是掌握当前对农业新产品的需求。种植重点是引进名优、特产、优良、稀有、新品种，积极发展立体套种设施，推广反季节蔬菜和水果，把握市场形势变化。发展花卉产业，提高畜牧业产值。其次，要全面提高农产品质量，应注意的是，目前出现的农产品供过于求的现象的原因是消费水平低、产品结构不合理、加工转化能力弱。与此同时，一些农产品并未供过于求。这是因为质量无法满足需求而导致了积压。

（三）推进先进科学技术应用

鉴于农民文化科技素质偏低、农业科技成果转化率低、渗透率低，有必要在提高农民素质的基础上，把科学技术放在更加突出的位置，以提升农业企业的自主创新能力。科技进步使农业发展有效地转移到依靠科技进步和提高农民素质的轨道上。按照建设节约型社会和高效生态农业的要求，必须加强科技创新和应用研究，调整科技发展方向，逐步从确保农产品供应转向确保农产品质量，从增加产量到增加收入，从个别项目到综合配套技术。转变为与当前农业阶段相适应的技术和生产模式，继续做好农业"技术户"工程，广泛推广先进适用技术的应用，全面启动"农民邮箱"工程，深化农业技术推广体系改革，加强对农业生产活动的良好管理。

（四）突出现代化农业发展的优势

我国的国土面积大，自然资源的种类较多，不同地区的农业生产具有相对应的生产特点。在发展现代化农业生产的过程中,应发展不同地区的特色农业,通过分析不同地区的自然环境以及人文环境,进行科学合理化的农业生产活动,引进一些高素质的生产人员,加强对农业生产结构的优化升级。在发展农业生产的同时,应注意对环境的有效保护,生产活动不是一次性的,应结合有限的自然资源,进行合理化的开发利用,实现我国现代化农业生产的健康发展。在进行现代化农业生产的同时,应加强与企业的合作,对农产品进行有效的深加工处理,真正实现我国现代化农业生产的快速发展。

(五)培养高素质农业生产人才

为了促使我国现代化农业生产的快速发展,应不断加强对农业生产高素质人才的培养,将人才引进农业生产中,对原有的农业生产人员进行有效的培训,提高我国农业生产人员的综合素质水平,改变农业生产的旧有观念,实现我国现代化农业生产的健康发展。现阶段,中国的农业产业化经营仍处于成长阶段,农业产业化发展对农民收入有着明显的正向作用。未来,中国农业发展的方向是继续实施农业产业化经营,社会主义新农村建设的立足点也是实现农业产业化,以促进中国农业产业化的发展与进步。

典型案例

无人机编队作业,记者实地探访"农业国家队"发展成果

据中国乡村之声《三农中国》报道,在全国31个省市自治区分布着35个垦区。从规模、效益等方面来说,农垦都是我国农业战线的"国家队",肩负着保障国家粮食安全、推动现代农业发展的使命。同时,它具有组织化程度高、规模化特征突出、产业体系健全的独特优势。近日,记者走进安徽,实地体验安徽农垦在发展现代农业、探索农业发展新模式方面做出的努力和成果。

在安徽农垦大圹圩农场,绿油油的稻子蹿得两尺来高,10台农用无人机同时起飞,编成方阵,时而并驾齐飞,时而空中悬停。22岁的机手抓着一部手机大小的控制器,同时操控两台机子。

机手介绍:绑定无人机,就会在这上面显示,设定航线、亩喷洒量、高度、飞行速度,单击"确定"以后,机械自检,自检完毕一切正常就飞行了,能竖着飞,也能横着飞,针对菱形的田还能斜着飞。

大圹圩农场公司产业发展部负责人介绍说,农场现有12台植保无人机,这种无人机具有"仿地飞行,精准避障,一控多机,夜间作业"四大功能,工作效率高,防治效果好,不仅覆盖农场全部粮田,还提供社会化服务,每年作业面积15万亩。一分钟一亩田,相当于人工传统植保的60~80倍。

稻田里10台直升机集体升空作业的场面,被位于场部的农业物联网中心尽收眼底。在这里不仅能实现远程监控田间作业全过程,还能实时统计飞防作业时间、作业面积等。

据介绍,灰色三角形就是飞机现在所在的位置,蓝色的部分是作业过的田块,白色的是没有作业过的。点开蓝色部分后,会显示喷洒面积、作业时间,还有农机和农机手的信息。

2018年,大圹圩农场投资200万元实施农业物联网工程,通过高清摄像监控设备、太阳能杀虫灯、远程全自动虫情测报灯、全自动智能远程孢子捕捉仪等高新技术设备,实现智能虫情监测预警、苗情灾情监测、智慧农机调度、植保无人机监控、农产品质量追溯等。

比如,智能虫情监测预警,通过布设在地头的远程智能虫情测报灯,实时传递数据,虫子超过一定数量,会自动上传,发送短信提醒管理人员。远程智能孢子捕捉系统,会自动捕捉到水稻的病害,像稻曲病、纹枯病的数量,都有详细的统计,同时也支持短信预警功能。

54岁的崔海军,是农场的种田能手,也是智慧农业的受益者。他承包了三百多亩地,发展水稻育种和稻虾共养。在农场的社会化服务体系帮助下,种植效率比周边农户高出许多。他介绍:农场提供技术服务,包括产前、产中、产后所有的服务。有五个统一:统一供种、统一机械、统一安排茬口、统一品种布局、统一销售。到我们农场看一下,稻子长得跟周边农村的不一样。职工都可以到地方当技术员,我们没赔过本。

被唐代诗人视为"知己"的敬亭山,方圆数十里,满目苍翠,数千亩的茶园点缀其间。敬亭绿雪茶因敬亭山得名,明代被列为贡茶,于清末失传,20世纪70年代由安徽农垦敬亭山茶场恢复生产,"敬亭绿雪"很快成为敬亭山以及农垦系统的金字招牌。

敬亭山茶场公司相关负责人介绍:近年来,公司通过对良种示范园进行升级改造,强化绿色有机种植,改造、改植茶园三百多亩,增加了现代农业的休闲体验功能。通过企业和地方合作的方式,打造以"诗山茶海"为特色主题,以"敬亭绿雪"为品牌,以现代农业发展示范园为基础,茶叶生产、加工、销售为主业的"生态敬亭、文化敬亭、休闲敬亭、时尚敬亭"观光旅游庄园。

在敬亭山茶场的凤凰山茶园,一条蜿蜒的步行道穿梭在浓密的茶树间,安装了太阳能的紫外线灭虫灯提供生态杀虫,以6台高清摄像头为主体打造的茶园物联网系统可实时观察田间生产,并实现网上认领服务。

相关负责人介绍:公司的目标是将凤凰山茶园通过网络电商平台,打造成皖垦茶区的"开心茶园",对有意向的客户提供私人定制式服务。客户认领茶园,我们负责日常管护,客户通过物联网实时监控;既可自行体验采茶、制茶,也可委托公司代为采摘加工。认领地块产出的茶叶都归认领人所有。

在祠山岗茶场,有一片三百亩的黄金芽生产基地,放眼望去,满地金黄。祠山岗茶场公司负责人介绍:这种特殊的珍稀白化茶树品种,一年有三季可采摘,即使在夏秋季节品质也不逊色于其他春茶,不仅口味独特,氨基酸含量更是比普通茶叶高出一倍。黄金芽茶最大的特点是"三黄",即干茶亮黄、汤色明黄、叶底纯黄,氨基酸含量高达9%。今年是采摘的第四年,鲜叶质量和数量均是逐年提升,从实际的采摘面积来算,今年春茶亩均利润已达到1万元。

与黄金芽基地相邻的,是抹茶原料生产基地。通过低产茶园改造、茶树遮阴、病虫害综合防治、科学施肥修剪、合理耕作,原本只能生产普通茶叶的茶园,被打造成了专门生产抹茶原料的生产基地,经济效益大幅提升。从今年春季的生产销售情况来看,抹茶茶园与大宗茶茶园相比较,亩产量高出150千克,市场价格高出3.6元/千克,亩产值高出2 370元。

对比之下，抹茶的市场效益比大宗茶显得更加优越。

绿色水稻种植和特色茶产业是安徽农垦大力发展现代农业的代表作。安徽农垦下辖农场20个。十多年来，建设了省部级现代农业和无公害标准化示范场6个、国家级和省级万亩高产示范片11个，建成了保保大米、敬亭绿雪、皖垦种子、安禽鸡蛋等多个农产品质量追溯体系，并带动地方12家企业开展农产品质量追溯建设工作。

安徽省农垦集团有限公司负责人表示，未来，安徽农垦将重点打造富有垦区特色的现代农业生产体系，一是种植、养殖业，这是我们的强项；二是农产品深加工，引进新技术、新装备、新理念，延长产业链，提高附加值；三是农业社会化服务，我们叫"331"模式，即提供农业生产的三项服务——技术、金融、烘干仓储，通过技术服务、规模化生产、统一营销，规避自然灾害、经营责任、价格波动三个风险，建立一支职业化的农民队伍，真正解决谁来种地、怎么种地的问题；四是农旅，发展农业产业的同时，跟休闲旅游结合，主要面向长三角地区，把安徽农垦培养成有较强市场竞争力、有特色的垦区。

（资料来源：央广网，2019.08.26，有改写）

三、现代农业技术的发展

现代农业技术是将现代化工程技术、卫星遥感遥测技术、信息技术、计算机技术等进行集成化组装，实现农业机械化、电气化，使农业技术步入科学化，预测和调控大自然的能力有所增强，农业劳动生产率有较大的提高。

（一）现代农业技术的特征

1. 农业技术生产体系趋于工业化

现代农业生产中，工业部门为其投入了大量生产所需的资料，机械、燃料、化肥、农药等都使得农业技术发生了巨大变化。大量现代化的农业机械设备取代了传统的手工工具和畜力，促进了农业快速发展。同时，机械化设备的普及，使得石油、电能等能源需求量增加，工业与农业的联系更为密切。化肥和农药的大量投入催生了一批生产、制作化肥、农药的企业，这些企业生产产品所需的资料与工业也是密不可分的。

2. 农业技术科学化

现代农业技术是在科学理论的指导下，依靠实验研究发展起来的，以自然科学的发展为基础，融合了遗传学、生态学、土壤学、微生物学、农业工程学等多种学科。各学科不断与农业相结合，渗透到农业生产的每一个环节，使得农业技术不再是原有粗放、简单的技术，而是变得更复杂、更精细、更科学。高新技术正不断应用到农业生产中，核能技术、激光技术、遥感技术、空间技术的使用使得现代农业技术的科技含量更高，给农业技术发展带来重大影响。

3. 农业技术专业化

随着经济和社会发展的需要，农业生产也分化为不同部门。专门的农业机械研发制造工厂，专业的种子、化肥、农药研究中心和生产厂家，专业的交通运输企业以及产品生产、加工工厂，从农业生产产前阶段的耕地处理、种子播种，到产中阶段的作物施肥、作物监控、作物除害,再到产后收割、储藏、运输、加工、销售等,每一阶段农业技术都向着专业化方向发展。整个农业生产过程更加科学、省力,能够更好地发挥资源优势,提高劳动生产率,从而带来更大的经济收益和社会效益。

(二)现代农业技术的发展途径

1. 农业生物技术

它是定向地、有目的地进行农业生物遗传改良和创新的一门高新技术,包括基因技术、细胞技术、酶技术和发酵技术等。应用这一技术可以不断地为农业生产提供新品种、新方法、新资源。如细胞工程技术中的试管苗快繁和茎尖培养脱毒技术,是利用植物的任何一部分的细胞所具有的全能性,经人工培养、处理均可发育成一个完整个体的技术。因为茎尖分生组织不含或少含病毒、分裂快,可大量生产汰除病毒的试管苗,已应用于生产实践。突出的如香蕉、柑橘、草莓、西瓜、甘薯、马铃薯脱毒试管已大规模推广,取得显著效益。

2. 信息技术

它主要包括农业决策支持系统的研制与开发、虚拟农业研究、农业信息网络化技术,农业资源管理与动态监测专家系统的研制,专业实用技术信息系统及专家系统(作物种植、动物养殖、生产决策支持系统)的研制,全国共享的农业经济、资源、科技信息网络等。

3. 生物灾害控制技术

随着分子生物学、信息技术的发展,生物灾害控制技术开始由传统动、植物疾病化学药物防控技术向高技术发展,研究开发人畜无害、环境友好的生物灾害控制技术成为目前国内外科技界的共识。采用地理信息系统技术、人工智能技术、重大疫病分子诊断技术,对监测得到的生物灾害信息和农业环境信息进行智能化的分析处理,为及时有效地治理提供预警预案和决策,成为生物灾害预警的主要技术手段。

4. 设施农业技术

它主要指工厂化种植和养殖、计算机农业控制等现代技术设施所装备的专业化生产技术。棚膜栽培、节能日光温室、无土栽培等均属设施农业。它特别适用于蔬菜、园艺作物的生产和繁殖,能大幅度地提高水、土、热、气的利用率,经济、社会、生态效益明显。

5. 多色农业技术

它包括绿、蓝和白色农业技术。绿色农业技术主要是指生态农业技术和可持续发展技术,也就是利用现代化科学技术知识,从调整和优化农业结构入手,充分利用资源,实现高效的物质能量循环和深层次的加工与转化,保持环境、生态与经济的协调发展。蓝色农业技术主要是指水产品和水体农业技术。白色农业技术主要是指食用微生物产业、食用菌的生产和加工。由于具有较高的营养价值、保健价值和商品价值,多色农业技术作为一类综合的技术群在农业高新技术领域中占有重要的位置。

6. 农产品质量安全检测技术

DNA检测溯源技术的开发应用使检测能力大幅度提高,针对重金属、农药残留等有毒、有害物质的土壤污染途径监测技术、土壤污染修复治理技术等的深入研究,使产地环境质量安全调控技术开始应用于生产过程。

典型案例

中国农业高科技助力卡塔尔农业发展

沿着蜿蜒的沙漠公路，驱车由卡塔尔首都多哈向北行驶约1小时，一道围墙和数座蔬菜大棚映入眼帘，这便是位于沙漠中的阿尔法丹农场。农场主带着记者走进农场，参观使用"中国智能LED植物工厂高新农业技术"的生产区块。

与周边黄沙漫漫相比，生产区块的蔬菜大棚里别有洞天，到处是排列整齐有序、处于不同生长期的各种蔬菜。这些蔬菜并非在地面种植，而是被种在无土栽培的多层提柜内，每排生长中的蔬菜都配有纤细的管子"供水"，技术人员说这不是普通水，而是供蔬菜生长的营养液。

记者看到，在大棚顶部装有促进蔬菜进行光合作用的各式特制灯管，可按需求调控灯光颜色和光照强度，以培植绿色、紫色蔬菜。棚内配有空调、传感器和计算机，可调控温度、湿度、光照等。技术人员随手摘下几片菜叶示范着吃下，并表示这个区块产出的蔬菜在当地市场供不应求。

"中国智能LED植物工厂高新农业技术大大提高了我们农场的经济效益。这项高新技术不仅是农场发展壮大的重要保障，也有助于推动本地区农业的发展。"农场主说。

"阿尔法丹农场主要生产时令蔬菜，所需的机械设备、种子、栽培技术由中国和欧盟国家引进，其中的高新种植技术全部来自中国，农场将扩大使用中国高新农业技术生产规模。中国的高新农业技术非常先进，所产生的经济效益也最为明显，这将为卡塔尔实施'粮食蔬菜安全战略'发挥巨大作用。"法赫德说。

卡塔尔是沙漠国家，全国没有天然可耕地，粮食、蔬菜、肉类主要依靠进口。近年来卡塔尔注重实施经济多元化，致力于提高食品生产能力，尤其重视蔬菜生产。为此卡塔尔出台了"粮食蔬菜安全战略"，力争到2023年将本国蔬菜自给率由目前的35%提升到70%。

农场主认为，若要实现蔬菜自给率70%的目标，除国家对农业加大投入外，还要加快农业高新技术及综合农业技术引进步伐，中国高新农业技术无疑将有力地帮助卡塔尔落实"粮食蔬菜安全战略"。

智能LED植物工厂总经理表示，目前这个农场使用的水培、立体栽培技术等综合农业种植技术可大幅度提升土地利用率、节水节肥、抵御高温高湿影响，因而在卡塔尔受到高度评价。"目前采用上述中国技术生产的蔬菜，由3年前的1种油菜和1种生菜2个品种，发展到30多个卡塔尔市场上紧俏、高价位品种，包括6种生菜、4种羽衣甘蓝、5种辣椒以及白菜、菠菜、芹菜等"。

阿尔法丹农场使用中国高新农业技术的成功，引起社会关注，卡塔尔电视台等媒体对此进行了采访报道，卡塔尔当地一些农场主、商家也前来取经。

中国驻卡塔尔大使介绍说，在中卡政府共同努力下，两国合作领域不断扩大，由能源、基础设施建设等传统领域，扩大到高新技术产业方面。他还表示，中卡两国2020年经贸合作的亮点是高新技术产业合作，这种卓有成效的合作，提升了两国经贸合作水平，助推卡塔尔经济多元化发展。

(资料来源：新华网，2021.03.26，有改写)

四、现代农业技术发展的意义

1. 推动农业信息化

中国现代农业利用物联网等现代信息技术,使信息实时自动传输到农业专家和经理人的眼前,实现了人与田的交互;农田信息的获取和联网还能够起到自然灾害监测预警作用,实现高度的信息共享和农业自动化。

2. 提高农业管理水平

中国现代农业利用农业智能传感器和自组织智能物联网,实现农业环境信息的实时采集、实时报送,让农业生产管理者可以在第一时间进行远程管理和遥控指挥;利用农业专家系统帮助生产管理者做决策时因地制宜,提高科学管理水平,防止决策的盲目性和主观性,减少决策失误。

3. 保障农产品和食品安全

中国现代农业通过建立集成应用电子标签、条码、传感器网络、通信网络等技术的追溯系统,可实现农产品和食品质量跟踪、溯源和可视数字化管理,对农产品从田头到餐桌、从生产到销售全过程实行智能监控,确保了农产品和食品的质量安全。

4. 盘活农村土地资源

中国现代农业的发展促进大量城市工商资本进入农业、农村,进行土地流转和规模化经营,盘活了农村闲置的土地资源,增加农民的土地财产性收入,有利于推进农民进入城镇就业,提高了户籍人口城镇化率。

典型案例

"稻村"走上现代农业新路

吉林长春市九台区红光村的水稻种植远近闻名,素有"稻村"之誉。过去,这里以种稻闻名,却没有实现靠种稻致富。种地效益较低,红光村曾有近八成村民选择外出务工。如今,红光村水稻种出了品牌,远销北京、上海、广州等地,村民人均年收入超5万元,"稻村"今昔迥然不同。"农业现代化搞上去了,致富走对了路。"村党总支书记说。

红光村共有1 000多口人,耕地面积276公顷,全部为水田。曾经,村里700来人外出务工,土地多流转给周边的村民耕种。

2009年前后,红光村迎来新机遇,在政府部门的帮助下,利用农业项目资金,购置农机、建设高标准农田。姜润中带头成立水稻农机化生产专业合作社,协调全村的水田入股或流转,通过与农业企业合作,村企联营,实现统一经营。

近年来,村里共投入2 000多万元,将全部水田建成设施完善、农电配套的高标准农田,同时购置了65台(套)各类农机具,水稻田间作业综合机械化率提高到98%。

"看,稻穗动的地方,那是小鸭子。"在村头的稻田边,村企联营企业负责人讲起稻田养殖技术,"除了养鸭,还养鱼、虾、蟹,田里一水多用,节水、节肥、节药"。他决心把村里的大米品牌做大。打响绿色品牌,离不开农技支撑。当地农技推广中心和九台区建设的智慧乡村综合服务平台,成为技术后盾。

这两年，企业负责人还同农技推广中心推行水稻秸秆还田实验。如今，在高标准农田建设的基础上，测土配方施肥、增施有机肥、绿色防控病虫害等一项项农技在红光村的稻田里扎根。

智慧乡村综合服务平台也给红光村农业插上了腾飞的翅膀。红光村稻田的土壤温度、水温、地块病虫害等情况，时时显示在合作社办公楼的电子屏幕上。平台将卫星遥感、视频监控、气象监测、无人机航拍、地面传感五大数据融合应用，实现了对稻田不间断的智能监测。

"监测指标异常，系统就会报警提示。"九台智慧乡村综合服务平台负责人介绍，农田各项数据相对保持固定，保证了红光村稻米品质标准化。

目前，由吉林农业大学和企业合作的水稻深加工项目已落户九台区，利用水稻加工过程产生的稻壳、稻糠等副产物，开发了面膜、纤维食品等12种产品。

红光村的产业有了起色，越来越多的村民开始返乡创业。看到近年村里盖楼房、建商铺，基础设施越来越完善，在外地打拼20多年的金哲雄开始谋划着在村里创业，准备开发特色食品。

（资料来源：人民日报，2020.09.22，有改写）

第三节 "互联网＋"农业发展

学习目标

了解"互联网＋"农业的内涵
熟悉掌握"互联网＋"农业的模式

一、"互联网＋"农业的内涵

2016年中央一号文件指出，"大力推进'互联网＋'现代农业，应用物联网、云计算、大数据、移动互联等现代信息技术，推动农业全产业链改造升级。"

"互联网＋"代表着现代农业发展的新方向、新趋势，也为转变农业发展方向提供了新路径、新方法。进入21世纪以来，随着中国互联网技术的飞速发展，"互联网＋"技术对国民经济和农村经济产生了重大影响。互联网具有巨大的优势，迫切需要对农村经济进行整合、改造和升级，特别是农业产业链、休闲农业、农业社会服务体系。

互联网技术与农业的融合发展，主要体现在农业领域中对互联网技术的创新应用。互联网技术渗透到了农业生产的所有环节，包括：产前对土地、种子、农药、化肥的实时监测；产中提供生产技术、生产管理、金融融资的农业服务；产后建立仓储、加工、销售、物流等方面的农业产业链。

"互联网+"农业是一种生产方式、产业模式与经营手段的创新,通过便利化、实时化、物联化、智能化等手段,对农业的生产、经营、管理、服务等农业产业链环节产生了深远影响,为农业现代化发展提供了新动力。以"互联网+"农业为驱动,有助于发展智慧农业、精细农业、高效农业、绿色农业,提高农业质量效益和竞争力,实现由传统农业向现代农业转型。

拓展阅读

"互联网+"农业,每个组合都很赞

互联网正在给农村带来一场深刻的变革。这一变革不仅体现在生活的便捷上——农民足不出户便可以网购家电、粮油等生活用品,还可以买到种子、化肥、农药等农资,更体现在传统农业生产经营方式的转变上——从农业生产到销售,全程互联网化,带来的是生产效率的提高、效益的提升,而基于此衍生出的创意农业、分享农业、众筹农业、电子商务、农旅融合等新业态,更是让农业既接地气又显洋气,给农业农村经济带来无限生机活力。

"互联网+"在农村可以有不同选项,每一个组合都可以带来令人耳目一新的新业态,值得为之点赞。比如,"互联网+农业生产"让农民不用下地也能种田种菜,田间地头的温湿度、病虫害等实时状况通过一个个传感器去感知,并通过互联网传送到管理人员的计算机或手机终端,点一点鼠标、动一动手指便能进行控制,传感器就像人的耳朵、眼睛、鼻子,不仅代替了人工,还能将生产过程中复杂的数据记录下来,成为农产品可追溯系统的数据基础。再如,"互联网+农产品销售"把小农户生产与大市场对接起来,解决了农民的卖难问题,还提升了农产品效益,无论是生鲜电商还是微信公众号、朋友圈转发的农产品卖难信息,都给农民提供了一个高效便捷的销售通道,成为推销特色优势农产品最经济、最方便、最有效的方式。又如,"互联网+乡村旅游",一篇篇自媒体营销美文将一个个偏僻闭塞的美丽乡村介绍给城市的消费者,消费者通过互联网便能预订住宿餐饮,近几年我国的乡村旅游风生水起,互联网起到了关键作用。

互联网与农业融合玩儿出的新花样远不止于此,如果将上述加项组合,生产、销售、旅游全程互联网化,带来的农业全产业链的增值会是数十倍的。生产经营的创新也让农民摆脱了靠天吃饭的被动局面,降低了农业经营风险。当下时髦的众筹农业通过互联网将城市的消费者变身投资者,既解决了新型农业经营主体的资金难题,分散了经营风险,又给城市消费者一种创意新选择,吃上自己农场的放心菜……

互联网已经渗透到农业生产、农民生活、农村经济的方方面面,基于互联网的新业态让农村更有吸引力,一批有知识、有想法、有抱负的新农人投身其中,他们带着在城市工作积攒的资金,到农村创业,组织成立合作社,变身为农村创业致富的带头人,用现代经营理念改造传统农业,玩出了"互联网+"多种业态的新花样,让农业变得更时尚,让农村变得更有魅力。

(资料来源:中国日报网,2018.08.14,有改写)

二、我国"互联网+"农业发展的制约因素

(一)物联网基础设备不完善

目前,我国在农业物联网方面的技术应用还比较薄弱,虽然对农村实施了网络普及,但光纤网络仅覆盖到农村的居民住宅区,没有覆盖到较远的种植区域。要使农业物联网真正应用于农业生产,相关部门需要投入费用搭建网络基础设施,而一些山区或者丘陵地带,因地理环境、气候条件等情况相对复杂,对设备的要求较高,资金投入也会相应提高,然而目前农业收入较低,高昂的基础设施费用限制了物联网的应用和普及,降低了我国农业物联网化的发展速度。

(二)缺乏技术人才

技术人才缺乏是互联网推动农业更好发展的一大阻碍。我国基层专注于研究农业信息领域的科研人才较少,大多数科研人员集中在科研机构或高校。基层工作人员的知识结构无法满足农业信息化的发展需求,甚至部分没有接触过计算机,对互联网的知识掌握不全和操作水平不高,综合素质无法达到专业要求,因此专业技术型人才缺乏是我国"互联网+"农业发展中面临的一大问题。

(三)缺乏农产品生产标准

社会经济发展已进入新的发展阶段,消费者对农产品质量方面的要求越来越高,要求新鲜、口感好、营养丰富。但是从实际来看,我国农产品农药残留限量标准中关键安全指标标准缺失,例如甲基硫菌灵和溴氰菊酯属于我国瓜类蔬菜生产中常用的农药,也是农药残留抽检中出现问题较多的农药,但我国相关农药残留限量标准中并未制定此类农药的残留限量,缺乏安全生产标准。当前,我国大多数农户的农产品质量没有进行标准化检验,质量检验环节也没有设置在农业生产中,质量保证仅为口头承诺,对于农产品的质量合格标准暂无有效检验,因此消费者对市场上的农产品信任度不高,导致无法完成生产与市场需求的有效对接。

拓展阅读

农业农村部:"互联网+"农业的当务之急是推动农产品出村

农业农村部相关负责人介绍了深入推进"互联网+"农业和促进农村一二三产业融合发展有关工作情况。他指出,"互联网+"可以加很多,但加农业农村,当务之急是"互联网+"农产品营销,也就是农产品出村。

当下,传统电商通过互联网将大量工业品、消费品输送到农村,对活跃农村的物质供应、提供生活便利发挥了重要作用。对于农业农村部来说,对于乡村振兴的大业来说,最重要的是要帮助农民,使优质合格的、有特色的农产品出村,卖到城市去,就是所谓的农产品上行。

农业农村部从三方面推动农产品出村。首先,农业农村部会同有关部门出台农产品出村工作的指导意见,解决农产品产销对接的问题,不仅是贫困地区,还有各地特色的农产品。其次,做好全产业链。"互联网+"农业首先是农业的数字化,传统产业要实现数

字化处理，然后才有可能打造数字农业，所以全产业链包括产前、产中、产后，也包括产地环境的数字化。最后，抓能力建设。能力建设包括管理能力，全国农口的科研教学，农民应用使用信息化的能力，包括和物联网、信息化应用相关的硬件基础设施建设。

"要加大农村基础设施的建设，尽管我们说在互联网领域城乡差距相对其他差距来说比较小，但是数字鸿沟的差距是现实存在的，所以，怎么把先进的信息技术和设备应用到农业农村去，农业农村部前几年总结海南、四川的经验，搞互联网小镇建设，把一个小镇，依托它的特色产业和一二三产业融合发展，农旅结合，让当地的农民和居民过上互联网式的生活。小镇上可能是Wi-Fi全覆盖，所有特色农产品可追溯，想要买当地的土特产可以物流直接配送，不用消费者大包小包往回搬。所以我们要做的工作很多，总而言之就是围绕乡村振兴的20字方针来开展我们的各项工作，布局"互联网＋"农业、"互联网＋"农村事务管理，以及农村发展有关工作。"相关负责人说。

（资料来源：新华网，2018.07.02，有改写）

三、"互联网＋"农业的发展对策

（一）促进农业智能化、自动化发展

在传统农业生产中，缺少有效的物联网技术监控农作物生长环境和发育，比如水分、各种养分含量、光照强度、温度、湿度等，因此农民无法对作物生长环境做出及时有效的调整。通过物联网技术，可以及时将这些信息与数据反馈给系统平台，系统可以根据作物生长的各项指标进行相应设置，精准地把握且遥控农业设施，使其自动进行工作，使农作物生产流程更加规范化，从而提升效益。比如智能灌溉系统、智能施肥系统、智能降温系统在识别到工作参数以后，能够自助调节灌溉量、施肥量，科学合理地控制室温，为农作物健康生长提供一个适宜的环境。

（二）培养技术型专业人员

目前，在我国基层从事农业方面的人员只有少数人接受过较高水平的教育，而"互联网＋"农业要真正发展起来，必须有在网络知识、营销技能、数据分析等方面的技术型专业人才，并且这类人才要具有扎实的实践经验和丰富的理论基础。对此，培养方式可以是高校培养，在开设课程中加入学习、软件与信息服务、农学类、农业经济管理、网站建设等内容，并且鼓励学生毕业之后回乡支持农业发展。可以通过人才引进的方式，向社会招收专业人才，这样的人才人数虽少，却是"互联网＋"农业的设计、规划、技术研发、营销策划、政策制定等方面的能手，将人才及其技术引进基层，可以推进"互联网＋"农业的发展。还可以培养当地农民，应充分利用各种教育手段，对农民开展有针对性的生产实用技术培训和职业技能培训，给农民颁发职业资格证书、创新创业证书等，强化农民的发展意识、创新创业意识、竞争意识，使农民拥有在互联网大形势下致富的认知。

（三）加强政府政策、财政扶持

由于农业经济效益偏低，农业从业者的文化素质偏低，同时缺乏对先进技术的接纳和吸

收能力,难以适应农业现代化的生产需要。对此,要强化政策支持力度,政府应将用于支持农业方面的经费纳入年度财政工作计划,确保经费到位,以方便农业发展的日常工作开展;继续对种粮农民进行直补,优先保障主要地区的农业基础设施建设资金到位和农业开发综合实力等,不断加快提升主要产区的综合生产能力。政府相关部门要加大对农业生产的重视力度,推动基层农业生产工作向更深层次开展和更高水平发展,应做到每项工作落实到具体责任人,确保由专人负责专项工作。

(四)农业生产规模化

发展农产品生产应利用当地的地理位置条件和气候条件,合理规划农产品生产,建立"一区一品"的农产品生产基地。同时,培育农产品生产者和地方性代表企业,将农业生产者与地方龙头企业连接起来,进行机械、智能的农业大规模化、自动化生产,从而达到节省人力资源、提高劳动效率、增加投入产出比的目的,推动并实现特色农产品种植的产业化发展。在农产品营销方面,采用电子商务的销售模式,拉近了消费者和生产者之间的距离,让生产者生产的农产品可以直达消费者手中,省去中间商环节,将中间利益"让"给消费者,降低农产品的价格。互联网可以根据大数据分析消费者的需求,有针对性地组织生产,提高生产效率,从而提升农民的收益,实现农产品"零库存"。

典型案例

"互联网+"农场 黑马仁农园——天津市黑马农产品销售专业合作社联合社

一、简要介绍

天津市黑马农产品销售专业合作社联合社于2014年9月在天津市武清区注册成立,办公地址设在武清区大孟庄镇黑马蔬菜公司院内,种植规模达到15 000亩。天津市黑马农产品销售专业合作社联合社以"抱团进城、直销产品、服务市民、打响品牌"为宗旨,联合了武清当地23家合作社,其中10家为注册会员,13家为加盟会员,以6 000户合作社成员为主要服务对象,依法组织收购、销售成员的蔬菜、水果、大豆、肉鸡、猪肉、鸡蛋等产品,制定统一的生产标准,所有销售的产品统一使用"黑马"商标和包装标识。公司通过"互联网+"农场的模式,打造黑马仁农园电商平台,近三年共投入250余万元。

二、展览展示内容描述

(一)特色做法

天津市黑马农产品销售专业合作社联合社提出通过互联网采用F2F模式、众筹模式,并优化采摘包装流程后进行销售。

(1)F2F模式。通过对订单大数据的分析,基地采取按需采摘后配送发货,减少了库存量与库存周期,避免生鲜类农产品存储过程中造成的损耗。利用自建的"黑马仁农园"互联网平台与微信公众号进行对接,让消费者以家庭或商家为单位通过日常使用的微信即可下单购买蔬菜、水果、肉类等生鲜类食品。在天津武清区采用自建物流配送体系,让消费者能够购买到新鲜、便利、安全、便宜的农产品,我们通过互联网实现了农场与家庭的对接,减少了市场流通环节,从而增加了利润空间。建立了线下体验店,通过对农场产品基地实时展示、产品展出、会员评论播报、平台网络订购快速入口展示、追溯终端机体验和自助预约服务终端机体验,让消费者更好地了解我们的平台,实现了O2O的对接。

(2)众筹模式。通过"黑马仁农园"互联网平台对特色产品进行众筹,积攒会员数量,打造会员制放心蔬菜销售模式。通过预定的方式,实现产品的预售,从而规避了合作社特色农产品在收货季节的销路问题。

(3)加强监管。对合作社基地的物联网视频实时监控系统、温湿度信息数据统计与发布等基础设施建设,让消费者真实了解产品的源头情况,对产品更加放心和认可,并成为公司和产品的消费者和代言人!我们对销售的每批次产品都进行产品追溯,让消费者通过互联网平台即可查询买到的产品的相关情况。

(二)所取得的成效

2016年上半年,"黑马仁农园"电商平台会员数量突破8千人,销售额200多万元,武清城区覆盖率达到100%,鲜活农产品当日送达率达到100%,带动合作社农户及周边农户约9 000人,仅网上销售就带动农户年均增收2 000元,另外我们通过互联网实时展示,并让消费者通过平台预约方式进行休闲参观,拉动了地方合作社相关休闲农业观光产业,使农户年均增收约3 000元。

(三)推广应用前景

(1)众人拾柴火焰高,众筹模式和农场特色产品的结合打破了原有的销售模式,通过产品的众筹扩散,身边的人都清楚地了解到所吃食品的源头,吃上放心食品,吃上真正的安全食品,这无疑是对传统农产品销售模式的一种创新。

(2)通过完善提高电商平台功能和内容,拓宽区域农产品的销路,减少中间环节,让产品与消费者"面对面",通过信息发布,解决信息不对称的问题。

(3)通过电商平台的建立,为发展地方经济提供了一条新的思路,推广成功经验,树立自建电商平台应用标杆,促进地方农业与区域电商的有机结合。

三、展览展示创意想法

搭建成果体验馆,在体验馆中三面悬挂合作社基地实时监控显示器,并在体验馆入口处摆放互联网互动体验屏,让参会人员在体验馆中切身感受农场的真实性,有身临其境的体验感,并可以在体验馆内报名参加线下农场休闲采摘等体验活动,也可以选择产品进行下单购物。另外我们将在体验馆的中间部位摆放来自我们合作社的具有代表性的农产品供参会人员品尝体验。

(资料来源:农业农村部官网,2016.09.05,有改写)

四、"互联网+"农业模式

1. 农产品电商模式

这种模式就是通过电商帮助农产品实现销售。据统计,目前全国涉农电子商务平台已超3万家,其中农产品电子商务平台已达3 000家。农产品电商首要考虑的是目标人群的定位,还有要使顾客得到良好的购物体验,来保证持续购买力及带动相关消费群体。由于农产品的特殊性,配送须有冷藏冷冻的混合配送车辆,以及冷藏周转箱及恒温设备,因此,降低物流配送成本是农产品电商平台发展亟待解决的最大问题。

2.产业链大数据模式

随着大数据技术的兴起,通过全面、快速、准确地捕捉农业全产业链的信息,完全有可能实现农业、物流、商流、信息流的统一,实现全产业链各种资源优化配置和高效运转,推动资源节约型、环境友好型多功能现代都市农业的发展。据农业农村部网站发布的关于推进农业农村大数据发展实施意见,2017年底前,跨部门、跨区域数据资源共享共用格局基本形成。到2025年,实现农业产业链、价值链、供应链的联通,这将大幅提升农业生产智能化、经营网络化,全面建成全球农业数据调查分析系统。全国性农业数据中心的建设,将推进数据共享开放,完善农业数据标准体系。农业生产种养殖期长,市场预测偏差大,基于大数据支持的市场分析将大幅度提高市场预判的准确性,降低种养殖企业风险和生产型企业原料成本。

3.专业合作社服务商模式

随着农村改革的推进和农民分工分业深化,合作社的创新形式日益多样。"互联网+"在农民专业合作社的组织形式、产业业态、运行机制、支持方式上将提供更多的服务能力,实现土地、资产、技术等资源要素的合作,并用新理念新技术,在生产销售同类农产品的基础上开展种养循环、产加销一体、休闲旅游等多种经营的新兴业态,逐步形成参与主体多元、利益分配多样、管理决策灵活的运行机制。

4.农业物联网模式

农业物联网可实现对农业生产环境的智能感知、预警、智能决策和分析,为农业生产提供精准化种植、可视化管理、智能化决策,形成现代都市农业的"智慧大脑"。农业物联网建设需要生产、品控、物流、销售等多部门协作配合才能实现,是一个系统工程。如联想佳沃的农业物联网建设,就是依托联想集团强大的IT技术实力建立起农产品可追溯系统,并通过系统对种植、加工各环节的质量安全数据进行采集和分析,监测和控制产品生命周期内的质量安全。

5.土地流转电商化模式

土地流转电商化是指农村土地通过电商平台流转,土地流转可盘活农村土地,是农业现代化的催化剂,土地活,将引领经济投资。目前,一些地区已经建立了土地流转信息平台,网站的服务对象主要分为两种:一是农民,他们大多数想出租土地,数量比较零散;二是种植户或者土地投资者,有一定实力进行规模化经营的求租土地者。二者之间土地流转后能实现农村土地的综合利用。2014年12月,《中国土地流转市场研究报告(2010—2014年)》显示,2014年土地交易面积达9 647.3万亩,比2013年增长155%,其中农用土地占了74.28%,农村土地流转进入高速发展时期。研究表明,把土地流转给经营大户,使大型生产机具和农业集成技术能够得到充分利用,不仅提高了土地综合利用率,增加了农业产出,而且农民变身农业工人,改变了以往的生产和生活方式,推动农村劳动力向非农产业转移。

6.农资电商模式

随着农业生产规模的扩大,农业经营者、农资经销商、农资生产企业面临着农业产业升级中农资辨别、使用、销售、流通的难题。而"互联网+"的兴起和国家政策的扶持,传统农资生产企业、传统流通企业、电商平台公司等纷纷布局农资电商,农资电商平台具有的B2C、

O2O、移动互联网、网上支付和移动支付、融入体验分享和社交元素等特征,成为今后农资销售的主要模式。目前农资行业已经出现企业自建的各种类型的电商平台,如农集网、禾美网、田田圈等。但是农资电商模式的应用推广,还需解决不符合电商模式的农民传统的赊销习惯;电商化与传统渠道存在利益冲突;农村物流配送体系落后;农资产品的技术服务与售后问题如何保障等难题。

典型案例

发挥物联网优势 打造"看得见"的安全食品——安徽省龙亢农场

一、基本情况

龙亢农场是安徽农垦所属的20个国有农场之一,占地36平方千米,耕地3.5万亩。主要经营业态包括以3.5万亩耕地为主的现代农业;以雁湖面粉公司、皖垦种业怀远分公司两家龙头企业为代表的农产品加工业;2014年成立农业社会化服务公司探索农业服务新模式,投身农业服务产业。

2012年以来,农场先后与中科院合肥智能研究所、北京农业智能装备研究中心、中国联通安徽分公司等单位进行合作,年平均投入建设资金300万元,用于农业物联网建设,完成了首期3 000亩农业物联网工程。共布设高清摄像头109个,传感器38组,研发车载土壤成分快速检测系统一套,建设小型气象站2座,为21台套农机安装了智能监管系统,并配套建设了500平方米的物联网演示与控制大厅,初步构建了由远程视频监控、大田数据采集、农机作业监管、"我的农场""庄稼医院"和"网上供销社"等6大物联网应用系统,并被批准成为农业部大田物联网技术应用示范区、安徽省大田物联网重点示范场(县)。

二、主要做法

龙亢农场应用物联网技术,改变了传统农业的生产、管理和科研方式。但如何有效利用现有农业物联网建设成果,将农场的科研优势、物联网技术优势和"电商"实现有机结合,将优势转化为农产品附加值,转化为促进农业转型升级的原动力?为此,经过认真谋划和科学论证,2015年,龙亢农场启动了"我的开心稻田"项目运作,用农业物联网技术,按照有机食品的理念,建设可远程实时监测的看得见的有机稻米生产基地和生态休闲观光基地,用互联网金融-众筹的模式面向消费群体进行产品营销。

项目主要依托农场农业物联网优势,围绕"看得见"的安全,将物联网大田数据采集器和远程视频监控系统整合到项目微信公众平台,让农场有机水稻生产全过程——红花草生长、水稻播种、使用有机肥料和农药、人工拔草、稻鸭共生等水稻生产的各个环节,都可以被消费者远程随时随地地通过手机微信公众号看到,让有机、安全不仅停留在宣传上、证书上,而是被消费者亲眼所见,提升公众对食品安全的信心,满足广大消费者对安全食品的需求。

产品销售主要通过互联网众筹,将产品"看得见有机大米"的独特销售卖点对消费者进行展示,消费者进行认筹,并通过加入"我的开心稻田"微信公众号进行产品生产过程监管,在重要农事活动时节可以与家人一起参与有关农事劳动,免费参观国有现代化农场。待稻米收获后,按照认购产品数量,可根据认购顾客的要求定期定量地将大米寄送给消费者。

三、经验效果

通过两年的实践，龙亢农场"我的开心稻田"项目取得了突出成效。首先，该项目检验了大田物联网技术的可靠性和实用价值。通过布设在大田中的高清摄像头、传感器、病虫害监测仪、土壤成分快速检测仪、气象仪器等智能装备，对监测区域农田作物的长势、病虫草害、土壤墒情、土壤养分等进行实时监控和精确测定，项目的管理人员、农业科研人员足不出户，即可在计算机或手机上远程实时掌握可视化的大田生产信息；可获得农业专家的在线指导，提高了田间管理的便捷化、精准化；有效降低了有机水稻生产过程中病虫草害对产量和品质的影响，由于提前预防、科学管理，每亩减少投入360元以上。其次，该项目的实施为解决农产品安全这一公众关心的社会难题探索了有效路径，将农业生产全程通过可视化技术对公众展示，在提高了农产品经济价值的同时，大大满足了消费者对安全农产品的需要，实现了生产者和消费者的双赢。

（资料来源：农业部市场与经济信息司官网，2016.09.05，有改写）

复习思考

一、能力素质训练

1. 采访身边的同学，了解他们对我国传统农业生产的认识。
2. 查找资料，搜集节气与农业劳动相关的活动。
3. 请同学们根据材料一，结合自己家乡的实际情况，选择适合的现代农业技术应用到家乡的农业发展中。

【材料一】

探访全国首个5G智慧茶园：5G加持下的现代农业发展新模式

茶树嫩芽吐新绿，清新春意满茶园。一年一度的坦洋工夫茶采摘季已经拉开大幕，茶农们又迎来了忙碌的时候。随着福建数字化改革深入乡村，今年坦洋茶园里又多了不少新鲜事，从茶叶种植、茶园管理到文化旅游，都能看到数字化的身影。这两天，记者就来到了有"工夫红茶的发祥地"之称的福安坦洋，跟随茶农体验茶园里不一样的春天。

古风似墨染 一缕茶香入坦洋

来到坦洋老茶厂，仿佛时光停滞：青砖黛瓦的老茶坊、沧桑斑驳的知情楼，古朴静谧的茶工舍，青苔遍布的老石墙……福建省宁德福安是国家现代农业示范区，全国十大重点生态产茶县、全国最大的茶树良种繁育基地、工夫红茶的发祥地，茶业是当地的优势主导产业，也是民生产业。

在福建省农业农村厅、福建省农业科学院数字研究所的指导下，中国联通与福建农垦集团通力合作，积极响应国家数字农业政策号召，联手打造了全国首个5G智慧茶园，通过充分利用5G等前沿通信技术和创新应用研发，让老茶坊成为茶博馆，让茶工舍变身智慧园，为乡村振兴和农业农村发展提供了强有力的信息化支撑。

农业真惠民 用科技种出好茶叶

随时随地就能在手机上查看茶园现场的实时画面，浇水施肥不再需要人力进行……在福安坦洋村3 800亩碧波翻滚的茶场上,通过中国联通物联网等技术的支持,绿水青山间的茶园正在焕发出新的勃勃生机。

坦洋茶场的5G茶园技术方案,正是中国联通建设"智慧茶园"、推进乡村振兴的生动体现。在茶园里,种植茶苗不再需要手动的浇水施肥,通过智能灌溉系统,根据茶山环境就能实现智能、自动化灌溉和远程控制,可科学施肥、一体化精准灌溉,减轻病虫草害,减少农药使用,实现节水省肥、省工省时、减轻病害、控湿调温、水肥均衡、增产增效的现代化农业生产目标。

通过5G网络,专家在远方通过计算机或手机就可以诊断病虫害,更精准地指导生产,保持茶青产量稳定、提升茶叶产出品质。茶园管理人员说,原本需要工作人员上山花几天时间解决的问题,现在不到半天就能解决了,"既高效,又精准。"

"我们可以在家里通过手机进行茶叶生产,一方面降低了成本,另一方面也实现生产自动化。"福安市农垦集团有限公司表示,农垦集团通过中国联通的物联网技术、云计算技术,完成了完整的5G智慧茶园建设。现在的消费者对茶叶质量安全非常重视,公司可以通过智慧茶园系统把全部可视化的生产过程完整地展现给消费者,对提升茶园管理水平、提升农垦茶叶品质、宣传福安茶叶品牌起到了很好的助推作用。

防护有科技 打造智慧"防护网"

"茶叶春天最怕霜冻,夏秋最怕虫害。"52岁的黄云是打理茶园的一把好手,但是她也最清楚春收的快乐背后,是茶农一年精心呵护的辛劳。黄云记得,几年前的一个夏天,有一段时间没来得及照看茶园,结果茶树被虫子咬的只剩"火柴梗",看着都心疼。虽然后面尽全力补救,但那年的产量还是下降了不少。

现在,她再也不用为这些小虫子提心吊胆了。在黄云家的茶园里,我们看到了一排排绿树掩映之间的"小眼睛",它们其实就是坦洋茶场5G智慧茶园的摄像头。通过前端采集,"小眼睛"能实时实现园区虫情信息自动采集和监测工作,实现植保信息的动态定位采集、数据自动上报、实时更新和可视化显示,快速准确预测监控区的病虫害爆发情况,通过以上措施,将困扰农业生产的病虫害问题,通过茶园病虫害智能监测及识别系统扼杀在摇篮里。与此同时,"小眼睛"的使用也能进一步减少茶叶种植中农药的使用,使茶园管理更节本增效,促进农业绿色高质量发展,从而减少环境污染,带来更多的社会效益。

同时,智慧茶园还建立了安全生产溯源系统,实现了"来源可溯,去向可查,责任可追"的食品安全管理高标准。"其实溯源是一种保障,"黄云笑道,"知道买的是谁家的茶叶,还能直接找到茶农本人,大家买茶叶就可以更放心啦!"

农旅相融合,谱写乡村振兴新蓝图

有了中国联通5G技术方案的加持,也使进一步挖掘茶园的商业价值成为可能。中国联通与农垦集团携手探索农旅融合发展新路径,大力开展茶山旅游经济,推动现代农业与休闲旅游同步发展,走出一条高效益、多途径融合发展的新路子。智慧茶园紧密围绕"绿水青山就是金山银山"乡村振兴战略,践行创新、协调、绿色、开放、共享发展理念,突出福安地理特征,结合茶园生态环境,为游客创造"天人合一"的意境,使得景区的自然魅力更加突显,给游客带来更加心旷神怡的感受。智慧茶园建设了360导航式和中控中心综合性展示,让更多的人从互联网即可了解农垦茶园的美丽景色。目前两个茶山区域均实现高质量Wi-Fi覆盖,实现景区人员基础通信服务和增值服务,从而提升服务质量和满意度,同时打造安全广

第七章 农业劳动

播服务体系,让游客及时听到旅游注意事项、寻人找物信息等,通过数字化管理重塑茶园,提升茶园运营管理水平,打造绿色安全、景色美丽的现代化茶园。

未来,中国联通将持续发挥网络能力和技术优势赋能产业发展,全方位提升智慧茶园数字化功能建设,助推茶园种植端、加工端、销售端数字化发展;紧跟国家数字化转型战略步伐,加速数字农业应用创新,助力乡村振兴和农业产业链发展,打造5G时代智慧农业数字化转型新标杆。

4.结合材料二,分析利用虚拟现实技术推广普洱高原特色农产品的优势有哪些。

【材料二】

中优农科技有限公司(简称中优农公司)实施利用虚拟现实(VR)技术推广普洱高原特色农产品。公司以具有多年海外工作经历的高管和在国际科技领域掌握了先进技术的团队为支撑,与同行业相比,具有极大的技术优势。目前,公司已自主研发了"优质农产品信任系统""网络营销分析推广系统""品牌评级及提升系统""三维虚拟现实功能平台"等产品,服务于政府、企业及消费者。目前公司的业务稳步拓展,业务范围遍及北京、上海、广东、湖北、四川、重庆等地。

利用虚拟现实(VR)技术推广普洱高原特色农产品是在利用"优质农产品信任系统"的基础上,将具有高原特色的普洱市的众多优质农产品及其基本信息、质量追溯信息、农产品展厅等通过数据采集、数据分析、三维建模、场景模拟等技术,构建在虚拟空间,实现三维视觉呈现,增强产品的真实感,提升推广效果。

第八章 工业劳动

工业劳动指的是除农业劳动以外的制造业、加工业、建筑业等第二产业的劳动。工业作为第二产业的组成部分,是对自然资源的开采、采集和对各种原材料进行加工的社会物质生产部门,可分为轻工业和重工业两类。

第一节 工业劳动概述

学习目标

了解工业劳动的内涵及发展历程。
熟悉1949年以来我国工业的发展情况。

一、工业劳动的内涵及发展历程

18世纪60年代至19世纪中期,工业引入机械设备,进入机械设备制造时代。通过水力和蒸汽机实现工厂机械化。这次工业革命的结果是机械生产代替了手工劳动,经济社会从以农业、手工业为基础转型为以工业、机械制造带动经济发展的新模式。那时的机械设备还没有电气自动化控制的概念。

19世纪下半叶至20世纪初,工业进入电气化与自动化时代。在劳动分工基础上采用电力驱动产品的大规模生产;有了电力,工业劳动进入了由继电器、电气自动化控制机械设备生产的年代。这次的工业革命,通过零部件生产与产品装配的成功分离,开创了产品批量生产的高效新模式。

20世纪70年代至今,工业进入电子信息化时代,在升级工业的基础上,广泛应用电子与信息技术,使制造过程自动化控制程度进一步大幅度提高。生产效率、良品率、分工合作、机械设备寿命都得到了前所未有的提高。在此阶段,工厂大量采用由PC、PLC/单片机等真正由电子、信息技术自动化控制的机械设备进行生产。自此,机器能够逐步替代人类作业,不仅接管了相当比例的"体力劳动",还接管了一些"脑力劳动"。

第八章　工业劳动

拓展阅读

全球工业技术"风向标"——汉诺威工业博览会

2019年德国汉诺威工业博览会于3月31日晚拉开帷幕。自1947年创设以来，汉诺威工业博览会已成为全球最有影响力的工业博览会之一，被誉为全球工业技术发展的"风向标"。

第二次世界大战结束后，德国经济面临诸多困难。为了摆脱当时的困境，德国积极向外界展示"德国制造"的优质产品，增强各界对德国经济复苏和工业发展的信心，促进技术交流和投资。

汉诺威政府于1947年8月举办了"汉诺威出口博览会"，成为汉诺威工业博览会的发端。首届博览会展期长达21天，场地位于城市南部一座工厂的空置厂房里，当时仅设置5个展馆，参展商有1 300余家。其间，各方共签订了约1 900份订单和商业合约，涉及金额超过3 000万美元。1961年，官方正式采用"汉诺威工业博览会"这一名称，该博览会逐渐成为国际先进工业技术展示和交流的重要舞台。

2011年汉诺威工业博览会上，德国专家提出应该准备好迎接由互联网带来的第四次工业革命，"工业4.0"的概念从此进入公众视野并成为全球热门话题。

2019年汉诺威工业博览会以"融合的工业——工业智能"为主题，共吸引了来自75个国家和地区的近6 500家参展商。"工业4.0"、智能工厂、5G、人机协作、能源智能网络等均成为本届博览会的重点内容。其中，人工智能、5G与"工业4.0"的结合是最为热门的话题。

3月31日晚举行的开幕式上，德国总理默克尔表示，汉诺威工业博览会见证着机器和数字、人工智能、信息技术之间的相互融合，在全球一直保持领先地位。

(资料来源：新华网，2019.04.01，有改写)

二、1949年以来我国的工业发展

中华人民共和国成立以来，我国的工业发展取得令人骄傲的成就。我国现已拥有41个工业大类，207个工业中类，666个工业小类，成为全世界唯一拥有联合国产业分类中全部工业门类的国家。

在1949年之前，中国还处在以小农经济为主、只能生产品种有限的日用生活消费品和少量矿产品的落后状态，工业基础极其薄弱，无法满足人们基本的日常生活需要和经济发展建设需要。中华人民共和国成立后，党和政府高度重视工业建设，经过70余年特别是改革开放以来的高速发展，钢铁、有色金属、电力、煤炭、石油加工、化工、机械、建材、轻纺、食品、医药等工业行业由小到大，迅速成长。一些新兴的工业行业，如航空航天工业、汽车工业、电子通信工业等也从无到有，逐渐在国际市场上占据一席之地。

改革开放以来，通过勤劳的中国人民不断地努力奋斗，制约中国经济发展的能源与原材料供应瓶颈问题得到缓解，特别是进入21世纪以来，能源与原材料工业的发展为基础设施建设奠定了基础,促进了中国的基础设施建设。截至2020年7月底,中国铁路营业里程达到14.14万千米,比1949年末增长5倍,其中高速铁路3.6万千米,居世界第一位。中国铁路网从"四纵四横"发展到"八纵八横"。新的路网方案实现后,预计到2030年,中国铁路网规模将达到20万千米左右,其中高速铁路约4.5万千米。全国铁路网将全面连接20万人口以上城市,高速铁路网基本连接省会城市和其他50万人口以上大中城市,实现相邻大中城市间1～4小时交通圈,城市群内0.5～2小时交通圈。截至2019年,中国公路总里程已达484.65万千米,其中高速公路从无到有,高速公路达14.26万千米,居世界第一。在中华人民共和国成立之初,全国能通车的公路仅8.08万千米,70年间增长了59倍。截至2016年,中国内河航道里程12.7万千米,增长72.7%。2018年,中国新建光缆线路长度578万千米,全国光缆线路总长度达4 358万千米,移动宽带用户达13.1亿户,已基本建成全球最大的移动宽带网,高速、移动、安全、泛在的新一代信息基础设施也得到快速建设。基础设施的建设与不断强化,使得中国的综合国力得到极大的提升,经济发展水平迈入中上等收入国家行列。与此同时,医疗、教育、文化、社会等事业蓬勃发展,国防、外交等实力大幅度提升。

典型案例

一座博物馆里的城市百年工业史

广西工业重镇柳州市的柳东路220号,原柳州市第三棉纺织厂旧址,坐落着广西首家工业博物馆——柳州工业博物馆,亦是全国首家对外开放的城市综合性工业博物馆。

"当年,筹建的消息传开后,柳州市民'翻箱倒柜',工厂企业'盘点清仓',博物馆的工业文物大多是企业和市民自发捐赠的,这些文物折射着柳州乃至中国工业的发展史。"该博物馆副馆长介绍说,开馆8年来,年均接待游客逾100万人次。

柳州市委书记郑俊康说,柳州工业博物馆建起了柳州的精神大厦。

日前,国家发改委、工信部、国资委等5部门联合印发《推动老工业城市工业遗产保护利用实施方案》,促进工业遗产由"工业锈带"向"生活秀带"转变。随着工业遗产保护工作的不断扩展和深入,工业博物馆受到了政府、企业和社会更多的关注。

一种独特的"工业文化标志"

柳州工业历史悠久,在清末民初时传统手工业就已经相当发达,随着历史的变迁和工业化的不断壮大、发展。2009年,当地市委市政府根据全国第三次文物普查中柳州工业普查的情况,做出利用老厂房建设工业博物馆的决定,以此打造柳州独特的"工业文化标志"。

2018年,工信部在全国范围内开展摸底调查工作,共收到488家工业博物馆的信息。工业博物馆主要有"重现"和"新建"两种建设形式,柳州工业博物馆属于前者,利用旧厂房改造而建,极大地保留了原来的面貌。

在展馆外面,放置的是柳工机械厂制造的机械产品,摆放在博物馆对面的是柳钢58一号火车头,都是柳州当年出产的。展馆外,一幅浓墨重彩的工业画卷徐徐展开。据统计,2019年馆藏各类工业文物33 653套/件。

柳州工业博物馆在建设中得到了各方支持。"我有一个请求,请预留一个位置给我们的刨床!虽然不是高精尖的东西,但它代表着我们工人的奋斗精神!"2013年初春的一天,一位来自柳州第三机床厂的老职工,一见面就急匆匆说了这一番话。

知道来意后,工作人员向他解释道:"柳州工业博物馆建设时间短,文物都是抢救性征集而来,会有遗漏和缺失。如有第三机床厂的产品,我们一定会妥善处理。"老人听罢紧紧握住工作人员的手大声说:"那好!那好!我代表工人向你们保证,尽快找到产品送到工业博物馆。"后来得知,这位老人姓郭,1970年即进入柳州第三机床厂,从普通工人成长为副厂长。

不出两个月,郭师傅来电告知,已在废旧设备市场找到了柳州第三机床厂1973年生产的B-650型牛头刨床,商家出价7 000多元,职工正在集资购买。工业博物馆当即表示如果资金有困难可由馆方出资购买,郭师傅婉谢后,回去继续召集工友集资购买。

现在,这台刨床摆放于工业历史馆一楼展厅。

每件展品都有背后的故事

柳州工业博物馆有3张用布料做成的特殊"火车票"。泛黄的票面上,清晰地印着车厢座位号。这是50多年前,上海市恒业帆布厂南迁援建柳州时,留存下来的时代印记。

20世纪60年代,上海市恒业帆布厂整厂援建柳州。乘车牌的捐赠者、原市第三棉纺厂工程师67岁的袁家荣,用一口夹杂着浓重乡音的柳州话,讲述了当年上海市恒业帆布厂南迁援柳的过程。

"知道工厂要迁来柳州,母亲只是平静地说了一句:祖国需要我们去支援工业建设。出发前夕,母亲把印着'635'数字的车牌交给我,叮嘱我别在胸前,说我们厂职工戴着这块布制的乘车牌就可以坐火车了。后来,我才知道635是工厂的编号。"

50多年过去了,袁家荣没有留下厂里相关的物件和资料,仅留存下这3张看似轻薄的历史记忆。

第一辆"柳江牌"载重汽车、第一代汽油机、第一架战斗机、电灯公司的光明小楼……馆所建成后,大量的老工人带着自己的儿孙前来参观,仔细地观看一幅幅图、一样样物件。

工业遗产保护形势严峻

近年来,随着工业遗产保护工作的不断扩展和深入,工业博物馆受到了多方关注。目前柳州工业博物馆已发展成一个集工业历史文化、工业遗产保护、工业文化旅游、爱国主义教育、生态文明展示于一体的特色博物馆。由于工业遗产的保护和利用尚没有专门立法,目前的工业遗产是根据《中华人民共和国文物保护法》的有关规定来保护和利用的,但是它和传统的文物保护存在较大的区别,在实际操作上存在较多问题。

博物馆副馆长不无担心地说,很多工业遗产属于企业资产,文物部门调查登记后对这些工业遗址的约束比较有限。有一些厂房设施文物部门调查后就被破坏了,政府也不能强制干预企业处理自有资产的权利。"协调好工业遗产保护和企业、社会的利益关系问题,是工业遗产保护与利用中遇到的比较难处理的问题。"

"工业遗产流失速度很快,保护形势十分严峻。"他认为,这其中比较重要的原因是工业遗产的保护和企业发展存在冲突。企业要发展要扩建,要更新技术。需要在保护和发展之间做出选择,如果缺乏文化遗产保护意识和相应的补偿,势必造成一些工业遗产的损失。随着柳州工业发展战略的调整,保护的任务也更艰巨。

工信部工业文化发展中心研究专员指出,我国目前工业博物馆形式丰富、层次多样,还存在非国有工业博物馆的设立程序困难、工业博物馆的藏品缺乏法律地位、工业博物馆的社会化程度尚待提升等问题,仍有较大改善空间。这些均可以通过对科研院所开放研究资源、对社会开放场馆和场地资源来探索解决。

（资料来源：新华网,2021.04.29,有改写）

三、党的十八大以来的工业发展存在的问题

党的十八大提出了要推进新型工业化、信息化、城镇化、农业现代化同步发展。工业的发展变得更加协同化,实现了经济的可持续科学发展。2013年,习近平首次提出共建"丝绸之路经济带"和"21世纪海上丝绸之路",即"一带一路",推动了我国工业产品的贸易发展。党的十九大报告指出,通过深化供给侧结构性改革推动钢铁工业的高质量发展,要推动互联网、大数据、人工智能和实体经济深度融合。习近平生态文明思想在中国特色社会主义思想中占据重要地位,而且国际影响力巨大,不仅为我国经济的可持续发展指出了方向,更为世界工业走向生态化提供了中国方案。尤其是在中国特色社会主义进入新时代,技术创新就成为工业发展的最为关键的支撑。在中美贸易摩擦加剧,美国对我国加大技术封锁的背景下,习近平深刻指出,关键核心技术是要不来、买不来、讨不来的。加大创新驱动发展战略,为实现工业结构的转型升级提供了重要的战略支持。在以习近平新时代中国特色社会主义思想指引下,我国充分利用大数据、云计算等技术高效推动工业数字经济发展,努力实现工业的高质量发展。

党的十八大以来,工业发展取得了巨大的成就,同时也存在不少问题。最主要的问题可以概括为以下三个方面：

（一）工业企业产能过剩,市场结构不匹配,资源配置效率低

(1)产品结构不合理。资本密集型产业不少、技术密集型产业不多,产品较为低端,且由于受技术的限制,产出的高端产品数量不足以满足市场需求。因此,市场对中低端产品供给过度、对高端产品供给不足,与人们对高端产品的需求不匹配,最终造成结构性产能过剩。

(2)部分工业企业存在产能过剩的现象。一些企业存在投资性冲动,为了自身局部的经济效益,盲目地进行生产和投资,产出更多的低端产品,导致产能过剩现象进一步恶化。而企业与企业之间的重复建设和恶性竞争导致市场工业品的供给大于需求,形成了供给侧结构性难题。

（二）工业高端人才不足,自主创新能力弱,产品质量档次低

(1)工业企业创新能力不强、动力不足。对于小中型企业来说,资金少,且人才匮乏,即使有创新的想法,也没有能力实施,所以自主创新能力较弱;对于部分大型企业尤其是垄断企业来说,尽管它们拥有大量资金,但是考虑到其他企业进入市场的壁垒比较高以及创新的高风险性,又缺乏创新的动力。尤其是在基础性重大技术攻关方面,还需要加大投入。

(2)关键技术缺乏、"卡脖子"现象突出。我国工业产品主要集中于产业链中低端产品,

第八章 工业劳动

缺乏高科技工业产品关键技术及核心的生产环节,导致工业缺乏核心竞争力。此外,我国高端技术领军人才及团队还不多,工业的竞争就是技术的竞争,归根结底是人才的竞争。如何强化人才建设,为工业发展的实际需求服务有待改进。

(三)工业环境污染严重,资源再利用率低,生产环保程度低

(1)制造业环境污染严重,可持续发展后劲不足。工业企业的生产消耗了大量能源如化石能源、自然资源、矿物资源等,破坏了生态环境,极大限制了我国工业的可持续发展,目前正处于粗放式增长向集约式增长的重要转型中。

(2)面临资源利用的刚性制约、替代资源不多。一直以来,我国对可持续发展方面的工业技术创新重视程度不够,在处理生产垃圾和利用可再生资源方面,或缺乏技术,或技术比较落后,其资源的利用率不高,替代性资源开发不足。新能源、新材料的发展代表了工业发展的重要方向,但传统产业和战略性新兴产业的接续以及前瞻性产业的兴起都需要"推陈出新",这种新旧功能的转换也不是一蹴而就的。

四、我国工业发展的对策

(一)推动供给侧改革,深化融合发展,打造"高端工业"

(1)通过供给侧结构性改革,加大工业产业调整力度,优化先导产业,构建以技术突破为核心的产业研发中心,打造重要先进制造业基地,向中高端产业结构迈进,实现工业结构的转型与升级。

(2)深化工业化与服务化的融合发展,推动先进制造业和生产性服务业的结合,推进企业管理方式融合,形成完善系统的管理体系,推动工业的定制化、柔性化、服务化,加快推进新型工业化建设。

(3)通过市场机制淘汰一些劳动密集型的落后企业,发展技术密集型的优势企业并引导其兼并重组落后企业,提高产业集中度,实现传统工业产业结构的优化,抑制工业产能过剩,提升资源配置效率。

(4)认真谋划一批具有生产高效性、技术先进性、引领发展性的大项目,比如打造长三角电子信息制造重点产业、珠三角汽车制造重点产业、东北地区机械制造重点产业,打造西南地区航天制造重点产业,力争在制造业领域形成一批产业集聚区,作为"中国制造2025"的重要载体。

(二)培养高精尖人才,实行智能制造,打造"智慧工业"

(1)加强高校和工业企业的人才对接,鼓励高校开设与大数据、互联网、云计算、人工智能等相关的专业及课程,培养出信息化的高端人才。同时,推动工业由"人工工业"走向"智慧工业",实现工业的高质量发展。

(2)加大科研方面的投入,强化产学研协同创新,提升工业产品的科技含量,加强研发处于生产链核心环节的高端产品,增强产品在市场中的核心竞争力,满足市场对高端产品的需求。

(3)构筑创新发展的生态氛围,采用奖励和补偿政策鼓励企业进行创新;对工业企业创新所产生的费用按一定比例进行补偿;对进行创新并且已经取得创新成果的企业,进行后激

励奖励；改进科研评价机制，强调科技人才和资源处置权和优先权，为工业企业的创新源泉注入活力。

（4）在人工智能领域，积极推进数字化革命，通过工业产品的数字化以及高端化，打造具有品牌效应的新型工业品，为我国国际地位进一步提高、国际影响力进一步加强、综合国力进一步增强奠定良好的基础。

（三）提倡生态化生产，改善生产流程，打造"绿色工业"

（1）从源头方面治理环境污染。通过市场准入机制，责令高污染、高能耗的企业进行整改或将其逐出市场，鼓励低能耗、低污染、高效率的高新技术企业做大、做强，形成优胜劣汰的局面。

（2）从生产过程方面治理污染。鼓励企业生态化生产，采用高科技创新生产流程，减少污染物的排放；加大工业企业技术改造资金方面的支持；鼓励工业企业尽可能使用清洁能源或可再生能源代替传统的化石能源，减少化石能源对环境的污染，增加能源利用率。

（3）从二次利用方面治理污染。将工业企业排放的污染物中可以作为其他企业的原材料物质进行二次利用，并通过物理、化学、生物等方法对其他废弃物进行处理，减少废弃物对生态环境的污染。

（4）从监督力度方面治理环境污染。增加对工业企业环境效益的考核次数；采用互联网信息技术对工业企业的污染排放量、能耗量进行实时监测，对不符合要求的企业进行通知并要求其整改，加大对高污染、高能耗企业的惩罚力度。同时，增加对低能耗、低污染、高效率企业的奖励，打造绿色工业体系。

拓展阅读

5个关键词看中华人民共和国成立70周年工业通信业的发展成就

2019年9月20日，在国务院新闻办公室举行的中华人民共和国成立70周年工业通信业发展情况发布会上，时任工业和信息化部部长苗圩用5个关键词概括了70年来我国工业通信业发展成就。

关键词一："第一制造大国"

苗圩表示，中华人民共和国成立70年来，特别是改革开放以来，我国工业实现了历史性的跨越。根据世界银行数据，2010年我国制造业增加值超过美国，标志着自十九世纪中叶以来，经过一个半世纪后我国重新取得世界第一制造业大国的地位。

关键词二："完整的工业体系"

经过70年的发展，目前我国已经拥有41个工业大类、207个工业中类、666个工业小类，形成了独立完整的现代工业体系，是全世界唯一拥有联合国产业分类中全部工业门类的国家。"我们用了几十年的时间走完了发达国家几百年所走过的工业化历程，创造了世界工业化的奇迹。"苗圩说。

关键词三："创新驱动发展"

2017年全国规模以上工业企业研发投入的强度由2004年的0.56%提高至2018年

的1.06%,规模以上工业有效发明专利数达到93.4万件,较2004年增长了29.8倍。与此同时,一些技术由"跟跑"到"并跑"甚至向"领跑"迈进,如发电设备、输变电设备、轨道交通设备、通信设备等产业均已处于国际领先地位。

关键词四:"两化深度融合"

工业互联网的发展也迈出了坚实的步伐,目前,国内具有一定影响力的工业互联网平台已经超过50家,重点平台平均连接的设备数量达到59万台。2018年,数字经济的规模达到31.3万亿元,居全球第二位。互联网、大数据、人工智能加快与实体经济深度融合,为我国抢抓第四次工业革命机遇奠定了坚实基础。

关键词五:"中小企业蓬勃发展"

中华人民共和国成立70年来,我国中小企业、民营企业蓬勃发展,从小到大,由弱到强,在增加就业、稳定增长、促进创新方面发挥了独特的重要作用,作为国民经济生力军的作用也日益凸显。随着中央和地方一系列支持中小企业发展的政策落实,我国中小企业发展将会面临更多的机会、更大的空间,迸发更强的活力。

(资料来源:央广网,2019.09.20,有改写)

第二节 现代工业技术

学习目标

了解现代工业技术发展的基本情况。
熟悉我国目前的现代工业技术。
掌握我国发展现代工业技术的意义。

一、我国现代工业技术的发展历程

中国工业化的历史,也是工业化与市场化、信息化、全球化、绿色化、城市化紧密联系、相互影响、相互作用、共同推动着中国现代化进程的历史。

1949—1978年,中国实施集中计划经济体制,面对严峻复杂的国际环境,走上了一条独立自主的工业化道路,建立了完整的工业体系,为改革开放后中国经济快速发展打下了坚实的工业基础。1978—1991年,计划经济向市场经济转轨,市场机制逐步取代计划经济体制,着重纠正产业结构重大比例关系的失调,促进短线产业加快发展,抑制长线产业发展,调整不同产业失调的比例关系。1992—2001年,市场经济体制进一步完善,产业结构进一步调整,推动产业结构升级,推动各次产业的发展,高度重视基础产业、支柱产业和高新技术产业的发展,重视产业发展中增长模式转换问题。2001—2012年,扩大开放领域,深度融入世界经济,走新型工业化道路,加快产业结构调整与自主创新能力建设,促进产业竞争力提升。2012—2019年:围绕着产业强国目标,推动高质量发展,构建现代产业新体系;实施更高水

新时代劳动教育教程

平、更大范围的开放,维护与推动全球自由贸易。

经过70年的工业化,中国形成了完整的工业体系,实现了对发达国家在工业规模的追赶与超越。中国成为有全球影响力的经济大国、第一大新兴经济体。

当前,以数字化、网络化、智能化、绿色化为核心特征的新工业革命,正在突破人类自身局限与资源环境瓶颈,显著增强了可持续发展的能力。大量新的思想、技术、工艺、产品、服务、要素、设施、组织、模式、市场应运而生,不仅给各产业、资源配置、生产流通、生活消费、工作学习、文化思维等带来重大影响,也深刻地改变着人与人、人与物、物与物的关系,改变着世界的格局。面对新工业革命与中华民族伟大复兴历史性的交汇,如何牢牢把握时代赋予的机遇,研究制定新工业革命战略,全面引领产业变革,是当代中国的一项重大课题。

我国错失了前两次工业革命的机遇,但在第三次以信息化为特征的工业革命中开启了工业化的新进程。以信息化带动工业化,以工业化促进信息化,工业化与信息化同步发展是中国工业发展的一个重要特征,也是重大的战略选择。

拓展阅读

我国已建成门类齐全的现代工业体系

"我国成为全世界唯一拥有联合国产业分类中所列全部工业门类的国家。"在国务院新闻办公室2019年9月20日举行的新闻发布会上,时任工业和信息化部部长苗圩在介绍工业通信业发展情况时表示,中华人民共和国成立70年来,我们党团结带领全国各族人民成功走出了一条中国特色的新型工业化发展道路,走过了发达国家几百年的工业化历程,创造了人类发展史上的奇迹。

"我国建成门类齐全、独立完整的现代工业体系,工业经济规模跃居全球首位。"苗圩表示,我国工业增加值从1952年的120亿元增加到2018年的30多万亿元,按不变价计算增长约971倍,年均增长11%。

世界银行数据显示,2010年我国制造业增加值超过美国,成为第一制造业大国。"这标志着自19世纪中叶以来,经过一个半世纪后我国重新取得世界第一制造业大国的地位。以钢铁为例,1949年我国钢产量只有15.8万吨,只占当年世界产钢量的0.1%,2018年我国钢产量已经超过9亿吨,增长5 799倍,长期占据世界钢铁产量的一半。"苗圩说。

中华人民共和国成立70年来,我国信息通信业发生了巨变。苗圩表示,在服务人民群众的生活方面,解决了覆盖少、网速慢、资费贵三大难题。"70年来,我们建成了全球规模最大的信息通信网络,光缆长度超过4 500万公里,电话用户总规模达17亿户,互联网宽带接入用户达4.4亿户,网民数量达8.54亿。"苗圩说。

苗圩表示,在5G、工业互联网、人工智能等新型基础设施建设方面,我们已经做到了与世界同步发展,甚至局部有领先的态势。新业态、新模式不断涌现,自动驾驶、智能家电、VR/AR、远程教育、远程医疗等领域的应用也方兴未艾。

"目前,信息通信业的开放合作达到了新水平。作为全球最繁荣的信息通信市场,我们鼓励民间资本进入移动通信的转售、宽带网的接入服务和互联网数据中心等领域,我们也乐意与世界各国的企业共享发展机遇,逐步提升电信领域对外开放水平。"苗圩说。

技术创新能力方面,工业通信业实现了大幅度提升。"随着创新驱动发展战略的深入实施,我国在主要领域和方向上实现了'占有一席之地'的战略目标。"苗圩说。以移动通信产业为例,我国历经2G跟随、3G突破,实现了4G同步、5G引领的历史性跨越,5G标准必要专利数量全球第一。在信息通信技术的强力牵引下,截至2018年底,我国数字经济规模达到31万亿元。

(资料来源:经济日报,2019.09.22,有改写)

二、现代工业技术的发展途径

(一)生物技术

近年来,我国的生物技术取得了很大的发展。初步形成了医药生物技术、农业生物技术、轻化工生物技术、海洋生物技术等门类齐全的生物技术研究、开发、生产的体系;取得了一批具有较高水平的生物技术研究开发成果,开发出一批生物技术产品并投放市场。作为第一个参与国际人类基因组计划的发展中国家,中国已经完成了1%的测序工作。中国科学家独立完成杂交水稻亲本9311(籼稻)基因组序列的拟定。

(二)激光技术

在激光技术方面,中国第一台激光器于1961年成功发布。20世纪80年代,第一个国家激光技术国家重点实验室建成,90年代初成立了第一个全国激光加工工程研究中心。20世纪90年代初以来,我国科学家开始研究深紫外非线性光学晶体和激光技术。经过30多年的努力,中国已成为世界上唯一掌握深紫外全固态激光技术的国家。

(三)电子技术

在电子和信息技术领域,中国取得了巨大进步,达到了世界一流水平。2009年,中国的产品占世界电视市场的48.3%,手机市场的49.9%,个人电脑市场的60.9%,液晶显示器市场的75%。中国制造的电子元器件已经成为一个重要的外汇来源。2010年,中国软件业和信息服务业的软件产业份额增长了15%以上,近十年来的平均增长率为36%。

(四)核能技术

截至2019年12月底,我国运行核电机组47台,总装机量约为4 875万千瓦,仅次于美国、法国,位列全球第三。海阳核电厂2号、阳江核电厂6号、台山核电厂2号三台核电机组投入商运。2020年,我国核能发电量为3 362.43亿千瓦时,较2019年增长5.02%。截至2020年12月底,我国在建核电机组12台,在建机组装机容量继续保持全球第一。我国大力推动先进核技术研发,形成了钠冷快堆、铅基快堆、聚变堆等先进反应堆系统。

(五)航天空间技术

自1956年开始,经过65年的不懈努力,中国航天技术得到了长足的发展。"长征"系列火箭已具备各类轨道、各种质量和各类航天器的综合发射能力,入轨精度达到国际先进水平,近地轨道运载能力达到25吨,地球同步转移轨道运载能力达到14吨,太阳同步轨道运载能力达到15吨。

新时代劳动教育教程

中国卫星覆盖了科学、通信、气象、资源、遥感、导航等主要领域,许多单项技术已达到世界先进水平。截至2020年底,我国在轨卫星数量约为400颗,居世界第二位。中国不仅独立开展了月球探测活动,独立实施了载人航天工程,独立建设了全球导航卫星系统,还正在建设具有长期运行能力的空间站,中国正从航天大国迈向航天强国。

典型案例

中俄加强工业技术领域对话

新华社俄罗斯车里雅宾斯克7月12日电(记者强勇) 中国黑龙江省—俄罗斯车里雅宾斯克州工业与技术合作洽谈会12日在车里雅宾斯克举行,与会者就推动中俄两国工业合作进行深入探讨。

此次洽谈会是第五届中俄博览会框架下的重点活动之一,吸引了来自中俄两国400余家企业、高校和科研院所参会。会议讨论的内容包括在传统冶金、石化、装备制造等领域合作的基础上,进一步突出在新材料、节能环保、人工智能、大数据和云计算等高端领域的对接。

黑龙江省是中国老工业基地,具有相对完备的工业生产体系,且科技资源富集。车里雅宾斯克州是俄罗斯重要的工业地区之一,地处欧亚大陆交通要道的十字路口。

黑龙江省副省长贾玉梅在会上表示,会议的目的在于发挥两地科技和工业资源优势,夯实合作基础,实现两地共赢。黑龙江省有81所高等院校,266家科研院所,在自动化、航空航天、海洋动力等方面学术领先,有利于引领产业发展。

俄罗斯南乌拉尔工商会是车里雅宾斯克州最大的企业家协会。南乌拉尔工商会与黑龙江省合作长达26年,相互见证了工业技术交流的深入发展。2018年是中俄地方合作交流年,双方将迎来实施高科技联合项目、联手提升工业产品竞争力的好时机。

中俄博览会是中俄两国间高层次、大规模综合性展会,为促进两国地方和企业合作、助力双边经贸关系发展发挥了重要作用。本届中俄博览会于9日至12日在俄罗斯叶卡捷琳堡举办。

(资料来源:新华网,2018.07.13,有改写)

三、我国发展现代工业技术的意义

工业技术的现代化是现代工业技术的核心与前提,也是实现"科教兴国"战略的基础。当今世界经济全球化进程日益加快,科技革命日新月异,许多科学技术前沿正在酝酿新的重大突破。知识更新的速度越来越快,科学技术转化为现实生产力的周期越来越短,原始性创新越来越成为当代科技竞争的战略制高点,代表工业科技水平的高新技术及其产业对提高综合国力的重要作用日益显现。中国只有加快工业技术的进步和发展,才有可能尽快缩短与发达国家之间的差距,才能更好地运用高新技术来改造和提升传统产业,在产品升级、提高质量、扩大出口、控制污染和节能降耗等方面取得明显进展。与发达国家相比,中国在不断提高技术水平的前提下,需要大力发展"新经济"和提升"旧经济"。引进、发展工业技术产业,推进工业技术现代化,是实现以"新经济"带动"旧经济",即以"信息化"带动"工业化"战略的基础。只要中国在工业化过程中大力发展高新技术和不断提高技术水平,就能够以信息技术及其产业为先导,走出一条工业化与信息化并举,以信息化带动工业化的新型工业化发展道路。

拓展阅读

自主工业软件,哪些短板需要补?

前一段时间,MATLAB停止向哈尔滨工业大学、哈尔滨工程大学提供服务。该软件是数值分析计算的重要工具,应用于全球6 500余所高校院所。

20世纪70年代,MATLAB只是新墨西哥大学一位教授用于教学中的一个小工具软件。早期为了推广,该软件免费提供给教学和科研使用。近40年来,该软件在应用中不断优化,它有100多个工具包,用于解决种类繁多的领域应用问题。

这一事件提醒我们:软件根基不牢,就可能受制于人。不少科研人员认为,一些软件不能用了,倒逼我们沉下心来,扎下根来从头做起。这样坏事就能转变成机遇,在自己的地基上建起万丈高楼。在一些关键敏感领域,有必要加强国产自主软件开发。"今天禁这个,明天又说那个不能用,不如提前规划布局,防患于未然。"

此次国务院出台的《新时期促进集成电路产业和软件产业高质量发展的若干政策》(以下简称《若干政策》),明确表示支持软件领域的骨干企业、科研院所、高校等创新主体,优化配置技术、装备、资本、市场等创新资源,按照市场机制提供软件领域的专业化服务,实现大中小企业融通发展。

同时,国家将加大对软件产业专业化服务平台的支持力度,提升其专业化服务能力。

走向智能研究院相关负责人介绍,当前传统制造业正在转型升级,智能制造和工业互联网方兴未艾,推动数字化设计、数字化工厂和数字运营服务,都离不开功能完善的工业软件。"工业技术和知识的结晶,是智能制造的'神经中枢',有助于帮助优化产品,提高工业制造的整体水平。"

几乎所有基础类的软件,不论是科研工具软件还是工业软件,想要掌握自主知识产权,都需要从底层做起,经过较长时间的积累。

越底层的东西,搭建难度就越大。一位专家担忧,当前高校院所重应用、轻基础的导向不利于科研人员做基础工作。近年来,参加硕士、博士论文的答辩评审,几乎每篇论文都在用国外成熟的深度学习框架TensorFlow、PyTorch等做研究。"我们利用这些算法和框架是能做出不错的成果,但一二十年后发现,仍然是在别人的地基上盖楼。"

科研人员写出核心代码、搭建出框架,对大多数基础类软件来说,只是从0到1的突破。要发挥软件的应用价值,还需要在市场中打磨,解决用户的需求。

智能制造对于工业软件企业既是挑战,也是发展的新机遇。业内人士表示,近些年,我国加强了对工业软件的支持力度,国内企业也意识到支持自主工业软件的重要性。一些产品逐渐从跟随、模仿,走向独立创新阶段,国产工业软件步入发展新阶段。

业界专家分析，我国发展自主软件有一定的优势。首先，拥有庞大的工程师队伍，人才积淀好；此外，有市场规模大、应用场景丰富的优势，持续的回报能助推技术持续升级换代。一款国产自主软件，只要有越来越多用户敢于吃螃蟹，它就能在不断优化中壮大。

国外的工业软件能够提供通用的工具和模块，但对我国工业实际需求不够了解，也不可能为我国企业做深度的挖掘和分析工作。我国要实现制造强国建设，离不开实力雄厚的自主的工业软件公司与工业体系共同成长。

多位专家建议，鼓励高校院所科研人员投身基础类软件研发，有必要调整考核机制。追求短期效果能出应用成果，但从长远看是丢掉未来。在一些领域，不能总以创新点评价科研的好坏，应该允许科研人员"重复造轮子"，把别人的基础工作再"走"一遍。

"在工业软件上，我国高校院所有一定的研究积累。挖掘高校院所的科研潜力，推动产学研合作是壮大自主工业软件的有效途径。"清华大学软件学院院长说，有必要通过支持重点团队持续攻关等方式，引导高校院所科研人员投身工业软件研发。此外，加强学科交叉融合，培养既懂得软件又了解工业的复合型人才。

需要强调的是，自主研发工业软件不是"包打天下"，更不是"排外"。我国软件产业发展不但要与全球合作，而且这种合作还要进一步深化。

《若干政策》明确，要深化集成电路产业和软件产业全球合作，积极为国际企业在华投资发展营造良好环境。鼓励国内高校和科研院所加强与海外高水平大学和研究机构的合作，鼓励国际企业在华建设研发中心。同时，支持国内企业在境内外与国际企业开展合作，深度参与国际市场分工协作和国际标准制定。

"集成电路和软件产业是全球开放、精细分工、高度合作的产业，自主可控绝对不等于全部自供、自我封闭。"芯谋研究首席分析师认为，过度的"全面替代"不符合产业规律，促进两大产业高质量发展，一定要深化集成电路产业和软件产业全球合作。既要为国际企业在华投资发展营造良好环境，又要鼓励中国企业走出去，更好地利用国际创新资源提升产业发展水平。

专家提醒，自主研发将是一个漫长的过程。现在，一些自主研发是在外部环境影响下的被动作为，未来即便环境宽松了，也不宜半途而废，有必要正视差距，避免浮躁心态，踏踏实实补上短板。

(资料来源：人民网，2020.08.11，有改写)

第三节 "互联网＋"工业发展

学习目标

了解"互联网＋"给工业发展带来的影响。

熟悉"互联网＋"工业的发展模式。

一、"互联网+"工业的技术背景

近年来,人工智能、大数据、云计算、区块链、边缘计算、传感器、5G通信等技术不断走向成熟,通过这些先进技术在制造业应用场景中的融合与应用,未来将实现消费端、生产端和产业链各个环节数据的实时采集和智能分析,进而在订单驱动下,实现对生产环节、生产资料调配、物流管理、市场销售等进行智能分析、精准管控。而实现这一过程的核心基础保障就是要建设新型工业互联网。

拓展阅读

助力制造业数字化转型 "互联网+"工业两展会7月登陆佛山

2021中国(广东)国际"互联网+"博览会和2021广东(佛山)国际机械工业装备博览会,于2021年7月14日至17日在佛山潭洲国际会展中心同期同馆举行,打造"互联网+"工业盛会。据介绍,两大展会展览总面积近7万平方米,参展企业近千家。

中国(广东)国际"互联网+"博览会自2015年创办,迄今举办五届,参展企业累计达到1 200余家,展览面积超过25万平方米,专业观众35万人次,已经成为推动珠三角地区传统制造业与互联网的跨界融合与创新,为传统行业连接互联网和实现转型发展搭建交流合作平台的行业盛会。

2021中国(广东)国际"互联网+"博览会由中国国际贸易促进委员会广东省委员会主办,以"工业互联、数字智造"为主题,将设置工业互联网、大数据及云计算、互联网前沿技术等主题展区,重点展示工业互联网与数字产业的相关技术与解决方案,推动传统制造业与互联网的跨界融合与创新,为行业提供创新解决方案的展示推广平台。

本届广东"互联网+"博览会预计打造超过3万平方米的展览面积,参展企业超过350家。ABB、库卡、霍尼韦尔、西门子、松下、施耐德等60余家行业领军企业均将携带最新的技术与产品齐聚佛山。

展会期间,将通过举办开幕式、高峰论坛等重大活动,首届开发者大会、工业互联网与数字化转型升级等多场平行论坛,新产品新技术发布会、采购对接会、招商对接会等十余场专题活动。

值得关注的是,今年起,2021广东(佛山)国际机械工业装备博览会移师至潭洲国际会展中心,与"互联网+"博览会同期同馆举办。该展会执行单位、天津振威展览有限公司发言人表示,着眼于珠三角地区尤其是以佛山为代表的制造业蓬勃发展、释放出巨大的产业需求和发展机遇,该展会将永久性落户佛山,以促进制造行业全产业链的发展。本届展会预计规模4万平方米,参展企业超过500家。

佛山中德工业服务区(三龙湾)管委会副主任表示,广东"互联网+"博览会与广东工博会同期同馆举办,打造"互联网+"工业模式,就是为了推进"互联网+先进制造",加快工业互联网平台建设,探索佛山制造业"上云上平台"的升级路径,以展会促进产业升级,以展会促进实体经济高质量发展,推进数字产业化和产业数字化、打造国家级工业互联

新时代劳动教育教程

网示范城市。

用友软件有限公司将展示其在各行业、领域的最新数字化应用。用友佛山分公司总经理表示,两大展会为企业搭建立足佛山、服务珠三角、辐射粤港澳大湾区的会展平台,对参展企业开拓大湾区"互联网+"制造业市场具有重要意义。

(资料来源:中国新闻网,2021.04.28,有改写)

二、"互联网+"工业的发展现状分析

随着"互联网+"的不断推进,"互联网+"工业的模式逐渐建立,并在我国当前的工业建设当中发挥了重要的应用价值。但是就当前的发展情况进行分析可以得知,大部门的工业企业虽然已经实现了这一生产模式的应用,但是水平层次依旧存在着较大的差异。部分企业在当前依旧处于互联网建设的边缘地带,难以切实做到"互联网+"工业的应用价值实现。而造成"互联网+"工业的发展受到限制的主要原因包括以下几方面:

(1)工业企业的固有模式难以实现突破,传统的经营模式要实现升级十分困难。且相关企业不具备相应的创新力与生产力,在网络交易不断发展的当前不敢轻易尝试。即使实现了网络交易,也不能很好地就线上与线下关系进行处理。

(2)工业企业没有在"互联网+"工业的发展中投入充足的资金与人力,导致即使制定了相关的发展规划也难以进行有效的推广,无法落实企业的转型与升级。

(3)当前大多数的工业企业都没有完成跨行业经营的发展,始终将业务停留在原有业务的层面上,对"互联网+"工业的发展造成了较大的限制。

典型案例

青岛制造业加快拥抱工业互联网 促产业智能升级

青岛是全国知名的制造业基地,青岛制造业正在积极拥抱工业互联网,加快产业智能升级。"青岛·进而有为——华为云城市峰会2021"13日在线上线下举行。青岛市市长表示,青岛正在打造世界工业互联网之都,并推进城市全方位数字化转型,建设更高水平的智慧城市。

海尔集团作为青岛的"五朵金花"之一,很早就开始了数字化和智能化的探索。海尔集团云计算首席技术官在会上表示,"云时代"的到来,以前很多复杂的事情都变得很简单了。海尔希望全面上"云",并且要做到选好、用好。

青岛制造业新"金花"特来电的首席科学家、研究院副院长表示,特来电链接了400多万个充电车主,每天的数据量是10 TB,是一个传统的制造业企业20年的数据,所以数据、技术一定要上"云"。

华为与舒朗服饰运用云计算、人工智能技术联手打造的布料排版人工智能服务系统,解决了国外排版软件的难点,提升排版效率,从1小时缩短到10分钟,效率整体提升500%以上。既减少了对人工排版师的依赖,也为服装行业带来了新的解决方案。

第八章　工业劳动

　　在汽车产业，华为云与中瑞车联网、双星胎联网、特来电充电网等知名汽车科技平台公司，联合打造了青岛汽车工业互联网平台，赋能汽车产业链。

　　如今青岛正在着力打造新一代的制造业"青岛金花"，重点培育规模大、创新能力强、市场占有率高的头部企业，通过原有制造业优势，以云计算、人工智能、大数据为核心数字技术，带动产业链上下游实现"青岛智变"。

　　华为公司高级副总裁、中国地区部总裁表示，早在 2017 年 9 月，华为（青岛）基地就在青岛高新区正式落成，持续在智慧城市、智能制造、智慧交通、智慧教育、智慧农业等多个领域助力青岛高质量发展。

　　当日，华为云与青岛政府、各个关键产业和核心企业联合发布了三大重量级项目，并签署了四大合作协议。

　　山东省工业和信息化厅发言人表示，当前山东工业互联网发展的重视程度、政策力度和企业热度都是前所未有的，正是最好的黄金期。

（资料来源：中国新闻网，2021.05.14，有改写）

三、"互联网+"工业的发展建议

（一）积极实现工业企业中的智能制造

　　工业企业应当在当前积极实现企业制造工作中的数字化建设、网络建设以及智能化建设等工作，促进产业链的建设进度。并在互联网技术的支持下实现协同制造的工作发展模式，从而形成网络化的生态制造体系建设。只有这样才能切实保证企业工业生产与资源应用、生产需求以及市场发展方向的有机结合，保证相关企业的顺势发展，实现整体的产业链资源的有机整合与利用。同时，企业还应当加强工业生产系统的数字化与智能化改造，切实实现企业的两化融合发展逐渐由单项应用发展到综合集成应用。

（二）加强互联网技术在公司企业经营管理工作中的应用

　　对于工业企业来说，经营管理工作是十分必要的，这对于企业的进一步发展有着重要意义。所以，相关企业应当积极实现经营管理工作中的互联网技术的应用深入。首先，企业应当积极实现互联网的大数据分析功能，进行资源配置平台的进一步优化，规划企业的外部协作工作、内部计划制订以及信息数据等相应多个管理环节的优化。另外，企业在进行管理决策系统设计时还应当进一步利用信息管理技术，根据市场的实际情况与企业的生产能力来就企业客户关系、企业人力情况以及资金情况等方面的信息进行收集。不断地实现信息化建设的稳步推进，保证企业经营管理工作与决策工作的科学化发展。

（三）注重"互联网+"工业的相关人才的培养

　　"互联网+"工业模式在当前工业企业发展中的应用难以实现切实推进，主要还是由于这方面的建设人才缺乏，难以满足该模式的研究与应用要求。首先，多个企业应当联合建立相应的咨询评估平台，满足企业的"互联网+"工业模式的实现要求。其次，企业与政府都应当加大相关人才的培养力度与资金投入，积极为专业化的技术人才培养创造良好的环境。要求专业的高素质人才进行有针对性的技术培训工作，保证相关人才的高素质建设。

（四）积极实现"互联网＋"工业投融资力度的全面提升

工业企业要实现该模式的进一步应用与发展，就应当在日常的企业发展过程中积极地进行金融产品的推广，切实实现企业服务方式的创新与优化。同时还应当将企业在"互联网＋"人才发展中的资金需求作为基本出发点，来进行相适应的服务模式的优化，方便相关企业积极实现多元化的融资工作。此外，相关人员还应当积极地实现企业融投资力度的提升，在国家金融政策等的支持下发挥自身的工作积极性。并且根据企业的实际发展情况与需求，以财政支持、金融贷款以及股权融资等多种方式展开企业的投融资工作。

（五）加大科技研发投入力度，培育企业核心竞争力

先进的科学技术是制造业企业的核心竞争力，率先使用新技术的企业能够实现经济腾飞的可能性比守旧的企业要大得多，同时也是先进制造业区别于普通制造业的特征，尤其是智能制造企业。"互联网＋"为大多数制造业提高企业核心竞争力提供了一个公平的平台。其中要提高科技含量，提高核心竞争力，必定要加大科研投入。一是加大科研设备的投入，购买新型互联网、云计算和大数据分析等网络平台，同时构建新型的生产设备，软件设备和硬件设备都要同步更新。二是加大工业设计的投入，培育自己的设计团队。产品质量是企业的灵魂，"互联网＋"制造的优势不仅仅在于提供优质的产品，还在于提供优质的服务。推动"互联网＋"制造最终离不开软件技术和硬件技术的双向支持。要培育企业提高自己的核心竞争力，加强高档数控系统、工控计算机、高端服务器等核心整机系统的研发，支持工业操作系统等基础软件及高端工业软件、新型工业 App、工业管理系统等方面的开发，通过"互联网＋"制造关键平台进行技术、产品方面的试验，形成良性的供需互动。

拓展阅读

工业互联网 应用再提速

从 2012 年首次提出概念，到连续 4 年写入全国两会政府工作报告，中国工业互联网建设近年来成果斐然。"十四五"规划和 2035 年远景目标纲要中，工业互联网被列为数字经济重点产业，发展态势和前景被一致看好。

在国家政策和各方共同努力下，中国工业互联网正由理念倡导加速走向落地深耕，成为国民经济中增长最为活跃的领域之一，对经济社会发展的带动作用日益彰显。

作为新一代信息技术与制造业深度融合的产物，工业互联网是新工业革命的关键支撑和深化"互联网＋先进制造业"的重要基石。

工业和信息化部的数据显示，截至 2021 年 3 月底，中国工业互联网平台连接工业设备总数达到 7 300 万台，工业 App 突破 59 万个。

如何评价工业互联网的建设成绩？中国电子信息产业发展研究院张立说，中国工业互联网平台资源汇聚能力较强，数据驱动生产方式初步形成，企业数字化转型整体水平较好，尤其是在设备上"云"、研发工具供给及使用、工业模型沉淀等方面表现突出。

"中国工业互联网平台的赋能效应正在显现，驱动数字经济、规模经济向范围经济转变。"工信部信息技术发展司司长谢少锋说，工业互联网平台化的设计极大地降低了开发设计的门槛和成本，个性化定制助力服装、家具、家电等行业实现逆势增长，网络化协同

加速了汽车、航空、电子等行业的转型升级,服务化延伸助力工程机械、船舶等行业实现了价值跃升。

数据显示,目前我国各类型工业互联网平台数量总计已有上百家,具有一定区域、行业影响力的平台数量也超过了50家。这其中,既有腾讯等互联网企业打造的底层技术平台;也有航天云网、海尔等传统工业技术解决方案企业面向转型发展需求构建的平台;有徐工、TCL等大型制造企业孵化独立运营公司运营的平台;还有各类创新企业依托自身特色打造的平台。

专家表示,随着更具针对性政策举措的落地,工业互联网将加速向传统产业渗透,与实体经济的融合持续深化。

如今,"十四五"工业互联网的建设蓝图正徐徐展开。《"十四五"智能制造发展规划》(征求意见稿)提出,到2025年,建成120个以上具有行业和区域影响力的工业互联网平台。国家发展改革委表示,今年将出台"十四五"新型基础设施建设规划,拓展5G应用,加快工业互联网、数据中心的建设。

谢少锋表示,中国将完善工业互联网平台发展政策,制定出台两化(信息化和工业化)融合发展"十四五"规划,持续完善工业互联网平台的标准体系;培育跨行业、跨领域的综合性平台,发展面向重点行业和区域的特色性平台,支持建设专业型的平台,打造系统化、多层次的平台体系。

随着工业互联网平台数量的增加和竞争的加剧,对平台的运营能力提出了更高的挑战。业内人士指出,目前工业互联网平台的融合应用有待拓展,企业"不会用、不善用"的问题依然存在。

工信部信息技术发展司副司长表示,由于我国工业互联网还处于早期的发展阶段,目前尚未探索出可行的市场化商业模式,尚未形成有经济效益的良性成长模式,系统化和场景化的规模应用还没有形成,仍有不少企业对上"云"存在顾虑。

让工业互联网惠及更多企业、助力数字经济发展,离不开工业互联网融合创新发展的政策供给以及相关企业的投资、建设和推广。

对此,中国工程院院士表示,工业互联网产业链要依托IT(信息技术)与OT(操作技术)的深度融合,在规划法规、标准、标识解析系统、安全监测平台、中小微企业技术支撑服务、核心技术开发、关键设备生产和入网管理、人才培训等方面对推进工业互联网发挥积极作用。

(资料来源:中国青年报,2021.05.13,有改写)

四、"互联网+"工业的发展模式及影响

"互联网+"工业即传统制造业企业采用移动互联网、云计算、大数据、物联网等信息通信技术,改造原有产品及研发生产方式,与"工业互联网""工业4.0"的内涵一致。目前,"互联网+"工业的发展前景可期。

(一)"移动互联网+工业"

借助移动互联网技术,传统制造厂商可以在汽车、家电、配饰等工业产品上增加网络软硬

件模块，实现用户远程操控、数据自动采集分析等功能，极大地改善了工业产品的使用体验。

（二）"云计算＋工业"

基于云计算技术，一些互联网企业打造了统一的智能产品软件服务平台，为不同厂商生产的智能硬件设备提供统一的软件服务和技术支持，优化用户的使用体验，并实现各产品的互联互通，产生协同价值。

（三）"物联网＋工业"

运用物联网技术，工业企业可以将机器等生产设施接入互联网，构建网络化物理设备系统，进而使各生产设备能够自动交换信息、触发动作和实施控制。物联网技术有助于加快生产制造实时数据信息的感知、传送和分析，加快生产资源的优化配置。

（四）"网络众包＋工业"

在互联网的帮助下，企业通过自建或借助现有的"众包"平台，可以发布研发创意需求，广泛收集客户和外部人员的想法与智慧，大大扩展了创意来源。工业和信息化部信息中心搭建了"创客中国"创新创业服务平台，链接创客的创新能力与工业企业的创新需求，为企业开展网络众包提供了可靠的第三方平台。

随着时代的发展、科技的进步，"互联网＋"工业会改变原有的生产流程、生产组织和生产功能，同时在市场上也会出现更多新兴领域的具有更大竞争优势的竞争对手。从制造效率的角度看，"互联网＋"工业可以成为我国提高整体工业生产效率的跳板。虽然中国是世界上最大的机械制造国，但是我国的机械制造效率和出口率依旧很低，仅仅是基数大而无法满足发展的需求。借助此次工业革命，为更多的制造业创造更多的获利机会，解决制造效率低的问题。从新技术的角度看，"互联网＋"工业在中国这个开放的平台可以提供更多优质的新技术和商机。作为拥有最大制造市场的国家，政府对"互联网＋"工业支持的态度、良好的文化氛围和开放性的民族特点，都给新技术的引进和开发创造了良好的条件。

拓展阅读

制造业与互联网融合是现代工业发展的必由之路

"'互联网＋'是对'中国制造2025'的重要支撑，要推动制造业与互联网的融合发展。"李克强在国务院常务会议上说。当天会议部署推动制造业与互联网深度融合，加快"中国制造"转型升级。

"我们在'互联网＋'的发展过程中，电子商务确实是走在了世界前列，但在制造业利用互联网方面，步伐还需加快。"李克强说，"中国已经是工业大国，但距离工业强国还有不小距离，这就需要加快推动制造业与互联网的深度融合进程。"

在讨论这一议题时，李克强列举了德国与美国的例子。"德国的'工业4.0'，主要是'制造业＋互联网'，而美国更多是'互联网＋制造业'。尽管彼此的方法和路径不一样，但都是要提升制造业水平。"李克强说，"两者各有特点。我们要向工业强国迈进，就要更多吸收这两方面的经验。"

李克强还提及此前考察、座谈中的几个事例：海尔公司通过创客平台让大企业的员工成为创业者；河南中信重工在大企业内部蓬勃开展"双创"；中核总"华龙一号"的堆芯设计，通过互联网聚集了20多个城市的500多台终端、上千人的力量集中攻关。

"互联网的很大一个特点就是'集众智'。通过互联网在全球寻求解决方案,可以节省大量人力和智力。"李克强说,"这是现代工业发展的必由之路。"

李克强强调,推动制造业创新发展不仅需要大企业的创新,同时需要大企业和中小企业协同创新。地方政府要支持制造企业建设基于互联网的"双创"平台,依托国家新型工业化产业示范基地和国家级经济技术开发区建设"双创"示范基地。电信企业要对"双创"基地宽带接入进一步提速降费。

谈起利用互联网大数据改变传统制造业,李克强以中国服装行业使用的西装板型为例说,过去不是日本的就是欧洲的,一直没有搞出自己的板型,因为靠一个一个数据收集相当困难。现在大数据提供了新的路径。江苏一家服装企业,两三年前就已经积累了200多万人的板型数据。有了大数据,就可以支持基本板型之上的个性化定制。"依托大数据等互联网新技术,传统制造业企业的创新水平得到了显著提高。"李克强说。

(资料来源:中国政府网,2016.05.04,有改写)

复习思考

一、能力素质训练

1. 结合所学知识,搜集工业劳动发展历史阶段材料,开展一场关于工业劳动发展历程的讨论活动。

2. 开展校园采访,"互联网+"工业影响了工业劳动的哪些方面。

3. 结合材料一,以小组为单位搜集先进的现代工业技术。

【材料一】

聚焦一带一路建设 融入国家发展战略
——第六届2018中国(成都)国际现代工业技术博览会

第六届2018中国(成都)国际现代工业技术博览(以下简称成都工博会)会于7月19日到21日在成都世纪城新国际会展中心举行。成都工博会定位为面向"一带一路"的西部最具影响力的工业展会,成都作为中国制造2025试点城市,迎来了难得的发展契机。

李克强在工信部考察时强调:工业制造是国民经济的重要支柱,是实现发展升级的国之重器。我国于2015年颁布《中国制造2025》,首次制定制造业全面振兴的纲要。为深入贯彻落实"中国制造2025"行动纲要,谋划"十三五"发展规划,加速西部现代工业技术提升,促进西部工业经济快速发展,成都工博会作为政府重点引导支持的展会,围绕"聚焦一带一路建设、融入国家发展战略"为主题,以信息化带动传统工业升级,将加速实现传统产业的跨越式发展。

成都工博会是由中国机械工程学会参与指导,中国机电一体化技术应用协会、国家国防科技工业局信息中心、中国航空产业协会、成都市人民政府共同主办,成都市经信委、成都市博览局、成都市贸促会、上海市经信委、上海市合作交流办公室联合协办,四川省机械工业联合会、四川省模具工业协会、四川省铸造协会、成都市工业经济联合会、成都机械行业协会、成都市两化融合企业联盟、成都市钣金行业协会、成都市模具工业协会、成都市电子信息行业协会等共同支持运营的集产品展示、系列论坛、采供配对、交流合作等为主的大型现代工业技术博览会。本次博览会是由中国机电一体化技术应用协会、成都市各行业协会、上海雅川广告传播有限公司、四川省军民融合协同创新中心、工业云制造（四川）创新中心、青羊区军民融合产业发展协会、成都凯斯人工智能研究院等机构联合举办的国际性装备制造业博览会；是集产品展示、系列论坛、采供配对、交流合作等为主的大型现代工业技术博览会；智能制造与军民融合成为本次展会的最大亮点。本次工博会展出面积25 000平方米，展示内容涵盖现代工业装备及技术、工业信息化和服务、智慧城市与生活等现代工业的各个方面。有机床钣金激光、自动化机器人、焊接切割、军民融合等领域的400家企业云集成都世纪城会展中心，其中包括安川机器人、发那科、德国易福门、邦德激光、珊达激光、亚威、欢颜智能焊接设备、重庆新固兴、东莞怡合达、天津勃肯特机器人等国内外知名品牌企业。

此外，富士康展团、青羊区展团、菁蓉镇展团、绵阳展团、丽水市政府、合肥市经信委展团、雅安市人民政府；成都市钣金行业协会、成都市工业经济联合会、成都市机械制造业商会、成都市智能焊接装备行业协会、成都市机械行业协会、成都市名优联盟、成都市模具协会、成都市中小企业联盟、成都市绿色智能家居促进会、成都市门窗行业协会、成都市中小企业协会、攀枝花机械商会等组团参加了本届展会。这些具有制造业特色的产业集团，以庞大的阵容、先进的装备和技术，彰显制造业的魅力和凝聚力。中国（成都）国际现代工业技术博览会是成都乃至我国西部的重要工业展，历经六届的成功运作，"成都工博会"已经成为我国企业进军西部市场的最坚实平台，并助力我国企业强势进军东亚、南亚、中亚和中东欧等"一带一路"的重点区域。

"成都工博会"以先进的办展理念，完整的产业链呈现，一站式的工业采购平台与跨地域的产业合作方式，得到产业界和社会各界的高度关注与好评。成都工博会期间举办多场内涵丰富、专业、产业前沿的论坛和活动：2018（第六届）先进制造走进西部论坛、机器人高峰论坛、"互联网＋"智能制造高峰论坛、中国通用航空产业发展高峰论坛、智慧城市高峰论坛、工业创新技术大赛等。

第六届2018成都工博会的亮点更是多多。政府部门全力支持：历届展会，成都市经信委、成都市博览局均发文通知邀请当地的相关企业参展观展；产业链完美呈现：涵盖装备制造、工业自动化、信息化、绿色制造等全产业链，为客商提供了一个展示自身品牌，寻求广泛合作，获取海量信息的专业化高效平台；宣传推广全覆盖：与80家以上的主流及专业媒体合作，包括各类报纸、杂志、广播、电视、户外媒体。网站、微传媒及移动通信等媒体，对企业进行全方位多渠道的宣传；一站式专业服务：提供展前展品及企业推广，展位整体规划，展中供需对接，信息收集调研，展后分析汇总，客户跟踪服务等全方位系列化服务。

4. 请同学们结合材料二，分析当前互联网的发展趋势，思考"互联网＋"工业的发展路径。

【材料二】
腾讯云副总裁蔡毅：更多区域龙头企业会成为工业互联网平台"新锐"

"工业互联网不会形成脉冲式增长，而是将经历一个漫长的'复利式'增长过程。腾讯愿意与合作伙伴一道，为制造企业用户创造长期价值"，4月29日，腾讯云企业数字化大会期间，腾讯云副总裁蔡毅在工业互联网与数字化产品论坛上表示。

第八章 工业劳动

在他看来,腾讯 WeMake 工业互联网平台作为工业互联网的"连接器""工具箱"与"生态共建者",未来将持续其丰富产品与解决方案能力,助力工业互联网像今天的水、电、煤一样,成为中国数字经济时代的核心基础设施。当前,数字化浪潮推动产业互联网发展步入新阶段,疫情的出现也给经济和社会按下了数字化的加速键,如何高效实现实体经济的数字化转型,怎样搭建工业互联网,腾讯给出了一套"新答案"。

蔡毅指出,工业互联网作为国家新基建,无疑是主战场。2019 年,腾讯 WeMake 工业互联网平台正式推出,定位为工业互联网的"连接器""工具箱"与"生态共建者"。腾讯将自身 20 多年积累的数字技术能力以及集团生态资源由 WeMake 平台做为统一出口对外输出,贴身服务好制造业的数字化转型工作。

通过不断丰富 WeMake 平台产品与解决方案能力,腾讯云陆续推出了云游移动数字协同平台、云霄工业数字营销平台、工业 AI 平台等重磅解决方案,满足各类型企业数字化转型的需求。

围绕产业数字化,腾讯上线了腾讯云(重庆)工业互联网基地,作为西南地区首个工业互联网基地,腾讯及生态合作伙伴将夯实电子、航空航天、生物医药等领域的产业链基础,打通丰富的工业互联网落地场景,助力重庆产业和区域经济协同发展,为加快西南产业互联网发展注入强劲动能。

目前腾讯 WeMake 工业互联网平台已在超过 10 个地区和城市落地工业云基地,覆盖长三角、粤港澳、西北、西南四大区域产业集群,为全国产业数字化升级提供助力。同时腾讯 WeMake 工业互联网平台也成功入选 2020 年国家级双跨平台,助力产业数字化升级的能力已得到国家认可。

此外,蔡毅还分享了对 2021 年工业互联网平台发展的六个趋势判断。他表示工业互联网发展一定是动态的,随着外部市场环境的变化、数字技术的群体爆发与融合,一定会涌现出更多新技术、新模式、新业态以及新的领军企业。同时,移动工业互联网平台将成为工业应用发展的新增长引擎,而且由"消费外循环"驱动"生产内循环"的 C2B 建设路径将成为更多企业的优选。除此之外,蔡毅预测,更多区域龙头企业将成为工业互联网平台"新锐"。

最后他提到,工业互联网发展过程中,腾讯将会持续开放技术和服务,携手所有生态合作伙伴一起,共同推动工业互联网的高质量发展。

参考文献

[1] 习近平.在知识分子、劳动模范、青年代表座谈会上的讲话[N].人民日报,2016-04-30(2).

[2] 谱写新时代劳动者之歌——热烈庆祝"五一"国际劳动节[N].光明日报,2018-05-01.

[3] 习近平.在同全国劳动模范代表座谈时的讲话[N].人民日报,2013-04-29.

[4] 新华社.习近平在乌鲁木齐接见劳动模范和先进工作者、先进人物代表向全国广大劳动者致以"五一"节问候.人民日报,2014-05-01.

[5] 刘成."深海钳工"第一人——记全国五一劳动奖章获得者管延安.经济日报,2020-05-09.

[6] 刘玉.接地气,所以有朝气——东北大学推动"知行合一"让劳动精神落地生根[N].中国教育报,2020-06-26.

[7] 卡尔·马克思.资本论[M].南京:江苏人民出版社,2013.

[8] 谢地,宋冬林.政治经济学[M].4版.北京:高等教育出版社,2013.

[9] 宁光杰.劳动经济学[M].北京:经济管理出版社,2007.

[10] 黄燕.新时代劳动精神的生成逻辑、核心内涵与弘扬路径[J].思想理论教育.2019(1):97-100.

[11] 刘向.新时代高校劳动教育论纲[M].北京:社会科学文献出版社,2019.

[12] B.A.苏霍姆林斯基.苏霍姆林斯基论劳动教育[M].北京:教育科学出版社,2019.

[13] 何卫华,林峰.大学生劳动教育理论与实践教程[M].厦门:厦门大学出版社,2019.

[14] 李珂.嬗变与审视·劳动教育的历史逻辑与现实重构[M].北京:社会科学文献出版社,2019.

[15] 肖鹏燕.中国高校人才培养与劳动力市场需求的非均衡研究[M].北京:首都经济贸易大学出版社,2014.

[16] 靳晓菲.我国城市生活垃圾分类政策实施现状与改进对策[J].清洗世界,2020,35(12):112-114.

[17] 杨金尧,曹孟菁.构筑高校绿色空间垃圾分类意识培养实证研究[J].当代化工研究,2020(23):116-118.

[18] 姜铁万.探讨公共场所卫生管理工作中存在的问题及应对策略[J].世界最新医学信息文摘,2018,18(94):183-192.

[19] 张明.新时期大学生寝室文化建设探究[J].新校园(上旬),2017(04):163-164.

[20] 周春雁.大学生寝室卫生管理[J].中外企业家,2016(29):157.
[21] 祝永良.大学生勤工助学育人功能的实现研究[D].南昌:南昌航空大学,2017.
[22] 高原.高校学生勤工助学维权现状调查[J].山西财经大学学报,2013,35(S1):121.
[23] 于琴琴.大学生志愿服务的思想政治教育功能及其发挥研究[D].重庆:重庆师范大学,2017.
[24] 吴丹丹.当代大学生志愿服务活动研究[D].南京:东南大学,2018.
[25] 郭亮,刘雅丽.大学生劳动教育理论与实践教程[M].上海:同济大学出版社,2020.
[26] 共青团中央青年志愿者工作部等.中国志愿服务培训大纲[M].天津:天津社会科学院出版社,2017.
[27] 张晓红,冯婧.大型活动志愿服务[M].北京:中国人民大学出版社,2019.
[28] 魏娜.志愿服务概论[M].北京:中国人民大学出版社,2018.
[29] 何祎金.文明实践与当代志愿服务[M].北京:社会科学文献出版社,2020.
[30] 李慧.当代大学生志愿精神培育研究[D].太原:中北大学,2020.
[31] 吕盼盼.大学生志愿服务政策执行过程中的问题及对策研究[D].苏州:苏州大学,2020.
[32] 于静静,徐礼平.社会治理背景下社区志愿服务创新路径研究[J].湖北经济学院学报(人文社会科学版),2021,18(04):11-13.
[33] 陆士桢,马彬,刘庆帅.简论现代志愿服务与青年发展[J].青年探索,2021(02):5-15.
[34] 陈咏媛.深刻把握中国特色志愿服务的基本途径[N].光明日报,2020-09-23(04).
[35] 赵中源.推进志愿服务事业的动力之源[N].光明日报,2021-01-27(08).
[36] 冯艾,范冰.大学生社会实践导读[M].北京:社会科学文献出版社,2005.
[37] 王小云.大学生社会实践概论[M].北京:中国经济出版社,2005.
[38] 罗公利.大学生社会实践管理[M].济南:泰山出版社,2010.
[39] 苏泽宇.大学生社会实践指导[M].北京:北京理工大学出版社,2011.
[40] 胡中锋.教育评价学[M].北京:中国人民大学出版社,2013.
[41] 屈陆.大学生思想政治理论课社会实践指南[M].北京:科学出版社,2014.
[42] 刘煜.大学生社会实践导论[M].杭州:浙江大学出版社,2017.
[43] 黄平.探讨大学生社会实践评价体系的构建[J].教育与职业,2008(2):117-119.
[44] 邢强.当前我国大学生社会实践活动问题研究[D].长春:东北师范大学,2007.
[45] 陈立力.大学生社会实践评价指标体系与评价方法研究[J].中国青年政治学院学报,2010(2):27-32.
[46] 孙君芳.大学生社会实践考核机制实效性研究[J].济南职业学院学报,2010(1):55-58.

［47］肖青山.大学生社会实践考核评价体系之构建：基于增值理念［J］.当代教育实践与教学研究,2018(12):219-220.

［48］唐建军,胡亮亮,陈欣.传统农业回顾与稻渔产业发展思考［J］.农业现代化研究,2020,41(05):727-736.

［49］杨萍,王邦中,邓京勉.二十四节气内涵的当代解读［J］.气象科技进展,2019,9(02):36-38.

［50］隋斌,张建军.二十四节气的内涵、价值及传承发展［J］.中国农史,2020,39(06):111-117.

［51］任耀飞.中国传统农业的近代转型研究［D］.咸阳:西北农林科技大学,2011.

［52］陶颖怡.中国农业的传统与变迁研究［D］.南昌:南昌大学,2009.

［53］黄菲菲.互联网与农业融合发展研究［D］.济南:中共山东省委党校,2019.

［54］闻文.我国现代农业技术异化问题研究［D］.泰安:山东农业大学,2015.

［55］宫雨乔.现代农业与中国农业发展取向［J］.乡村科技,2018(17):39-40.

［56］史丹.中华人民共和国70年工业发展成就与战略选择［J］.财经问题研究,2020(03):3-9.

［57］徐斌,刘杨程,马绍雄.中华人民共和国成立70年来的工业发展：经验、问题、对策［J］.企业经济,2019(08):20-27.

［58］徐惠民.聚焦一带一路建设融入国家发展战略——第六届2018中国(成都)国际现代工业技术博览会举行［J］.产城,2018(07):50-51.

［59］刘一诺.工业4.0对中国制造业的影响及如何应对的研究［J］.营销界,2020(07):75-76.

［60］李旳朋,杨利博.论我国"互联网＋农业"发展的制约因素和优化措施［J］.山西农经,2021(06):146-147.

［61］韩彬.我国新型工业互联网发展现状及探索［J］.江苏科技信息,2020,37(09):41-43.

［62］林雪华.我国工业经济发展现状及相关对策建议［J］.现代工业经济和信息化,2018,8(03):6-7.

［63］辛沅璞."互联网＋工业"的发展［J］.智库时代,2017(07):44-46.

附录 《中共中央 国务院关于全面加强新时代大中小学劳动教育的意见》

中共中央 国务院
关于全面加强新时代大中小学劳动教育的意见

（2020 年 3 月 20 日）

为构建德智体美劳全面培养的教育体系,现就加强新时代大中小学劳动教育提出如下意见。

一、充分认识新时代培养社会主义建设者和接班人对加强劳动教育的新要求

（一）重大意义

劳动教育是中国特色社会主义教育制度的重要内容,直接决定社会主义建设者和接班人的劳动精神面貌、劳动价值取向和劳动技能水平。长期以来,各地区和学校坚持教育与生产劳动相结合,在实践育人方面取得了一定成效。同时也要看到,近年来一些青少年中出现了不珍惜劳动成果、不想劳动、不会劳动的现象,劳动的独特育人价值在一定程度上被忽视,劳动教育正被淡化、弱化。对此,全党全社会必须高度重视,采取有效措施切实加强劳动教育。

（二）指导思想

以习近平新时代中国特色社会主义思想为指导,全面贯彻党的教育方针,落实全国教育大会精神,坚持立德树人,坚持培育和践行社会主义核心价值观,把劳动教育纳入人才培养全过程,贯通大中小学各学段,贯穿家庭、学校、社会各方面,与德育、智育、体育、美育相融合,紧密结合经济社会发展变化和学生生活实际,积极探索具有中国特色的劳动教育模式,创新体制机制,注重教育实效,实现知行合一,促进学生形成正确的世界观、人生观、价值观。

（三）基本原则

——把握育人导向。坚持党的领导,围绕培养担当民族复兴大任的时代新人,着力提升学生综合素质,促进学生全面发展、健康成长。把准劳动教育价值取向,引导学生树立正确的劳动观,崇尚劳动、尊重劳动,增强对劳动人民的感情,报效国家,奉献社会。

——遵循教育规律。符合学生年龄特点,以体力劳动为主,注意手脑并用、安全适度,强化实践体验,让学生亲历劳动过程,提升育人实效性。

——体现时代特征。适应科技发展和产业变革,针对劳动新形态,注重新兴技术支撑和

社会服务新变化。深化产教融合,改进劳动教育方式。强化诚实合法劳动意识,培养科学精神,提高创造性劳动能力。

——强化综合实施。加强政府统筹,拓宽劳动教育途径,整合家庭、学校、社会各方面力量。家庭劳动教育要日常化,学校劳动教育要规范化,社会劳动教育要多样化,形成协同育人格局。

——坚持因地制宜。根据各地区和学校实际,结合当地在自然、经济、文化等方面条件,充分挖掘行业企业、职业院校等可利用资源,宜工则工、宜农则农,采取多种方式开展劳动教育,避免"一刀切"。

二、全面构建体现时代特征的劳动教育体系

(四)把握劳动教育基本内涵

劳动教育是国民教育体系的重要内容,是学生成长的必要途径,具有树德、增智、强体、育美的综合育人价值。实施劳动教育重点是在系统的文化知识学习之外,有目的、有计划地组织学生参加日常生活劳动、生产劳动和服务性劳动,让学生动手实践、出力流汗,接受锻炼、磨炼意志,培养学生正确劳动价值观和良好劳动品质。

(五)明确劳动教育总体目标

通过劳动教育,使学生能够理解和形成马克思主义劳动观,牢固树立劳动最光荣、劳动最崇高、劳动最伟大、劳动最美丽的观念;体会劳动创造美好生活,体认劳动不分贵贱,热爱劳动,尊重普通劳动者,培养勤俭、奋斗、创新、奉献的劳动精神;具备满足生存发展需要的基本劳动能力,形成良好劳动习惯。

(六)设置劳动教育课程

整体优化学校课程设置,将劳动教育纳入中小学国家课程方案和职业院校、普通高等学校人才培养方案,形成具有综合性、实践性、开放性、针对性的劳动教育课程体系。

根据各学段特点,在大中小学设立劳动教育必修课程,系统加强劳动教育。中小学劳动教育课每周不少于1课时,学校要对学生每天课外校外劳动时间作出规定。职业院校以实习实训课为主要载体开展劳动教育,其中劳动精神、劳模精神、工匠精神专题教育不少于16学时。普通高等学校要明确劳动教育主要依托课程,其中本科阶段不少于32学时。除劳动教育必修课程外,其他课程结合学科、专业特点,有机融入劳动教育内容。大中小学每学年设立劳动周,可在学年内或寒暑假自主安排,以集体劳动为主。高等学校也可安排劳动月,集中落实各学年劳动周要求。

根据需要编写劳动实践指导手册,明确教学目标、活动设计、工具使用、考核评价、安全保护等劳动教育要求。

(七)确定劳动教育内容要求

根据教育目标,针对不同学段、类型学生特点,以日常生活劳动、生产劳动和服务性劳动为主要内容开展劳动教育。结合产业新业态、劳动新形态,注重选择新型服务性劳动的内容。

小学低年级要注重围绕劳动意识的启蒙,让学生学习日常生活自理,感知劳动乐趣,知

附　录　《中共中央 国务院关于全面加强新时代大中小学劳动教育的意见》

道人人都要劳动。小学中高年级要注重围绕卫生、劳动习惯养成,让学生做好个人清洁卫生,主动分担家务,适当参加校内外公益劳动,学会与他人合作劳动,体会到劳动光荣。初中要注重围绕增加劳动知识、技能,加强家政学习,开展社区服务,适当参加生产劳动,使学生初步养成认真负责、吃苦耐劳的品质和职业意识。普通高中要注重围绕丰富职业体验,开展服务性劳动、参加生产劳动,使学生熟练掌握一定劳动技能,理解劳动创造价值,具有劳动自立意识和主动服务他人、服务社会的情怀。中等职业学校重点是结合专业人才培养,增强学生职业荣誉感,提高职业技能水平,培育学生精益求精的工匠精神和爱岗敬业的劳动态度。高等学校要注重围绕创新创业,结合学科和专业积极开展实习实训、专业服务、社会实践、勤工助学等,重视新知识、新技术、新工艺、新方法应用,创造性地解决实际问题,使学生增强诚实劳动意识,积累职业经验,提升就业创业能力,树立正确择业观,具有到艰苦地区和行业工作的奋斗精神,懂得空谈误国、实干兴邦的深刻道理;注重培育公共服务意识,使学生具有面对重大疫情、灾害等危机主动作为的奉献精神。

(八)健全劳动素养评价制度

将劳动素养纳入学生综合素质评价体系,制定评价标准,建立激励机制,组织开展劳动技能和劳动成果展示、劳动竞赛等活动,全面客观记录课内外劳动过程和结果,加强实际劳动技能和价值体认情况的考核。建立公示、审核制度,确保记录真实可靠。把劳动素养评价结果作为衡量学生全面发展情况的重要内容,作为评优评先的重要参考和毕业依据,作为高一级学校录取的重要参考或依据。

三、广泛开展劳动教育实践活动

(九)家庭要发挥在劳动教育中的基础作用

注重抓住衣食住行等日常生活中的劳动实践机会,鼓励孩子自觉参与、自己动手,随时随地、坚持不懈进行劳动,掌握洗衣做饭等必要的家务劳动技能,每年有针对性地学会1至2项生活技能。鼓励学校(家委会)和社区等组织开展学生生活技能展示活动。学生参加家务劳动和掌握生活技能的情况要按年度记入学生综合素质档案。鼓励孩子利用节假日参加各种社会劳动。家庭要树立崇尚劳动的良好家风,家长要通过日常生活的言传身教、潜移默化,让孩子养成从小爱劳动的好习惯。

(十)学校要发挥在劳动教育中的主导作用

学校要切实承担劳动教育主体责任,明确实施机构和人员,开齐开足劳动教育课程,不得挤占、挪用劳动实践时间。明确学校劳动教育要求,着重引导学生形成马克思主义劳动观,系统学习掌握必要的劳动技能。根据学生身体发育情况,科学设计课内外劳动项目,采取灵活多样形式,激发学生劳动的内在需求和动力。统筹安排课内外时间,可采用集中与分散相结合的方式。组织实施好劳动周,小学低中年级以校园劳动为主,小学高年级和中学可适当走向社会、参与集中劳动,高等学校要组织学生走向社会、以校外劳动锻炼为主。

(十一)社会要发挥在劳动教育中的支持作用

充分利用社会各方面资源,为劳动教育提供必要保障。各级政府部门要积极协调和引导企业公司、工厂农场等组织履行社会责任,开放实践场所,支持学校组织学生参加力所能及的生产劳动、参与新型服务性劳动，使学生与普通劳动者一起经历劳动过程。鼓励高新企业为学生体验现代科技条件下劳动实践新形态、新方式提供支持。工会、共青团、妇联等群团组织以及各类公益基金会、社会福利组织要组织动员相关力量、搭建活动平台，共同支持学生深入城乡社区、福利院和公共场所等参加志愿服务，开展公益劳动，参与社区治理。

四、着力提升劳动教育支撑保障能力

（十二）多渠道拓展实践场所

大力拓展实践场所，满足各级各类学校多样化劳动实践需求。充分利用现有综合实践基地、青少年校外活动场所、职业院校和普通高等学校劳动实践场所，建立健全开放共享机制。农村地区可安排相应土地、山林、草场等作为学农实践基地，城镇地区可确认一批企事业单位和社会机构，作为学生参加生产劳动、服务性劳动的实践场所。建立以县为主、政府统筹规划配置中小学（含中等职业学校）劳动教育资源的机制。进一步完善学校建设标准，学校逐步建好配齐劳动实践教室、实训基地。高等学校要充分发挥自身专业优势和服务社会功能，建立相对稳定的实习和劳动实践基地。

（十三）多举措加强人才队伍建设

采取多种措施，建立专兼职相结合的劳动教育师资队伍。根据学校劳动教育需要，为学校配备必要的专任教师。高等学校要加强劳动教育师资培养，有条件的师范院校开设劳动教育相关专业。设立劳模工作室、技能大师工作室、荣誉教师岗位等，聘请相关行业专业人士担任劳动实践指导教师。把劳动教育纳入教师培训内容，开展全员培训，强化每位教师的劳动意识、劳动观念，提升实施劳动教育的自觉性，对承担劳动教育课程的教师进行专项培训，提高劳动教育专业化水平。建立健全劳动教育教师工作考核体系，分类完善评价标准。

（十四）健全经费投入机制

各地区要统筹中央补助资金和自有财力，多种形式筹措资金，加快建设校内劳动教育场所和校外劳动教育实践基地，加强学校劳动教育设施标准化建设，建立学校劳动教育器材、耗材补充机制。学校可按照规定统筹安排公用经费等资金开展劳动教育。可采取政府购买服务方式，吸引社会力量提供劳动教育服务。

（十五）多方面强化安全保障

各地区要建立政府负责、社会协同、有关部门共同参与的安全管控机制。建立政府、学校、家庭、社会共同参与的劳动教育风险分散机制，鼓励购买劳动教育相关保险，保障劳动教育正常开展。各学校要加强对师生的劳动安全教育，强化劳动风险意识，建立健全安全教育与管理并重的劳动安全保障体系。科学评估劳动实践活动的安全风险，认真排查、清除学生劳动实践中的各种隐患特别是辐射、疾病传染等，在场所设施选择、材料选用、工具设备和防护用品使用、活动流程等方面制定安全、科学的操作规范，强化对劳动过程每个岗位的管理，明确各方责任，防患于未然。制定劳动实践活动风险防控预案，完善应急与事故处理机制。

附 录 《中共中央 国务院关于全面加强新时代大中小学劳动教育的意见》

五、切实加强劳动教育的组织实施

（十六）加强组织领导

在党委统一领导下，各级政府要把劳动教育摆上重要议事日程，出台相关政策措施，切实解决劳动教育实施过程中的重大问题，做好督促落实。省级政府要加强劳动教育工作的统筹协调，明确市地级、县级政府及有关部门加强劳动教育的职责，推动建立全面实施劳动教育的长效机制。

（十七）强化督导检查

把劳动教育纳入教育督导体系，完善督导办法。对地方各级政府和有关部门保障劳动教育情况以及学校组织实施劳动教育情况进行督导，督导结果向社会公开，同时作为衡量区域教育质量和水平的重要指标，作为对被督导部门和学校及其主要负责人考核奖惩的依据。开展劳动教育质量监测，强化反馈和指导。

（十八）加强宣传引导

引导家长树立正确劳动观念，支持配合学校开展劳动教育。加强劳动教育科学研究，宣传推广劳动教育典型经验。积极宣传企事业单位和社会机构提供劳动教育服务的先进事迹。注重挖掘在抗疫救灾等重大事件中涌现出来的典型人物和事迹，大力宣传不畏艰难、百折不挠、敢于担当的高尚品格。鼓励和支持创作更多以歌颂普通劳动者为主题的优秀作品，大力宣传辛勤劳动、诚实劳动、创造性劳动的典型人物和事迹，弘扬劳动光荣、创造伟大的主旋律，旗帜鲜明地反对一切不劳而获、贪图享乐、崇尚暴富的错误观念，营造全社会关心和支持劳动教育的良好氛围。